法華玄義を読む

天台思想入門

菅野博史

大蔵出版

はしがき

『法華玄義』は中国における経典の注釈書のなかでも特異な書物である。というのは、経典の注釈書の一般的な形式は、随文釈義と呼ばれるもので、経典を幾層にもわたって段落分けをし、その段落の要旨を明らかにすることによって、段落相互の有機的関係を示すものであるからである。もちろん、経文の意義を明らかにするために、難解な語句の意味を説明したり、経典に説かれる譬喩の思想的意味を解説することなども含まれる。このような随文釈義の注釈書に対して、『法華玄義』は姚秦の鳩摩羅什（三四四—四一三、あるいは三五〇—四〇九）の『妙法蓮華経』（以下、『法華経』と略称する）について、経題の「妙法蓮華経」の意味は何か、『法華経』の体（教えの根拠としての真理）は何か、『法華経』の教主釈尊の修行の因と修行によって得られた仏としての果とは何か、『法華経』の衆生を救済する断疑生信の力用とは何か、『法華経』は釈尊一代の説法教化のなかでどのような位置を占めるのかという五つの問題に取り組むものである。いわゆる名・体・宗・用・教の五重玄義（五項目にわたる奥深い意義）を明らかにすることを目的としている。天台大師智顗（五三八—五九七）の五重玄義による経典の解釈は、『維摩経』を対象とする『維摩経玄疏』にも見られるものであるが、『法華文句』『維摩経文疏』のような随文釈義とは異なった論述形式を採用している。同時代の嘉祥大師吉蔵（五四九—六二三）にも、『法華玄論』『浄名玄論』『法華遊意』のような随文釈義とは異なるスタイルの著述はあるが、五重玄義のような切り詰められた項目、視点に基づく注釈書ではない。

天台宗という一宗の伝統が存続したということを主要な理由として、『法華玄義』は、中国、日本において最も多く読み継がれてきた法華経疏であった。もちろん、中国仏教、日本仏教に与えた影響は広く深い。今日でも『法華玄義』の学習は十分意義のあることであると思う。著者は学部生の時から『法華玄義』の学習に取り組んできたが、これまで訳注『法華玄義』(上)(中)(下)(第三文明社、一九九五年)、『法華玄義入門』(第三文明社、一九九七年)を刊行した。現在も、大蔵出版から『新国訳大蔵経』中国撰述部のシリーズとして『法華玄義』の訳注を刊行中である。そのなかで『法華玄義入門』は難解な『法華玄義』を読者に親しんでいただくために全編にわたって問答形式を採用した本であったが、一面冗長である恨みもあった。今回、大蔵出版より本書刊行の機会を与えられたので、この問答形式を改め、一般的な叙述形式を採用して、再び江湖に問うこととした。

本書は『法華玄義』の入門的解説を試みたものなので、『法華玄義』の内容については、直接本書を読んでいただきたく思う。したがってここでは内容の解説はくり返さない。ただし、本書で触れることのできなかった『法華玄義』の注釈書と参考文献を紹介する。

〔『法華玄義』の注釈書〕

ここでは、『大正新脩大蔵経』、『大日本続蔵経』、『大日本仏教全書』(財団法人鈴木学術財団編、講談社)、『天台大師全集・法華玄義』(『仏教大系』の『法華玄義』を復刻したもの。日本仏書刊行会)、『天台宗全書』(第一書房)、『続天台宗全書』(春秋社)に収載されている『法華玄義』、および『法華玄義釈籤』に対する注釈書を記す。複数の叢書に収載されている場合は、利用に便利なものを掲げる。

(1)中国撰述

①湛然(七一一―七八二)『法華玄義釈籤』二十巻(『大正新脩大蔵経』第三十三巻、『天台大師全集・法華玄義』所収)

②湛然『法華三大部科文』十六巻(巻第一～巻第五の部分、『大日本続蔵経』一―四三―二所収)

③従義(?―一〇九一)『法華三大部補注』十四巻(巻第一～巻第三の部分、『大日本続蔵経』一―四三―五～一―四四―三所収)

④有厳(?―一一〇二)『法華経玄籤備撿』四巻(『大日本続蔵経』一―四四―四所収)

⑤善月(一一四九―一二四一)『大部妙玄格言』二巻(『大日本続蔵経』一―四四―四所収)

⑥法照(一一八五―一二七三)『法華三大部読教記』二十巻(巻第一～巻第七の部分、『大日本続蔵経』一―四三―四～五所収)

⑦智旭(一五九九―一六五五)『法華経玄義節要』二巻(『大日本続蔵経』一―四四―四～五所収)

⑧伝灯(生没年未詳、明代)『法華経玄義輯略』一巻(『大日本続蔵経』一―四四―五所収)

⑨霊耀(?―一六八三―?)『法華経釈籤縁起序指明』一巻(『大日本続蔵経』一―四四―五所収)

⑩智銓(生没年未詳、清代)『法華経玄籤証釈』十巻(『大日本続蔵経』一―四四―五所収)

(2)日本撰述

①円珍(八一四―八九一)『玄義略要』一巻(『大日本仏教全書』第三巻所収)

②源信（九四一―一〇一七）『天台円宗三大部鉤名目』三巻（同前）
③道邃（日本の播磨の正覚房道邃、中国の興道道邃との二説がある）『天台法華玄義釈籤要決』十巻（同前）
④証真（十二世紀―十三世紀）『法華玄義私記』十巻（『大日本仏教全書』第三巻、『天台大師全集・法華玄義』所収）
⑤撰者不明『法華玄義外勘鈔』十巻（『続天台宗全書』顕教3所収）
⑥明導照源（?―一三六八）『玄義本書見聞』十巻（『天台宗全書』第十九巻所収）
⑦尊舜（一四五一―一五四一）『玄義私類聚』六巻（『大日本仏教全書』第五巻所収）
⑧普寂（一七〇七―一七八一）『法華玄義復真鈔』六巻（同前）
⑨慧澄（一七八〇―一八六二）『法華玄義釈籤講義』十巻（『天台大師全集・法華玄義』所収）
⑩大宝（一八〇四―一八八四）『法華玄義釈籤講述』十巻（『天台大師全集・法華玄義』所収）

〔参考文献〕
『法華玄義』には、これまでいくつかの訓読訳が刊行されている。『昭和新纂国訳大蔵経』宗典部十一（訳者不記、東方書院、一九三一年）、『国訳一切経』和漢撰述部・経疏部一（中里貞隆訳、大東出版社、一九三六年）、『法華玄義』（上）（中）（下）（菅野博史訳注、前掲）、『新国訳大蔵経』中国撰述部『法華玄義Ⅰ』（菅野博史訳注、大蔵出版、二〇一一年）、『新国訳大蔵経』中国撰述部『法華玄義Ⅱ』（菅野博史訳注、大蔵出版、二〇一三年）である。
また、『法華玄義』を主題的に研究した学術論文はおびただしいものがあり、ここではその紹介を割愛せざるをえない。単行本としては、『法華玄義』の成立に関する文献学的研究を試みたものに、佐藤哲英『天台大師の研究』（百華苑、一九六一年）がある。『法華玄義』全体の概論を試みたものとして、日下大凝『台学指針―法華玄義提綱』（興教書院、一九三六年）、福島光哉『妙法蓮華経玄義序説』（真宗大谷派宗務所出版部、一九八七年）、菅野博史『法華玄義入門』（第三文明社、一九九七年）がある。また、七番共解の部分の訳注・解説を試みたものに、多田孝正『法華玄義』（仏典講座26、大蔵出版、一九八五年）がある。

その他、外国語の文献に、Paul L. Swanson, *Foundation of T'ien-t'ai Philosophy*. Berkeley: Asian Humanities Press, 1989 がある。これには、『法華玄義』の巻第一下の途中（大正三三・六九一上）から巻第二の末尾（同前・七〇五中）までの英訳と注が含まれている。

台湾の李志夫『妙法蓮華経玄義研究』（中華仏教文献編撰社出版、一九九七年）は、『法華玄義』に新たに句読点を施し、本文に対する理解を助けてくれる。さらに、引用経論の出典調査、内容の要約、重要な文の提示、コメント、テキストの説明、諸注釈の紹介、重要な語句の注、現代の学術思想に基づくテキストの思想の発展的説明、重要な漢語・梵語の索引を含んでいる。諸注釈の紹介は、中国・日本の重要な注釈を含んでいる。

また、中国の Shen Haiyan, *The Profound Meaning of the Lotus Sūtra: T'ien-t'ai Philosophy of Buddhism*, 2 volumes. Delhi: D K Fine Art Press P Ltd, 2005 は、『法華玄義』全体の英訳と注を含んでいる。本書のなかの研究部分の中国語訳が、沈海燕『《法華玄義》的哲学』（上海古籍出版社、二〇一〇年）である。

その他、台湾の呉汝鈞『法華玄義的哲学綱領』（台北：文津、二〇〇二年）などがある。

なお、本書の企画、編集、索引の作成など大蔵出版の井上敏光編集部長、米森俊輔氏にはひとかたならぬお世話になった。記して感謝の意を表したい。

最後に私事であるが、本書を齊藤克司氏に捧げることをお赦しいただきたい。齊藤氏は長く創価学会教学部長の要職にあった大学の先輩であるが、この二月二十一日に、享年六十六歳で逝去された。齊藤氏とは、四十年の長きにわたって、よく議論し、よくお酒を楽しんだ。本書のテーマである天台教学についても、数限りなく議論をした。私は二十歳のときに父を亡くしたが、告別式での挨拶のなかで、「過去遠々劫の宿習を背負いて我ら此の世に立つ。而して未来も亦た永劫なり。唯だ願わくは遙かなる菩薩の道を征かれんことを。唯だ願わくは遙かなる菩薩の道を征かれんことを」という言葉を父に贈った。この言葉を齊藤氏にもお贈りしたい。

二〇一三年二月末日

菅野博史

凡　例

一　『法華玄義』からは、原則的に訓読文を引用し、ときに現代語訳を示す。訓読訳は、菅野博史訳注『新国訳大蔵経』中国撰述部に収録される『法華玄義Ⅰ』から『法華玄義Ⅲ』に拠る。

二　『法華玄義』からの引用文の典拠は、『大正新脩大蔵経』第三十三巻の頁・段を記す。

三　『法華経』からの引用文には、出典を一々明記しない。

四　本書で用いる略号は以下の通りである。

『大正新脩大蔵経』第三十三巻七百十二頁中段→大正三三・七一二中

『大日本続蔵経』第一編・第四十三套・第二冊・二丁・右葉・上段→続蔵一―四三―二・二右上

『天台大師全集・法華玄義』→『全集本』

妙楽大師湛然の『法華玄義釈籤』→『釈籤』

宝地房証真の『法華玄義私記』→『私記』

慧澄癡空の『法華玄義釈籤講義』→『講義』

大宝守脱の『法華玄義釈籤講述』→『講述』

『法華玄義』を読む―天台思想入門―　目次

序章　『法華玄義』とは何か

第一節　中国法華思想史における『法華玄義』の位置づけ

はじめに

『法華《ほっけ》玄義《げんぎ》』の思想的特徴を知るうえで、天台大師《てんだいだいし》智顗《ちぎ》（五三八―五九七。智顗の亡くなった日付が開《かい》皇《こう》十七年十一月二十四日と判明しているが、実はこれは西暦五九八年一月七日に当たる）の思想の特色としての「総合性」を取りあげることが重要である。具体的には、第一に教相《きょうそう》と観心《かんじん》の総合である。古くから、天台宗の特色として、「教観相資《そうし》」（『法華玄義』巻第八下、大正三三・七八四中）、「教観相循《そうじゅん》」（『法華文句《もんぐ》記《き》』巻第八之三、大正三四・三〇七上）、「教観二意双美《そうみ》而《に》談《だん》」（四明知《しめいち》礼《れい》『金光明文句記《こんこうみょうもんぐき》』巻第一、大正三九・八五中）、「教観双辯《そうべん》」（『宗鏡録《すぎょうろく》』巻第三十九、大正四八・六四五中）、「教観双美」（『霊峰蕅益大《れいほうぐうやくだい》師宗論《ししゅうろん》』巻第九、「恒生法主血書法華経讃《ごうしょうほうしゅけつしょほけきょうさん》」、『嘉《か》興蔵《こうぞう》』巻第三十六、四一一中）などといわれてきた点である。現代的にいえば、学問（教学）と実践（禅観）の総合である。第二に学問（教学）自体の総合、及び実践（禅観）自体の総合である。『法華玄義』は、この中で、主に第二の教学自体の総合に該当する著作と考えられる。

智顗の活躍した時代は、インドの仏教が中央アジアを経由して中国に伝来してから五百年を経過し、すでに主要な大乗、小乗の経典・論書が漢訳されていたので、中国の仏教界では、それらの経論に説かれる多様な教説や禅観を整理、体系化することが要請される時代状況であったと考えられる。智顗は、そのような課題について、教学の面については『法華玄義』において取り組み、禅観の面については『摩訶止観《まかしかん》』において挑戦したといえる（もちろん、両著とも教観双美を前提としていることも忘れてはならない）。

『法華玄義』を例に取ると、たとえば、迹門《しゃくもん》の十妙《じゅうみょう》の第一である「境妙《きょうみょう》」においては、仏教の真理観が扱われている。具体的には、原始仏教以来重視されてきた四諦説、十二因縁説のみならず、後に発展した二諦《にたい》説、三諦《さんたい》説、また『法華経』の十如是《じゅうにょぜ》など種々の教説を整理、体系化している。また、有名な五時八教《ごじはっきょう》（この用語は湛然《たんねん》の三大部注などに出る）の教判《きょうはん》においては、従来の教判を批判しながら、『法華経』を釈尊の出世の本懐《ほんがい》とする教判を確立した。

このような理由で、『法華玄義』を学ぶことは、智顗によって総合化された仏教思想の全体を学ぶことにもつながると思う。

『法華経』の漢訳

本書で用いる「中国法華思想史」とは、主に中国において著わされた『法華経《ほけきょう》』の注釈書に見られる思想を指している。そこで、まず注釈の対象である『法華経』そのものについて紹介する。『法華経』は、紀元前一世紀から紀元後二世紀頃にかけてインドで成立した初期大乗経典の中の代表的な経典である。その漢訳については、「六訳三存」とよくいわれるが、塩田義遜氏の説（塩田義遜『法華教学史の研究』〔地方書院、一九六〇年〕には、「六訳三存三闕」の「三闕」、つまり『法華三昧経《ほっけざんまいきょう》』、『薩芸芬陀利経《さつうんふんだりきょう》』、『方等《ほうどう》法華経』はいずれも竺法護訳『正法華経』の誤伝にすぎず、実体のないものであったことを指摘している。九一―一〇二頁を参照）によれば、実際には完訳としてはもともと現存する、次の三種だけであったとされる。

(一)西晋《せいしん》の竺法護《じくほうご》（生年およそ二三〇年代で、七十八歳死去）の『正法華経《しょうほけきょう》』十巻（二八六年訳）

(二)姚秦《ようしん》の鳩摩羅什《くまらじゅう》（三四四―四一三、あるいは三五〇―四〇九。現在では後者の塚本善隆氏の説が有力視されている）の『妙法蓮華経《みょうほうれんげきょう》』七巻、あるいは八巻（四〇六年訳）

(三)隋《ずい》の闍那崛多《じゃなくった》（五二三―六〇五）と達摩笈多《だつまぎゅうた》（?―六一九）の共訳の『添品《てんぽん》妙法蓮華経』七巻（六〇一年訳）

この三訳のなかでは、鳩摩羅什の訳が最も流行し、現存する注釈書はいずれも彼の訳本を対象としたものである。

中国仏教と経疏

経疏《きょうしょ》、つまり経典の注釈書の作成はインドでももちろん行なわれたが、それにきわめて熱心であったことは、中国仏教の大きな特色といってもよい。中国では二世紀半ば頃から仏典の漢訳が開始され、中国人が中国語によって仏教を学ぶことができるようになった。仏典は大きく分けると経《きょう》・律《りつ》・論《ろん》の三つに分けられるが、しだいに仏教の研究が進むと、経・律・論のそれぞれに対する注釈書が制作されるようになる。すでに中国では、儒教経典《けいてん》や『老子《ろうし》』、『荘子《そうじ》』などの諸子《しょし》に対する注釈の伝統があり、その伝統が仏典の注釈書の制作を促したと考えられる。南北朝《なんぼくちょう》時代（江南において成立した宋《そう》王朝〔四二〇―四七九〕と華北を統一した北魏《ほくぎ》王朝〔三八六―五三四〕が拮抗併立した五世紀前半から、隋の文帝によって南北が統一される西暦五八九年まで）から隋唐《ずいとう》時代にかけて盛んになった経典の注釈はかえって同時代の儒教経典の注釈を質量ともに凌駕するほどであったといわれる。

仏典の中でも、経が釈尊の思想を学ぶ上で最良のものであったので、経の注釈が最も熱心になされるようになった。また、すでに述べたように、中国の注釈の伝統の影響を受けたと思われるが、中国人仏教徒は自己の思想を展開する場合、独立の論文、著作を執筆する場合もあったが（『弘明集《ぐみょうしゅう》』『広《こう》弘明集』に多数の論文が掲載されているだけでなく、『出三蔵記集《しゅつさんぞうきしゅう》』やその他の経録にすでに散逸した多数の論文のタイトルが記録されている）、多くの場合、経典の注釈という形式の中で、自己の思想を表明するという立場を選んだ。たとえば、隋の三大法師の一人である吉蔵《きちぞう》（五四九―六二三）の場合を紹介すると、二十五部（『弥勒経遊意《みろくきょうゆうい》』を除く。なお、『大品《だいぼん》遊意』にも慧均《えきん》撰述説がある。近年、『大乗玄論《だいじょうげんろん》』の吉蔵撰述説にも疑いがもたれ、吉蔵や慧均などの文章を利用し、三論宗《さんろんしゅう》の入門書として、後代の日本で編纂されたのではないかという推定もなされている）の著作のうち、『華厳経《けごんきょう》』『維摩経《ゆいまきょう》』『勝鬘経《しょうまんぎょう》』『金光明経』『無量寿経《むりょうじゅきょう》』『観無量寿経《かんむりょうじゅきょう》』『大品般若経《だいぼんはんにゃきょう》』『金剛《こんごう》般若経』『仁王《にんのう》般若経』『法華経』『涅槃経《ねはんぎょう》』の十一の大乗経典に対する十八部の経疏が占める。

中国における法華経疏

『法華玄義』の中国法華思想史における位置づけを知るためには、『法華経』の注釈書の全体像を知らなければならない。

まず、現存する最古のものとして、道生《どうしょう》（三五五頃―四三四）の『妙法蓮花経疏《みょうほうれんげきょうしょ》』二巻がある。道生は鳩摩羅什の門下で、闡提成仏《せんだいじょうぶつ》説や頓悟《とんご》説などによって、その独創的かつ透徹した仏教理解を高く評価された人物であり、鳩摩羅什の『法華経』の講義の記録をもとに、この注釈書を書いたと、自ら述べている。鳩摩羅什の弟子の中には、道生以外にも、法華経疏を著わしたものがいると伝えられているが、残念ながら現存しない。ただ、僧叡《そうえい》（生没年未詳。慧叡と同一人物であれば、三五二―四三六）には『法華経後序《ごじょ》』、慧観《えかん》（生没年未詳）には『法華宗要序《しゅうようじょ》』というごく短い経序が残っている。道生の注は二万字程度の短いもので、彼以後の大部な経疏とは趣きを異にするが、後代の注釈に対して先駆的な範例を提供したものであり、研究の価値は大きいと思われる。

敦煌《とんこう》で発見された断片的な法華経疏を除けば、道生の法華経疏の次に古い法華経疏は光宅寺《こうたくじ》法《ほう》雲《うん》（四六七―五二九）の『法華義記《ぎき》』八巻である。『法華義記』は、開善寺智蔵《かいぜんじちぞう》（四五八―五二二）や荘厳寺僧旻《しょうごんじそうびん》（四六七―五二七）とともに梁《りょう》の三大法師と呼ばれた法雲の『法華経』講義を弟子が筆録したものである。法雲の法華学が智顗、吉蔵以前の南北朝時代において傑出した地位を占めるものであったことを認めた智顗、吉蔵は、法雲の法華学の影響を深く受けながらも、『法華経』が『涅槃経』よりも劣ると考えた法雲（慧観の頓漸《とんぜん》五時教判を採用）を厳しく批判することによって、彼ら自身の法華学を築いていった。また、法雲のきわめて詳細な『法華経』の段落分け（分科《ぶんか》）も『法華義記』の大きな特色の一つであり、後代への影響も大きい。その他、日本の聖徳太子《しょうとくたいし》（五七四―六二二）伝撰『法華義疏《ぎしょ》』において「本義」として最重要な参考書として利用されたことも忘れてはならない。

なお、道生と法雲の法華経疏には、提婆達多品《だいばだったほん》の注釈がない。これは鳩摩羅什の漢訳そのものに提婆達多品が含まれていなかったことによる。智顗や吉蔵の法華経疏になると、提婆達多品に対する注が含まれるようになる。彼ら以前に、提婆達多品が漢訳『法華経』に編入されて二十八品になっていたからである。

次に、智顗には、本書で扱う『法華玄義』十巻のほかに、『法華経』の随文釈義《ずいもんしゃくぎ》（経文を分科したうえで、その段落の要旨を叙述し、一々の経文の意味を解説すること）である『法華文句《もんぐ》』十巻があるが、実はこの二著は智顗の親撰《しんせん》ではなく、弟子の章安《しょうあん》大師灌頂《かんじょう》（五六一―六三二）が智顗の講説を筆録し、後にそれを整理して完成したものである。とくに『法華文句』の成立に関しては、吉蔵の『法華玄《げん》論《ろん》』『法華義疏』の参照の程度が大きい。智顗はけっして『法華経』至上主義者（湛然（七一一―七八二）に当てはまる）ではないが、確かに『法華経』を中心とする教判を確立した。

次に、三論学派の大成者である吉蔵には、『法華玄論』十巻、『法華義疏』十二巻、『法華遊意』一巻（または二巻）、『法華統略《とうりやく》』六巻が現存し、最も多くの法華経疏を著わしている。世親の『法華《ほっけ》論《ろん》』に対して、『法華論疏《しょ》』三巻も著わした。これだけで、吉蔵の現存する著作の三割近い分量を占める。吉蔵は『維摩経』についても、『浄名玄論《じょうみょうげんろん》』『維摩経略疏《りゃくしょ》』『維摩経義疏』などを著わしているが、それを超える『法華経』への真摯な取り組みである。

吉蔵は、大乗経典はすべて道を顕わすことにおいて平等であるとする立場に立って、法華経疏を著わした。ここで、四部の法華経疏の内容的・形式的な特色について簡潔に説明する。『法華玄論』は弘経方法《ぐきょうほうほう》・大意《たいい》・釈名《しゃくみょう》・立宗《りっしゅう》・決疑《けつぎ》・随文釈義《ずいもんしゃくぎ》の六段から成っている。中でも、第三段の「釈名」は経典の題目を解釈することを意味し、『法華経』の場合はいうまでもなく、「妙法蓮華経」を詳しく解釈することである。道生、法雲の法華経疏や、智顗、吉蔵の同時代の先輩である浄影寺慧遠《じょうようじえおん》（五二三―五九二）の経疏を見ると、随文釈義の前に、簡潔な経題の解釈が存するが、この部分が智顗や吉蔵の著作では独立の項目として重視されている。また、『法華玄論』の第六段の「随文釈義」は、『法華経』の重要な思想を取りあげて解釈したもので、一般にいわれる随文釈義は次の『法華義疏』においてなされた。『法華遊意』は短いものであるが、『法華玄論』『法華義疏』の『法華経』研究のエッセンスを十章に要約して示したものである。その中に「釈名題門」（名題を釈す門）という独立した項目が立てられている。『法華統略』は吉蔵最後の法華経疏であるが、『法華義疏』と同様に随文釈義を内容としている。ただし、冒頭に簡潔な経題の解釈が示され、スケールの大きな吉蔵の法華経観が示されていて、興味深い。

智顗は吉蔵よりも十二歳年上であり、当時、智顗の名声は非常に高いものであったから、吉蔵が智顗に『法華経』の講義をお願いした手紙も残っている（『国清百録《こくせいひゃくろく》』を参照。ただし、吉蔵から智顗への手紙は吉蔵自身のものではなく、捏造されたと推定する説もある）。ところが、智顗の『法華玄義』『法華文句』は、智顗自ら執筆したものではなく、この点、法雲の『法華義記』も同様である。『法華玄義』『法華文句』のいずれも、智顗の弟子の章安大師灌頂が智顗の講義を筆録したものを、後に整理して完成したものである。その際、灌頂が座右に置いて参照したものが吉蔵の『法華玄論』『法華義疏』であったことが平井俊榮氏によって明らかにされた（平井俊榮『法華文句の成立に関する研究』〈春秋社、一九八五年〉を参照）。『法華玄義』の場合は、「蓮華」の解釈や、『法華経』の「宗」の解釈の段落において、旧説を紹介するときに、吉蔵の著作を参照した跡が残っており、『法華文句』の場合は、より多くの参照の跡を見い出すことができる。

このような吉蔵の『法華玄義』『法華文句』への影響は、智顗のあずかり知らないことであるが、現行の『法華玄義』『法華文句』は智顗と灌頂のいわば合作のようなものとなったわけであり、智顗によるオリジナルな部分と弟子が書き加えたものとを明確に区別することは文献学的にきわめて難しいと思われる。今後は、『法華玄義』『法華文句』の思想と吉蔵の法華思想との総合的な比較研究が望まれる。

なお、『法華玄義』の構成については後に触れるが、『法華文句』はいうまでもなく吉蔵『法華義疏』と同様の随文釈義を内容としている。

法相宗《ほっそうしゅう》の慈恩《じおん》大師基《き》（六三二―六八二）には、三乗方便《ほうべん》・一乗真実という従来の『法華経』解釈の立場とまったく異なる三乗真実・一乗方便というインドの唯識思想の立場から『法華経』を解釈した『法華玄賛《げんざん》』がある。

以上取りあげた人々はいずれも中国仏教史上著名な仏教徒であり、それぞれの宗教的、学問的立場から『法華経』の研究に取り組んだ。八世紀以降になると、上に掲げた法華経疏のさらなる注釈書、すなわち末注が著わされるようになる。たとえば、湛然には、『法華玄義釈籤《しゃくせん》』、『法華文句記』があり、また末注ではないが、『法華文句記』の執筆準備ノートともいわれる『法華五百問論《ごひゃくもんろん》』がある。また、湛然の注釈書の末注も多い。『法華玄賛』にも、慧沼《えしょう》（六五〇―七一四）の『法華玄賛義決《ぎけつ》』など、いくつかの末注が著わされた。なお、時代は下るが、禅宗の戒環《かいかん》（?―一一二八―?）が『法華経要解《ようげ》』を著わし、智旭《ちぎょく》（一五九九―一六五五）が『法華経会義《えぎ》』を著わしたことも有名である。

第二節　『法華玄義』の全体的な性格

『法華玄義』の成立

佐藤哲英『天台大師の研究』（百華苑、一九六一年）は、『法華玄義』の講説を、開皇十三年（五九三）の夏安居《げあんご》（陰暦四月十六日、または五月十六日から三ヶ月間、外出を避けて修行に専念すること）中と見れば、荊州《けいしゅう》における玉泉寺《ぎょくせんじ》以外の寺院、たとえば十住寺《じゅうじゅうじ》においてなされたものと推定している。

開皇九年（五八九）に陳が隋に滅ぼされるが、智顗は難を避けて廬山《ろざん》に逃げている。その後、晋王《しんおう》広《こう》、すなわち後の煬帝《ようだい》（六〇四―六一七在位）は陳朝において重んじられていた智顗に近づき、開皇十一年十一月には、揚州《ようしゅう》の禅衆寺《ぜんしゅじ》において菩薩戒《ぼさつかい》を受け、「総持菩薩《そうじ》」と名づけられた。逆に、晋王広は智顗に「智者」の号を授けた。政治権力者の仏教への接近は、権力者の個人的内面的な信仰と、民衆に人気のある仏教者の政治的利用という二面から捉えねばならない。ともあれ、智顗と晋王広との密接な関係は、智顗が死去するまで続く。智顗は死に臨んで晋王広に遺書を残し、晋王広は智顗の死後にも国清寺《こくせいじ》の造営を援助している。

その後、智顗は廬山に戻り、開皇十二年の夏安居を廬山で行なう。安居が終わってから、智顗は、南岳《なんがく》に行き、すでに十数年前に死去した師の慧思《えし》の霊を弔い、開皇十二年末か、十三年の初めに荊州に入る。

そこで、智顗は十住寺を修治した後に玉泉寺を造営し、晋王広に寺号の下賜を願い出るが、晋王広の仲介で、晋王広の父、つまり隋文帝《ぶんてい》（五八一―六〇四在位）から玉泉寺の勅額（皇帝から与えられる扁額）を受ける。これが、七月二十三日のことなので、もし『法華玄義』が玉泉寺において講説されたのであるならば、七月二十三日以降のことと推定されることになる。

智顗はすでに陳の太建《たいけん》元年（五六九）に、吏部尚書《りぶしようしよ》、沈君理《しんくんり》の依頼によって、陳都建康《けんこう》の瓦官寺《がかんじ》において、『法華経』の題目を講義したことがあったが、灌頂は無論それを聞いていない。したがって、灌頂は荊州での『法華玄義』の講説を聞いただけである。そのときの灌頂の記録がどの程度詳しい内容のものだったかはよくわからない。開皇十七年（五九七）の秋に、予章《よしよう》の地で療養していた灌頂が、智顗の住む天台山に戻り、『法華玄義』『摩訶止観』の整理本を智顗に提出したので、智顗は晋王広の依頼によって進めていた最後の仕事、『維摩経』の注釈書作成に、それらを利用したといわれている。智顗が死去したのは、その年の十一月二十四日のことであった。

もし灌頂が智顗の講説をそのまま、一切の増減なく筆録しただけであったなら、『法華玄義』は智顗の著作と見なしてよいが、実際には、灌頂の手になる部分がある。それも、智顗の死去する前に提出した『法華玄義』の整理本そのままが現行の『法華玄義』であれば、灌頂の手になる部分があったとしても、智顗の目に触れたものであるから、少なくとも智顗の監修を経たということができる。しかし、『法華玄義』の整理本の提出以後、さらには智顗の死去の後までも、灌頂が手を加えたとしたら、その新しい部分は、智顗のまったくあずかり知らないものになる。しかも、灌頂が新しく加えた部分であることを灌頂自らが明示している箇所もあるが、それ以外の箇所でも、灌頂の手になる部分があることが判明しているので、『法華玄義』は、智顗の講説をもとに、灌頂が最終的な責任を持って、完成した作品であるとするのが妥当であろう。

『法華玄義』の書名の意味

『法華玄義』の「玄」は、奥深くてよく見えないことを意味する。とくに、『老子』において、道を指す言葉として使われたことから、道家思想において重視される言葉となった。したがって、「玄義」は奥深い思想内容といった意味と捉えることができるので、『法華玄義』は、『法華経』に関する奥深い思想内容を明らかにする書ということになる。

智顗に関係する著作としては、経典の奥深い思想内容を明らかにする書のタイトルとして、「玄義」「玄疏《げんじよ》」が使われ、随文釈義の書のタイトルとして、「文句」「文疏《もんじよ》」が使われている。吉蔵の場合は、「玄義」「玄疏」に対応するものとして「玄論」、「文句」「文疏」に対応するものとして「義疏」が使われている。また、「玄論」の内容に相当するものを要約整理した書を「遊意」と名づけており、『法華統略』のように、「義疏」と呼んでもよいと思われるものを「統略」と呼ぶ場合もある。「統略」という名を考えると、経典の重要な思想を要略したものという意味が込められているのかもしれない。その他、法雲の『法華義記』や、浄影寺慧遠の経疏のように「義記」という名も多く使われる。

『隋書』経籍志《けいせきし》を参照すると、仏典以外の中国古典の注釈書名として、これまで紹介した書名と同じか、または類似の「義疏」「義記」「統略」「文句義」「文句義疏」などが見られる。

構成

『法華玄義』全体の構成を簡潔に紹介する。巻第一上の冒頭には、五重玄義《ごじゅうげんぎ》の名称、すなわち、釈《しゃく》名《みょう》、辨体《べんたい》、明宗《みょうしゅう》、論用《ろんゆう》、判教《はんぎょう》があげられている。それぞれの意味・内容については後に説明するが、この五重玄義の解釈を通して『法華経』の思想を解明することが『法華玄義』の課題である。

智顗は五重玄義の解釈に「通」と「別」とがあるとする。「通」と「別」の意味については、それぞれ「同」「異」を意味すると解釈する仕方と、「共《ぐう》」「各」を意味すると解釈する仕方とが示されているが、前者はすべての経典を視野に入れた場合の意味であり、後者は『法華経』の解釈にだけ適用される意味である。

前者の「同」「異」について、この五重玄義がすべての経典を解釈することのできる普遍的な解釈方法であることを「同」といい、経典によって五重玄義の内容が異なること、たとえば経典の名称が異なることなどを「異」という。

また、後者の「共」「各」は、七番共解《しちばんぐうげ》と五重各説を意味する。七番共解が略釈、つまり、要点をかいつまんで解釈することであり、五重各説が広釈、つまり、詳しく解釈することである。内容的には、七番共解とは標章《ひょうしょう》、引証《いんしょう》、生起《しょうき》、開合《かいごう》、料簡《りょうけん》、観心《かんじん》、会異《えい》の七つの視点から、五重玄義を総括的に解釈する総論にあたり、五重各説とは五重玄義のそれぞれを個別的に取りあげて詳しく解釈する各論にあたるといってよい。

『法華玄義』は、『法華経』一経の解釈が主題であるから、「通」「別」の二つの意味の中の後者の意味（「共」「各」）、すなわち、七番共解と五重各説の二つの部分から構成されることになる。左に図示する。（　）の中の数字は、『大正新脩大蔵経《たいしょうしんしゅうだいぞうきょう》』第三十三巻の頁・段を示しているので、これによっておよその分量がわかるはずである。

- 通釈
  - 一　標章（682a）
  - 二　引証（684a）
  - 三　生起（684c）
  - 四　開合（685a）
  - 五　料簡（685b）
  - 六　観心（685c）
  - 七　会異（686b）
- 別釈
  - 一　釈名（691a）
  - 二　辨体（779a）
  - 三　明宗（794b）
  - 四　論用（796b）
  - 五　判教（800a ～ 814a）

図によれば、通釈は全体の一割にも満たず、大部分が別釈である。別釈の中では、釈名の部分が全体の三分の二を占めている。釈名とは、『法華経』の経題である「妙法蓮華経」を解釈することであるが、このような経題の解釈は、中国の経疏において重要視されてきた。これについては後述する。この釈名の部分は、「妙法」(691a ~ 771c)、「蓮華」(771c ~ 775a)、「経」(775a ~ 779a)の解釈の三段から構成されている。「妙法」の解釈が最も詳細であり、解釈の都合上、はじめに「法」(693b ~ 696b)が解釈され、次に「妙」(696b ~ 771c)が解釈される。「法」は、衆生法《しゆじようほう》、仏法《ぶつぽう》、心法《しんぽう》の三法に分類されて解釈されている。

「妙」については、通釈と別釈の二段に分かれ、通釈として、相待妙《そうだいみよう》・絶待妙《ぜつだいみよう》が説かれ、別釈として、迹門の十妙、本門の十妙が説かれる。この部分の構成を左に図示する(次頁を参照)。

迹門の十妙は、『法華経』の迹門が爾前教《にぜんきよう》、つまり、『法華経』以前の経教《きようぎよう》よりも優れている点を十妙として示しているが、本門の十妙は、釈尊の久遠実成《くおんじつじよう》を明らかにした本門の立場が迹門よりも優れている点を十妙として示している。迹門の十妙と本門の十妙では、最初に論じられる迹門の方がどうしても詳しい説明がなされている。名称が重複する場合は、なおさら、その名称に関連した説明は最初に詳しくなされれば、後に繰り返す必要はないからである。そこで、図に頁を示したように、迹門の十妙が大部分を占めている。本門の十妙について説く前の部分に、「一 本迹《ほんじやく》」とある段落は、本門と迹門との関係を論じている。

全体の構成については、順を追って解説するので、ここではまず、『法華玄義』の冒頭に掲げられている四種の序、または、それに類するものについて説明する。

第一は「私記縁起《しきえんぎ》」である。これは、灌頂が本書成立の由来を記すもので、「天台の十徳」と呼ばれる、智顗の輝かしい事績が述べられる。智顗の生涯と関連させて、後に解説する。

第二は「序王《じよおう》」である。これは、智顗の説いた部分とされ、『法華経』の思想のエッセンスを、経題の解釈を通じて明らかにするものである。中国では、「経序《きようじよ》」といって、経典の思想のエッセンスや、翻訳の事情について簡潔に整理した文章が多数残され、『出三蔵記集』に収録されている。『法華

- 通釈（相待妙・絶待妙）(696b)
- 別釈
  - 迹門
    - 一　境妙 (698b)
    - 二　智妙 (707a)
    - 三　行妙 (715b)
    - 四　位妙 (726b)
    - 五　三法妙 (741b)
    - 六　感応妙 (746c)
    - 七　神通妙 (749c)
    - 八　説法妙 (751c)
    - 九　眷属妙 (755b)
    - 十　利益妙 (758a)
  - 本門
    - 一　本迹 (764b)
    - 二　十妙 (765a ～ 771c)
      - 一　本因妙
      - 二　本果妙
      - 三　本国土妙
      - 四　本感応妙
      - 五　本神通妙
      - 六　本説法妙
      - 七　本眷属妙
      - 八　本涅槃妙
      - 九　本寿命妙
      - 十　本利益妙

経』に関しては、たとえば鳩摩羅什の弟子の僧叡の『法華経後序』、同じく慧観の『法華宗要序』などが残っている。「序王」の経題釈もきわめて簡潔なものであるが、いわば『法華玄義』の結論を先取りしたものといえる。また、これには、灌頂のコメントも付いている。

第三は灌頂の記した「私序王《しじょおう》」である。「私」とあるのは、智顗の「序王」に対して、灌頂が作ったことを示している。

第四は「譚玄本序《たんげんほんじょ》」である。これは、智顗の説いた部分とされ、灌頂の「私序王」に対して、智顗の作ったものなので、「本序」と呼ぶ。「譚玄」は、玄について論じるの意味で、ここでは「妙法」について簡潔に論じている。

五重玄義の由来

上述したように、名《みよう》、体《たい》、宗《しゆう》、用《ゆう》、教《きよう》という五つの視点を通して、『法華経』の思想を解明することが、『法華玄義』の『法華経』解釈の方法であるが、名、体、宗、用、教という視点が中国の経疏においてどのような歴史、背景を持っていたのであろうか。

五重玄義の中では、「釈名」、つまり、経題の解釈が最も重要であり、これが中国の経疏の伝統となっている。『法華玄義』においても、この部分が最も論述の分量が多いことは、すでに述べた。この「釈名」を重要な項目として独立させ、まとまった議論を展開する経疏は、智顗や吉蔵以降に成立したものが多いが、彼ら以前には、梁代に編纂された『大般涅槃経集解《だいはつねはんぎようじゆうげ》』において、その編纂者が道生をはじめとする十人の法師の経序を、釈名・辨体・叙本有《じよほんぬ》・談絶名《だんぜつみよう》・釈大字《しやくだいじ》・解経字《げきようじ》・覈教意《かくきようい》・判《はん》科段《かだん》の八科に分類整理したことが注目される。この八科のうち、「釈名」では『大般涅槃経』の中の「般涅槃」を解釈し、「釈大字」では「大」を解釈し、「解経字」では「経」を解釈しているので、これらが広い意味で「釈名」に相当する。また、「辨体」という項目も共通に見られ、「覈教意」は教相玄義と通じるものがある。しかしながら、梁代の他の経疏の中で、実際に「釈名」を一つの独立した段落として立てる経疏は現存せず、前述したように、智顗、吉蔵以降に多く見られる。

では、彼ら以前の経疏において経題釈がなかったかというと、実はそうではなく、独立した段落として立てられてはいなくとも、それぞれの経疏の冒頭に比較的短い序文のようなものがあり、その中で簡潔に経題が解釈されている例が見られる。いくつかの具体例を紹介すると、たとえば、『注維摩詰経《ちゅうゆいまきつきょう》』(鳩摩羅什、僧肇《そうじょう》、道生の注を編纂したもの)には、僧肇(三八四―四一四?)の序があり、「維摩詰所説経」という経題の解釈が簡潔になされている。また、中国における現存最古の法華経疏である道生の『妙法蓮花経疏』は、経題を、妙・法・蓮花・経の四つの部分に分けて解釈している。この点、梁の法雲の『法華義記』も同様である。さらに、智顗や吉蔵の同時代の先輩である浄影寺慧遠の現存する経疏のいずれにおいても、その冒頭には、声聞蔵《しょうもんぞう》・菩薩蔵の二蔵判の説明の後に「次に其の名を釈す」とあり、経題釈が示されている。このように、はじめ経疏の序文ともいうべきところで、比較的簡潔に扱われていた経題釈がしだいに発達して、智顗や吉蔵の著作名に見られる「玄義」「玄疏」「玄論」「遊意」などにおいて、独立した段落として立てられ、重視されるようになったのである。

中国において経題釈が重視されたのには、特別な理由がある。一般に書名が書物の内容を表現していることは当然のことであるが、このことは経典にも当てはまる。とくに、表意文字である漢字を用いる中国においては、経題の一々の文字について詳しく解釈することによって、経典の思想を明らかにしようとする方法が盛んになったと思われる。また、経典の題名は、人、法、場所、時、事がら、譬喩《ひゆ》などを表わしたり、またそれらのいくつかを組み合わせたものを表わしているが、「妙法蓮華経」は、法を表わす「妙法」と、譬喩を表わす「蓮華」を組み合わせたものであるので、経題の解釈によって、経典の思想内容を解明することができるような題名になっている。これが、人名を表わす『提謂波利経《だいいはりきょう》』、場所を表わす『楞伽経《りょうがきょう》』などの場合は、経題をいくら解釈しても、その経の思想内容を解明することにならないのは当然である。

「宗」は、先祖を祭るみたまやの意、一族の中心となる本家の意から、根本、中心となるものを意味するようになった。慧観の『法華宗要序』のように、『法華経』の根本を「宗要」という概念で表わした例もあり、慧光《えこう》（四六八—五三七）の四宗《ししゅう》教判のように、経論の中心思想を意味する例もある。また、浄影寺慧遠は、『大乗義章《だいじょうぎしょう》』衆経教迹義《しゅきょうきょうしゃくぎ》において、さまざまな経典の成立する根拠として、それぞれの経典の「宗趣《しゅうしゅ》」、または、「宗」の相違をあげている。

「体」は、作用に対する本体の意味であるが、字義からすると、宗という概念と共通性を持ちうるので、吉蔵の紹介によれば、宗と体とが同一か、相違するかの議論が、吉蔵以前にあったらしい。吉蔵は、この問題に関して、いずれか一方の立場を取らないで、いずれの立場であっても、それによって衆生が悟ることができることが大事なので、時に応じて両説を活用すればよいと考えた。一方、智顗の場合は、もちろん宗と体とを明確に区別して使っており、宗は仏の自らの修行と果報を意味するものとしている。

「用」は、本体に対する作用の意味であるが、具体的には断疑生信《だんぎしょうしん》、つまり衆生の疑いを断ち切り、信を生じさせるという、経典の持っている衆生救済の働きを意味する。吉蔵の『法華遊意』には「功《く》用門《ゆうもん》」と称する『法華経』の偉大な救済力を示す章があるが、それ以前の経疏において、とくに「用」を独立の項目として立てることは見られない。

「教」「教相」は、釈尊一代の教化において、ある経典がどのような位置を占めるのかという問題に答えるもので、中国仏教の大きな特色と評される教判、教相判釈《きょうそうはんじゃく》の意味である。鳩摩羅什の活躍後、しばらくすると、『華厳経』『涅槃経』の翻訳も行なわれ、代表的な大乗の経論、小乗の経論がほぼ出そろった。そこで、それら多くの経典の間に見られる思想的な相違、矛盾を解消し、多くの経典を統一的に把握し秩序づける課題が生まれた。その課題に応えるものが教判だったのである。鳩摩羅什の頃から、このような教判思想が生まれ、しだいに発展していった。『法華玄義』には、いわゆる南三《なんさん》北七《ほくしち》の十種の教判思想が紹介、批判され、智顗の教判思想が展開されている。

要するに、智顗は、「妙法蓮華経」の五字が何を意味するのか、『法華経』の体は何か、『法華経』の宗は何か、『法華経』の力用《りきゆう》は何か、釈尊一代の教化における『法華経』の地位は何かという五つの視点から、『法華経』という経典を全体的、総合的に解明していくのである。

第一章　智顗の生涯と「妙法蓮華経」の略釈

第一節　天台の十徳と智顗の生涯

第一章では、四種の序、または、それに類するもの、「私記《しき》縁起《えんぎ》」「序王《じよおう》」「私序王《しじよおう》」「譚玄本序《たんげんほんじよ》」について順に説明する。

はじめに灌頂《かんじよう》の「私記縁起」について解説する。これは、灌頂が『法華玄義』『法華文句』を「私記」する「縁起」を叙述したものである。「私記」は灌頂が他の人とともに記録したのではなく、独自に記録したものであることを意味する。その「縁起」、つまり、由縁、由来を叙述したものである。この「私記縁起」の実際の構成は、いわゆる「天台の十徳」を列挙する部分と、「私記」の「縁起」を叙述する部分とに分けられる。

ここでは、「天台の十徳」と関連づけながら、智顗の生涯について概説する。

第一徳については、「大法東漸《とうぜん》してより、僧史に載する所、詎《いず》くんぞ幾人か曾て講を聴かずして、自ら仏乗を解《げ》する者有らんや――偉大な教え（仏法）が東方（中国）に流伝し、僧侶についての歴史書

『高僧伝』など)に掲載されたものの中で、どれだけの人が講義を聞かずに、自分自身で仏乗(『法華経』）を理解したであろうか」（『大正新脩大蔵経』第三十三巻六八一頁上段。以下、巻数を省略する。十徳については、訓読訳と現代語訳を記す）とある。つまり、中国仏教史において、自解仏乗《じげ》の人は智顗ただ一人であるという主張である。「仏乗」は、いうまでもなく『法華経』方便品《ほうべんぼん》に基づくもので、仏になるための教えを意味する。阿羅漢《あらかん》になるための声聞乗《しょうもんじょう》、縁覚《えんがく》になるための縁覚乗などは方便の教えであり、すべての人が平等に仏になることのできる仏乗が唯一実在すると説くのが『法華経』にほかならない。

第二徳については、「縦令《たと》い発悟するも、復《ま》た能《よ》く定《じょう》に入り、陀羅尼《だらに》を得る者ならんや――たとい悟っても、さらに禅定に入り陀羅尼（経典を記憶する力）を獲得することのできるものであろうか」（六八一上）とある。第二徳以下の文は、「縦令い」「縦い」という句ではじまり、前の徳をたとい実現していても、次の徳を実現しているものは智顗だけであるという構文をなしている。したがって、ここで「発悟」とあるのは、第一徳における「自解仏乗」を指す。ただし、妙楽《みょうらく》大師湛然《たんねん》の『法華玄義釈籤《しゃくせん》』（以下、『釈籤』と略記する）によれば、具体的には、智顗が大蘇《だいそ》山《ざん》で一乗を悟って、慧思《えし》の代わりに、金字《こんじ》の『大品般若経《だいぼんはんにゃきょう》』を講義したことを意味する。また、「定に入りて陀羅尼を得る」とは、法華三昧《ざんまい》の前方便《ぜんほうべん》に入り、初旋《しょせん》陀羅尼を得たことを意味する。これが「華頂降魔《かちょうごうま》」と並んで智顗の生涯における二つの大きな悟りの一つ、「大蘇開悟《かいご》」といわれるものである。

慧思との出会いまでの智顗の生涯

ここでは、大蘇開悟までの智顗の生涯について説明する。

智顗は、梁の大同《だいどう》四年（五三八）七月に誕生した。諱《いみな》を智顗、字《あざな》を徳安《とくあん》という。諱は、死者の生前の名、すなわち本名のことであるが、この場合は出家時の名前である。ちなみに、「顗」には、うやうやしいさま、やすらか、楽しい、静か、などの意味がある。この時代は南北朝時代と呼ばれる時代で、南朝では、後の史家に仏教に溺れたと酷評された梁武帝《りょうぶてい》（五〇二―五四九在位）の長期政権が続き、北朝では、北魏が東西に分裂（五三四年）して戦乱の時期に入った頃であった。

智顗の父、陳起祖《ちんきそ》は文武二道に優れ、梁の湘東王蕭繹《しょうとうおうしょうえき》（後の元帝《げんてい》。五〇八―五五四。五五二―五五四在位）の賓客となり、後に蕭繹が侯景《こうけい》を打ち破ったときの戦功によって、使持節《しじせつ》、散騎常侍《さんきじょうじ》、益陽県《えきようけん》の開国侯《かいこくこう》の職に就いた。熱心な仏教信者であった徐《じょ》氏の娘と結婚し、第二子として智顗が生まれた。

偉人の誕生説話には神秘的な事がらがよく伝えられるが、智顗の誕生時に関しては次のようなエピソードが伝わっている。灌頂が記した『天台智者大師別伝《てんだいちしゃだいしべつでん》』（以下、『別伝』と略記する）に記されている話であるが、母親が五色のかぐわしい煙が霧のように軽く浮き、まとわり繞って胸中に入ったのを夢に見た。そこで、母はそれを払いのけようとしたが、人から「過去世の因縁によって王道を身ごもったのである。福徳が自然にもたらされたのだから、どうして取り除こうとするのか」といわれたそうである。また、白い鼠を呑み込むのを夢に見て、身重になったことを自覚した。出生《しゅっしょう》のときには、夜に不思議な光が現われ、部屋を選んで光り輝き、隣室までともに輝かせたそうである。そこで、近隣の人たちは、最初の霊瑞を思い出して、生まれた子を王道《おうどう》と呼び、また、後の光の瑞相によって光《こう》道《どう》と呼んだそうである。そこで、智顗の幼少時には、王道、光道という二つの名があったという。また、眼に重瞳《じゅうどう》、つまり、二つの瞳があったので、両親は人に知られないように用心したけれども、自然に知れ渡ったそうである。この重瞳は、すぐれた人物の相とされるもので、古代の聖王である舜《しゅん》や楚《そ》の項羽《こうう》（前二三二―二〇二）が備えていたといわれる。また、少年時代のエピソードとして、智顗は七歳のとき、近くの寺院で、僧の読誦《どくじゅ》する『法華経』観世音菩薩普門品《かんぜおんぼさつふもんぽん》（『観音経《かんのんぎょう》』）を一遍聞いただけで理解したと伝えられている。

次に、智顗の出家の事情について述べる。梁武帝が侯景に滅ぼされ（五四九年）、この侯景が簡文《かんぶん》帝《てい》を即位させて、後に殺害した。その後、蕭繹が侯景を滅ぼし（五五二年）、即位して元帝になったが、それも長続きせず、西魏軍に処刑された（五五四年）。これは智顗十七歳のときであったが、『別伝』には「家や国が滅び、親族が流浪した」とある。

父の命によって元帝政権に仕官していた智顗も、このようにめまぐるしい戦乱の中で、永遠の安らぎを仏教の世界に求めるようになり、長沙寺《ちょうさじ》の阿育王像《あいくおうぞう》の前で出家を決意したが、両親の許しを得られなかったので、そのときは出家を断念した。両親の死後、反対する兄陳鍼《ちんしん》を説得して、十八歳のとき、長沙の果願寺《かがんじ》の法緒《ほうしょ》のもとで沙弥《しゃみ》の十戒を受け、出家した。これには父の友人、湘州刺史《しょうしゅうしし》、王琳《おうりん》の経済的援助もあり、また法緒は母の親戚であったといわれる。その後、二十歳になって、江陵《こうりょう》の慧《え》曠律師《こうりつし》（五三四―六一三）から具足戒《ぐそくかい》を受けて比丘《びく》となった。梁が滅び、陳覇先《ちんはせん》（武帝）が陳朝を開いた年のことである。

智顗は、その後、衡州《こうしゅう》（湖南省衡陽県《こなんしょうこうようけん》）の南境にあるという大賢山《だいけんざん》に行ったが、興味深いエピソードが伝わっている。智顗が『無量義経《むりょうぎきょう》』『法華経』『観普賢菩薩行法経《かんふげんぼさつぎょうほうきょう》』の三部経を二十日間にわたって読誦し、さらに方等懺法《ほうどうせんぼう》を修した後に、夢に広々として見事に飾られた道場の中で雑然と散らばっている経典と仏像を、『法華経』を読誦しながら整理したのを見たというものである。この夢は、『法華経』を中心として、釈尊一代の仏教を総合統一する智顗の後半生の仕事を先取りしたものであると考えられる。当時の智顗の深い問題関心の所在を知らされる思いがする。

すでに江東、つまり揚子江《ようすこう》の下流地域（現在の江蘇省《こうそしょう》、浙江省《せっこうしょう》のあたり）には智顗が質問するに足る師はいなかったといわれる。そこで、光州《こうしゅう》の大蘇山にいる慧思の名声を聞き、北斉《ほくせい》と陳の国境近くに位置する大蘇山は当時危険な場所であったにもかかわらず、敢然と慧思に会いに行った。智顗が二十三歳のときであった。この二人の出会いのとき、慧思が智顗に語った言葉、「昔日、霊山《りょうぜん》にて同じく法華を聴く。宿縁の追う所、今復た来たる——〔私とあなたは〕昔、霊鷲山《りょうじゅせん》でともに『法華経』を聴聞した。〔あなたは〕過去世の因縁に追われ、今再び〔私のもとに〕やって来た——」は大変有名である。慧思はこのとき、智顗に対して、「普賢道場を示し、為《た》めに四安楽行《しあんらくぎょう》を説」いたといわれる。「普賢道場」が二種の安楽行のうち、有相行《うそうぎょう》にあたり、「四安楽行」が無相行《むそうぎょう》にあたる（有相行、無相行については二七頁を参照）。

慧思の法華経観

慧思には『法華経安楽行義』という著作がある。今、述べた安楽行に関する論文である。慧思は、大乗の修行と悟り方に、鈍根《どんこん》の菩薩が次第行《しだいぎょう》を修行する立場と、利根《りこん》の菩薩が次第行を修行しない

(不次第行を修行する)立場とを区別する。次第行とは、煩悩を段階的に対治する修行の仕方を意味する。後者が『法華経』の立場で、その特色は「頓覚」(にわかに悟ること)、「疾成仏道」(速やかに仏の悟りを完成すること)ともいわれる。では、なぜ『法華経』が「頓覚」「疾成仏道」と規定されるのかといえば、衆生は本来六根清浄であり、その点で妙であると説明される。慧思は『法華経安楽行義』の随所で、このことを繰り返し述べている。「妙法」という経題の解釈においても、法＝衆生が妙であると解釈しているが、これは慧思独自の解釈である。しかし、衆生の現実は迷いそのものである。現実には迷っている衆生が本来の清浄性を回復するためには何が必要とされるのであろうか。その答えが熱心に禅定を修めることといわれる。

以上の内容は、『法華経安楽行義』の冒頭に、次のように宣言されている(現代語訳を示す)。

『法華経』とは、大乗であってにわかに悟り、師がなくとも自分で悟り、速やかに仏道を完成する〔経であり〕、すべての世間において信じることの困難な法門である。総じてすべての新しく学びはじめた菩薩が、大乗の〔他の〕すべての菩薩を越えて速やかに仏道を完成することを求めようとするならば、戒を保持し、忍耐し、精進し、熱心に禅定を修め、心を集中して熱心に法華三昧を学び、すべての衆生を観察して、みな仏のように思い、世尊を尊敬するように合掌し、礼拝し、またすべての衆生を観察して、みな偉大な菩薩・善知識のように思う必要がある。(大正四六・六九七下)

慧思によれば、安楽行には、安楽行品に説かれる無相行と、普賢菩薩勧発品に説かれる有相行とがある。引用文中の「熱心に禅定を修め」ることが無相行を意味する。したがって、無相行を実践することによって、衆生が本来の清浄性を回復することが最も重要とされるわけである。安楽行の定義については、慧思は多様な定義があるといっているが、重要な点は、苦受・楽受・不苦不楽受の三受が空《くう》（固定的実体がないこと）であることを認識することで、これを「楽」と規定する。この空の認識に立てば、すべてにおいて不動の境地が得られるので、これを「安」といい、これを自他ともに実践することを「行」という。

無相行と規定される安楽行は、『法華経』安楽行品によれば、四種類あるとされるが、注釈家によって、その内容の理解、名づけ方が異なっている。というのは、安楽行品自身には、具体的な名称が与えられていないし、それぞれの説明も必ずしも明確ではないからである。智顗は、身《しん》・口《く》・意《い》・誓願《せいがん》の四安楽行としているが、慧思によれば、第一は正しい智慧によって執著《しゅうじゃく》を離れる（正慧離著《しょうえりじゃく》）安楽行、第二は軽々しく褒めたりけなしたりしない（無軽讃毀《むきょうさんき》）安楽行で、声聞たちを転換させて仏智を得させる（転諸声聞令得仏智《てんしょしょうもんりょうとくぶっち》）安楽行とも名づけられる。第三は悩みがなく平等である（無悩平等《むのうびょうどう》）安楽行で、善知識を尊敬する（敬善知識《きょうぜんちしき》）安楽行とも名づけられる。第四は慈悲によって〔衆生を〕救い取る安楽行で、夢の中で神通と智慧、仏道と涅槃《ねはん》を完備し完成する（夢中具足成就神通智慧《むちゅうぐそくじょうじゅじんずうちえ》仏道涅槃《ぶつどうねはん》）安楽行とも名づけられる。

『法華経安楽行義』は、この四安楽行のすべてを解説したものではなく、第一の安楽行である正慧離著安楽行についてのみ解説したものである。中でも、菩薩の理想的な行動のあり方を説く部分に出る「忍辱地《にんにくち》に住すること」について、衆生忍・法忍・大忍の三忍という概念を用いて解説したものである。

三忍について説明する前に、無相行と有相行についての慧思の説明を紹介する。まず、無相行については、「無相行とは、とりもなおさず安楽行である。すべての法に対して、心相が寂滅《じゃくめつ》しており、結局のところ不生であるので、無相行と名づけるのである。常にすべての深く妙なる禅定において、行住坐臥《ぎょうじゅうざが》、飲食、発話のすべての礼儀にかなった振舞いにおいて、心が常に安定しているからである」（同前・七〇〇上）といわれる。すべての法に対して、空であると認識すれば、心相が静まりかえった境地に達し、これを「深く妙なる禅定」といっているが、これこそ無相行である。したがって、禅定といっても、ただ静止的な坐禅だけをイメージするのは誤りで、空の認識に基づいて、行住坐臥、飲食、発話、つまりすべての行動において心が安定していることをいったと理解すべきであろう。このことは、後に述べる三忍の説明によく示されている。

有相行については、「これは普賢勧発品の中の、『法華経』を誦し、散心《さんしん》で精進することである。このような人は禅定を修めず、三昧《さんまい》に入らず、坐、立、行において、一心に『法華経』の文字に専念し、精進して横にならず、あたかも頭が燃えるのを救う（必死なさま、真剣なさまをたとえる表現）ようなものである。これを文字《もんじ》有相行と名づける」（同前・七〇〇上―中）といわれる。無相行が禅定であるのに対して、有相行は禅定ではなく、散心（禅定に入った安定した心である定心に対して、日常的な心のこと）で『法華経』を読誦し、厳しい実践行に勤めることが特色である。この修行が完成すれば、普賢菩薩の金剛の色身《しきしん》（身体の意）が六牙《ろくげ》の象王《ぞうおう》に乗って、その人の前にとどまるのが見えたり、釈尊や過去七仏（毘婆尸仏《びばしぶつ》から釈尊までの七人の仏）、さらには十方三世《じっぽうさんぜ》の諸仏を見ることができ、三種の陀羅尼を完備し、すべての三世の仏の法を完備すると指摘されている。三種の陀羅尼とは、第一には総持《そうじ》陀羅尼であり、五眼《ごげん》の中では肉眼《にくげん》・天眼《てんげん》に相当し、また菩薩の道慧《どうえ》に相当する。第二には百千万億旋《せん》陀羅尼であり、法眼《ほうげん》、菩薩の道種慧《どうしゆえ》に相当する。第三には法音《ほうおん》方便陀羅尼で、仏眼《ぶつげん》、菩薩の一切《いっさい》種慧《しゆえ》に相当する。

能動的忍辱思想——護法の闘い

慧思の波乱に満ちた生涯の秘密を解く鍵が、慧思の三忍（衆生忍・法忍・大忍）の解説によく示されていて興味が尽きない。慧思の『立誓願文《りゆうせいがんもん》』によれば、彼は三十四歳のとき、三十九歳のときの二度にわたり、邪悪な比丘たちのために、毒殺されそうになったこと、四十二歳のときには、嫉妬に狂った邪悪な比丘たちに殺されそうになったこと、四十三歳のときには、邪悪な比丘にそそのかされた在家の信者たちに兵糧攻めにされ、危うく餓死する寸前にまで至ったことを述懐している。このような迫害の原因は、慧思の新しい仏教思想が当時の悪比丘に理解されず、かえって怒りを買ったためであろうが、中国の末法思想をはじめて宣言した慧思は、激しい布教を展開した。

第一に、衆生忍の三種の意義について、次のように述べている。やや長くなるが、現代語訳を示す。

第一の意義は、菩薩が、他人に打たれ罵られ、軽蔑され、けなされたりする場合、このとき、当然忍耐して復讐をしないようにするべきである。当然次のように観察するべきである。私に身があることによって、打ち罵ることがもたらされる。たとえば的のあることによって、はじめて矢の当たることがあるようなものである。私にもし身がなければ、誰がやって来て打つであろうか。

　私は今当然熱心に空観《くうがん》を修習《しゅじゅう》するべきである。空観がもし完成すれば、私を打ち殺すことのできる者はいない。もし罵られる時、正しく思い思惟すれば、この罵る声は発せられるやすぐに滅し、前後相続しない。明らかに観察すれば、また生滅《しょうめつ》がないこと、空中の響のようなものである。誰が罵り、誰が受けるであろうか。音声は耳に入って来ず、耳は声を聞こうとしない。このように観察したならば、すべて怒りや喜びがない。

　第二種の意義とは、菩薩はすべての衆生に対して、すべて打ち罵ることがなく、常に穏やかな言葉を与え、彼の心を守り、導こうとする。打ち罵る事がらについて、心が安定して乱れない。これを衆生忍と名づける。衆生がもし菩薩の忍を見れば、すぐに菩提心《ぼだいしん》を生じる。衆生のためであるから、衆生忍と名づける。

　第三の意義とは、強情な悪い衆生という対象に対して、調伏《じょうぶく》して心を改めさせるために、ある場合は粗雑な言葉を与えたり、けなしたり、罵り辱めたりし、彼を慚愧《ざんき》させ善心を生じることができるようにさせるので、衆生忍と名づける。（同前・七〇一中）

　要約すると、第一の意義は、菩薩がさまざまな迫害を受けるとき、自他一切の空を徹底的に観察して、迫害に対してすべての怒りや喜びを乗り越えることをいう。第二の意義は、菩薩が他の衆生を忍耐強く教化することをいう。忍耐強くということは、穏やかな言葉を話すなどの優しい態度を意味する。これは第三の意義と対照的な内容である。第三の意義は、受動的な忍耐ではなく、強情で邪悪な衆生に対しては、徹底的に厳しく調伏する態度で臨むことである。この第三の意義が慧思独自のものであり、通常の忍辱の意味とはまったく異なるので、改めて別の箇所で取りあげられる。その箇所で、慧思は、自分が他から打たれ罵られても復讐しないのは、世俗の戒の中の外面的な礼儀にかなった振舞いとしての忍辱であり、また空の認識に基づいて恨みや憎しみを生じないのは、新しく学びはじめた菩薩が世間の批判を避け、戒・定・慧を修めるための方便の忍辱であり、大菩薩の忍辱ではないと位置づけている。慧思は、大乗経典を守るために、あえて五百人の婆羅門《ばらもん》を殺害した仙予《せんよ》国王の説話、覚徳《かくとく》比丘を守り、正法《しょうぼう》を守るために、一国中の破戒の悪人を殺害した有徳《うとく》王の説話を『涅槃経』から引用して、これこそ大慈大悲であり、菩薩の大方便の忍辱であって、小菩薩のよくなしうる所ではないと主張している。そして、結論的に、

護法の菩薩もまた当然このようであるべきである。どうして大忍辱と名づけないであろうか。もしある菩薩が世俗の忍を実行して、悪人を対治せず、彼に悪を増大させ正法を破壊させるならば、この菩薩はとりもなおさず悪魔であって、菩薩ではない。また声聞と名づけることはできないのである。なぜか。世俗の忍を求めれば、法を守ることができないからである。外に対しては忍のように見えても、もっぱら魔の行為をなす。菩薩がもし大慈大悲を修め、忍辱を完備し、大乗を建立《こんりゅう》し、および衆生を守れば、もっぱら世俗の忍に執著することはできないのである。なぜか。もしある菩薩が悪人を守って、処罰することができず、彼に悪を増大させ、善人を悩まし乱し、正法を破壊させるならば、この人は実に〔菩薩で〕ないのであって、外に対しては偽って〔菩薩に〕似せた姿を示し、常にこのようにいう。「私は忍辱を行なっている」と。その人は命が終わって、悪人たちと一緒に地獄に落ちる。このために、忍辱と名づけることはできない。（同

前・七〇一下―七〇二上）

と述べている。『立誓願文』に見られる、慧思の激しい他者批判と、それが彼の身にもたらした数多くの迫害の思想的な原因がここに述べられているといえるであろう。『法華経』の安楽行品の趣旨を越えて、慧思独自の忍辱思想を展開したものといえる。

次に、法忍の三種の意義については、引用は省略するが、おおよそ次のように整理される。第一の意義は、空の認識に基づいて、すべての法に対して不動の境地を得ることであり、第二の意義は、菩薩が法忍をすべて完備して、これを衆生に教えることである。この場合、衆生の機根の差別を観察して、方便によって大乗に転換させる。声聞・縁覚が菩薩となれば、仏と同じであるといわれる。第三の意義は、菩薩が自在の智慧によって、衆生を観察し、方便によって、ある場合は持戒の姿を示し、ある場合は破戒の姿を示すなどの行為をなすことである。要するに、空の認識と衆生救済のための方便を強調したものと捉えることができる。

最後に、大忍は神通忍とも呼ばれる。菩薩は発心《ほっしん》するとき、一切衆生の救済を願うが、修行が進んで空観が深まると、衆生を空、無実体と観察し、救済の気持ちを失いかける。このとき、菩薩は本来の誓願を思い出して、誓願に背くのではないかと考えると、そのとき、十方の現在仏が、この菩薩に衆生救済の本来の誓願を思い出して、衆生を捨てるなと呼びかける。このとき、菩薩は偉大な神通力を得るとされる。つまり、菩薩が本来の衆生救済の誓願を忘れず、偉大な神通力を獲得して、縦横無尽に活躍することが大忍といわれる。『法華経安楽行義』には空観の徹底が強調されるだけに、空が誤解されて、衆生救済を妨げることにつながらないように、慧思はこの大忍を説いていると考えられる。

以上のように、「忍辱地に住する」の解釈において、衆生忍・法忍・大忍を説くが、とくに、衆生忍の第三の意義に見られる、凶悪な衆生に対する厳愛に基づく大菩薩の忍辱の強調は、慧思の激しい生涯と重ね合わせて見ると、とりわけ興味深いものがある。通常の受動的な忍辱思想を越えた慧思独自の能動的忍辱思想の展開と思う。また、法忍における衆生救済のための方便の強調と、大忍における衆生救済のための神通力の強調も重要である。空の認識の徹底と、衆生救済の熱情とが兼ね備わって、慧思の思想の骨格を形成しているといえよう。ここに、大乗仏教の菩薩道の眼目があることを忘れてはならない。

智顗の大蘇開悟

ここで、大蘇開悟について説明する。智顗は、慧思のもとで『法華経』の読誦を志し、二週間を経過して『法華経』の薬王菩薩本事品《やくおうぼさつほんじほん》第二十三まで読み進んだ。薬王菩薩本事品においては、薬王菩薩の過去世の物語が語られる。薬王菩薩は一切衆生喜見《いっさいしゅじょうきけん》菩薩という名で、日月浄明徳仏《にちがつじょうみょうとくぶつ》のもとで修行していたが、『法華経』の功徳《くどく》によって現一切色身三昧《げんいっさいしきしんざんまい》（あらゆる身体を現わし示すことのできる三昧）を得たことを感謝して、仏と『法華経』に供養しようと思った。さまざまな神通力によって供養したが、わが身を供養するのが最高の供養だと考えて、身を燃やして供養し、光明を放って八十億恒河沙《ごうがしゃ》の世界を照らした。その後、喜見菩薩はまた日月浄明徳仏の国の浄徳《じょうとく》王の家に生まれ、仏が涅槃に入った後に、その舎利《しゃり》を供養するために自分の両腕を焼いて灯火とした。ところが、みなが喜見菩薩の両腕がなくなったのを悲しんだので、喜見菩薩は、自分は両腕を捨てて仏身を獲得するのであり、このことに間違いがないならば、両腕はもとのようになるであろうと誓ったところ、自然にもとのように両腕が回復した。これが、有名な薬王菩薩の焼身供養《しょうしんくよう》の話である。

これに対して、『法華経』には「其の中の諸仏は同時に讃えて言わく、善き哉《かな》。善き哉。善男子よ。是れ真の精進なり。是れ真の法もて如来を供養すと名づく」とあるように、諸仏が薬王菩薩の焼身供養を真の法供養と讃歎する。『別伝』によれば、智顗はこの箇所を読誦して、突然身心がからっとして静かに禅定に入り、この禅定の力によって、総持（経典を記憶する力）が生じ、『法華経』がよく理解できるようになったとある。智顗はそのことを慧思に報告すると、慧思は「爾《なんじ》に非ずんば、証せず。我れに非ずんば、識《し》ること莫《な》し。入る所の定は、法華三昧の前方便なり。発する所の持は、初旋陀羅尼なり。縦令い文字の師、千群万衆たりとも、汝の辯《べん》を尋ぬるに、窮む可《べ》からず。説法人の中に於いて、最も第一と為す」（『別伝』、大正五〇・一九二上）と答えたのである。

『釈籤』が天台の第二徳の「定に入りて陀羅尼を得る」を、法華三昧の前方便に入り、初旋陀羅尼を得ると解釈したのは、この『別伝』の記事に基づいたものである。「初旋陀羅尼」とは、『法華経』普賢菩薩勧発品に説かれる、旋陀羅尼、百千万億旋陀羅尼、法音方便陀羅尼の三種の陀羅尼（大正九・六一中を参照）の最初の旋陀羅尼に相当する。前に述べたように（二七―二八頁を参照）、慧思の『法華経安楽行義』には五眼のなかの肉眼、天眼であって菩薩の道慧に当たると解釈している（大正四六・七〇〇中を参照）。慧思は、百千万億旋陀羅尼を五眼のなかの慧眼《えげん》、菩薩の道種慧に当たると解釈し、法音方便陀羅尼を五眼の中の仏眼、菩薩の一切種慧に当たると解釈している。

また、『法華文句』巻第十下には、「仮《け》を旋《めぐ》らして空に入る」と解釈している（大正三四・一四八下を参照）。これは二乗の立場を指すものと解釈しているわけである。『法華文句』では、百千万億旋陀羅尼を「空を旋して仮に出づ」と解釈し、法音方便陀羅尼を「二を方便道と為して、中道第一義諦《ちゅうどうだいいちぎたい》に入ることを得」と解釈している。これは三種の陀羅尼を、順に二乗の空、菩薩の仮、仏の中道の立場を指すものと解釈していることを意味する。そもそも、この三種の陀羅尼がどんな意味かは必ずしも明らかではない。『法華経』そのものには、何の説明も与えられていないからである。ただし、この陀羅尼の名称から推定すると、旋陀羅尼は、旋、つまり教えを転じることのできる陀羅尼＝記憶力を意味すると考えられる。したがって、百千万億旋陀羅尼は、膨大な回数、教えを転じることのできる陀羅尼を意味すると思われる。法音方便陀羅尼には、少し問題があり、梵本によれば、これに相当する梵語は、薬王菩薩本事品に出る「一切の語言を解する陀羅尼」と同じなので、法音方便陀羅尼という漢訳はテキストの誤り、翻訳の誤りに基づくのではないかと指摘する学者もいる。そもそも、インド仏教史においては、大乗経典の成立する紀元前一世紀頃から、経典の書写の功徳が強調されるが、一般には経典は暗記するしかなかったわけで、その意味で、経典を記憶する力が重視された。当時の人は私たちの想像以上に記憶力がよかったわけである。経典に出る「受持」という言葉の本来の意味も、経典を暗記することを意味する。当時は、記憶媒体（記録メディア）もなければ、簡単に貝葉《ばいよう》や紙などに筆録することができたわけでもないのであるから、記憶力が強調されることも当然のことであった。陀羅尼とは、本来はこの記憶力を意味した。

次に、「法華三昧の前方便」とは、どのような意味であろうか。まず、「法華三昧」という言葉は、

『法華経』妙音菩薩品《みょうおんぼさつほん》に出ている。妙音菩薩が獲得している多くの三昧のうち、具体的に十六の三昧の名を列挙する中の一つとしてあげられている。また、劉宋《りゅうそう》の智厳《ちごん》訳『法華三昧経』に出ている。しかし、経典にはこの三昧の具体的な説明はないので、その内容はよくわからない。ただし、智顗は『摩訶止観《まかしかん》』において、四種三昧《ししゅざんまい》の中の半行半坐《はんぎょうはんざ》三昧を解説する中で、方等三昧と法華三昧に論及しており、その法華三昧をより詳しく解説した書物として『法華三昧懺儀《せんぎ》』がある。これは、『法華経』『観普賢菩薩行法経』に基づいた一種の懺悔法《さんげほう》を説いたものである。詳しい説明は省略するが、智顗が体系化したものであるから、智顗のいわゆる大蘇開悟に対する慧思の発言に出る法華三昧を『法華三昧懺儀』の内容と同じと解釈することには、やや無理があると思われる。

慧思が法華三昧を獲得したことは、『続高僧伝』巻第十七の慧思伝にも記述されている（大正五〇・五六三上を参照）。また、『法華経安楽行義』の冒頭において、慧思が法華三昧を熱心に修学すべきことを説いていることは、前に述べた。この場合の法華三昧についても、とくに明確な説明はない。広い意味では安楽行の中の無相行、有相行を指すかもしれないが、三昧という言葉を文字通り受けとめれば、散心で『法華経』の読誦に励む有相行は三昧とはいえないので、狭い意味では安楽行の中の無相行を指すと解釈したい。そして、その無相行の中身は、空の徹底的な観察、認識を指すのではないであろうか。智顗になると、空仮中《くうけちゅう》の円融《えんゆう》の三諦《さんたい》を一心三観《いっしんさんがん》すること（すべての存在をそのまま空であり、仮であり、中道であると同時に観察すること）を意味するように、理論的に深化していくと思われるが、慧思の場合には、まだそのような理論化はなされていなかったと思われる。ただし、後に説明するように、智顗が慧思に三観智《さんがんち》について質問したことが事実とすれば、慧思の場合も単なる空の認識だけではなく、一心三観の理論に相当するものがすでに形成されていたと考えることも十分可能だと思われる。資料の少ないことが残念である。

このように、慧思の悟りを指す法華三昧の内容が明確に説明されているわけではないが、智顗は、その法華三昧の前方便、すなわち前段階に達したと評価されたわけである。

金字の『大品般若経』の代講

天台の第二徳に関する『釈籤』の解釈の中には、智顗が金字《こんじ》の『大品般若経』を講義したことを指摘している。慧思が金字の『大品般若経』を造ったことは、彼の『立誓願文』にも出ている。金字とは金泥、つまり膠《にかわ》でといた金粉で経典を書写したものである。『別伝』によれば、慧思はこの『大品般若経』について、自ら玄義を説いたが、随文釈義は智顗に任せ、智顗は三三昧《さんざんまい》と三観智についてのみ慧思に教えを受け、それ以外はすべて自分で解釈したとある。智顗が質問した三三昧とは、一般には空・無相・無願の三種の三昧のことであるが、当の『大品般若経』巻第一、序品には「三三昧とは、有《う》覚《かく》有《う》観《かん》三昧、無《む》覚《かく》有観三昧、無覚無《む》観《かん》三昧なり」（大正八・二二九上）とある。覚は対象を分別《ふんべつ》する心の粗い働き、観は細かい働きをいい、新訳ではそれぞれ尋《じん》、伺《し》と訳す。

三観智については、まず『大品般若経』巻第一、序品には「菩薩摩訶薩《まかさつ》、道慧を具足せんと欲せば、当《まさ》に般若波羅蜜《はらみつ》を習得すべし。菩薩摩訶薩、道慧を以《もっ》て道種慧を具足せんと欲せば、当に般若波羅蜜を習行すべし。道種慧を以て一切智を具足せんと欲せば、当に般若波羅蜜を習行すべし。一切智を以て一切種智を具足せんと欲せば、当に般若波羅蜜を習行すべし。一切種智を以て煩悩の習を断ぜんと欲せば、当に般若波羅蜜を習行すべし。舎利弗《しゃりほつ》よ。菩薩摩訶薩は応《まさ》に是《かく》の如く般若波羅蜜を学ぶべし」(同前)とあるので、そこには道慧・道種慧・一切智・一切種智の四種の智慧が説かれていることになる。ところが、『大品般若経』巻第二十一、三慧品には「須菩提《しゅぼだい》言わく、『仏は一切智を説き、道《どう》種智《しゅち》を説き、一切種智を説く。是の三種の智に何の差別《しゃべつ》有るや』と。仏は須菩提に告ぐらく、『薩婆《さつば》若《にゃ》は是れ一切の声聞、辟支仏《びゃくしぶつ》の智なり。道種智は是れ菩薩摩訶薩の智なり。一切種智は是れ諸仏の智なり』」(同前・三七五中)とあるので、三観智は、一切智・道種智・一切種智の三種と考えてよい。なお、引用文中の「薩婆若」はサルヴァジュニャ(sarvajña)の音写語で、一切智と漢訳される。

天台教学の根本構造は、三観によって三惑《さんわく》を破り、三諦を観察し、三智を完成することである。図式的にいえば、第一に、空観《くうがん》(すべての存在は空であることを観察すること)によって、見思惑《けんじわく》を断じて、空諦(空という真理)を観察し、一切智を完成する。第二に、仮観《けがん》(すべての存在は空であるが、条件によって仮りに成立していることを観察すること)によって、塵沙《じんじゃ》惑を断じて、仮諦(仮という真理)を観察し、道種智を完成する。第三に、中観《ちゅうがん》(すべての存在が空に偏るのでもなく、仮に偏るのでもなく、それらを高次元で統合する中道であることを観察すること)によって、無明《むみょう》惑を断じて、中諦《たい》(中道という真理)を観察し、一切種智を完成することである。

三観	三惑	三諦	三智
空観	見思惑	空諦	一切智
仮観	塵沙惑	仮諦	道種智
中観	無明惑	中諦	一切種智

見思惑は、見惑《けんわく》と思惑《しわく》のことで、見惑は三界《さんがい》の道理に迷う煩悩で、思惑は三界の事象に迷う煩悩である。これらは界内の惑であり、三乗の人によって共通に断じられるので通惑という。塵沙惑は、無数の無知を意味し、菩薩によってのみ断じられるので別惑といい、界内、界外《かいげ》にわたる惑である。無明惑は、最も根源的で微細な煩悩であり、別惑、界外の惑と規定される。しかも、この三つの観察を同時に行なうことが究極的な立場と規定される。これを心を対象に行なうことを、一心三観といい、それに対応して、三諦円融《さんたいえんゆう》、あるいは円融三諦という。これを智に当てはめると、三智も段階的ではなく、同時に獲得されるべきであるということになる。この図式を前提に考えると、問題の所在がわかりやすくなると思う。

さて、『大品般若経』序品の説では、この三智を段階的に獲得することが説かれているわけであるが、これに対して、この序品の経文に対する『大智度論』の解釈を参照すると、巻第二十七に、「問うて曰わく、『一心の中に一切智・一切種智を得《え》て、一切の煩悩の習を断ず。今、云何《いか》んが一切智を以て具足して一切種智を得、一切種智を以て煩悩の習を断ずと言うや』と。答えて曰わく、『実に一切智（宋本・元本・宮本によって「智」を補う）は一時に得《う》。此の中には人をして般若波羅蜜を信ぜしめんが為めの故に、次第差品《しやほん》して説き、衆生をして清浄心を得しめんと欲す。是の故に是の如く説く。復た次に、一心の中に得《う》と雖《いえど》も、亦《ま》た初中後の次第有り。一心に三相有り、生は住に因縁《よ》り、住は滅に因縁《よ》るが如し」（大正二五・二六〇中）とある。『摩訶止観』巻第三下には、これを「三智は一心の中に得《う》」（大正四六・二六中）と表現している。すなわち、この三智は段階的に獲得されるものではなく、真実には同時に三智すべてを獲得できることを指摘しているのである。

ところで、『続高僧伝』巻第十七の慧思伝には、「後に学士江陵の智顗に命じて金経《こんきょう》を代講せしむ。一心に万行《まんぎょう》を具する処に至りて、顗に疑い有り」（大正五〇・五六三中）とある。つまり、智顗が疑問とした問題が、『別伝』における三観智と異なり、『続高僧伝』では「一心に万行を具する処」となっている。「一心に万行を具する処」といえば、『大品般若経』巻第二十三、一念品には、菩薩摩訶薩が般若波羅蜜を行ずる時には一念の中に六波羅蜜、乃至《ないし》、三十二相・八十随形好《ずいぎょうこう》を具足することを説いていて（大正八・三八六下―三八七上を参照）、『大智度論《だいちどろん》』巻第八十七では、この一念品を一心具万行《いっしんぐまんぎょう》品《ほん》と呼んでいる（大正二五・八七〇中を参照）ことが注意される。前述の「三智一心中得」と、「一心具万行」とはまったく同じ意味ではないが、一瞬の心に同時にすべての智慧を備えることと、すべての修行を備えることとは、修行によって智慧を獲得するという事態に着目すれば、思想的に通じる点もあるので、『別伝』と『続高僧伝』の記述は必ずしも矛盾しないと捉えることができるであろう。

『続高僧伝』では、智顗がこの箇所について、すなわち、一心具万行について疑問を持ったが、慧思は、これは『法華経』の円頓《えんどん》の趣旨であって、『大品般若経』の次第の立場、つまり段階的に修行する立場では理解ができないと指導した。そして、「吾れ昔、夏中《げちゅう》に苦節して此れを思う。後夜《ごや》、一念に頓《とみ》に諸法を発す。吾れ既に身証すれば、疑いを致すを労せざれ。顗は即ち法華の行法を諮受《しじゅ》す」（大正五〇・五六二中）とある。つまり、『法華経』の円頓の趣旨は慧思自身がかつて体験したものであるから、智顗に疑うなと戒めたのである。『別伝』には、慧思が智顗の代講について、「法、法臣に付し、法王無事と謂う可き者なり」（「法を法の臣下＝智顗に与え、法王＝慧思は何もする仕事がないということができる」の意。大正五〇・一九二上）といって讃歎したと述べている。

また、このとき、智顗の授戒の師である慧曠が智顗の講義を聞いていたので、『別伝』には二人のやりとりが紹介されている。慧思が慧曠に、私は他人さま（慧曠）の子の法を聞くだけですといったところ、慧曠は、智顗は慧思の子であって、私の子ではありませんと答えた。そこで、慧思は、自分にも智顗を育てた功績はなく、まさに『法華経』の力であるといった。

陳朝における智顗の名声

天台の第三徳については、「縦い定慧《じょうえ》を具するも、復た帝京に二法を弘めんや――たとい禅定と智慧とを備えていても、さらに帝都（陳の都建康《けんこう》）において〔禅定と智慧の〕二法を広めようか」（六八一上）とある。智顗は二十三歳のとき、大蘇山において慧思と巡り会ったが、やがて、二人の別離のときが来た。陳と後梁《こうりょう》との戦場が北に移動し、慧思がかねてから望んでいた衡州の南岳衡山《なんがくこうざん》への交通が開けたため、慧思は五六八年に四十余僧を引き連れて南岳に向かった。慧思が南岳大師と呼ばれるようになった理由は、晩年に南岳衡山に住んだからである。ちなみに、智顗が天台大師と呼ばれる理由も、彼の住んだ天台山にちなんだものである。

さて、『別伝』によれば、慧思は、智顗に対して、「自分は長い間、南岳に行きたいと思っていたが、残念なことには法を委ねる相手がいなかった。あなたはほぼその門を得、私の願いによく合致した。〔あなたがいるので〕私の〔仏法の〕理解はなくならない。あなたは、よって〔私の理解を〕汲み取るべきである。今、あなたに〔私の法を〕付嘱《ふぞく》する。あなたは法を取り、〔衆生の〕機縁に適合して、〔仏法の〕灯火を伝え、衆生を教化しなさい。後継ぎを絶やす最後の人となってはならない」と戒めた。このような厳しい指導があったので、智顗は慧思に随従することができず、また『続高僧伝』巻第十七、智顗伝によれば、このとき、慧思から「あなたは陳国に縁があるので、行けばきっと〔陳国に〕利益を与えるであろう」と忠告されたので、智顗は法喜《ほうき》など二十七名（『続高僧伝』の智顗伝では「三十余人」）とともに、陳の都建康に行った。智顗が三十一歳のときであった。智顗の父親は梁朝に仕えたので、陳朝になっても、父の友人などが政府の高官にいた。そのため、陳国に縁があるといわれたのであろう。

　さて、智顗は建康に到着後、禅学を誇っていた法済《ほうさい》との論争に勝って、彼の名声が広がったことなどが有名である。また、太建《たいけん》元年（五六九）、吏部尚書《りぶしょうしょ》、沈君理《しんくんり》の求めに応じて、瓦官寺《がかんじ》において『法華経』の経題を講義したことは重要である。宣帝《せんてい》（五六八―五八二在位）の勅命によって政務を一日休んで、陳朝の高官など大勢の人が聴講したといわれる。これによっても智顗の名声は高まり、建康の仏教界において弟子の礼をとる高僧が多かったといわれる。瓦官寺には八年間住んだが、その間、『大智度論』『次第禅門《しだいぜんもん》』の講義をしたことが伝えられている。

天台山に入る・華頂降魔

　天台の第四徳については、「縦令い席を盛んにするも、徒衆を謝遣して山谷に隠居せんや――たとい講席が多くの人で賑《にぎ》わっても、弟子たちをことわり去らせ、山谷に隠れ住むであろうか」（六八一上）とある。智顗は、知人の沈君理、王琳、周弘正《しゅうこうせい》などを亡くし、五七四年には、北周《ほくしゅう》の武帝による廃仏が断行されたことを法彦《ほうげん》という青年僧から聞いた。智顗は、瓦官寺に住んで多くの弟子を育成したが、年を追うごとに、法を得るものが少なくなっていった。『別伝』によれば、最初は四十人とともに坐禅をして二十人が法を得、次の年は百余人とともに坐禅をして二十人が法を得、次の年は二百人とともに坐禅をして十人が法を得たとある。このように弟子の数は増えても、法を得るものの数はしだいに減少することを、智顗は厳しく自己反省して、これでは自身の修行を妨げるだけでなく、また他の者を化導《けどう》することをも妨げてしまうとして、ついに天台山に入ることを決意した。陳の宣帝は太建七年（五七五）四月一日付けの勅によって智顗を慰留し、僕射《ぼくや》（尚書省の次官）の徐陵《じょりょう》も慰留したが、智顗はついに九月に天台山に入った。陳朝における輝かしい名声を捨てて、自らのさらなる修行のために敢然と天台山に入ったことを、この第四徳は示している。

天台山では、すでに述べた大蘇開悟と並ぶ華頂峰《かちょうほう》における降魔《ごうま》という悟りが実現した。智顗が天台山に入ったときには、「入山三十年」（『別伝』）、あるいは「四十年」（『続高僧伝』の智顗伝）といわれる定光《じょうこう》禅師がおり、智顗は、定光の住まいの北に草庵を結んだ。その後、天台山の最高峰である華頂峰において、熱心に禅定に取り組んでいたところ、強軟二つの魔がそれを妨害しようとしたが、智顗はそれに紛動されず、ついに明けの明星の出る朝方、一人の神僧（神妙不可思議な僧）から一実諦《いちじつたい》の法を授けられたといわれる。強い方の魔とは、大風が吹きつけ、雷鳴がとどろく中、恐ろしい魑魅《ちみ》魍《もう》魎《りょう》、要するにさまざまな化け物が智顗を襲ってきたことをいう。智顗が心を安定させてひっそりとして空なる境地にいたると、恐ろしい情況はひとりでに消えたといわれる。軟らかい方の魔とは、両親や師僧の姿を取って、泣き落としで修行を妨げようとするものをいい、智顗は実相《じっそう》を心に思い、本無《ほんむ》＝真如《しんにょ》を体得して、乗り越えた。これらの魔を打ち破った後、神僧が出現して、智顗のために説法したといわれる。『別伝』には、この説法の内容は言葉で表現できないとして、具体的な説明を示していないが、智顗が神僧にその法門の名前と、学び方、弘通《ぐずう》の仕方を質問すると、神僧は、法門の名は一実諦といい、般若によって学び、大悲によって弘通するようにと答えた。

以上が華頂降魔と呼ばれるものである。大蘇開悟は慧思によって法華三昧の前方便と評価されたようにまだ究極的なものではなかったが、この華頂降魔は究極的な悟りとして描かれている。ちょうど釈尊の降魔成道《じょうどう》に対応するようなものとして捉えられていると思われる。智顗の伝記には、このような重大な宗教体験はこれしか伝えられていないが、実際にはもっと多くの体験があったと思われる。宗教体験とそれの理論化の往復作業が、智顗の人生だったのではないであろうか。したがって、ここにいわれる一実諦の法門の内容も、智顗によって体系化される一念三千《いちねんさんぜん》の法門や、空仮中の三諦円融の法門の基盤となるものと捉えてよいのではないかと思う。

陳・隋二朝に重んじられる

天台の第五徳については、「縦い世を避け玄を守るも、徴《め》されて二国の師と為らんや——たとい世間を避けて奥深い道を守っても、召されて〔陳・隋の〕二つの国の師となるであろうか」（六八一上）とある。智顗は太建七年（五七五）に天台山に隠棲したが、彼の名声は、天台山に静かに住み続けることを許してくれなかった。陳の後主《こうしゅ》（五八二—五八九在位）は、至徳《しとく》三年（五八五）正月十一日、二月八日、二月二十八日の三度にわたって、智顗に陳の都、建康に出るように勅命を下した。三月十日には、智顗の檀越《だんのつ》であった永陽王《えいようおう》（陳伯智《ちんはくち》、陳の世祖《せいそ》文帝の第十二子）を介して、都に出るように命じた。智顗も再三の依頼を断りきれず、ついに三月下旬、天台山を下りて、再び建康の地を踏んだ。

智顗ははじめに至敬寺《しきょうじ》で旅装を解いたが、その後四月には、霊曜寺《りょうようじ》に移った。同月、太極殿《たいきょくでん》（皇帝の住む宮中の正殿）において、勅命により『大智度論』の題目を講義し、九月には、再び太極殿において、『仁王《にんのう》般若経』を講義した。その後、智顗は光宅寺《こうたくじ》に移り住んだ。光宅寺は梁武帝が創建した名刹で、『法華義記《ぎき》』を著わした（実際には弟子が筆録した）法雲《ほううん》もこの寺に住んだので、法雲の名とともに有名である。後主は光宅寺において、至徳四年（五八六）四月に捨身《しゃしん》を行なった。捨身とは、自分の身を寺に布施して、仏・法・僧の三宝《さんぼう》の奴《やっこ》（奴隷の意）となることである。皇帝の捨身は、すでに梁武帝に先例があった。皇帝の身が寺の所有物になるのであるから、これでは政治ができない。そこで、実際には、国家が再び莫大な財物を出して、皇帝の身を買い戻すことになる。この捨身のとき、智顗は『仁王般若経』を講義し、後主は大衆の面前で、智顗に対して三拝した。宗教的権威が世俗の権力に優越することを示したものである。中国には、出家僧であっても、当然中国の礼に従って皇帝に敬礼すべきであるという議論と、出家僧は世俗を超越した存在であるから、世俗の権力者である皇帝に対して敬礼する必要がないという議論があった。仏教者は後者の立場を取り、政治家は前者の立場を取ることが多い。宋《そう》・金《きん》代頃までは、基本的に後者が法制的には許された（礪波護『隋唐の仏教と国家』〔一九九九年、中公文庫。初出は一九八一年〕を参照）が、その後はしだいに前者が一般的になっていく。このように、陳の後主に帰依されたことが、第四徳において「二国の師」と表現されたうちの「陳国の師」に相当すると思われる。後主ばかりでなく、皇后も皇太子も智顗に帰依し、菩薩戒を受けた。

また、禎明《ていめい》元年（五八七）には、おそらく光宅寺において、『法華文句』の講説が行なわれた。灌頂が、そのことを『法華文句』の冒頭に記している。このように、智顗が建康で活躍している中で、陳は五八九年、隋に滅ぼされてしまったのである。智顗も難を避けて廬山《ろざん》に逃げた。

「隋国の師」といわれるのは、隋文帝が開皇《かいこう》十年（五九〇）正月十六日に、智顗に帰依する趣旨の勅書を送ったことを指す。また、文帝は、智顗が荊州《けいしゅう》において玉泉寺《ぎょくせんじ》を造営したとき、開皇十三年七月二十三日付けで、玉泉寺の勅額を与えた。熱心な仏教信者であった文帝は、自己の仏教信仰と、陳朝滅亡後の江南の統治政策のために、陳朝において重きをなしていた智顗を重んじたと考えられる。このような文帝の意を受けて、文帝の次男である晋王広《しんおうこう》（後の煬帝《ようだい》）も智顗の檀越となった。

天台の第六徳については、「縦い帝者に尊ばるるも、太極に対御して『仁王般若』を講ぜんや——たとい皇帝に尊敬されても、太極殿において、〔皇帝に〕向かって、『仁王般若経』を講義するであろうか」（六八一上）とある。これは、すでに述べた、至徳三年（五八五）の九月に太極殿において『仁王般若経』を講義したことを指す。

天台の第七徳については、「縦い正殿に宣揚するも、主上に三礼《さんらい》せられんや——たとい正殿（太極殿）において〔仏法を〕宣揚しても、天子に三たび敬礼されようか」（六八一上）とある。これも、すでに述べた、智顗が光宅寺において『仁王般若経』を講義したときに、陳の後主が三礼したことを指す。太極殿において講義したときに、後主が三礼したという記録はないので、太極殿と光宅寺における『仁王般若経』の講義を合わせて作文したものであろう。

天台の第八徳については、「縦令い万乗《まんじょう》膝を屈するも、百の高座、百官、称美讃歎して、弾指、殿に喧《かまびす》しからんや——たとい万乗〔の主である天子〕が膝を曲げて帰依しても、多くの僧侶、多くの役人が大いにほめたたえ、〔歓喜の〕指はじきの音が正殿に鳴り響いてうるさいほどであろうか」（六八一上）とある。『釈籤』によれば、「百の高座」が「道」（出家者）、「百官」が「俗」（在家者）をそれぞれ指し、これを受けて、次の第九徳に「道俗」と出ると指摘している。今は、『釈籤』に従う。

天台の第九徳については、「縦い道俗顒顒《ぐうぐう》たるも、『法華』の円意を玄悟せんや——たとい道俗（出家者と在家者）が仰ぎ尊んでも、『法華経』の円《まど》かな意義を深く悟るであろうか」（六八一上）とある。ここではじめて、智顗の『法華経』理解の深さについて言及している。

天台の第十徳については、「縦い経の意を得るも、能く文字無くして、楽説辯《ぎょうぜつべん》を以て昼夜流瀉《るしゃ》せんや——たとい経（『法華経』）の意義を得ても、文字がない（何の文字も見ないでの意）のに、さわやかな弁舌によって昼夜に〔教えを〕流れるように説くことができるであろうか」（六八一上）とある。これは、智顗の雄弁をたたえたものである。

これら十徳を示した後に、灌頂は「ただ我が智者（智顗のこと）だけが多くの功徳を完備している」と結んでいる。

智顗の晩年

ここで、天台の十徳に出ていない智顗の晩年についてもまとめて説明する。陳が隋に滅ぼされたとき、智顗は戦乱を避けて、廬山に逃げたことをすでに述べた。その後の智顗について、簡潔に紹介すると、智顗は廬山から生まれ故郷の荊州に行ったが、開皇十一年（五九一）十一月に、揚州《ようしゅう》の禅衆寺《ぜんしゅじ》において、晋王広に菩薩戒を授けた。晋王広は「総持菩薩」と名づけられ、智顗は「智者」の号を授けられた。智顗は禅衆寺に四箇月間滞在した後に、また廬山に戻り、開皇十二年（五九二）には廬山において夏安居《げあんご》をした。その後、智顗は慧思の霊を弔うために、八月に南岳に行き、その際、慧思のために碑文を作るように晋王広に依頼し、また、慧思の創建した大明寺《だいみようじ》（潭《たん》州）と、道安《どうあん》の創建した上明寺《じようみようじ》（荊州）の檀越になるように依頼した。

開皇十二年末か十三年（五九三）の初めに荊州に入った智顗は、まず十住寺《じゆうじじゆうじ》を修繕し、次に玉泉寺を造営した。このとき、晋王広の仲介で、開皇十三年七月二十三日付けで、文帝から玉泉寺の勅額を賜わったことは前に述べたとおりである。この頃、『法華玄義』の講説がなされた。また、開皇十四年（五九四）四月二十六日から玉泉寺において『摩訶止観』の講説がなされた。開皇十五年（五九五）の春には、晋王広の願いで、揚州に帰った。この後の智顗は、晋王広に依頼された維摩経疏《ゆいまきようしよ》の撰述に取り組み、七月には『維摩経疏』十巻を晋王広に贈った。この一部が現存する『三観義《さんがんぎ》』二巻と『四《し》教義《きようぎ》』十二巻であるといわれる。

智顗は、九月末頃に天台山に入った。陳の後主の求めに応じて天台山を下りたのが至徳三年（五八五）であったから、十年ぶりに天台山に戻ったことになる。天台山に入ってからも、維摩経疏の撰述に取り組み、先に晋王広に贈った『維摩経疏』十巻を改訂して、六巻の『玄義』と八巻の『文句』（おそらく仏国品《ぶつこくほん》までの注と推定される）を開皇十七年（五九七）の春、第二回目として晋王広に献上した。しかし、これは智顗にとって満足できない内容だったので、智顗はこれらを焼却するよう遺言したと伝えられる。開皇十七年の秋、予章《よしよう》の地で病気の療養をしていた灌頂が天台山に戻り、『法華玄義』

『摩訶止観』の整理本を智顗に提出したので、智顗はそれらを参照して、新たに『維摩経』の『玄義』の改訂に取り組みながら、合わせて随文釈義も進め、十月頃までに仏道品《ぶつどうほん》までの注釈を終えたと推定される。また、死期の近いことを感じて、『観心論《かんじんろん》』（『煎乳論《せんにゅうろん》』ともいい、灌頂の注釈がある）を口授した。十月十七日、晋王広の使者が智顗を迎えに天台山にやって来たので、智顗は病気をおして維摩経疏の第三回目の献上の旅に出たが、天台山の西門にある石城寺《せきじょうじ》から進むことができなかった。二十一日には、晋王広に「発願疏文《ほつがんしょもん》」（『国清百録』六十四）、「遺書《ゆいしょ》」（『国清百録』六十五）を口述し、寺塔の修復、建立などを願った。

臨終のときは、『法華経』『無量寿経』を唱え、その後、十如《じゅうにょ》・四不生《しふしょう》（自生・他生・共生《ぐうしょう》・無因生の四種の生じ方を否定し、不生を明らかにすること）・十法界《じっぽうかい》・三観《さんがん》・四諦・十二因縁・六波羅蜜を説いた。また、弟子の智朗《ちろう》の質問に答え、自ら修行に専念できれば六根清浄位に登ることができたであろうが、弟子の教育のために五品弟子位《ごほんでしい》にとどまったこと、智顗の師友が観音《かんのん》菩薩に侍従して自分を迎えに来ること、波羅提木叉《はらだいもくしゃ》（別解脱律儀《べつげだつりつぎ》、戒母《かいも》などと訳す）が智顗亡き後の師であり、四種三昧が明らかな導きであることを明らかにした。そして、結跏趺坐《けっかふざ》して、三宝の名を唱えながら、三昧に入るように亡くなった。ときに、開皇十七年十一月二十四日のことであった（新暦では、五九八年一月七日に相当）。遺骸は遺言によって天台山の仏隴峰《ぶつろうほう》の地に葬られた（今の智者塔院《ちしゃとういん》）。

維摩経疏は、智顗の死後、灌頂と普明《ふみょう》によって開皇十八年一月に献上されたと推定される。このときの献上本が現存する『維摩経玄疏《げんじょ》』六巻と『維摩経文疏《もんじょ》』二十八巻のうちの二十五巻（仏道品まで の注）である。『維摩経文疏』の後の三巻は灌頂が補ったものである。

智顗の晩年は、維摩経疏の撰述に明け暮れたように思われるが、晋王広はなぜ『維摩経』にこだわったのであろうか。晋王広は智顗から菩薩戒を受けているので、いわば在家の菩薩の立場に立っている。周知のように、『維摩経』は在家の菩薩である維摩詰《ゆいまきつ》が空の思想を踏まえながら、縦横無尽に活躍する様が描かれているので、晋王広は、自分を維摩詰に擬《なぞら》えたのかもしれない。

灌頂の『法華玄義』の聴聞

さて、天台の十徳を示した後に、灌頂の「私記」の「縁起」が説かれる。ここでは、その内容の要点を仮りに七点に整理して示す。ただし、灌頂の文章は簡潔すぎるので、内容を補って述べる。

第一に、灌頂が建康（揚州）の光宅寺において『法華文句』の講説を聞いたこと、江陵（荊州）で『法華玄義』を聞いたこと、最近、天台山に帰って、智顗の死に出合ったことを述べている。第二に、荊州と揚州とを往復して、ほとんど一万里の道のりを歩いたが、『法華経』の講義を聞いたのは、部分的なものをつなぎ合わせて、やっと一回だけであることを述べている。第三に、まだ聞かないこと、つまり智顗によって説かれなかったことを聞かなかっただけでなく、聞いたことについてもまだ理解できず、智顗の説いたことを繰り返し学び、仰げば仰ぐほどますます高く、きりこめばきりこむほどますます堅いことが自覚されると述べている。第四に、縁が浅く、二度、三度と『法華経』の講義を聞くことができなかったことは残念であり、質問したいと思っても、智顗の死のために、もはやその可能性はないと述べている。第五に、智顗から聞いたことが失われるならば、将来悲しむべきことであるので、『法華玄義』『法華文句』それぞれ十巻を書いて後世に伝えると述べている。第六に、経論の真実の言葉を引用して、智顗の奥深い解釈の正しさを証明し、あるいは諸師のさまざまな解釈を紹介して、それらが完全な解釈ではないことを検証すると述べている。第七に、後代の修行者は、すばらしい教えがここにあることを知るであろうと述べて、結びの言葉としている。

『法華玄義』だけでなく、『法華文句』についても言及されていることから、この「私記縁起」が『法華玄義』と『法華文句』に共通のものであることがわかる。ただし、灌頂自ら『法華文句』の成立を六二九年としているので、この「私記縁起」の成立も遅いのかもしれない。灌頂が天台山にやって来て、『法華玄義』『摩訶止観』の整理本を、智顗に提出したことを紹介した（四七―四八頁を参照）が、このときの『法華玄義』が現行のテキストそのものではなく、その後も灌頂によって手を加えられていったと思われる。

内容の要約の第六は、経論の引用や、諸師のさまざまな解釈の紹介は灌頂の手になることを意味したものであると解釈できる。実際に、『法華玄義』の中でも、そのような部分は、吉蔵《きちぞう》の『法華玄論』『法華義疏』を参照して編集されたことが、平井俊榮氏によって論証されている。ただし、『法華玄義』の中心は、智顗の『法華経』に対する奥深い解釈にあるはずであり、この部分を見失わないようにしなければならないと考える。

第二節　「妙法蓮華経」の略釈

序王の意味

次に、「序王」について説明する。「序王」とは、『釈籤』によれば、「王」は去声《きょせい》に読み、「起こす」「初め」という意味で、「序」は「衆文を起こすの始め」という意味である。したがって、二字で、以下の本文に当たる講説全体を起こす端緒の意と取ってよい。経典の講義の最初に、あらかじめその経典の趣旨を講じ、本論の端緒とするのである。したがって、ここには経典の解釈のエッセンスが示されることになる。

序王の内容の解釈

「序王」は短いものであるが、大きく分けると、二段落から構成されている。第一段落は、『法華経』の経題、つまり「妙法蓮華経」の解釈をすることである。『法華玄義』全体においても、経題の解釈が大部分を占めることについてはすでに述べたが、ここでも、経題の解釈が中心である。これは、妙法、蓮華、経の三項に分けて説かれている。第二段落は、「記す者釈して曰わく」で始まる部分で、灌頂のコメントを記したものである。

経題の解釈のなかで、「妙法」については、ごく簡潔な解釈がなされているだけである。「妙」については「不可思議に名づく」とあり、「法」については「十界十如権実《じっかいじゅうにょごんじつ》の法」とあるだけである。「妙」

という文字は、神妙という熟語があるように、不思議、奥深い、はかり知れない、という意味を持っている。これは中国語として一般的な意味である。これに対して、「法」が「十界十如権実の法」といわれる場合、この「法」は中国語としての「法」の意味ではなく、サンスクリット語のダルマ（dharma）の翻訳語としての意味である。中国語としての法は、刑罰、制度、準則、模範などさまざまな意味を持つ。一方、インドのダルマも、「保つ」という語根（√dhṛ）から作られた名詞で、人間の行為を保つものが原義であり、そこから、宗教的・哲学的規範としての普遍的な真理、社会的規範としての法律、慣習、制度、秩序、行為規範としての倫理、道徳、義務、善などの多様な意味を持つ。また、同じ状態を保つということから、性質、属性という意味を持っている。

　インドの仏教も、これらの意味を踏襲しているが、新しい意味として、仏の教えをダルマと呼び、また、存在、事物をダルマと呼ぶ。後者は「諸法」「一切法」というときの意味である。「十界十如権実の法」というときは、この存在、事物という意味の法である。「十界」は、詳しくいえば十法界で、十種の法界《ほうかい》、つまり、地獄《じごく》・餓鬼《がき》・畜生《ちくしよう》・阿修羅《あしゆら》・人《にん》・天・声聞・縁覚・菩薩・仏《ぶつ》の十種の法界を指す。この十界の名称、意義はいずれもインド仏教においてすでに成立していたものであるが、これを十界としてまとめたのは智顗にほかならない。地獄から仏までの十種の存在、生命体がなぜ「法界」と呼ばれるのであろうか。「法」は存在、とくに因果的存在を意味すると考えられる。「法」に存在、事物の意味のあることはすでに指摘した。地獄の衆生から仏までの十種の生命体は、それぞれの行なった因にもとづいて現にそのような果を受けた存在である。仏教では、存在を因果の相のもとに見る。「界」は、境界などというように、他と区別される閉じられた領域の意である。つまり、地獄の衆生から仏までの十の因果的存在（十法）が十種として互いに区別されたあり方をしている（界）という意味である。また、地獄の法界から仏の法界まで十種の法界があると考える場合は、法界は存在の世界という意味で理解できると思う。すなわち、すべての存在の世界を十種に分類したものが十法界（十の法界）であると解釈する。また、「法界」は法性《ほっしょう》などと同じく、仏教的真理の世界を意味することがあるが、その意味においては、地獄の衆生から仏までの十種の生命体は十の差別がありながらも、いずれも仏教的真理の世界に直結していることを示している。

十界論で重要なことは、十界のそれぞれがさらに他の九界を具えているという十界互具《ごぐ》の思想である。人界に仏界を具えていることが、私たち人間が成仏できることを構造的に明らかにしている。この十界互具が可能となる理由として、智顗が注目したものが、「十如是《じゅうにょぜ》」である。「十如是」とは、いうまでもなく『法華経』方便品に説かれる、如是《にょぜ》相《そう》・如是性《しょう》・如是体《たい》・如是力《りき》・如是作《さ》・如是因《いん》・如是縁《えん》・如是果《か》・如是報《ほう》・如是本末究竟等《ほんまつくきょうとう》のことである。これは、すべての存在が上記の十種のあり方を共通に持っていることを示すと解釈された。地獄界と仏界は天地ほども異なった存在であるけれども、どちらも十如是を具えているという点で共通平等の存在とされる。ついでにいうと、この十界が現実に存在するためには、五《ご》陰《おん》（五《ご》蘊《うん》）、五陰によって構成される衆生、さらに衆生の環境世界としての国土という三種の具体的なあり方（三世間）を取らなくてはならない。このように、十界、十界互具、十如是、三世間によって構成される理論が、智顗の確立した一念三千説である。

この「序王」には、一念三千説までは出てこないが、「十界十如」は、地獄界から仏界までのあらゆる生命体を意味する言葉である。これに「権実《ごんじつ》」という言葉が付いているが、権は仮りのという意味で、実は真実のという意味である。十界は仏界と九界に大きく二分することができ、仏界は実、九界は権と立て分けられる。したがって、「十界十如権実の法」とは、結論的にいうと、「十如是のあり方を取り、権と実にまたがった十種の生命体という存在」という意味と解釈できる。

次に、「蓮華」は、「権実の法を譬《たと》うるなり」と規定されている。そして、「妙法」は理解するのが難しいので、この「蓮華」の譬えを借りて、理解の手助けとすると述べている。では、「蓮華」という譬えは、どんなことを譬えているのであろうか。「序王」は、蓮華の三種のあり方が、『法華経』の前半十四品＝迹門《しゃくもん》と、後半十四品＝本門《ほんもん》とについて、それぞれ三種の意義を譬えるものであることを指摘している。

『法華経』を前半と後半に大きく二分することは、法雲などのように、智顗以前からあったが、それを迹門、本門と名づけたのは智顗独自のものである。この本迹《ほんじゃく》という概念について、その成立の思想史的な背景を考えると、もと『荘子《そうじ》』天運《てんうん》に出、さらに西晋《せいしん》（二六五―三一六）の郭象《かくしょう》（二五二―三一二）の『荘子注』において用いられる「迹《せき》」と「迹する所以《ゆえん》」という対概念が注目される。「迹」は聖人の政治や教化などの具体的な行為を意味し、「迹する所以」はその具体的な行為の生じる根拠、基盤を意味する。

この「迹」と「迹する所以」という対語をより簡潔に表現するために、「迹する所以」の方を「本」という言葉に置き換えたのではないかと推定される。「本」はもともとは「末」という言葉と対語となるはずであるが、このような理由で「迹」という言葉と対語をなすようになったと思われる。本迹の具体的な用例は、鳩摩羅什《くまらじゅう》の弟子の僧肇《そうじょう》の『注維摩詰経』の序に「本でなければ、跡《しゃく》を示すことができず、跡でなければ、本を顕わすことができない。本と跡とは異なっているが、思慮分別を越えているという点で同一である」（大正三八・三二七中）が有名である。これは、『維摩経』の主人公である維摩詰の本地《ほんじ》と、その具体的な姿、活動との関係について述べたものである。もちろん、「跡」と「迹」は通じて用いられている。この文は智顗や吉蔵が好んで引用する有名なもので、中国仏教においては、僧肇以来、本迹という術語が盛んに用いられるようになった。

その本迹を、『法華経』の分科に応用したのであるが、『法華経』如来寿量品《にょらいじゅりょうほん》において、釈尊は五百塵点劫《じんでんごう》の昔に成仏したことを明かしている。いわゆる久遠実成《くおんじつじょう》の釈尊と呼ばれるものである。これが釈尊の本地になる。この立場から振り返って見ると、仏陀伽耶《ぶつだがや》の菩提樹下《ぼだいじゅげ》で始めて成道したとする、いわゆる始成正覚《しじょうしょうがく》の釈尊は、本地に基づいて、衆生救済のために姿を現わした迹の立場と位置づけられる。そこで、迹の立場の仏＝迹仏の説いた迹門と、本の立場の仏＝本仏の説いた本門とに区別されたのである。

「蓮華」の三種のあり方とは、術語を使うと、「為蓮故華《いれんこけ》」（蓮《はす》の為めの故の華《はな》）・「華開蓮現《けかいれんげん》」（華開きて蓮現わる）・「華落蓮成《けらくれんじょう》」（華落ちて蓮成る）の三種である。この場合は、「蓮華」の「蓮」は果実を意味し、「華」は花のことである。蓮華という花は、萼《がく》、花《か》托《たく》、おしべ、めしべからなっている。めしべの下の子房《しぼう》の発達したものが、一般に果実と呼ばれるが、花托の発達した蓮華のような植物の場合、花托も含めて果実と呼ばれることがある。蓮華は開花状態のときには、十分に花托が熟しているので、花と実が同時にあるといわれ、その点、『法華経』に因と果がともに説かれることを譬えるのにふさわしいものとしばしば指摘される。因は花に相当し、果は花托に相当する。ただし、ここでは、蓮華が因果を譬えるという指摘はない。ここでは、蓮＝果実のために華があり、華が開いて蓮＝果実が現われ、華が落ちて蓮＝果実が完成するという、蓮華の開花から落花に至る三段階の変化を指摘したものである。

この「蓮華」の三種のあり方と、『法華経』迹門との関係については、次のとおりである。第一の「為蓮故華」は「為実施権《いじつせごん》」（実の為めに権を施す）を譬え、第二の「華開蓮現」は「開権顕実《かいごんけんじつ》」（権を開きて実を顕わす）を譬え、第三の「華落蓮成」は「廃権立実《はいごんりゅうじつ》」（権を廃して実を立つ）を譬えるとされる。ここでいう「権」は方便という意味で、迹門の内容に合わせると三乗を指し、「実」は真実という意味で、一乗を指す。『法華経』迹門の中心は、いうまでもなく、方便品に説かれる三乗方便・一乗真実の思想にある。

『法華経』では、過去の教えを声聞乗・縁覚乗・菩薩乗の三乗に整理している。前二者を二乗といい、小乗（Hīnayāna. 劣った教えの意）ともいう。これに対して、菩薩乗を大乗（Mahāyāna. 偉大な教えの意）という。『法華経』の整理によれば、『法華経』の説法以前には、声聞・縁覚・菩薩という三種類の修行者の類型に対して、四諦・十二因縁・六波羅蜜という三種類の教えと修行が説かれ、それによって達成される理想にも阿羅漢・縁覚・仏という三種類があるとされた。この三乗が方便の教えと規定される。方便（upāya）とは巧みな手段という意味である。つまり、声聞や縁覚は志が劣っているので、初めから成仏できるという教え（菩薩乗、または仏乗）を説くことができなかったので、声聞や縁覚の宗教的能力に合わせて、声聞乗、縁覚乗という低劣な教えによって彼らを成熟させ、教育したとされた。

仏にはこのような巧みな手段を設定する力、方便力《ほうべんりき》が存し、方便品はこの仏の力をたたえている。しかし、方便の教えを受けた側の声聞や縁覚にとっては、声聞乗・縁覚乗が仏の方便力に基づいて説かれた方便の教えであることはあくまで秘密とされており、彼らは彼らに与えられた教えを真実とばかり思い込んでいた。この『法華経』においてはじめて、三乗が方便であったことが打ち明けられたのである。したがって、声聞乗、縁覚乗は一時的暫定的な仮りの教えであり、声聞、縁覚も永久に変化しない固定的なあり方ではなく、十分に成熟、教育された時には、彼らも最終的には菩薩として成仏することができると説く。このようにすべての人が同じく成仏することのできる教えなので、これを仏乗と呼び、いうまでもなく『法華経』自身を指す。したがって、三乗は暫定的な存在であり、真実には仏乗しか存在しないので、これを一乗と呼び、仏乗と一乗を結合して、一仏乗という呼び方も生まれたのである。

この説明と、迹門の三義である「為実施権」「開権顕実」「廃権立実」とを対応させれば、第一の「為実施権」は、釈尊が本当は一仏乗＝実を説いて、すべての衆生を平等に成仏させたかったけれども、とくに二乗の志が低劣であったために、彼らのために、方便として三乗＝権を与えたことを意味する。第二の「開権顕実」は、『法華経』において、かつて衆生に与えた三乗が権であることを打ち明けて、一仏乗が真実であることを示すことを意味する。第三の「廃権立実」は、三乗＝権を捨てて、一仏乗＝実を確立することをいう。これの経証として引用される文は、方便品の「正直に方便を捨てて、但《た》だ無上道を説くのみ」である。

次に、「蓮華」の三種のあり方と、『法華経』本門との関係について説明する。この場合は、「蓮」

は本を意味し、「華」は迹を意味する。その上で、第一の「為蓮故華」は「従本垂迹《じゅうほんすいじゃく》」（本従《よ》り迹を垂る）を譬え、第二の「華開蓮現」は「開迹顕本《かいしゃくけんぽん》」（迹を開きて本を顕わす）を譬え、第三の「華落蓮成」は「廃迹立本《はいしゃくりゅうほん》」（迹を廃して本を立つ）を譬えるとされる。

『法華経』本門の内容と対応させると、第一の「従本垂迹」は、如来寿量品にいたるまで、仏陀伽耶の菩提樹の下で、始めて成道したと説いたことを意味する。釈尊が、この娑婆《しゃば》世界に応現して、衆生救済の活動を展開することは、本から迹を垂れることとされる。第二の「開迹顕本」は、始成正覚の立場が方便であることを打ち明けて、久遠実成の立場が真実であることを示すことである。第三の「廃迹立本」は、始成正覚の立場＝迹を捨てて、久遠実成の立場＝本を確立することをいう。このように、蓮華は、『法華経』の迹門の三義と本門の三義とを譬えるものといわれるのである。

経題釈の最後の「経」については、ごく簡潔に外国では修多羅《しゅたら》（sūtra の音写）といい、「聖教《しょうぎょう》」、つまり仏の教えの総称であることを指摘しているだけである。

灌頂の注記

「序王」の内容は、経題釈と灌頂の注記の二段落から構成されているが、その二段落の中間に、『法華経』の迹門と本門とに関して、次のような文がある。迹門については、「化城《けじょう》〔にたとえられる小乗の涅槃〕という執らわれた教えを洗い流し、草庵〔にたとえられる小乗〕に滞《とどこお》る気持ちを廃し、方便の仮りの門を開いて、真実のすばらしい理を示し、多くの善というささやかな行ないを集めて、広大な一乗に帰着させ、上根、中根、下根〔の声聞〕にすべて記別《きべつ》を与える」（六八一中）とある。本門については、「多くの聖人（仏）の巧みな方便を方便であると打ち明けて、本地の奥深いさまを示す。それゆえ〔衆生は〕智慧を増して、迷いの生死《しょうじ》を減らし、偉大な悟りを開いたもの（仏）の隣に位置する。〔釈尊の〕一生の教化は、事理（具体的な事がらと、それによって示される道理）ともに完全である」（同前）とある。

この迹門と本門に関する記述について、灌頂は、「序王」とは、経典の奥深い意義を述べるものであること、この奥深い意義は『法華経』の文の心を述べるものであること、文の心は迹門と本門を越えるものではない、つまり迹門と本門に尽きるものであることを指摘している。その上で、今、紹介した迹門と本門についての文章と五重玄義の関係を指摘している。具体的には、「妙法蓮華は即ち名を叙《の》ぶるなり。真実の妙理を示すは、体を叙ぶるなり。広大の一乗に帰せしむるは、宗を叙ぶるなり。化城の執教を蕩《とろ》かすは、用を叙ぶるなり。一期の化の円かなるは、教を叙ぶるなり」（同前）とある。

「私序王」・「譚玄本序」

「序王」の次に、灌頂の作った「私序王」がある。その中に、本文では区別されていないが、内容的に、智顗の作ったとされる「譚玄本序」が含まれている。はじめに、灌頂の作った部分は美文調の文章で難しいが、内容を三段落に分けて、要点を示す。第一段落は、究極の理は偏円《へんえん》や遠近《おんごん》の対立を超絶しているけれども、言葉の次元では、五百弟子受記品《ごひゃくでしじゅきほん》に説かれる衣の裏に縫いつけられた円珠や、化城喩品《けじょうゆほん》に説かれる五百由旬《ゆじゅん》の宝処に仮託して示されること、この究極の理に合致すれば、事理ともに静寂な悟りの境地を味わえるのであるが、そうでないものは無明の酒に酔い、涅槃の道に迷っているからであること、そこで、釈尊はこれらの迷いをあわれんで、『法華経』を説き、方便を開いて真実を示した、という内容である。

第二段落は、経題釈と、「序品第一《じょほんだいいち》」の解釈を示すものである。「妙」は「秘密の奥蔵《おうぞう》を発《ひら》く」（同前）ことで、「法」は「権実の正軌を示す」（同前）ことで、「蓮」は「久遠の本果を指」（同前）すことで、「華」は「不二の円道に会《え》」（同前）すことで、「経」は「声もて仏事を為す」（同前）ことである。「声もて仏事を為す」とは、娑婆世界においては、声が仏事＝仏の仕事＝衆生救済の活動をなすものであるという意味である。衆生救済のために、仏の説法があるわけであるが、これが声によってなされるということである。仏教では香りや光など、声以外のコミュニケーションの手段も想定されているので、それとの対比のうえで、娑婆世界においては、声が説法の手段であることが強調されるわけである。「序品第一」の解釈は簡潔なもので、完全な説法の最初なので「序」といい、同類のものを集めたものを「品」といい、二十八品の最初なので「第一」という、との内容である。

最後に第三段落は、今までの説明の文章と五重玄義を対応させたものであるが、説明は省略する。

次に、「譚玄本序」においても、やはり経題釈が述べられているが、中心は「妙」についてである。最初に「妙法蓮華経」が「本地甚深《じんじん》の奥蔵」（同前）であることを述べ、それを証拠立てるために、『法華経』の各所から文を引用している。その次に、「妙」とは「不可思議の法」（同前）をほめたたえるものであること、「妙」とは「十法界十如の法」（同前）であり、この法はとりもなおさず妙であり、またこの妙はとりもなおさず法であること、「妙」とは「自行《じぎょう》の権実の法」（同前）が妙であること、これを「蓮華」によって譬えること、「妙」とは迹と本とが相即《そうそく》することであり、また本迹の規定を突破することであり、開迹顕本、廃迹立本であること、「妙」とは最高の経典、甘露《かんろ》の門であることなどを説いている。

最後に、今までの説明の文章と五重玄義を対応させているが、説明は省略する。

第二章　七番共解（五重玄義の総論）

第一節　七番共解とは何か

七番共解と五重各説

『法華玄義』の序についての説明が終わったので、ここから『法華玄義』の本論に入る。「妙法蓮華経巻第一上　天台大師説」と書名を掲げたあと、釈名《しゃくみょう》、辨体《べんたい》、明宗《みょうしゅう》、論用《ろんゆう》、判教《はんぎょう》の五章の名があげられている。この名《みょう》・体《たい》・宗《しゅう》・用《ゆう》・教《きょう》が五重玄義と呼ばれるものである。この五重玄義の解釈に「通」と「別」とがあることは、すでに述べた（一二－一三頁を参照）。必要な範囲で再説すると、「通」とを意味すると解釈する仕方とが示されている。第一の場合についていうと、五重玄義がすべての経典を解釈することのできる普遍的な解釈方法であることを「同」という。実際に、智顗は『維摩経』などの『法華経』以外の経典の注釈書においても、その経典の五重玄義を究明するという方法を採用している。また、経典によって五重玄義の内容が異なることを「異」という。経典の冒頭には「如是《にょぜ》我聞《がもん》。一時仏住《いちじぶつじゅう》……、与《よ》……倶《く》」（是《かく》の如く我れ聞けり。一時、仏は……に住し、……と倶《とも》なり）という定型的な文章がある。これらは『法華玄義』によれば、如是・我聞・一時・仏住・若干人《にゃつかんにん》という五事に分類されているが、この五事が経典によって異なることを指している。なお、若干人とは「与……倶」の部分を指していうが、ここに聴衆の人数が入るからである。

第二の「共」「各」の意味は、一経の解釈にだけ適用されるもので、今は『法華経』について適用して、「共」は七番共解《しちばんぐうげ》、「各」は五重各説を意味する。七番共解が略釈、つまり、要点をかいつまんで解釈することであり、五重各説が広釈、つまり、詳しく解釈することである。七番共解と五重各説の関係については、法門を説くのに、詳しく敷衍して説く広説と、簡略に説く略説との二門があり、利根のものには略説、鈍根のものには広説がそれぞれ適合するようなものであると述べられているので、利根のものは七番共解で十分であり、鈍根のものは五重各説という詳しい解釈を必要とすることが指摘されている。要するに、七番共解とは標章《ひょうしょう》、引証《いんしょう》、生起《しょうき》、開合《かいごう》、料簡《りょうけん》、観心《かんじん》、会異《えい》の七つの項目によって、五重玄義を総括的に解釈した総論にあたり、五重各説とは五重玄義のそれぞれを個別的に取りあげて詳しく解釈した各論にあたるといってよいと思う（一二―一三頁を参照）。

七番共解のそれぞれの項目の意味について説明する。第一の標章は「章を標す」と読み、第一章の釈名から第五章の判教までの五章＝五重玄義を高く掲げることである。第二の引証は「引きて証す」と読み、『法華経』を引用して、経典が五重玄義を明かしていることを証拠立てることである。第三の生起は生じさせるという意味であるが、たとえばAがBを生じさせる場合、AとBとに順序を設定することになるので、ここでは五重玄義の次第順序を意味することになる。第四の開合の開は一を多に開くこと、合は多を一に合わせることである。具体的には、五重玄義それぞれが事理《じり》・教行《きょうぎょう》・因果《いんが》・自行化他《じぎょうけた》・説黙《せつもく》などの他の概念と、どのような対応関係にあるのかを示す。第五の料簡は、はかりえらぶ、考察検討することである。天台関係の文献では、問答を展開しながら真実をきわめていくこと、いくつかの分析視点を設定し、その視点を通して真実をきわめていくことなどを意味する。ここでは、前者の意である。第六の観心は、五重玄義を文字の上でだけ理解するのではなく、自己の心の問題として主体的に体得する立場を意味する。前の標章から料簡までを、改めて観心の立場から明らかにする。『法華文句』の経文の解釈方法である四種釈の中にも観心釈がある（他に因縁釈《いんねん》、約教釈《やっきょう》、本迹釈《ほんじゃく》がある）が、智顗の主体的、実践的な仏教理解が、観心という言葉に示されている。最後に、第七の会異は「異を会す」と読み、異なったものを統合して同一のものに帰着させることで、具体的には四悉檀《ししつだん》と五重玄義とが対応一致することを明かす。

七番共解の意義

七番共解を構成する七つの項目が立てられる理由については、第一の標章は、五重玄義を高く掲げることであるが、これは記憶を容易にして、念心（記憶する心）を生じるとして立てられる。第二の引証は、五重玄義が『法華経』に根拠を有することを示すために、『法華経』を引用するので、仏の言葉に依拠して、信心を生じるとして立てられる。第三の生起は、五重玄義の次第順序を乱さないようにして、定心《じょうしん》（禅定の心）を生じるとして立てられる。第四の開合、第五の料簡、第六の会異は、慧心《えしん》を生じるとして立てられる。第七の観心は、法門を聞くやいなやすぐに修行して、精進心《しょうじんしん》を生じるとして立てられる。要するに、信心、精進心、念心、定心、慧心の五心との関連のもとで、七項目の存在意義が説明されている。さらに、この五心が確立すると、信根、精進根、念根、定根、慧根の五根《ごこん》を完成し、さらに、欺《ぎ》、怠《たい》、瞋《しん》、恨《こん》、怨《おん》の五障《ごしょう》を排して、信力、精進力、念力、定力、慧力の五力《りき》を完成し、ついに空《くう》・無相《むそう》・無作《むさ》の三解脱門《さんげだつもん》に入るとされる。五心、五根、五力における信、精進、念、定、慧の名称は共通であるが、信などの心の働き、あり方がしだいにしっかりしたもの、堅固なものに変化していくのに応じて、心、根、力と呼び名を変えていく。

五障の欺、怠、瞋、恨、怨は、『法華経』の信解品《しんげほん》に出る言葉であり、それぞれだますこと、なまけること、目をむいて怒ること、心に根を残す残念さ、打ちひしがれた残念さという意味である。空・無相・無作の三解脱門については、空とはあらゆるものが固定的実体を持たないこと、無相とはあらゆるものが固定的特徴を持たないこと、無作とは無願ともいい、あらゆるものが欲求に値しないことをいう。このように、あらゆるものが空・無相・無作であると観察する瞑想、禅定なので三三昧《さんざんまい》ともいい、解脱に入る門戸なので三解脱門ともいう。

以上が七番共解によってもたらされる宗教的利益であるが、五重各説のもたらす利益については、「広く五章を解《げ》せば、一一に広く五心、五根を起こし、仏の知見に開示悟入《かいじごにゅう》せしむるのみ」（六八二上）とあり、名・体・宗・用・教のそれぞれを理解すれば、それぞれによって五心・五根を生じ、仏知見《ぶっちけん》を開き、示し、悟り、仏知見の道に入ることができるとされる。有名な開示悟入の四仏知見について説かれている。『法華経』の方便品《ほうべんぼん》の中で、最も重要な箇所は、釈尊がこの世に出現した目的を明らかにするところである。そこでは、釈尊が舎利弗《しゃりほつ》に次のように告げる。「舎利弗よ。どのようなことを、仏・世尊たちは唯一の重大な仕事という理由のために、この世に出現することと名づけるのか。仏・世尊たちは衆生に仏の智慧を開かせて清浄な状態になるようにさせようとするので、この世に出現する。衆生に仏の智慧を示そうとするので、この世に出現する。衆生に仏の智慧を悟らせようとするので、この世に出現する。衆生に仏の智慧の道に入らせようとするので、この世に出現する。舎利弗よ。以上が仏たちは唯一の重大な仕事という理由のために、この世に出現する、ということである」と。「唯一の重大な仕事という理由」が漢訳の「一大事《いちだいじ》因縁《いんねん》」に相当し、「仏の智慧」が「仏知見」に相当する。

仏知見に対する梵本の対応語は、タターガタ・ジュニャーナ・ダルシャナ（tathāgata-jñāna-darśana）であり、如来の智慧による認識、あるいは端的に如来の智慧という意味である。この仏知見を衆生に開示悟入させるということは、とりもなおさず衆生を成仏させることを意味する。このように、『法華経』において、仏はすべての衆生を成仏させるという唯一の重大な仕事のために、この世に出現したことが明かされたので、『法華経』を「出世《しゅっせ》の本懐《ほんがい》」を明かした経という。出世はこの世に出現すること、本懐は本心という意味である。

仏知見と仏性《ぶっしょう》の関係について述べる。仏性（ブッダ・ダートゥ、buddha-dhātu）という仏教用語は、インドにおいて四世紀頃に成立したと推定される大乗の『涅槃経《ねはんぎょう》』に出るものが初出である。仏の本質、仏の本性という意味であるから、それを智慧と見なせば、仏知見と内容的に通じるものと考えてもよいが、両者は概念成立の思想史的な文脈を異にするともいえる。中国においては、智顗や吉蔵が、この「仏知見を開く」という経文を、『法華経』が仏性を説く証拠の経文であると解釈した。というのは、『涅槃経』よりも成立の早い『法華経』には仏性という用語そのものは出ていないからである。仏性という用語が『法華経』には出ていないということを根拠に、『法華経』が『涅槃経』よりも一段劣るという教判（慧観の頓漸《とんぜん》五時教判）が、南北朝時代に流行したことがあった。智顗や吉蔵は、そのような解釈を厳しく批判したが、彼らの著作では、とくに『法華義記』を講義した法雲を名指しで批判している。

第二節　①標章（五重玄義の簡潔な定義）

名玄義

標章とは「初めに五章を標す」とあるように、名・体・宗・用・教の五重玄義を高く掲げることを意味し、名・体・宗・用・教それぞれについて簡潔な説明がなされる。名玄義は、立《りゅう》・分別《ふんべつ》・結《けつ》・譬《ひ》の四項から構成されている（次頁の図を参照）。

第一項の「立」については、名とは法に対して名づけたもので、聖人＝仏が衆生に対して与えたものであるという「立名《りゅうみょう》」、つまり名を立てることの根本事態について説く。第二項の「分別」については、名づけの対象である法に麁妙《そみょう》の分別、つまり区別のあることを説く。麁とはきめの粗いこと、妙とは不可思議なという意味で、この対語を法の優劣を表わす評価語として使っている。具体的には、『法華経』以前の経典は随他意語《ずいたいご》であって仏の本懐ではなく、『法華経』のみが如来の出世の本懐を説くので、妙と名づけられるとする。第三項の「結」については、第一項と第二項との「結」＝結論と

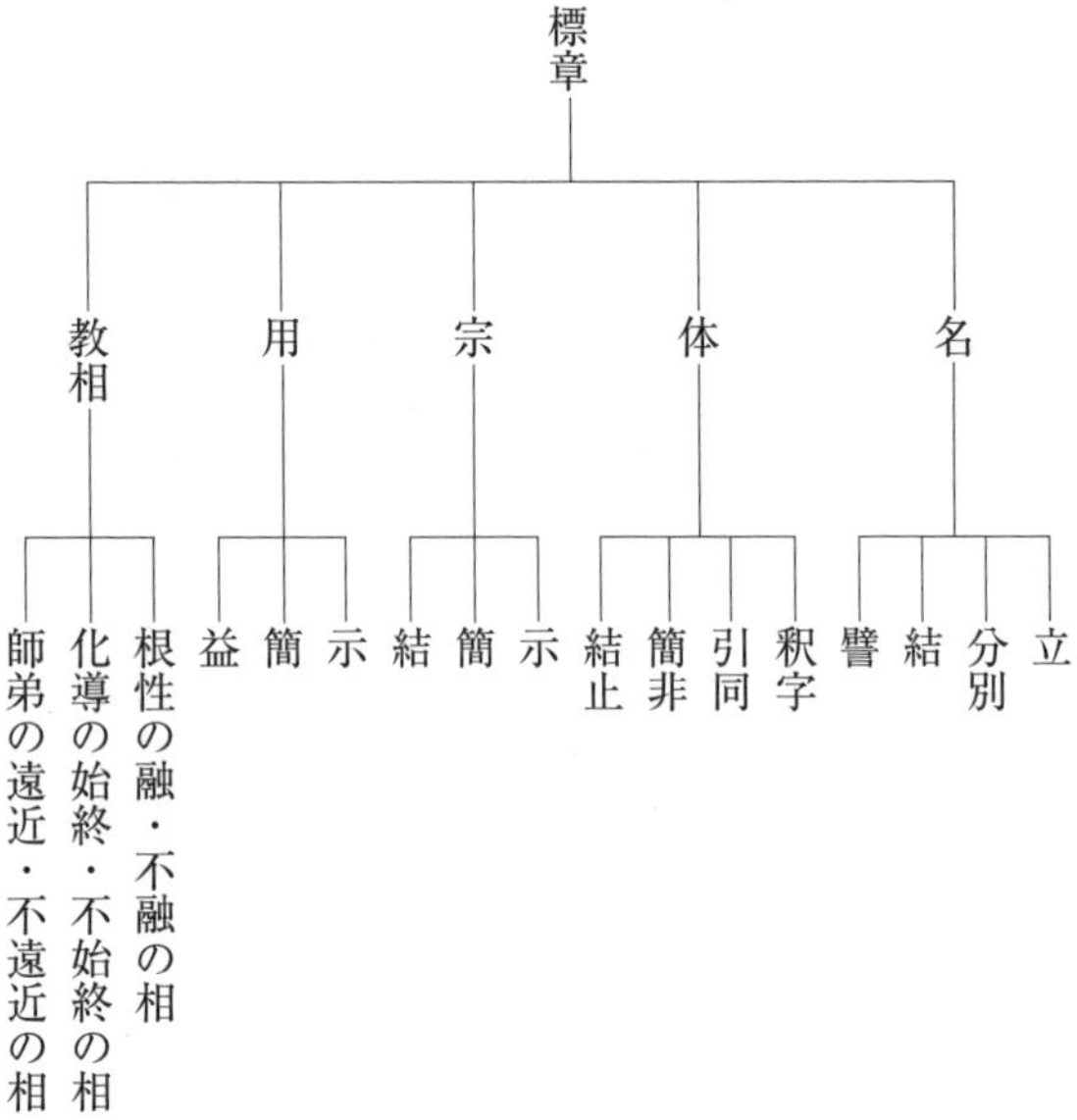

して、「『華厳《けごん》』は兼《けん》、三蔵《さんぞう》は但《たん》、方等《ほうどう》は対《たい》、『般若《はんにゃ》』は帯《たい》なり。此の経は、復《ま》た兼、但、対、帯無く、専ら是れ正直無上の道なり。故に称して妙法と為すなり」（六八二中）と述べている。兼、但、対、帯という表現は講義のメモ書きのようなもので、これだけでは意味がわからない。ここでは、大宝守脱《だいほうしゅだつ》

の『講述』によって解釈すると、『華厳経』は化法《けほう》の四教のうち円教《えんぎょう》を中心として別教《べっきょう》を兼ねて説くので「兼」といわれる。三蔵（阿含経《あごんきょう》）はただ蔵教《ぞうきょう》だけを説くので「但」という。方等の「対」については、並対、相対、対破の三つの意味が示されており、並対《びょうたい》は、蔵通別円の四教を並列して説き、大乗の機根、小乗の機根に教えることである。相対は、小乗の浅い教えに対して、大乗の優れた教えを大乗の機根に教えることであり、その逆、つまり大乗の優れた教えに対して、小乗の浅い教えを小乗の機根に教えることを意味しないとされる。対破は、大乗によって小乗を破ることである。この三つの意味のなかでは対破が中心とされる。『般若経』の「帯」は挟帯《きょうたい》の意味とされ、別教と円教の間に通教《つうぎょう》を挟んで説くことをいう。このような特色を持つ『法華経』以前の経典に対して『法華経』のみが妙法と名づけられるのである。

　上の第二項、第三項は、経典の題目である「妙法」について解釈したものであり、次の第四項の「譬」において、「蓮華」の解釈をする。花と果実のさまざまな関係に基づいて、植物を分類している。具体的には、狂華無菓《おうけむか》、一華多菓、多華一菓、一華一菓、前菓後華、前華後菓の六種をあげている。これらはそれぞれ特定の教えをたとえる。順に、外道《げどう》、凡夫《ぼんぷ》、声聞《しょうもん》、縁覚《えんがく》、須陀洹果《しゅだおんか》（声聞の四果の第一の預流果《よるか》）のあり方、別教の菩薩《ぼさつ》のあり方を指すとされるが、要するに、これらはいずれも麁華《そけ》であって、妙法をたとえるのにふさわしくないことが指摘され、蓮華こそ妙法をたとえるのにふさわしいとされる。

　前に説明した「序王」の蓮華の三種のあり方を取りあげ、「蓮《はす》の為《た》めの故の華《はな》」は、実そのままが権《ごん》であることをたとえ、「華開きて蓮現わる」は、権そのままが実であることをたとえ、「華落ちて蓮成り、蓮成りて亦《ま》た落つ」は、権にも非ず実にも非ざることをたとえるとされる。第三の「華落ちて蓮成り、蓮成りて亦た落つ」の後半は、「序王」には出ていなかったが、権（方便）と実（真実）との相即《そうそく》関係や、そのような相対概念を突破超越することなどのさまざまな意義を、蓮華が表わすことができるので、蓮華によって妙法をたとえるとされるのである。

体玄義

次に体玄義は、釈字《しゃくじ》・引同《いんどう》・簡非《けんぴ》・結正《けっしょう》の四項から構成されている。第一項の「釈字」は、字を釈すと読み、「体」という文字を解釈することである。訓詁の議論なので、正字を用いると、「體《たい》の字は禮《れい》と訓ず。禮は法なり」（同前）とある。漢字の右の部分、豊が同じである。一般には、体を礼と訓じる訓詁はないが、礼を体と訓じる訓詁はよく見られる。たとえば『准南子《えなんじ》』斉俗《せいぞく》には「礼とは体なり」とある。おそらく「礼は体なり」の訓詁を逆にして、「体は礼なり」の訓詁を作ったのであろう。慧澄癡空《えちょうちくう》の『講義』には、その点について「儒は体を以《もっ》て礼を訓じ、今は礼を以て体を訓ず。蓋《けだ》し互訓《ごくん》なり」と述べている。ここに出る「互訓」とは、訓詁を示す場合、「A、B也」とあるばかりでなく、逆に「B、A也」ともある場合、A、Bを同義であり、互訓であるという。さらに、引用したように、体は礼なりとした上で、「礼は法なり」という訓詁を示している。この場合の法は、生活を取り締まる枠、掟の意味と理解してよい。その法の内容については、「各おの其の親を親とし、各おの其の子を子とし、君臣撙節《そんせつ》す。若《も》し礼無くば、則ち法に非ざるなり」（同前）とあるように、親子、君臣などの上下の秩序を守ることをいう。

智顗はこの世俗の礼を引合いに出して「出世の法体《ほったい》も亦復《ま》た是の如し。善悪、凡聖《ぼんしょう》、菩薩、仏の一切は法性《ほっしょう》を出でず。正しく実相《じっそう》を指して、以て正体と為すなり」（同前）という結論を導き出している。善悪、凡聖、菩薩、仏などのあらゆる存在が万物の真実の本性＝法性に収まるものであり、この法性＝実相を『法華経』の体とすると述べているのである。

第二項の「引同」とは、同じきを引く、すなわち、実相を体とすることと同じ意味の経論を引用することをいう。ここでは、『法華経』如来寿量品《にょらいじゅりょうほん》、『十地経論《じゅうじきょうろん》』、『中論』を引用している。たとえば、如来寿量品の文を引用して、「故に寿量品に云《い》わく、『三界《さんがい》の三界を見るが如《ごと》からず、如《にょ》に非ず、異に非ず』と。三界の人は三界を見て異と為し、二乗の人は三界を見て如と為し、菩薩の人は三界を見るに、亦如亦異《やくにょやくい》にして、仏は三界を見るに、非如非異にして、双《なら》べて如異を照らすが若《ごと》し。今、仏の見る所を取りて、実相の正体と為すなり」（六八二中―下）と述べている。ここに引用された如来寿量品の文は原文では、「如来は、如実に三界の相は生死《しょうじ》、若しは退、若しは出有ること無く、亦た在世及び滅度する者無く、実にも非ず、虚《こ》にも非ず、如にも非ず、異にも非ずと知見す。三界の三界を見るが如からず」となっている。

『法華玄義』では、欲界・色界・無色界の三界をどのように見るかということについて、三界の人（六道の衆生）、二乗、菩薩、仏の相違を説いている。つまり、世界の見え方が、主体者の宗教的境涯に応じて変化するさまを説いているのである。そして、仏にとって見える世界のあり方が実相の正体であるとされる。ここでは、三界の見え方について、如（平等性・同一性）、異（差別性・相違性）という用語を使って説明されているが、智顗においてもっと有名な思想表現としては、十界の差別の根拠を有《う》・空《くう》・仮《け》・中《ちゅう》といった概念を用いて説明することである。『摩訶止観《まかしかん》』によれば、衆生が諸法（自己を含むすべての存在）を有（永遠不変に実在する固定的実体）と見ると六道となり、空（固定的実体の無いこと）と見ると声聞・縁覚となり、仮（固定的実体は無いが、諸原因・条件に依存して仮りの存在として成立していること）と見ると菩薩となり、中道（空と仮のどちらか一方に偏らず、両者を正しく統合すること）と見ると仏となると説明されている。「見る」ということは、衆生の一切の行為を集約して表現したものであり、ただ単に「見る」だけにとどまるものではなく、衆生の生き方全体が「見る」ことに深く関わっている。たとえば、六道の衆生は諸法を有としか見ることはできないし、また有と見ることにおいて六道の衆生のあり方が成立している。有と見ることは、対象が永遠不変に実在するものと捉え、その対象に必然的に執著《しゅうじゃく》することを意味する。そこで、六道の衆生のあり方が成立するのである。六道の衆生は煩悩《ぼんのう》に駆り立てられて対象に執著するが、彼らは対象を有と見ているのである。

空と二乗の関係については、空と見ることは、対象が固定的実体を持たないものと捉えることであり、そこにおいては対象に執著するということはない。そこで、二乗のあり方が成立する。しかし、この空に一方的に偏れば、衆生救済や仏国土の建設に何ら積極的な意味を見い出すことができず、あらゆる行為の意味を否定するニヒリズムに陥ってしまう。そこで、次に現象界は固定的実体は無いが、いま現にあるような仕方で成立しているという一側面を正しく捉え、凡夫と仏の厳然たる差別を見落とすことなく、凡夫を仏に引き上げる利他行に生きる菩薩のあり方が要請される。しかし、この菩薩も仮《け》に一方的に偏れば、つねに凡夫に転落する危険にさらされているのであり、そこで空と仮を正しく統合する、より高次なあり方が中道として積極的に表現され、仏のあり方を指し示すのである。

中道と実相との関係については、実相とは真実ありのままの様相という意味であり、凡夫、二乗、菩薩などの見る世界のあり方ではなく、仏の見る世界のあり方を指し、ある場合にはこれが中道と表現される。したがって、中道と実相とは同じ意味を持つと考えてよい。

第三項の「簡非」については、非を簡《えら》ぶ、すなわち、誤ったものを選び捨てて正しいものを示すことである。ここでは、『十地経論』に基づいて、実相の体は、断無《だんむ》の謗《ぼう》、建立《こんりゅう》の謗、異の謗、尽《じん》の謗という四種の謗りを離れていることを説いているが、実相の体が権実《ごんじつ》についての四句《しく》分別《ふんべつ》（ある主題について、四種の命題を立てて考察すること）を超えていることがわかればよいと思う。

第四項の「結正」については、正しいことを結論的に述べるという意味であり、ここでは、第三の簡非で述べたことを結論づけて、「斯《こ》れは乃ち二経の双美《そうみ》を総《す》べ、両論の同致を申《の》べ、二家の懸会《けんえ》を顕わし、今経《こんぎょう》の正体を明かすなり」（六八二下）とある。『釈籤』によれば、二経とは『法華経』のなかの本門と迹門《しゃくもん》を指し、両論とは『十地経論』『中論』を指し、『講義』によれば、二家とは論家《ろんけ》と今《こん》家《け》（天台家）を指す。論家とは、『中論』『十地経論』などの論を作った者を指す。

以上で、体玄義の説明が終わり、次下に灌頂《かんじょう》の私注があるが、ここでは省略する。

宗玄義

宗玄義は、示《じ》・簡《けん》・結《けつ》の三項から構成されている。第一項の「示」は宗玄義の内容を示すことであるが、「宗とは、要なり。所謂《いわゆ》る仏の自行の因果、以て宗と為すなり。云何《いか》んが要と為さん。無量の衆善も、因と言えば則ち摂《しょう》し、無量の証得も、果と言えば則ち摂す」（六八三上）とある。宗は「本也」という訓詁があるように、おおもと、根本、中心となるものの意である。ここでは「要也」という訓詁が示されているが、要は、もと腰の意味であり、腰は人体の締め括りであることから、締め括り、肝心かなめの意味となる。

仏の自行の因果とは、仏が自ら修行した因と、その結果、証得した果という意味であるが、これが宗玄義といわれる。因、果という概念によって、無量の善行、無量の悟りの果報を締め括ることができるのである。『法華経』を説いた教主＝仏がいったいいかなる存在であるかを因果の視点から明らかにすることが宗玄義である。

第二項の「簡」とは、正しくないものを選び捨てて、正しいものを選び取るという意味であるが、蔵教、通教、別教の因果や、諸経に明かす因果を否定し、『法華経』の迹門、本門に明かす因果を宗要とすることが述べられている。迹門の因果については、「初めに此の実相の行を修するを名づけて仏因と為し、道場に得る所を名づけて仏果と為す」（同前）と述べ、本門の因果については、「因は久《く》遠《おん》の実修を窮《きわ》め、果は久遠の実証を窮む」（同前）と表現されている。本門については、いうまでもなく、五百塵点劫《じんでんごう》の昔の成仏という事態に関して、その仏因の修行と仏果の実現を指摘したものであり、迹門については、菩《ぼ》提樹下《だいじゅげ》における成仏という事態に関して、その仏因の修行と仏果の実現を指摘したものである。

第三項の「結」では、上で説明した『法華経』の迹門、本門に明かす因果を宗要とすると結論づけている。

用玄義

次に用玄義は、示・簡・益《やく》の三項から構成されている。第一項の「示」は用玄義の内容を示すことであるが、用とは力用《りきゆう》のことで、具体的には三種の権実の二智を指すと述べている。用、力用は、現代語でいうと、作用、働きに当たるが、『釈籤』によれば、『法華経』に備わる断疑生信《だんぎしょうしん》の力、つまり、疑いを断ち切り、信心を生じさせる力を意味する。この断疑生信が権実の二智に基づくとされるのである。権実の二智は、権智と実智のことで、これに自行の権実の二智、化他の権実の二智、自他《じた》の権実の二智の三種がある。

ここでは、この権実の二智に自行、化他、自他という形容語が付されている。自行は自己自身の修行の意で、化他は、他の衆生を教化することをいい、第三の自他とは、自行と化他とを兼ね備えることを意味するが、慧澄癡空の『講義』によれば、自行は円教、化他は蔵教・通教、自他は別教を指す。

第一項において用の意味を力用としたのを受けて、第二項の「簡」においては、力と用を区別した上で、さらに両者の相即を指摘し、最後に昔（『法華経』以前の経）と今（『法華経』）との力用を区別している。力と用の区別については、自行の二智によって理を遍《あまね》く照らすことを力といい、二種の化他の二智（化他の二智と自他の二智）によって、機を遍く照らすことを用というと定義している。

ここで、「理」と「機」について説明する。ゴータマ・ブッダが菩提樹下で、ダルマ（dharma）に目覚めたことを指して、悟りの完成、成仏などという。この成仏の根源となったダルマ（法）は、インド仏教において、法性（dharmatā）、法界《ほうかい》（dharma-dhātu）、真如《しんにょ》（tathatā）などと種々の表現で呼ばれるようになったが、これらの仏教用語を、中国では、自らの伝統的な哲学概念に置き換えることによって理解しようとした。それが理である。たとえば、道生《どうしょう》の『涅槃経』の注釈においては、法性と仏性という仏教用語を理と同一視して解釈している。道生の思想における理の概念はきわめて重要で、中国仏教の理の重視に決定的な影響を与えたと考えられる。

理は漢字としては、もともと玉《ぎょく》（宝石）の筋模様を意味するが、そこから物事の筋目を意味するようになった。とくに、具体的な事がらを意味する「事」と対になって使われることもあった。これらの漢字としての用法を踏まえて、さらに仏教の存在論に応用して、具体的で個別的な事象を意味する「事」の根底にある普遍的な道理、真理を意味するようになったのである。事と理というと、華厳教学における理事無礙法界《りじむげほっかい》の思想などがしばしば話題になるが、思想史的には、道生にまでさかのぼって議論しなければならないと思う。もちろん、天台教学においても、事と理は重要な概念である。

次に、機については、日本では、機根という言葉の一部としてなじみが深いと思う。この場合、根はサンスクリット語のインドリヤ（indriya）の翻訳語として、宗教的能力を意味するが、機にぴったり対応するサンスクリット語はない。というのは、機はもともと中国固有の概念であったものが、仏教思想の解釈に応用されたものだからである（機という用語が漢訳仏典に出る場合でも、応用的な翻訳と考えられる）。機は漢字としては、弩《いしゆみ》の矢を飛ばすバネ仕掛け、物事の兆し、からくりなどを意味する。これらの漢字としての用法を踏まえて、仏・菩薩の応現《おうげん》・教化《きょうけ》を発動させ、かつそれを受け止める衆生の側の構え、あり方という仏教的用法が確立した。この用法がいつ確立したのか、正確に知ることはできないが、道生においては明らかに確立している。衆生と仏の感応《かんのう》という関係において、衆生の側の感（発動させること）の主体として、機が重視された。つまり、衆生の機が仏の応（この世に応現して教化すること）を発動させると考えられたのである。

根と機が熟して、機根という用語が生まれた（日本でよく使用される）。根は衆生の宗教的能力、機は衆生の宗教的あり方の意で、互いに類似した意味を持っているので、機根という熟語が作られたのである。根機という用語もあるし（中国では、機根より、根機の方が一般的な表現である）、衆生の宗教的条件を意味する縁と熟して、機縁、根縁などという熟語も作られた。

さて、力と用を区別した上で、両者の相即を指摘しているが、具体的には、自行の二智と化他の二智が相即していること、理を照らすことと機を照らすこととは本来同一のことであることを指摘している。

次に、昔（『法華経』以前の経）と今（『法華経』）との力用を区別していることについてもすでに述べたが、昔の衆生は化他の二智を受けて、「理を照らすこと遍からず、信を生ずること深からず、疑いを除くこと尽くさざればなり」（六八三中）といわれ、『法華経』を聞く衆生は自行の二智を受けて、「仏の境界を極め、法界の信を起こし、円妙の道を増し、根本の惑を断じ、変易《へんにゃく》の生を損す」（同前）といわれる。いわゆる断疑生信の力用が徹底しているかどうかを判定したものである。

第三項の「益」は、経の備える断疑生信の力用によって、その経を聞く衆生が受ける宗教的利益を示す段落である。具体的には、階位の低い菩薩だけでなく、階位の高い菩薩に対しても、『法華経』は利益を与えることを示している。

教相玄義

教相玄義については、七番共解のなかの解説と、五重各説のなかの解説（巻第十上以下）との相違などが問題となるが、ここでは、前者に限定して、その内容を紹介する。はじめに、「教相を三と為す。一に根性《こんじょう》の融《ゆう》・不融の相、二に化道の始終《しじゅう》・不始終の相、三に師弟の遠近《おんごん》・不遠近の相なり」（同前）とある。これが有名な三種教相と呼ばれるものである。第一の根性の融・不融の相の解説が最も詳しく展開され、第二、第三はごく簡潔に説明されている。

教相の定義について、「教とは、聖人《しょうにん》の下に被《こう》らしむ《む》るの言なり。相とは、同異を分別するなり」（同前）と述べられている。つまり、教は聖人＝仏が、下の衆生に与える言葉であり、相はその教を他と比較して、他との共通点・相違点を区別して認識することである。要するに、ある教の特徴を他との比較相対のうえで明らかにすることを意味する。そこで次に、具体的に、『法華経』と他の経教との比較を行なうわけであるが、その第一の比較の基準が、教を受ける衆生の機根が融か不融かというものである。融は機根が融合して同一のものになっていることを意味し、不融は機根に差別、区別が存することである。

具体的には、『法華経』以前においては、衆生の機根に声聞・縁覚・菩薩の三乗などの差別があり、不融であったため、三乗などのさまざまな教えを説いたが、これに対して『法華経』においては、長い期間にわたる衆生の機根の調整・成熟によって、みな一様に菩薩となって一乗を聞くことができるようになったことをいう。つまり、『法華経』以前には、衆生の機根には差別が存し、『法華経』においては同一の機根となっていることをいう。以下、具体的に、『華厳経』、三蔵教（『阿含経』などの小乗教）、方等経（『維摩経』など）、『般若経』、『法華経』を比較対照していく。

　順に説明すると、まず、上にあげた五時の経教の説明に共通に用いられる枠組みを紹介している。第一に、五時の経教を順に出す場合、その順序を決める基準として、『華厳経』の三照《さんしょう》の譬喩《ひゆ》に基づいている。これは、『華厳経』巻第三十四、宝王如来性起品《ほうおうにょらいしょうきほん》（大正九・六一六中を参照）に基づいているが、『法華玄義』では、『華厳経』の本文の趣意を離れて、太陽が高山、幽谷、平地を順に照らすことを読み取り、釈尊の説法の順序を決める根拠としている。第二に、それぞれの経教の特徴を、「法の縁に被らしむるに約す」と「説の次第に約す」という立場から結論的に述べている。

「法の縁に被らしむるに約す」は、仏が衆生の機縁に対して法を与え、衆生の機縁はその法を受けるという関係を指摘したものである。「説の次第に約す」は、『涅槃経』（『南本涅槃経』巻第十三、聖行品《しょうぎょうほん》、大正一二・六九〇下―六九一上に基づく）に説かれる乳味《にゅうみ》・酪味《らくみ》・生蘇味《しょうそみ》・熟蘇味《じゅくそみ》・醍醐味《だいごみ》の五味の譬えに基づいている。この譬えは、牛から乳が出て、それが順に発酵精製されていく様子を、仏がさまざまな教えを順に説く様子に重ね合わせたものである。智顗以前の江南の涅槃学において、すでに五時教判の根拠として着目重視されていた譬喩である。乳は、牛乳のこと。酪はサンスクリット語の dadhi に対応し、牛乳を少し発酵させたヨーグルトのようなもの。生蘇は nava-nīta に対応し、新鮮なバターのこと。熟蘇は生蘇を精製して作ったもので、対応サンスクリット語は確定していない。醍醐は maṇḍa, sarpirmaṇḍa に対応し、乳酪の最も精製されたもので、最上の味とされる。

　さて、『華厳経』については、「日の初めて出でて、前に高山を照らすが如し。厚く善根《ぜんこん》を殖《う》えて、斯の頓説を感ず。頓説は本《も》と小の為めにせず。小は座に在りと雖《いえど》も、聾《ろう》の如く瘂《あ》の如し。良《まこと》に小は大に堪えず、亦た是れ大は小を隔つるに由る。此れは『華厳』の如し。法の縁に被らしむるに約せば、縁の大益を得るを頓教《とんぎょう》の相と名づけ、説の次第に約せば、牛《ご》従《よ》り乳味を出だす相と名づく」（六八三中）と説明されている。『華厳経』の三照の譬喩に基づいて、太陽が出て、真っ先に高山を照らすようなものが『華厳経』であると述べている。『華厳経』の説法の会座《えざ》には、菩薩と二乗がいるが、厚く善根を植えて、頓説を受け止めることのできるのは菩薩の方である。頓説の頓とは、たちどころにの意である。『華厳経』は、釈尊が菩提樹の下で成道したときに、その場＝寂滅道場《じゃくめつどうじょう》を離れず、すぐさま説いた教えとされるので、頓説、頓教と規定される。

菩薩に対して、二乗は会座にあっても、まったく『華厳経』の内容を理解できなかった。その理由として、二乗は大乗の教えに耐えられず、大乗の教えは二乗を隔てるからと指摘されている。そして結論的に、大乗の機縁＝菩薩が大益を受ける点に着目して、『華厳経』を頓教の相と名づけ、また説の次第に約して、乳味の相と名づけると述べている。

ここで、五時の経教についての説明の結論部分をわかりやすく図示する。

『華厳経』	頓教の相	乳味の相
三蔵教	漸教の相	酪味の相
方等経	漸教の相	生酥味の相
『般若経』	漸教の相	熟酥味の相
『法華経』	漸円教の相	醍醐味の相

図では、『法華経』が漸円教《ぜんえんぎょう》と規定されているが、『釈籤』によれば、「漸を会して円に帰す」という意味である。つまり、鹿苑《ろくおん》（初転法輪《しょてんぽうりん》の地であるヴァーラーナシーのムリガダーヴァ。鹿野苑《ろくやおん》とも訳す）における三蔵教から、方等経、『般若経』までの漸教《ぜんぎょう》を開会《かいえ》して、円教に帰着させる教えが『法華経』であると解釈している。言葉の上からは、段階的に、つまり、さまざまな教えを経由して完全になった教えを意味すると思われる。この「漸円」という表現は、別の箇所にも「月は漸《ようや》く円《まど》かなるが故なり」（六八四下）とある。これは月が新月から段階的に円《まる》くなって、ついに満月になることを意味すると考えられる。これによれば、『法華経』は満月、つまり完全な教えであるが、『華厳経』以来の段階的な教えを経由して完全になったものという意味を込めた表現であると考えられる。

顕露《けんろ》不定《ふじょう》、秘密《ひみつ》不定《ふじょう》については、『法華玄義』の本文に明確な表現はないが、それらの概念の関係は、次のように図示されると考えられる。

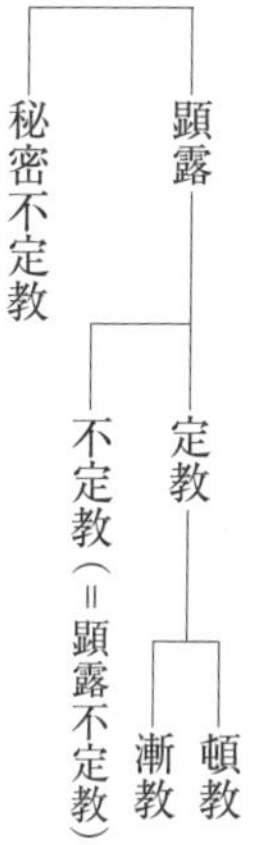

つまり、仏の教えの全体を、顕露と秘密に分け、次に、顕露を定教と不定教に分ける。定教はさらに頓教と漸教に分けられる。一方、秘密には定教がなく、不定教だけがある。顕露とは、あらわな、はっきりとしたの意で、秘密と対になっている。顕露不定教については、『法華玄義』に、「高山に頓

説すと雖も、寂場《じやくじよう》を動ぜずして、而《しか》も鹿苑に遊化す。四諦の生滅を説くと雖も、不生不滅《ふしようふめつ》を妨げず。菩薩の為めに仏の境界を説くと雖も、二乗の智断有り。五人、果を証すと雖も、八万の諸天、無生忍《むしようにん》を獲《う》るを妨げず。当《まさ》に知るべし、頓に即して漸、漸に即して頓なり」（六八三下）とある。要するに、仏の説法が、頓や漸というように固定したものではないことを実例をあげて説いている。たとえば、『華厳経』の説法場所である寂滅道場を動かないままで、同時に三蔵教の説法場所である鹿苑に自由に教化すること、初転法輪のときに、同じ説法を聞いても、阿若憍陳如《あにやきようじんによ》をはじめとする五人の弟子は初果（預流果《よるか》）を得、八万の諸天は無生法忍《むしようぼうにん》（存在の不生不滅を認識すること）を得たことなどをあげている。仏が頓教を説いて、ある衆生には漸教の理解を得させたり、漸教を説いて、ある衆生には頓教の理解を得させたりする自由な教化を浮き彫りにしたものと考えられる。

結論として、「一時、一説、一念の中に、備《つぶ》さに不定有り。旧義の専ら一部を判ずるに同じからず」（同前）と述べている。智顗以前の教判においては、頓教にも漸教にも入らない、『勝鬘経《しようまんぎよう》』『金光明《こんこうみよう》経《きよう》』などの特定の経典を不定教としたことを批判し、仏の自在な説法には一瞬一瞬に不定教の要素があることを指摘したものである。

次に、秘密不定教は、仏の自由自在な説法の仕方を指したもの（教えのレヴェルが最高であるという意味ではない）で、最終的には、言葉で説明できないと述べているが、具体的な例として、次のようなケースを想定している。たとえば、「此の座に頓を説き、十方に漸を説き、不定を説く。頓の座は十方を聞かず、十方は頓の座を聞かず。或いは十方に頓を説き、不定を説き、此の座に漸を説く。各《おの》各相《おのあ》い知聞せず。此こに於いては是れ顕、彼《か》しこに於いては是れ密なり」（同前）とある。これは、たとえば仏がこの場所では頓教を説き、同時に他の場所では漸教を説くようなケースで、この場所の聴衆は他の場所の聴衆を知らず、逆に他の場所の聴衆はこの場所の聴衆を知らない場合をいう。

以上のように、頓教、漸教、顕露不定教、秘密不定教の解説をしたうえで、『法華経』の教相について、「今の『法華』は是れ顕露にして秘密に非ず、是れ漸頓にして漸漸に非ず、是れ合にして不合に非ず、是れ醍醐にして四味に非ず、是れ定にして不定に非ず。此《か》の如く分別するに、此の経は衆経《しゆきよう》の相と異なるなり」（六八四上）と結論している。この記述のうち、『法華経』が顕露であって秘密ではないことや、醍醐味であって他の四味ではないこと、定教であって不定教ではないことなどは容易に理解できる。これは、いい換えれば、『法華経』が顕露定教で、醍醐味であることを指摘したものである。

「漸頓にして漸漸に非ず、是れ合にして不合に非ず」については、「漸頓」とは、『釈籤』の解釈によれば、方等経や『般若経』のような漸教の後の頓教（この場合の頓教は円教を指す）であり、漸教を開いて頓教を顕わしたものとされる。というのは、方等経や『般若経』のような漸教にも、化法の四教の中の円教が説かれているからである。『法華経』は方等経や『般若経』の円教を十全に説き明かしたものと規定される。これに対して、方等経や『般若経』における蔵教・通教・別教は「漸の中の漸」と規定され、これを本文では「漸漸」と表現しているのである。次に、「合にして不合に非ず」は、『釈籤』によれば、「合」は「会」と同義であり、『法華経』は「開権之円」、つまり、権（蔵教・通教・別教）を開会する円教であるといわれる。以上で、第一の根性の融・不融の相の説明は終わる。

次に、第二の化道の始終・不始終の相については、「化道」の「道」は「導」に通じる。『法華経』

以前においては、「当機益物《とうきやくもつ》」といって、その時の衆生の機根に適合した教えを説くだけで、種、熟、脱という仏の化導《けどう》の始め、過程、終わりを説いていないとされる。つまり、仏の教化の全体の中に、その教えを位置づけることをしない。これを「不始終の相」という。これに対して『法華経』化城喩品《けじょうゆほん》の大通智勝仏《だいつうちしょうぶつ》の物語においては、三千塵点劫の昔における教化の始まりと、今説く『法華経』という教化の終わりと、その中間の調熟《じょうじゅく》とを明らかにしているので、これを「始終の相」という。

第三の師弟の遠近・不遠近の相については、『法華経』以前においては、釈尊は菩提樹の下においてはじめて成仏したとされ、弟子も今世においてはじめて弟子となったと説かれる。これを「師弟の不遠近」という。これに対して『法華経』如来寿量品においては、仏が五百塵点劫という遠い昔に成仏したときから、仏と弟子の関係が始まったとされる。これを「師弟の遠近」という。久遠実成《くおんじつじょう》という「遠」が明らかにされてはじめて、「遠」と相対的な「近」も明らかになるので、如来寿量品の立場が「師弟の遠近」といわれる。

以上、ここの標章の教相玄義の解釈のなかでは、三種教相によって、『法華経』の優越性を示している。

第三節　②引証〜⑥観心

②引　証

七番共解の第二の引証においては、『法華経』のさまざまな文を引用して、『法華経』自身が五重玄義を明かしていることを立証している。具体的には、序品《じょほん》と神力品《じんりきほん》の文を引用して、名・体・宗・用の四玄義を証し、薬王菩薩本事品《やくおうぼさつほんじほん》を引用して、教玄義を証している。序品については、一箇所の文ではなく、数箇所から引用している。まず、名については「我れ灯明仏《とうみょうぶつ》を見るに、本との光瑞、此《かく》の如し。是れを以て知る。今、仏は『法華経』を説かんと欲す」を引用している。ここに出る「法華経」が名に相当するわけである。体については「今、仏、光明《こうみょう》を放ちて、実相の義を助発す」、「諸法実相の義、已《すで》に汝等《なんだち》の為めに説く」、「無量の衆に尊ばれて、為めに実相の印を説く」を引用している。ここに出る「実相」が体に相当する。宗については「仏は当に法雨を雨《ふ》らして、道を求むる者を充足せしむべし」を引用している。「法雨」を、会三帰一《えさんきいち》の法雨、開近顕遠《かいごんけんのん》の法雨と解釈し、前者によって仏道の因を求むる者を充足させ、後者によって仏道の果を求むる者を充足させると解釈している。宗は自行の因果を指すので、引用文と宗の関連を認めることができるのである。用については、「諸もろの三乗を求むる人、若し疑悔《ぎけ》有らば、仏は当に為めに除断して、尽くして余り有ること無からしむべし」、「諸仏の法は久しくして後、要《かなら》ず当に真実を説くべし」を引用している。三乗などの疑いを断じて、信を生じさせる働き＝用を説いていると解釈している。

神力品からは、「要を以て之《こ》れを言わば、如来の一切の所有《あらゆ》る法、如来の一切の自在の神力、如来の一切の秘要の蔵、如来の一切の甚深《じんじん》の事、皆な此の経に於いて宣示顕説《せんじけんぜつ》す」が引用されている。「一切の所有る法」は名、「一切の自在の神力」は用、「一切の秘要の蔵」は体、「一切の甚深の事」は宗にそれぞれ相当すると述べられる。これらの句が、名、用、体、宗を証する理由も簡潔に述べられているが、省略する。

薬王品には、十種の譬喩によって、『法華経』が諸経の王であることをたとえている。『法華玄義』では、「大なること海の如く、高きこと山の如く、円かなること月の如く、照らすこと日の如く、自在なること梵王《ぼんおう》の如く、極まれること仏の如し」と、薬王品の十種の譬喩の中から六種の譬喩を取りあげて、『法華経』の優越性を述べているが、これが教玄義に相当する。

③生　起

第三の生起においては、五重玄義の次第順序を説いている。一般的にいえば、名＝概念は、ある対象を指し示す働きを持っている。しかし、第一義《だいいちぎ》諦《たい》（paramārtha-satya. 真諦《しんたい》、勝義諦《しょうぎたい》とも訳す。二諦の一つ。言葉によって説くことのできない究極的真実）の立場においては、名にそのような働きはなく、対象にも名に対応する実体性がないといわれる。このように、名の働きの成立しない究極的な立場においては、五重玄義についても、何ら議論することはできないわけである。これに対して、名は対象を指し示すという名の有効性を認める世《せ》諦《たい》（saṃvṛti-satya, vyavahāra-satya. 俗諦、世俗諦とも訳す。二諦の一つ。世俗の立場における、言葉によって説かれる真実）の立場においては、五重玄義について論じることができる。そこで、五重玄義の順序について、「世諦もて言を為さば、名無くば、以て法を顕わすこと無し。故に初めに名を釈す。名は法に名づく。法は即ち是れ体なり。名を尋ねて体を識《し》る。体は宗に非ずば、会せず。体を会して自行已に円かなれば、体従り用を起こし、含識《がんしき》を導利す。利益既に多ければ、須《すべか》らく教相を分別すべきなり」（六八四下―六八五上）とある。名がなければ、法＝体を顕わすことができないので、最初に名を出す。この名を探求して、名の指し示す体を認識する。体は認識されるだけでは不十分であり、さらに会得、体得されなければならないので、宗＝自行によって、体が会得されることが説かれる。体を会得し、自行が完全になれば、体から用を生じて、含識（衆生）を利益する。これが用玄義である。この利益が多い以上、他の経と区別して、『法華経』の特徴を知る必要がある。これが教相玄義である。

先に引証で引用された神力品の経文は、名・用・体・宗という順序であり、この順序は「教の次第に約す」と述べられている。つまり、仏が凡夫に説法する立場の順序であるということである。まず、「一切の所有る法」＝名を示し、これを説こうとして、衆生に「一切の自在の神力」＝用を示して驚かせ、驚いた衆生は目覚めて、教えを求めるようになるので、教えを説いて「一切の秘要の蔵」＝体を示し、衆生は教えを受けて修行するので、そこに因果があり、つまり「一切の甚深の事」＝宗があるといわれる。

これに対して、名・体・宗・用の順序は、先に引証で引用された序品の経文の順序であり、これは「行の次第に約す」といわれる。これは、先に世諦の立場からの議論として引用し解説した文とまったく同じ趣旨であり、衆生の修行の立場からの順序である。『法華玄義』の本文には「初めに経巻、若しは善知識に従いて、聞見《もんけん》する所有るは、即ち名を聞くなり。聞くが故に理を推し、体顕わる。体を顕わすに、行を須《もち》う。行は即ち因果の宗なり。行、自ら惑を排し、亦た衆生を利するは、是れ用なり。同異を分別するは、教相なり」（六八五上）とある。衆生は、はじめに名を聞き、理を探究していくと体が顕われるが、十全に体を顕わすためには、行＝宗が必要となり、行は自らの煩悩を破すだけでなく、他の衆生に利益＝用を与えるといわれる。したがって、『法華玄義』の名・体・宗・用・教の順序は、行の次第に基づいていることになる。

④開　合

第四の開合という概念は、一般的にいうと、一を多に開くことが開であり、多を一に合わせることが合という意味である。ここでは、内容的に、五種、十種、譬喩という三種の開合が説かれている。

五種とは、事理・教行・因果・自行化他・説黙の五種の組をいう。たとえば、五重玄義のそれぞれが事理のうち、事と対応するのか、理と対応するのかなどを論じている。つまり、このような他の概念との関係を説明することを通して、五重玄義の特色をよりいっそう理解しやすいものとするのが目的とされる。事理については、具体的な事象を事といい、事象の根底にある普遍的な道理を理という。事は他と区別された具体的特相を有するので、差別《しゃべつ》の事相とも表現される。また、理は事相の根底にある無差別平等の普遍的な本性と規定されるので理性《りしょう》とも表現される。教行は教法と修行のこと、因果は修行の過程（因）と果報（果）のこと、自行化他は自己の修行と他者に対する教化のこと、説黙は説法と沈黙のことである。

具体的な内容については、「初めに釈名は通じて事理を論じ、顕体は専ら理を論じ、宗・用は但《た》だ事を論ずるのみにして、教相は事理を分別す。釈名は通じて教行を説き、顕体は教に非ず行に非ず、宗・用は但だ行のみにして、教相は但だ教なるのみ。釈名は通じて因果を説き、顕体は因に非ず果に非ず、宗は自の因果、用は教他の因果、教相は上の法を分別するのみ。釈名は通じて自行化他を論じ、体は自に非ず他に非ず、宗は是れ自行、用は是れ化他、教相は自他を分別す。釈名は通じて説黙を論じ、体は説に非ず黙に非ず、宗は黙、用は説、教相は分別す、云云《うんぬん》」（同前）とある。整理すると、名玄義は、五組のいずれにおいても、相対概念のどちらにも対応するものと規定されている。体玄義は、実相＝理を意味するので、事理の中では、理に対応しているが、他の四つの組においてはいずれの場合も相対概念を否定したあり方であることが示される。これは、体が相対概念による把捉を突破超越したものであることに基づく。教玄義については、教行の組において教と対応する場合以外は、それぞれの組の相対概念を分別すること、つまり他と区別して認識することと規定されている。これは、教相の相が、「同異を分別するなり」と定義されたことに基づいている。

次に、宗と用について。宗は仏の自行の因果であり、用は自行・化他・自他という三種の権実の二智であるという定義についてはすでに述べた。これに基づくと、宗・用は理ではなく事、教ではなく行と規定される。理は因果や、権実の二智のような相対概念を突破超越したものであるから、宗・用は理ではなく事に相当する。宗・用が教ではなく行であることは理解しやすいと思う。宗は自行の因果、用は教他＝化他の因果であり、また、宗は自行、用は化他であることは、上の定義からすぐにわかる。

宗が黙で、用が説と規定される理由については、宗は仏の自行であるから、他に対する説法ではなく沈黙とされ、用は化他であるから、他に対する説法とされる。

次に、第二の十種の開合については、ここには全部は出ていないが、『法華玄義』巻第五下（七四四上―七四五下を参照）に出る十種類の三法を指す。つまり、三道（苦道・煩悩道・業《ごう》道）、三識（菴摩《あんま》羅《ら》識・阿黎耶《ありや》識・阿陀那《あだな》識）、三仏性（正因《しょういん》仏性・了因仏性・縁因仏性）、三般若（実相般若・観照般若・文《もん》字《じ》般若）、三菩提（実相菩提・実智菩提・方便菩提）、三大乗（理乗・随乗・得乗）、三身（法身・報身・応身）、三涅槃（性浄《しょうじょう》涅槃・円浄涅槃・方便浄涅槃）、三宝（法宝・仏宝・僧宝）、三徳（法身・般若・解脱《げだつ》）をいう。ところが、これとは別に三軌《さんき》がある。三軌とは、真性《しんしょう》軌・観照軌・資成《しじょう》軌の三種の軌範のことで、真性軌は真如実相、観照軌は真如実相を観察する智慧、資成軌は智慧を補助する万行《まんぎょう》をそれぞれ指す。したがって、都合十一になるので、その点、本文はやや表現不足である。

その十一の法と五重玄義の対応関係については、「釈名は総じて三軌を論じ、体・宗・用は開きて三軌に対し、教相は三軌を分別す。釈名は総じて三道を論じ、体・宗・用は開きて三道に対し、教相は三道を分別す。乃至《ないし》、第十には、釈名は総じて三徳を論じ、体・宗・用は開きて三徳に対し、教相は三徳を分別す、云云」（六八五上―中）とある。これによれば、五重玄義と十一の法との対応関係はすべて同じ構造をしている。三軌を例に取ると、釈名は三軌全体を論じ、体・宗・用は三軌それぞれに対応する。つまり、体は真性軌、宗は観照軌、用は資成軌にそれぞれ対応する。教相は三軌を分別することである。

最後に、第三の譬喩の開合については、たとえば人間の身体をたとえに取ると、人間の身体の中身は識《しき》・命《みょう》・煖《なん》によってできており、外から見れば貴賤賢愚《きせんけんぐ》の差異がある。ちなみに、識は心のこと、命は寿命のこと、煖は体温のことである。命は一生の間、識と煖を維持し、また、識と煖によって命は維持される。これについて、「人身《にんしん》は名を譬え、識は以て体を譬え、命は以て宗を譬え、煖は以て用を譬え、分別は教相を譬う、云云」（六八五中）と述べられている。

⑤料　簡

第五の料簡では、十二の問答が展開されている。結論だけを紹介すると、第一の問答では、「蓮の為めの故の華」という表現は、蓮（果）と華（因）との関係について因中有果《いんちゅううか》を説くものではないとしている。因中有果とは、原因の中にすでに結果が備わっていることをいい、インドの六派《ろっぱ》哲学の一つであるサーンキヤ説の思想を指す。

第二の問答では、華は小乗の化他の権ではなく、自行の権であると述べている。

第三の問答では、『法華経』の七つの譬喩は別譬《べっぴ》で、蓮華は総譬《そうひ》であり、総譬に別譬を収めるので、経題に用いるのであると述べている。七つの譬喩とは、天親《てんじん》（Vasubandhu、世親《せしん》とも訳す）の『法華《ほっけ》論《ろん》』に規定される『法華経』の譬喩で、譬喩品《ひゆほん》の三車火宅《さんしゃかたく》の譬喩、信解品の長者窮子《ちょうじゃぐうじ》の譬喩、薬草喩《やくそうゆ》品《ほん》の三草二木《さんそうにもく》の譬喩、化城喩品の化城宝処《けじょうほうしょ》の譬喩、五百弟子受記品の衣裏繋珠《えりけいじゅ》の譬喩、安楽行品《あんらくぎょうほん》の髻《け》中明珠《ちゅうみょうしゅ》の譬喩、如来寿量品の良医病子《ろういびょうし》の譬喩を指す。

第四の問答では、開権顕実《かいごんけんじつ》の立場では、諸法はすべて体であり、廃権顕実の立場では、権を選び捨てて実を取って体とすると述べている。

第五の問答では、因と果とは互いに他を成立させており、迹門・本門いずれも因果をともに説いているので、因果の片方ではなく、因果をともに宗玄義とすると述べている。

第六の問答では、宗玄義は化他の因果を選び捨てて、自行の因果を選び取り、用玄義は他を利益するものなので、自行と化他のどちらをも取ると述べている。

第七の問答では、用玄義は自利に基づいて、他を利益するので、自行をも取ると述べている。

第八の問答では、化他の因果は仏の菩提を実現できないので、宗玄義は自行の因果に限られると述べている。

第九の問答では、化他の権実は他の菩提を実現できないが、これによって利益を与える必要があるので、用玄義においては、化他の権実を取ると述べている。

第十の問答では、宗にも用にも智徳（智慧によって真理を知る菩提）、断徳（煩悩を断じた涅槃）が備わっているが、どのように区別されるのかという質問に対して、「自行は智徳を以て宗と為し、断徳を用と為す。化他の若《ごと》きは、自他の智断を倶《とも》に宗と為し、化他の智断を倶に用と為す」（六八五中—下）と答えている。これによれば、自行の智徳を宗、自行の断徳を用と規定し、化他については、自他と単なる化他の二種の化他があり、自他の智徳・断徳を宗とし、単なる化他の智徳・断徳を用と規定している。

第十一の問答では、四でもなく、六でもなく、なぜ五重玄義であるのかという質問は「無窮《むぐう》」（きりがないこと）の質問となってしまうと批判している。

最後の第十二の問答では、五重玄義を多くの経典の解釈に適用すれば、経典相互の共通性も別異性もどちらも失わないという利点があることを述べている。

⑥観　心

第六の観心《かんじん》は、これまで説明してきた標章から料簡までのすべてに関わるものである。つまり、観心の標章、観心の引証、観心の生起、観心の開合、観心の料簡があることになる。

観心の標章においては、まず、心が妙法蓮華経であることを説いて、心が名玄義であることを述べている。引用すると、「心は幻焰《げんえん》の如く、但だ名字《みようじ》有るのみ。之れを名づけて心と為す。適《まさ》に其の有を言わんとすれば、色質《しきぜつ》を見ず。適に其の無を言わんとすれば、復た慮想を起こす。有無を以て思度《したく》す可《べ》からざるが故に、故に心を名づけて妙と為す。妙心軌《のっと》る可きを、之れを称して法と為す。心法《しんぽう》は因に非ず果に非ず、能《よ》く理の如く観ずれば、即ち因果を辧《べん》ず。是れ蓮華と名づく。一心、観を成《じょう》ずるに由りて、亦た転じて余心を教う。之れを名づけて経と為す。釈名竟《お》わる」（六八五下）とある。心というものは名だけあって、有ということもできず、無ということもできない不可思議な存在であるので、妙であるとされる。この妙なる心が軌範となる点で法といわれる。この心という法は、因でも果でもないけれども、正しく観察すれば、因果を成立させるので、蓮華といわれる。一心について観察することが完成すると、次に続く心の観察を教えることになるので、経といわれる。

このように、心が妙法蓮華経なので、心が名玄義であることになる。以下、心が実相であるから体玄義であり、観心の最初と完成を因果と捉えて宗玄義と規定し、観心によって悪い心の働きを起こさないことを用玄義と規定し、観心によって、心の作用としての煩悩の善・悪・無記の同類、異類のものがすべて真実に転換させられるのが教玄義と規定される。

次に、観心の引証では、心が名・体・宗・用・教であることを証明する経文を引用している。

観心の生起では、心を観察する場合、心の名・体・宗・用・教の順序について述べている。

観心の開合では、心を総とし、これを煩悩の心、苦果の心、業《ごう》の心の三つの別に分けたうえで、この三つの心と名・体・宗・用・教との対応関係について述べている。

観心の料簡では、事解、つまり、法門についての理解ばかりでなく、観心が必要であることを説明している。というのは、法門を聞くだけで、観心がなければ、邪見を増大させ、法門の誤った理解が悪道をもたらし、逆に、観心があるだけで、法門を聞くことがなければ、増上慢《ぞうじょうまん》に陥り、観心の誤った実践が悪道をもたらすからである。そこで、法門を聞くだけというあり方を免れるためには、空仮《くうけ》中《ちゅう》の三観《さんがん》を実践し、増上慢を免れるためには、六即《ろくそく》について聞くべきであると説かれる。

六即とは、天台の考案した円教の階位で、理即《りそく》・名字即《みょうじそく》・観行即《かんぎょうそく》・相似即《そうじそく》・分証即《ぶんしょうそく》（分真即《ぶんしんそく》）・究竟即《くきょうそく》をいう。観心をする人は、すぐに自分が悟ったなどとうぬぼれる場合が多いので、円教にも厳然と修行の階位の浅深があることを知って、自分の階位がどこに位置するのかを厳密に判定しながら、観心に取り組まなければならないのである。

第四節　⑦会異（四悉檀についての基礎理論）

失われた『四悉檀義』をめぐって

次に、七番共解の最後の会異は、一般的には異を会《え》すと読み、言葉の意味としては、異なったものを統合して同一のものに帰着させるということである。『法華玄義』に即していうと、五重玄義が四《し》悉檀《しつだん》に合致することを意味する。つまり、「異」が四悉檀を指し、五重玄義が「異に会す」ことを説いているわけである。会異の構成については、五重玄義が四悉檀に合致することを簡潔に述べた後に、四悉檀について十項にわたって詳しく解釈している。

ところで、智顗の晩年の活動として、晋王広の依頼を受けて、維摩経疏を三回にわたって献上したことを前に説明した（四七頁を参照）。その三回のうち、第一回めの献上は、開皇十五年（五九五）の七月に、『維摩経疏』十巻を晋王広に贈ったことであるが、これは現存していない。ただし、その内容を独立単行させたものが、現在残っている『四教義』十二巻（『大正新脩大蔵経』第四十六巻所収）、『三観義』二巻（『大日本続蔵経《だいにほんぞくぞうきょう》』二―四―一所収）と、散逸した『四悉檀義』と推定されている。その失われたとされる『四悉檀義』と、『法華玄義』の会異に説かれる四悉檀との関係が問題となる。実は、第三回めとして晋王広に献上されたものが『維摩経玄疏《げんじょ》』六巻と『維摩経文疏《もんじょ》』二十五巻（智顗の死後、灌頂がさらに三巻を追加して、現行本は二十八巻となっている）であるが、『維摩経玄疏』の中にも、四悉檀についてのまとまった記述がある。『法華玄義』の四悉檀の説明と『維摩経玄疏』の四悉檀の説明とを比較すると、分量としては『法華玄義』の方がやや詳しいが、部分的には、『維摩経玄疏』の方が詳しい点もあるので、両者に目を配る必要がある。

『四教義』『三観義』の分量がかなり多いことから推定すると、『四悉檀義』も『法華玄義』や『維摩経玄疏』に説かれる四悉檀についての説明の分量を越えるものであったと推定される。『法華文句《もんぐ》記《き》』の紹介する調巻（大正三四・一五九中を参照）によれば、『四教義』は六巻、『三観義』は二巻、『四悉檀義』は二巻となっている。たとえば、『法華玄義』を基礎にして、『維摩経玄疏』の記述の方が詳しい部分を補うだけで、より分量の多い四悉檀の説明を再構成できるわけである。『維摩経玄疏』の中に、「法華玄」「法華玄義」などの書名が都合五回出ているので、『維摩経玄疏』撰述のときには、『法華玄義』がある程度の著述形態を整えていたことが判明する。しかし、他方では、『法華玄義』が智顗没後も、灌頂によって修治されていったことも事実であるから、『維摩経玄疏』撰述時に参照された『法華玄義』と現行本とは、当然、完全には一致するものではなく、『法華玄義』に対して、『維摩経玄疏』が何らかの影響を与えているかもしれない。ただし、それを確かめることは文献学的にはなかなか困難であろう。

『大智度論』の四悉檀

四悉檀についての詳しい説明は後述することにして、ここではその名称と簡潔な意味を示しておきたい。四悉檀とは、『大智度論』巻第一（大正二五・五九中—六一中を参照）に出る世界悉檀・各各為《かくかくい》人《にん》悉檀・対治《たいじ》悉檀・第一義《だいいちぎ》悉檀の四種の悉檀のことで、仏の説法を四種に分類したものである。悉檀は、シッダーンタ（siddhānta）の音写語で、「確定した説」という意味である。そこで、世界悉檀は世俗における真実、各各為人悉檀は衆生の性質・能力に応じて、善を生じるように説かれた真実、対治悉檀は衆生の悪を断ち切るように説かれた真実、第一義悉檀は究極的な真実という意味になる。各各為人悉檀の「為人」は、「人の為めにす」と読み、「各各」は「それぞれ」という意なので、それぞれの人のために説くという意味になる。以上の簡潔な説明を予備知識として、以下、『法華玄義』の本文に即して見ていきたい。

会異の冒頭には「七に会異とは、問う。仏に説く所有れば、四悉檀に依る。今、五義を解するに、彼れと会するや」（六八六中）とある。これは仏の説法が四悉檀に基づくことを踏まえて、『法華玄義』においてこれまで明らかにしてきた五重玄義が四悉檀と合致するのかという質問である。四悉檀の出典が『大智度論』であることは、先に述べたが、『大智度論』は『大品般若経《だいぼん》』の注釈書であり、冒頭に「問うて曰わく、仏は何の因縁を以ての故に、摩訶般若波羅蜜経《まかはんにゃはらみつきょう》を説くや。諸仏の法は、無事《ぶじ》、及び小因縁を以ては、自ら言を発せず。譬えば、須弥山王《しゅみせんおう》は、無事、及び小因縁を以ては、動かざるが如し。今、何等《なんら》の大因縁有るが故に、仏は摩訶般若波羅蜜経を説くや」（大正二五・五七下）とある。「摩訶般若波羅蜜経」とは『大品般若経』を意味する。仏がこの経を説くのには、重大な理由がなければならないという趣旨である。『大智度論』では、この質問に答えて、『大品般若経』の説かれる種々の理由が取りあげられているが、その中に「復た次に、仏は第一義悉檀の相を説かんと欲するが故に、是の般若波羅蜜経を説く」（同前・五九中）という理由が示される。つまり、第一義悉檀の相を説こうとして、『大品般若経』を説くというものである。そして、この第一義悉檀を説明するために、他の三悉檀にも論及し、結果的に、四悉檀が明らかにされるのである。

四悉檀と五重玄義

五重玄義は、経典を解釈するために、智顗が独自に考案したものである。『法華経』にも、もちろん五重玄義が説かれているので、この『法華玄義』において『法華経』の五重玄義が明らかにされる。一方、『大智度論』には、『法華玄義』にも引用されているが、「四悉檀の中の一切の十二部経、八万四千の法蔵は皆な是れ実にして、相い違背すること無く、仏法の中に有り」（同前）とあるので、仏のあらゆる教えは四悉檀に収められることになる。いい換えると、四悉檀に基づいて、あらゆる仏の教えは成立していることになる。そうすると、『法華経』も例外ではないので、『法華経』の基づくところの四悉檀と、『法華経』に説かれる五重玄義との関係が問題として浮かび上がってくる。そこで、四悉檀と五重玄義とが合致するかどうかを問うことになる。

両者の具体的な関係については、結論を整理すると、世界悉檀は名、第一義悉檀は体、為人悉檀は宗、対治悉檀は用にそれぞれ対応する。さらに、悉檀を分別することを教相に対応させている。したがって、世界・為人・対治・第一義と名・体・宗・用・教が順序よく対応しているわけではない。実は、会異の構成について先にも触れたが、四悉檀の十項にわたる詳しい解釈に入る前に、四悉檀と五重玄義との関係をめぐる総論とでもいうべき段落がある。

ここには、三つの問答が展開されており、第一の問答は、すでに紹介した、四悉檀と五重玄義との対応関係についてである。

第二の問答では、今の質問、つまり、なぜ順序正しく対応していないのかという質問が提示されている。答えは以下の通りである。四悉檀は、仏の智慧であることを述べたうえで、利根と鈍根の両者に対する場合、四種の悉檀が成立すると指摘している。つまり、利根の人は世界悉檀を聞いて、第一義悉檀を理解する。これを五重玄義に当てはめれば、名を解釈するとそれだけで十分体を論じることになるといわれる。一方、世界悉檀を聞いただけでは、第一義悉檀を理解できない鈍根の人は、善を生じる為人悉檀、悪を断じる対治悉檀を経由して、はじめて第一義悉檀に入ることができる。したがって、この場合は、四種の悉檀を用いることとなる。それゆえ、四悉檀の世界・為人・対治・第一義という順次は、鈍根の人に対する場合に基づいたものである。

五重玄義については「利鈍を兼ねる」と規定されている。まず、五重玄義が利根の人に対する場合の順序であることについては、利根の人にとっては、名を解釈するとそれだけで十分体を論じることになるという先にあげた例から理解できると思う。五重玄義がまた鈍根の人にも対するという点については、体の後に、因果＝宗玄義を立てることが、鈍根の人が修行によってはじめて悟ることができるという意義を示したものであるからである。

第三の問答の質問の内容は、二つに分けられる。第一には、『大智度論』は『大品般若経』の注釈書であって、『法華経』とは無関係であるはずなのに、『大智度論』に説かれる四悉檀と、『般若経』ではなく『法華経』に説かれる五重玄義とをどうして通じあわせることができるのかというものである。また、第二には、『中論』は共通に諸経について述べている論なのに、なぜ用いないのかというものである。第一の質問の答えについては、「四悉檀は、八万の法蔵、十二部経を摂す」という『大智度論』の文を引用している。この文は、先に『大智度論』の原文を引用したが、ここでは『法華玄義』の引用のままの文（六八六中）を示した。この文は、四悉檀が仏のあらゆる教えを含むことを述べたものであるから、当然、『法華経』と無関係のはずはないと答えている。第二の『中論』をめぐる問題については、当然、『中論』を用いるのがふさわしいという立場を示したうえで、『中論』は『中観論』《ちゅうがんろん》ともいわれることから、この書名と五重玄義との対応関係を説いている。具体的には、「中」は体を述べ、「観」は宗を述べ、「論」は用を述べると指摘している。また、『中論』が妙法蓮華経という名を述べることについては、「中観の理の不可思議なるは妙を申《の》べ、観境《かんきょう》の是れ権実なるは法を申べ、観智《かんち》の是れ因果なるは蓮華を申べ、観の詮《せん》なるは経を申ぶ」（同前）と説明している。観境は観察の対境（対象）、観智は観察する主体としての智慧、詮は観察が物事の道理を説き明かすことをそれぞれ意味する。

ここには、教玄義については説かれていないが、『釈籤』には、教玄義が説かれないことについて、教玄義は前の名・体・宗・用の四意を分別することにほかならないので、とくに解釈しないと述べている。また、『中論』観四諦品の第十八偈《げ》、すなわち、「衆因縁生法　我説即是無　亦為是仮名　亦是中道義」（大正三〇・三三中）の四句が、順に蔵教、通教、別教、円教を説いたものであることを指摘している。この文を訓読すると、「衆《もろ》もろの因縁もて法を生ず。我れ即ち是れ無なりと説く。亦た為是《こ》れ仮名なり。亦た是れ中道の義なり」となる。智顗や吉蔵がしばしば引用する場合は、第一句が「因縁所生法」（因縁もて生ずる所の法は）と変えられ、「無」が「空」と変えられている。この偈に空《くう》、仮名《けみょう》、中道《ちゅうどう》という語句が出ているので、この偈を三諦偈《さんたいげ》と呼ぶ。このように、『中論』が他の経について述べていることを具体的に示して、とくに第四句の円教を意味するものが、『法華経』を述べたものであることを指摘している。そして、結論的に、『大智度論』と『中論』とが五重玄義を述べているだけでなく、逆に、五重玄義が共通に多くの経論について述べていると指摘している。

四悉檀の解釈

次に、四悉檀の十項にわたる詳しい解釈が展開される。四悉檀については、先に述べた『四悉檀義』をおそらく活用して整理されたものと想像される。まとまった著作を活用できたためか、ここの四悉檀の解説も十項にわたる、きわめて体系的な体裁を取っている。

一　釈名
二　辨相
三　釈成
四　対諦
五　起教観
六　説黙
七　用不用
八　権実
九　開権顕実
十　通経

十項の名と意味について説明する。はじめに、簡潔に説明してから、『法華玄義』の本文に即して一々の項について考察を加えていく。第一項の釈名《しゃくみょう》は、四悉檀の名を解釈することである。第二項の辨相《べんそう》は、四悉檀の特徴を論じることである。第三項の釈成《しゃくじょう》は、しっかりと解釈することである。経疏の術語として、述成、結成、証成など、動詞の後に「成」を付加した用語が見られる、これらは前の動詞の意味する行為、動作を完成する意、しっかりとやり遂げる意を添える。ここでは具体的には、四随《しずい》によって四悉檀をしっかりと解釈することである。四随とは、『法華玄義』に後出するが、『禅《ぜん》経《ぎょう》』（具体的には分からない）に出るといわれる随楽欲《ずいぎょうよく》・随便宜《ずいべんぎ》・随対治《ずいたいじ》・随第一義《ずいだいいちぎ》のことである。内容的には四悉檀に相当して、仏の説法は、衆生の楽欲（願い・欲望）、便宜（都合）、対治、第一義にしたがってなされるといわれる。

第四項の対諦《たいたい》は、四悉檀を四諦（苦諦・集諦《じったい》・滅諦・道諦の四つの真理。詳しくは一八六―一八九頁を参照）に対応させることである。第五項の起教観《ききょうかん》は、四悉檀が化法の四教、空仮中の三観を生じることである。つまり、「教と観とを起こす」と読み、教は化法の四教、観は三観を意味する。第六項の説黙《せつもく》は、四悉檀が聖説《しょうせつ》・聖黙然《しょうもくねん》を生じることである。第七項の用不用《ゆうふゆう》は、詳しくは得用《とくゆう》・不得用のことで、仏だけが四悉檀を獲得し、かつ用いることができるのに対し、他のものはそうでないことを明らかにすることである。第八項の権実は、蔵・通・別の三教の四悉檀は権で、円教の四悉檀は実であることである。第九項の開権顕実は、『法華経』に至って、権の四悉檀を開会して、すべて妙に入れることである。第十項の通経《つうきょう》は、四悉檀が『法華経』にも適用されること、逆に言えば、『法華経』にも四悉檀が説かれていることを示すことである。

⑴釈名　次に、十項について個別に説明する。まず、第一項の釈名においては、悉檀が「天竺《てんじく》の語」、つまり梵語（サンスクリット語）であることを指摘したうえで、それを中国語に翻訳できないという説と、翻訳できるという説とを紹介している。後者の場合は、宗《しゅう》、成《じょう》、墨《ぼく》、印《いん》、実《じつ》、成就《じょうじゅ》、究竟《くきょう》などの訳語が紹介されている。『法華玄義』には「孰《いず》れか是《ぜ》なるを知ること莫《な》し」（六八六下）と述べたうえで、ここにあげたいくつかの訳語について検討を加えている。具体的には、「優檀那《うだんな》」が印や宗と漢訳されるので、同じ印、宗という言葉で、悉檀を翻訳することはできないのではないかと批判している。優檀那とは、ウダーナ（udāna）の音写語で、自説《じせつ》と訳される。仏が他からの質問なしに自ら説いたものの意である。印、宗という訳語への疑問を踏まえて、他の訳語も信用できないと述べている。そして、結論として、「南岳師《なんがくし》は、大涅槃の梵漢兼称《ぼんかんけんしょう》なるに例す。悉は是れ此《こ》の言、檀は是れ

梵語なり。悉は之れ遍《へん》を言い、檀は翻じて施《せ》と為す。仏は四法を以て遍く衆生に施すが故に、悉檀と言うなり」(同前)と述べている。「四法」は四悉檀を指す。

南岳師＝南岳大師慧思《えし》のいう「大涅槃の梵漢兼称」とは「大涅槃」という語句のうち、「大」は漢語で、「涅槃」は梵語であることを指す。したがって、梵語と漢語を兼ねて呼んだものであるので、梵漢兼称という。これと同様に、悉檀の「悉」を漢語と解釈している。一般には「ことごとく」と読むので、「遍」、つまり普遍という意味と解釈しているわけである。「檀」については、梵語ダーナ(dāna)の音写語と解釈したうえで、布施《ふせ》という意味であることを明かしている。悉檀は梵語シッダーンタ(siddhānta)の音写語であるから、慧思の梵漢兼称という解釈は、語学的には誤りである。梵語についての知識不足がもたらしたものであるが、「仏は四法を以て遍く衆生に施す」ということ自体は、四悉檀の意義と矛盾はしない。仏典のなかに、多様な、一見矛盾すると見られる思想や言葉があっても、仏の種々の説き方、つまり四悉檀を踏まえて、改めて見直せば、そこにはそれぞれの真実、衆生救済の有効性が認められ、何ら矛盾するものではないということが、四悉檀を説く意義であるからである。

(2)辨相　第二項の「辨相」は、四悉檀の相＝特徴を論じる項である。『法華玄義』の説明は、基本的には『大智度論』巻第一(大正二五・五九中―六一中を参照)に基づいている。まず、世界悉檀については、次のように説明している。輪、スポーク、車軸、たがなどの各部分が調和して、車輪を構成しており、それら各構成部分以外に、別に実体としての車があるのではないと同様に、人は色《しき》・受《じゅ》・想《そう》・行《ぎょう》・識《しき》の五陰《ごおん》が調和することによって構成されているが、別に実体としての人が存在するのではないと述べられる。これは、仏教の無我説の説明に出る論理である。このように、実体我、仏教用語としては人我が否定されるが、これに続いて、次のような自問自答が展開される。人我がないならば、なぜ仏は「我れ六道の衆生を見る」と語るのかという問題を提起する。見る主体としての「我れ」、見られる対象としての「衆生」がしっかりと存在するではないかというものである。無我説と日常言語における「人我」的な表現との矛盾を衝いたものである。この矛盾を調停するために、世界と第一義という二種の立場の表現の相違と、両者がいずれもそれぞれの立場における真実であることを指摘する。具体的には「如如《にょにょ》・法性等は世界の故に無く、第一義の故に有り。人等は第一義の故に無く、世界の故に有り」（六八六下）と述べている。つまり、如如・法性などは世界の立場においては無、第一義の立場においては有と表現され、人などは第一義の立場においては無、世界の立場においては有と表現されるという内容である。したがって、如如・法性などは無であるとするのが世界悉檀、有であるとするのが第一義悉檀であり、人などは無であるとするのが第一義悉檀、有であるとするのが世界悉檀であるということになる。世界悉檀、第一義悉檀という相違はあるが、有と無というまったく矛盾する表現がいずれも悉檀として、換言すれば、真実として認定されることを示している。

『法華玄義』では、上に引用した文に続いて、「五陰、十二入、十八界、一切の名相《みょうそう》の隔別《きゃくべつ》するもの有るを、名づけて世界と為す」（同前）と述べ、世界の定義を示している。これによれば、世界とは、互いに区別された名（概念）、相（特徴）を持つ諸存在をいう。次に、外道の人が、この世界は無因縁によって成立していると誤解したり、邪《よこしま》な因縁によって成立していると誤解する状況において、仏は、衆生が聞きたいと願うものに従って、因縁によって成立する世界の正しいあり方を説いて、世間に対する正しい見方を得させることが、世界悉檀の相であると結論づけている。

次に、各各為人悉檀の相においては、仏は人の心を観察して法を説くという原則を示したうえで、人の心はさまざまであるから、一つの事がらにおいても、ある場合は許可し、ある場合は許可しないという実際的な立場を示している。具体例としては、業の報いを受けるという経説と、受けないという経説という、まったく対立する二説を提示して、「一人は後世《ごせ》を疑いて、罪福を信ぜざるが為めに、断常の中に堕するが故に、此の説を作《な》す」(六八七上)と述べている。業の報いを受けるという経説が断見《だんけん》に堕した者のための説で、受けないという経説が常見《じょうけん》に堕した者のための説ということになる。

断見と常見とは、仏教の輪廻《りんね》思想と関連する概念である。釈尊当時のインドにおいては、業と輪廻の思想は広く受け入れられていたが、これに反対する宗教思想を唱えた者もいた。西洋においても、オルフェウス教を介して、ピュタゴラスやプラトンに輪廻の思想が受け入れられていたことがわかっているが、インドでは、紀元前七世紀頃のブラーフマナ文献に輪廻の思想が初見されるといわれる。アーリヤ人の思想ではなく、インド土着の宗教観念であった可能性が高いと推定されているが、確かなことはわからない。わかっていることは、この輪廻の思想が広くインドに流行したということである。インドにおける正統思想であるバラモン教も、それに反抗した異端思想である仏教、ジャイナ教も等しく業と輪廻の思想を説き、また、輪廻からの脱却を目標とした。

正統と異端という概念は社会学的には相対的な概念であり、多数を占め、勝ち残ったものが正統を名のる。正統のあるところ、少数意見は異端の烙印を押されて圧力をかけられる。そのような理由で、インドでは、バラモン教、そして、バラモン教が土着の民間思想を組み込んで発展した形態であるヒンドゥー教が正統の位置を占め、その他のものは異端の思想に分類される。そのような理由で、仏教も異端といわれるのである。また、「六師外道《ろくしげどう》」という言葉は仏典に出るもので、仏教の立場から、それ以外の思想家を外道と呼んだものである。これには、バラモン教の思想家は含まれておらず、むしろバラモン教の宗教的権威を認めず、新しい宗教思想を確立した思想家を指したものである。その中には、ジャイナ教の事実上の開祖であるニガンタ・ナータプッタ（マハーヴィーラ）、アージーヴィカ教の開祖のマッカリ・ゴーサーラ、舎利弗、目連《もくれん》の先生であった懐疑論者サンジャヤ・ヴェーラティプッタなどが含まれる。

六師外道の中には、唯物論的世界観に基づいて、業の報い、輪廻を否定した者もいるし、輪廻は認めても、それを個人の業の報いと認めない者もいた。後者はちょっとわかりにくいかもしれないが、賢者も愚者も同様にある一定の期間輪廻して、その後、苦しみの終わりに至るというもので、個人の自由意志による業が結果に対して及ぼす影響を否定した決定論である。人間は死ねば、身体の終わりとともにすべてが終わり、死後に何ものも残らないとする考え、いい換えれば、輪廻を否定する考えが断見といわれる。これに対して、永遠不滅の霊魂を認め、これが死後にも永遠に存在するという考えが常見といわれる。仏教では、輪廻を認めるので断見ではなく、また、無我説によって永遠不滅の霊魂の存在を否定し、また輪廻からの解脱を説いて輪廻の終焉をいうので、常見でもない。これを不常不断の中道という。

『法華玄義』に話を戻すと、輪廻を認めない断見の者のためには、業の報いとしての輪廻を説き、永遠不滅の霊魂を立てる常見の者のためには、輪廻を否定するのである。つまり、相手の心に応じて説くということである。最後に「此の意は、傍《かたわ》らは執《しゅう》を破《は》せんが為めにして、正しくは是れ信を生じ、善根《ぜんこん》を増長《ぞうじょう》して、其の善法《ぜんぼう》を施すなり。故に各各為人悉檀と名づく」（同前）と結論づけている。善根を増長させること、つまり、後にしばしば出るが、生善《しょうぜん》（善を生じること）ということが、各各為人悉檀の特徴となる。

第三の対治悉檀の相においては、存在は対治悉檀においては承認され、実性《じっしょう》＝第一義悉檀においては承認されない（つまり空を意味する）という原則を示したうえで、貪欲《とんよく》が多い場合には不浄観《ふじょうかん》を教え、瞋恚《しんに》が多い場合には慈悲観を教え、愚痴が多い場合には因縁観を教えるというように、煩悩の種類に応じた対治法を説いている。貪欲はむさぼり、瞋恚は怒り、愚痴は愚かさの意味である。これらの煩悩を対治する観法《かんぼう》として説かれている三種の観法は、いずれも五停心観《ごじょうしんかん》に含まれるものである。不浄観は、身体の不浄であることを観察することである。どんなに美しい魅力的な異性であっても、身の不浄を徹底的に観察すれば、異性に対する貪欲は止まるというものである。慈悲観は、衆生に対する慈悲を身につけることで、これによって瞋恚を止める。因縁観は、諸法が因縁によって生じることを観察することで、これによって正しい因果《いんが》応報《おうほう》を知らない愚痴を止める。最後に「悪病を対治するに、此の法薬を説きて、遍く衆生に施すが故に、対治悉檀の相と名づくるなり」（同前）と結論づけている。

また、為人悉檀の特徴がしばしば生善と表現されると先に述べたが、それに対応していえば、対治悉檀の特徴を表現する用語として、断悪、破悪、治悪《じあく》などがよく使われる。

第四の第一義悉檀に不可説と可説の二種が示されている。不可説とは、言葉で説くことができないという意味で、「諸もろの仏・辟支仏・羅漢の得る所の真実の法」（同前）をいう。仏・縁覚・阿羅漢《あらかん》の聖者が証得する法は言葉で表現できないので、これを不可説の第一義悉檀と規定するのである。可説については、『大智度論』に出る「諸経に説かれる一切実・一切不実・一切亦《やく》実亦不実・一切非実非不実という四句のそれぞれが諸法の実相である」（大正二五・六一中を参照）という内容の文章を引用して、これを可説の第一義悉檀としている。また、この四句に執著すれば、戯論《けろん》になってしまい、もちろん第一義悉檀とはいわれないと指摘している。

『法華玄義』の本文には、「辨相」の末尾に、灌頂の解釈が付されている。灌頂は十五箇条にわたって、四悉檀の特徴を整理しているので、順に内容を要約して説明する。

第一条では、事理を説くのにしたがって、聞く者が喜ぶのが世界悉檀、旧の善心が生じるのが為人悉檀、新悪が除かれるのが対治悉檀、聖道を悟ることができるのが第一義悉檀であると説かれる。

第二条では、五陰の実法と、五陰が仮りに和合して成立する衆生という仮法とを説くのが世界悉檀、ただ仮人だけを説くのが為人悉檀、ただ実法だけを説くのが対治悉檀、仮法と実法のどちらも否定するのが第一義悉檀であると説かれる。仮法と実法のどちらも否定するとは、相対概念によって把捉することができないことを指摘したもので、以下の第一義悉檀の説明にしばしば出てくる表現である。仏教の真理観は、真理は言葉によって表現できないというものであるから、第一義悉檀が概念的な把握を拒絶する点を指摘したものである。

次に、第三条では、因縁が和合して、互いに相違する善人と悪人が成立するのが世界悉檀、善縁が和合して善人が成立するのが為人悉檀、悪縁が和合して悪人が成立するのが対治悉檀、善悪のどちらも否定するのが第一義悉檀であると説かれる。

第四条では、五陰の実法が互いに区別されたものとしてあるのが世界悉檀、善の五陰から善の五陰を生じるのが為人悉檀、善の五陰によって悪の五陰を破するのが対治悉檀、無漏《むろ》の五陰が第一義悉檀であると説かれる。

第五条では、善法と悪法とが相違するのが世界悉檀、今の善法を説いて後の善法を生じるのが為人悉檀、今の善法によって今の悪法を破するのが対治悉檀、非善非悪が第一義悉檀であると説かれる。第五条には、人は善悪に通じているのに、善を生じることだけがなぜ為人といわれるのかという質問が付いている。これに対して、善業は人がそれに乗じて善を生じるものであるから、為人というと答えている。また、為人悉檀・対治悉檀における生善と断悪の関係について、次のように述べている。まず、為人悉檀における生善は旧・正、断悪は新・傍であると規定される。旧・正は中心的なもの、新・傍は付随的なものの意である。これに対して、対治悉檀は、逆で、生善は新・傍、断悪は旧・正と規定される。つまり、為人悉檀、対治悉檀のいずれにも、生善と断悪の両面が備わっているが、それぞれ重点が異なるのである。

第六条では、三世が互いに区別されたものとしてあるのが世界悉檀、来世が為人悉檀、現世が対治悉檀、三世という概念的把握を否定するのが第一義悉檀であると説かれる。

第七条では、四善根（煖《なん》・頂《ちょう》・忍《にん》・世《せ》第一法《だいいっぽう》）の内凡《ないぼん》と三賢《さんげん》（五停心・別相念処《べっそうねんじょ》・総相《そうそう》念処）の外凡《げぼん》とが区別されたものとしてあるのが世界悉檀、煖・頂が為人悉檀、総相念処・別相念処が対治悉檀、見《けん》道《どう》以上の聖位に近い世第一法が第一義悉檀であると説かれる。ここで、小乗仏教の修行の階位について簡潔に説明する。三賢と四善根は凡位である。前者を外凡、後者を内凡といい、あわせて七賢位という。この七賢位を超え、無漏智を得た聖位を、見道・修道《しゅどう》・無学道《むがくどう》の三種に整理する。声聞の四果に当てはめると、須陀洹果《しゅだおんか》が見道、斯陀含果《しだごんか》・阿那含果《あなごんか》が修道、阿羅漢果が無学道である。

第八条では、見道と修道と相違するのが世界悉檀、見道が為人悉檀、修道が対治悉檀、無学道が第一義悉檀であると説かれる。

第九条では、非学非無学が世界悉檀、見学が為人悉檀、修学が対治悉檀、無学が第一義悉檀であると説かれる。見学などとあるのは、先に述べた見道などのいい換えである。

次に、世界悉檀の中に為人悉檀があり、為人悉檀の中に対治悉檀があり、対治悉檀の中に第一義悉檀があり、第一義悉檀の中には三悉檀がないことを指摘している。これは、『釈籤』によれば、十五箇条の中には数えないとされる。

第十条から第十三条までは、四悉檀のそれぞれに自らと他の三悉檀との四悉檀が含まれていることを指摘している。つまり、第十条は世界悉檀の中に四悉檀が含まれていることを説いている。以下、同様である。

第十四条では、四悉檀が互いに異なるのが世界悉檀、四悉檀が共通に遍く衆生を教化するのが為人悉檀、四悉檀が共通に邪を破するのが対治悉檀、四悉檀のうち、どれか一つを聞いて道を悟ることができるのが第一義悉檀であると説かれる。

第十五条では、苦・集諦に約して世界悉檀を明かし、道諦の能治《のうじ》に約して為人悉檀を明かし、道諦の所治《しょじ》に約して対治悉檀を明かし、滅諦に約して第一義悉檀を明かすと説かれる。ここに出る能治、所治について説明すると、対治する主体を能治、対治される対象を所治という。『釈籤』によれば、能治は人を指すので、為人悉檀に相当するといわれる。所治は、八正道《はっしょうどう》によって対治される悪を指すので、破悪を特徴とする対治悉檀に相当するといわれるのだと思う。

(3)釈成　第三項の「釈成」とは、四随によって四悉檀をしっかりと解釈するという意味である。四悉檀は、龍樹《りゅうじゅ》が『大智度論』において説いたものである。これに対して、ここで説かれる四随、つまり随楽欲・随便宜・随対治・随第一義は、仏が『禅経』において説いたとされるものである。この『禅経』が具体的に何の経を指すのかはわからないが、ここでは、菩薩の論と仏の経という比較対照が重要である。仏の説いた四随によって、菩薩の説いた四悉檀を根拠づけようというものである。

四随の内容については、「楽欲は因に従いて名を得、世界は果に従いて称を立つ」（六八七下）といわれる。楽欲とは衆生の願望・欲求を意味するが、これがすべての善悪の根本であり、これをきっかけ、誘い水として、仏道に導くといわれる。そこで、楽欲が因を指すといわれるのである。これに対して、世界は、因縁によって結果として成立するものであるから、果を指すといわれているのだと思う。

随便宜は、修行者の便宜＝都合のよい法に随うことである。これと対応する各各為人は、教化の主である仏が衆生の機を鑑みて、教えの適否を照らすことである。したがって、「経は行者の堪宜《たんぎ》を挙げ、論は化主の鑑照を明かして、以て釈成するなり」（同前）といわれるように、経の随便宜は衆生の適宜、能力を取りあげた名づけ方であり、論の各各為人悉檀は仏の衆生の機に対する観察を取りあげた名づけ方であるといわれる。対治と第一義は、四悉檀と四随において名称が共通であり、「余の両種は、経論の名義同じ」（同前）とあるだけである。

(4)対諦　第四項の対諦は、四悉檀を四諦に対応させることであり、ここでは、三種の対応関係が指摘されている。第一に、四悉檀と一番の四諦との対応は先に述べた灌頂の十五箇条の解釈の第十五条に出たもので（一一〇―一一一頁を参照）、『法華玄義』でも、説明を前の箇所に譲っている。ここの『法華玄義』本文が灌頂の私釈に説明を譲っているということは、この第一の対応も灌頂の解釈であることを物語るものと捉えることができる。

第二に、生滅の四諦・無生の四諦・無量の四諦・無作の四種の四諦のそれぞれに対して、四悉檀を対応させることである。対応のさせ方は、第一と同じである。

第三に、四種の四諦と、四悉檀を個別的に対応させることで、「生滅の四諦は世界に対し、無生の四諦は為人に対し、無量の四諦は対治に対し、無作の四諦は第一義に対す」（同前）と述べられている。四種の四諦は、蔵教・通教・別教・円教それぞれの四諦を意味するので、価値的な浅深がある。四悉檀の価値的な浅深を示すために、それを応用したものである。

(5)起観教　第五項の「起観教」（起教観とも表現される）とは、四悉檀が観、つまり空観《くうがん》・仮観《けがん》・中観《ちゆうがん》の三観と、教、つまり蔵教・通教・別教・円教の化法の四教とを生じることを意味する。この三観と四教は、天台教学の骨格ともいうべきもので、きわめて重要であり、『法華玄義』にもこの三観と四教が解釈の枠組みとしてしばしば用いられている。ただし、三観と四教はすでに知られたものとして前提されており、あらたまった詳しい説明はなされていない。

晋王広に対する維摩経疏の三回にわたる献上のうち、第一回めの献上の『維摩経疏』十巻の離出本が、現存する『三観義』二巻と『四教義』十二巻であることは、前に述べた（四七頁を参照）。これらの著作が、真正面から三観と四教について解釈したものであることはいうまでもない。また、散逸した『四悉檀義』もその離出本であったと推定されている。また、第三回めの献上本にあたる『維摩経玄疏』六巻の中にも、「三観解釈《げしやく》」「四教分別」の項が立てられている。かつて、『三観義』『四教義』と、『維摩経玄疏』の中の「三観解釈」「四教分別」との比較を試みたことがある（「『維摩経玄疏』の組織と梗概」〔初出は一九九〇年。拙著『南北朝・隋代の中国仏教思想研究』〈大蔵出版、二〇一二年〉に再録〕を参照）。

三観と四教とは密接な関係がある。というのは、蔵教・通教・別教・円教の四教は、空・仮・中の三諦・三観思想を基準として、仏教の思想内容の高低浅深を四段階に分類したものだからである。蔵教は三蔵教ともいい、経・律・論の三蔵を完備する小乗仏教を指す。通教は声聞・縁覚・菩薩に共通な大乗仏教の入門的な教えであるとともに、前の蔵教、後の別・円二教にも通じる教えであるので、通教と表現される。別教は界外《かいげ》、つまり、三界を超えた世界における不思議変易《ふしぎへんにやく》の生死《しようじ》からの出離を求める菩薩のためにだけ説かれる大乗仏教を指す。ちなみに、三界の範囲内（界内）の生死を分段《ぶんだん》の生死という。また、後の円教に対して、すべてを歴別《りやくべつ》＝差別の立場から見るという特色を持っている。円教は完全無欠な最高の教えのことである。

四教の個々の名称は、智顗以前にすでに見られたものもあるが、以下に説明するような四教の体系は智顗独自のものといってよい。もちろん、独創といっても、智顗自ら、四教の根拠となる経論を指摘している。それは、『涅槃経』の四種の四諦、四種の不可説、『中論』の三諦偈のことである。また、四教それぞれの教えのカヴァーする範囲は、界内・界外の事教・理教によって、存在論的に分類区別される。内容の解説は省略するが、これらと四教との対応関係を知っておかないと、『法華玄義』の本文の理解に混乱が生じやすいと思われる。以上を整理して図示する。

四種の四諦	四不可説	三諦偈	教えの範囲	化法の四教
生滅四諦	生生不可説	因縁所生法	界内事教	蔵　教
無生四諦	生不生不可説	我説即是空	界内理教	通　教
無量四諦	不生生不可説	亦名為仮名	界外事教	別　教
無作四諦	不生不生不可説	亦是中道義	界外理教	円　教

仏教の思想内容の高低浅深を四段階に分類する四教は、『涅槃経』や『中論』にはっきりと根拠があることを示している。しかし、それらの経論に四種の四諦などがあっても、そこから四教の分類を考え出したことは、やはり智顗の独創だと思う。

経論に根拠があるといっても、四教の分類の基準は、三観・三諦思想である。そもそも、仏道修行の内実は、煩悩を断ち切り、真理を観察して、智慧を完成することであるといえる。そのような視点から、四教の構造を整理すると、三智・三観・三諦・三惑という天台教学の最も重要な思想概念が浮かび上がってくる。前に述べたが、まず第一に、空観（従仮《じゅげ》入空観《にっくうがん》）によって見思《けんじ》惑《わく》を断じて、空諦を観察し、一切智（空の真理を知る智慧）を完成する。第二に、仮観（従空入仮《じゅぐうにっけ》観《がん》）によって、塵沙《じんじゃ》惑を断じて、仮諦を観察し、道種智《どうしゅち》（仮の真理を知る智慧）を完成する。第三に、中観（中道第一義観《ちゅうどうだいいちぎがん》）によって、無明《むみょう》惑を断じて、中諦を観察し、一切種智（中道の真理を知る智慧）を完成する。これについてはすでに図示した（三七頁を参照）。

全体が三分割されているが、四教は四分割である。空観を析空観《しやっくうがん》と体空観《たいくうがん》の二種に分けて、それぞれ蔵教と通教にあてはめる。そして、仮観は別教、中観は円教にそれぞれ対応させるので、合わせて四種になる。析空観は、対象をその構成要素に分析・還元したうえで、その無実体性＝空を観察することである。たとえば、衆生は、色・受・想・行・識の五陰が仮に和合したものであるとして、その五陰のそれぞれが無実体であることから、衆生の無実体を主張するという仕方を指す。これに対して、体空観は、そのような分析・還元を経由しないで、対象の全体をいっきょに空であると体達、認識することをいう。なお、析空観を拙度観《せつど》、体空観を巧度観《ぎょうど》ともいう。

蔵教は、空の一面のみを知って、不空の反面を知らないので、但空《たんくう》の道理といわれる。通教は、先に述べたように、三乗に共通であること、前の蔵教に通じること＝通同《つうどう》、後の別・円二教に転入すること＝通入《つうにゅう》、という三種の意義によって通教と名づけられる。通入については後で説明する。別教においては、空諦のみではなく、仮諦をも観察するので、蔵教の但空に対して、不但空の道理を悟るといわれる。ただし、空と仮の二辺を超絶したところに中諦を観察するので、但中《たんちゅう》の道理ともいわれる。これは、円教において、空諦と仮諦と中諦とが一体不離のものと捉えられ、不但中の道理と呼ばれるのと対照的である。また、別教と円教の両者のこのような相違を踏まえて、別教の真理観を隔歴《きゃくりゃく》の三諦といい、円教のそれを円融《えんゆう》の三諦という。また、観法に関しては、別教の観法を、空観・仮観・中観を段階的に修する次第三観《しだいさんがん》といい、円教のそれを、心を対象として三観を同時に修する一心《いっしん》三観という。

要するに、蔵教・通教は析空観・体空観によって、空諦を観察し、一切智を完成する教え、別教は仮観・次第三観によって、仮諦・隔歴の三諦を観察し、道種智を完成する教え、円教は中観・一心三観によって、中諦・円融の三諦を観察し、一切種智を完成する教えということになる。

四教において煩悩を断じ、修行の階位を昇っていく過程について説明すると、蔵教の行位は七賢（三賢・四善根）・七聖《しちしょう》（声聞の四果・辟支仏・菩薩・仏）であり、通教の行位は三乗共《ぐう》の十地（声聞・縁覚・菩薩に共通な十地）といわれる。また、別教の行位は、十信・十住・十行・十廻向《えこう》・十地・等覚《とうがく》・妙覚《みょうかく》の五十二位を立てる。円教の行位は、究極的には一位即一切位であり、行位の差別を立てないのであるが、やはり菩薩の修行を励ます意味で、別教の行位を一部借りて、五品弟子位《ごほんでしい》・十信・十住・十行・十廻向・十地・等覚・妙覚の八位を立てる。階位の名称と、それぞれの階位において断じる煩悩の種類がわかるように、四教の行位を図示する（次頁を参照）。

円教の行位としての六即位と上に述べた八位との対応関係について述べると、観行即が五品弟子位、相似即が十信、分真即が十住から等覚まで、究竟即が妙覚に、それぞれ対応する。理即、名字即は、煩悩を伏したり、断じたりすることがないので、上のような実践的な階位には入らない。

通教の説明に出た「通入」は、被接《ひしょう》とも呼ばれる。通教の修行者が別教の但中を悟る場合、別教に転入する。これを別接通《べつせつつう》という。また、円教の不但中を悟る場合、円教に転入し、これを円接通《えんせつつう》という。被接の「被」は受け身の助字であり、「接せらる」と読む。「接」は接続という意味なので、通教から別教、円教にそれぞれ接続されることを意味する。また、別教の修行者が但中の道理を観察するなかで、円教の不但中の道理を悟れば、円教に転入し、これを円接別《えんしようべつ》という。別教の初地以上は円教の初住以上に相当し、別教の初地以上の証道（仏の言教《ごんきょう》を指す教道に対する語で、真理を証すること）は

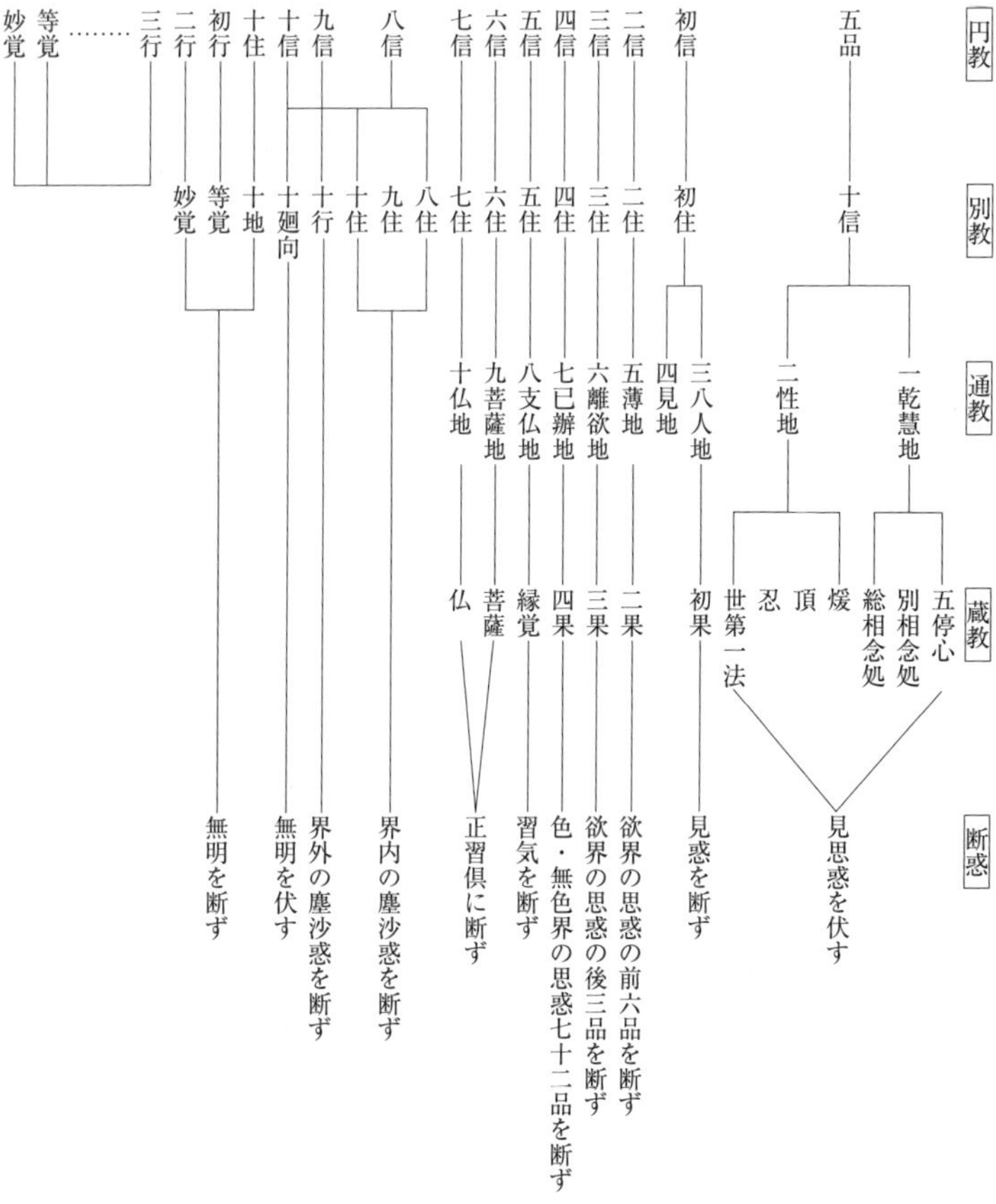
円教
別教
通教
蔵教
断惑
五品
十信
一乾慧地
五停心
別相念処
総相念処
二性地
煖
頂
忍
世第一法
見思惑を伏す
初信
初住
三八人地
四見地
初果
見惑を断ず
二信
二住
五薄地
二果
欲界の思惑の前六品を断ず
三信
三住
六離欲地
三果
欲界の思惑の後三品を断ず
四信
四住
七已辦地
四果
色・無色界の思惑七十二品を断ず
五信
五住
八支仏地
縁覚
習気を断ず
六信
六住
九菩薩地
菩薩
七信
七住
十仏地
仏
正習倶に断ず
八信
八住
九住
十住
界内の塵沙惑を断ず
九信
十行
界外の塵沙惑を断ず
十信
十廻向
無明を伏す
十住
十地
初行
等覚
二行
妙覚
無明を断ず
三行
等覚
妙覚

円教と同じであるので、初地以上には被接を論ぜず、別教の十住・十行・十廻向から円教の初住以上に転入することを指す。

なぜ四教以外に、被接を問題とするのであろうか。利根の修行者の飛躍的な前進の可能性を組み込むために、別接通・円接通・円接別の三被接があると思われる。一般化していうと、宗教の修行における超越の可能性に席を用意しているのである。このような化法の四教と三被接の思想は、『法華玄義』のなかにしばしば出てくるが、とくに境妙のなかの七重の二諦説などの基礎をなしている。

化法の四教は仏教の思想内容の高低浅深を四段階に分類したものであるので、釈尊一代の説法教化を分析する枠組みとしても用いられる。左に、いわゆる五時教と化法の四教との関係を図示する（法華と涅槃は合わせて一時と数える）。

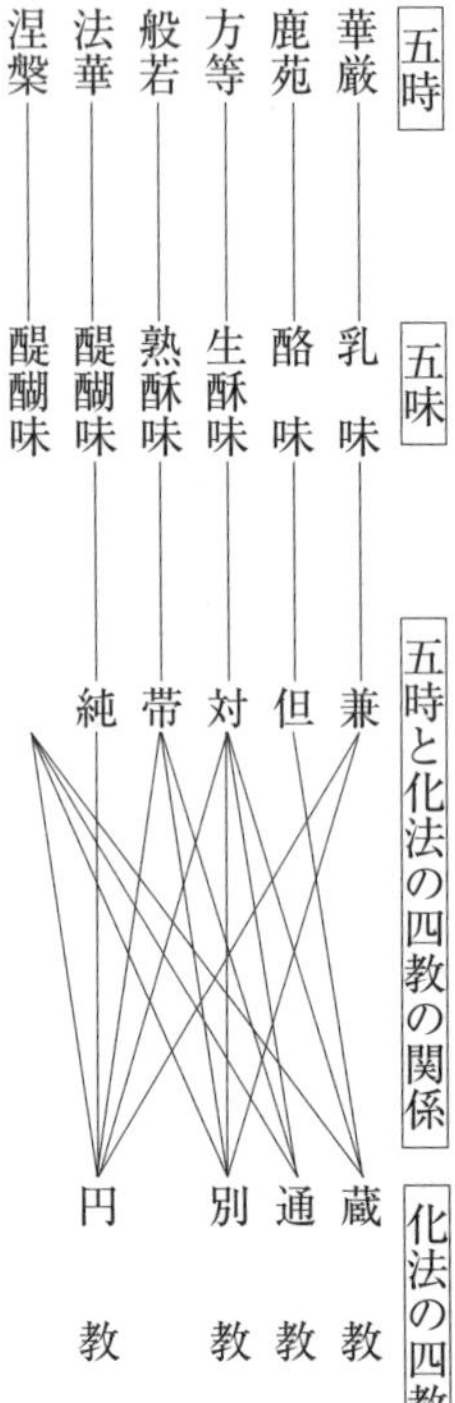

『法華玄義』の「起観教」に話を戻すと、四悉檀が三観・四教を生じるということであるが、具体的には、どのような生起の関係が説かれているのであろうか。まず、三観と四悉檀の関係について、

三観のそれぞれが四悉檀によって生じることを指摘している。『法華玄義』には、四悉檀が三観の第一の空観（従仮入空観）を生じる場合を説いていて、他の仮観、中観の場合は、従仮入空観の場合と同じであると、説明を省略している。具体的にいうと、従仮入空観を修する場合は、まず第一に因縁によって成立する世界の正しいあり方を観察するので、世界悉檀によって、第一の従仮入空観を生じるといわれる。また、従仮入空観を修する場合は、為人悉檀、つまり、その修行者自身の便宜を知る必要があるといわれる。つまり、止《し》観《かん》のうちの観（智慧によって真理を観察すること）に都合のよいときは、七覚分《しちかくぶん》のうち、択《ちやく》・精進《しようじん》・喜《き》の三覚分と念《ねん》覚分によって従仮入空観を生じ、止観のうちの止（心の散乱を沈めること）に都合のよいときは、七覚分のうち、除《じよ》・捨《しや》・定《じよう》の三覚分と念覚分によって従仮入空観を生じるといわれる。

七覚分の択は択法《ちやくほう》のことで、正しい智慧によって真実なものを選択すること。精進は、一心に努力すること。喜は、心に喜びが生じることである。除は、普通は軽安《きようあん》といわれ、身心を軽やかにすること。捨は、執著を捨てること。定は、心を統一、安定させることである。止と観とに共通な念覚分は、禅定と智慧を銘記して忘れないことである。

次に、対治悉檀と第一義悉檀との関係については、もし心が沈んだり、浮かれたりしている場合は、対治悉檀を用いる必要があること、沈んでいる場合は、念・択・進・喜によって対治すること、浮かれている場合は、念・捨・除・定によって対治することが説かれている。第一義悉檀については、七覚分のうち、どれか一つの覚分に従って修行して、真実の智慧を生じて、第一義悉檀を見るといわれている。必ずしも明快な説明ではないが、以上のように、四悉檀を巧みに用いて、従仮入空観を生じる場合を説明している。

四悉檀と四教の関係については、無明《むみょう》から有《う》までの十因縁（十二因縁から老死と生を除いた十項）によって成立する衆生に四段階の宗教的能力・性質の差があり、それぞれに対して四教を説くといわれる。たとえば、四悉檀から蔵教の生じる様子については、「若し十因縁もて成ずる所の衆生に下品《げぼん》の楽欲有らば、能く界内の事善を生じ、拙度もて惑を破し、析法もて空に入る。此の因縁を具すれば、如来は則ち生滅の四諦の法輪を転じて、三蔵教を起こすなり」（六八八上）とある。「下品の楽欲」が世界悉檀、「界内の事善を生じ」が為人悉檀、「拙度もて惑を破し」が対治悉檀、「析法もて空に入る」が第一義悉檀である。同様の仕方で、他の三教についても説明されるが省略する。

その他、四悉檀によって、四教それぞれの十二部経を生じることを説き、それら四教の十二部経を組み合わせて、五時教それぞれの内容を説明し、大小乗の論、外道の論が四悉檀のいずれによって成立したものかなどについて説いている。
(6)説黙　第六項の説黙は、内容的には、四悉檀が聖説《しょうせつ》・聖黙《しょうもく》を生じることを明かしている。聖説は聖人の説法を意味するが、前項の「起観教」において四悉檀が三観と四教を生じることを明かしたので、四教の説法についてはすでに説いたことになる。そこで、本項においては、聖黙を扱っている。聖黙は、聖人の沈黙を意味する。『法華玄義』には『思益梵天所問経《しやくぼんてんしょもんぎょう》』の引用として「仏、諸もろの比丘に告ぐらく、『汝等当に二事を行ずべし。若しは聖説法、若しは聖黙然なり』」（六八九中）という文を掲げているので、仏ばかりでなく、弟子たちも含めて、聖人の沈黙を指す。また続いて「不可説なれば、聖黙然と名づく」（同前）とあるように、説くことができないとして沈黙することを聖黙という。そして、『華厳経』、三蔵教（小乗教）、『維摩経』『大品般若経』『法華経』において、「不可説」といわれる例を出して、それぞれの経教における聖黙を指摘している。

本文では、二つの問答が続く。第一の問いは、聖説が他の衆生を利益するのに対して、聖黙は利益しないのかという質問である。沈黙の効用という興味深い問題である。中心的には自ら楽しむためであるが、付随的には、また他の衆生を利益すると答えている。衆生によっては、文字や言葉を厭い嫌うので、このような衆生を喜ばせるためには沈黙するとある。また、沈黙によって衆生を利益する例（仏が三昧に入って、無量の人に須陀洹果を得させることなど）を出して、「皆な是れ四悉檀もて此の黙然を起こし、一切を利益す。何ぞ無益と謂わん」（同前）と結論づけている。

第二の問いは、前に出た『大智度論』の「四悉檀は八万四千の法蔵を摂《しょう》す」という文の意味についてのものである。答えとしては、法門が八万四千と数えられる根拠が説明されている。『賢劫経《げんごうきょう》』の説と、もう一つの異説が紹介されているが、解説は省略する。四悉檀と八万四千のさまざまな法門との関係については、「若し八万四千の法蔵の名を作さば、是れ世界悉檀の摂なり。若し八万四千の塵《じん》労《ろう》の門の名を作さば、為人悉檀の摂なり。八万四千の三昧、八万四千の陀羅尼門も亦た是の如し。若し八万四千の対治、八万四千の空門を作さば、対治悉檀の摂なり。若し八万四千の諸波羅蜜、八万四千の度《ど》無《む》極《ごく》を作さば、第一義悉檀の摂なり」（六八九下）と述べている。塵労は煩悩のこと、度無極は梵語のパーラミターの訳語である。波羅蜜と音写されるが、古くは『老子《ろうし》』第二十八章の「無極に復帰す」の無極を借りて、度無極と訳した。無極とは、極限のない世界の根源的なあり方をいう。

(7)用・不用　次に、第七項の「用・不用」は、詳しくいうと、得用《とくゆう》・不得用のことで、四悉檀を得ること、用いることについての議論である。仏だけが四悉檀を究極的に獲得し、かつ微妙に用いることができるとして、それ以下の人の場合は、得と用について、「得ず用《もち》いず」・「得れども用いず」・「得ざれども用う」・「亦た得《え》亦た用う」の四句分別があることを指摘している。

第一句の「得ず用いず」は、凡夫・外道を指し、四諦でいえば、苦・集《じゅう》の迷いの因果に流転《るてん》して、四悉檀の名称さえ聞かないのであるから、その獲得は論外であるし、獲得していないのであるから、用いることもできないと述べている。

第二句の「得れども用いず」は、三蔵教の声聞・縁覚を指す。二乗は、熱心に修行をすれば、「苦を知り、集を断じ、道を修し、滅を証して真に入る」（同前）とあるように、滅諦を証得するので得といわれるが、衆生を救済する利他行がないので用いることができないといわれる。

第三句の「得ざれども用う」は、三蔵教の菩薩を指す。菩薩は、煩悩を完全には断じないで、伏すだけなので、滅諦を証得しないとされる。したがって、第一義悉檀を得ないで、三悉檀を得るだけといわれる。ただし、衆生を救済するために、四悉檀を用いることができるといわれる。

煩悩の断と伏については、煩悩をまったく滅することを断といい、煩悩の作用を抑制することを伏という。したがって、順序としては、伏が先にあり、後に断があることになる。煩悩をすべて断じると、もはや輪廻しないという仏教の原則がある。自らが輪廻しないということは、輪廻する迷える衆生を救済する機会もないということになるから、衆生救済という利他行を重んじる菩薩は、あえて煩悩を残しておいて、この世に輪廻するという考えが生まれたわけである。『法華玄義』にも述べられているが、「常に人を化するを以て事と為し、自ら未《いま》だ度《わた》ることを得ずして先に人を度す」（六九〇上）

ということである。この「自未度先度他《じみどせんどた》」というスローガンが、菩薩行の性格をよく示していると思う。

最後に、第四句の「亦た得亦た用う」については、これまで、三蔵教の二乗・菩薩について述べたので、今度は通教の二乗・菩薩、別教の菩薩、円教の菩薩が問題になる。通教は、三乗に共通な教えであるから、二乗・菩薩がいるが、別教・円教は菩薩だけの教えであるので、菩薩しか問題とはならない。通教の二乗は、第二句の「得れども用いず」に該当し、その点で三蔵の二乗と同じであるといわれる。通教の菩薩は、初地から六地までは、第四句の「亦た得亦た用う」に該当するといわれる。ただし、用いても巧みではないといわれる。七地に至って、仮に入ると、四悉檀の用い方がすぐれたものとなるといわれる。仮に入るとは、空観から仮観に入ることをいい、菩薩が現実の世界のなかで衆生を救済する活動をいう。「出仮《しゅつけ》」（仮に出づ）ともいう。

別教の菩薩の場合は、十住の菩薩は蔵教・通教の四悉檀を得るだけで、用いることはできず、十行になってはじめて用いることができるといわれる。さらに、十廻向になると、進んで相似の四悉檀（別教の四悉檀を指すと思われる）を得て、相似に用いることができ、初地に登ると、分真に得、分真に用いるといわれる。相似、分真は六即を応用した表現である。円教の六即は、理即・名字即・観行即・相似即・分真即・究竟即をいうが、相似即は、真無漏智に類似した智慧が生じるので、相似即と名づけられる。分真即とは、部分的、段階的に真理を証することを意味する。

円教の菩薩の場合は、五品弟子位はまだ円教の四悉檀を得ることも用いることもできず、六根清《ろつこんしょう》浄位《じょうい》は相似に得て用い、初住は分真に得て用い、ただ仏だけが究竟して得、究竟して用いるといわれる。

(8)権実 次に、第八項の「権実」においては、蔵教・通教・別教・円教を個別に取りあげながら、蔵・通・別の三教の四悉檀は権で、円教の四悉檀は実であることを明かす。さらに、この権実概念を適用して、五味の教の区別を明確にして、「乳教は則ち四権・四実有り。酪教は但だ四権有るのみ。生蘇は則ち十二権・四実有り。熟蘇は則ち八権・四実有り。『涅槃』は十二権・四実なり。『法華』は四種倶に実なり、云云」(同前) と述べている。乳教は『華厳経』を指すので、別教と円教を説いており、別教の四悉檀を四権と数え、円教の四悉檀を四実と数えている。酪教は小乗教を指し、蔵教を説くだけであるので、蔵教の四悉檀を四権といっている。生蘇は方等教を指し、蔵教・通教・別教それぞれの四悉檀＝十二権と、円教の四悉檀＝四実を説く。熟蘇は『般若経』を指し、通教・別教それぞれの四悉檀＝八権と、円教の四悉檀＝四実を説く。『涅槃経』は蔵教・通教・別教・円教をすべて説くので、方等教と同様、十二権四実となる。『法華経』は円教だけを説くので、四実と規定される。

以下、いくつかの問答が示されている。第一の問答においては、通教は通教の範囲に限定すれば、四悉檀を得るが、別教との比較相対上は、三悉檀を得るだけであると指摘されている。これは、通教の第一義悉檀が方便の真諦 (真諦といっても、別教の真諦に比べると方便と規定される) であるから、別教に比較すると、第一義悉檀の資格を失うからである。

第二の問答においては、通教の場合を別教にも適用できるかという問題を扱っている。通教の場合とは、上の段階の教に比較すると、第一義悉檀がその資格を失うということであり、別教の第一義悉檀を円教のそれと比較するとどうなるのかという問題である。別教と円教の証道は同じとされる。したがって、両教の第一義悉檀は共通であるので、通教の場合は、別教に適用できないと答えられる。証道とは、前にも述べた（一一六―一一八頁を参照）が、教道と対になる言葉である。教道は仏の言教で、証道は真理を証することをいう。別教の初地は、円教の初住に相当するので、別教の初地以上の証道は円教と同じになる。

第三の問答においては、蔵教の菩薩は通教と同様に、真諦を証するが、まだ惑を断じないので、第一義悉檀を欠いて、三悉檀を備えるだけであるが、別教・円教はともに惑を断じるので、ともに四悉檀を得るというものである。

第四の問答においては、蔵教・通教が権であるのは理解できるが、別教の場合はどうかという問題をめぐるもので、別教は教道は権、証道は実で、証道に従うと四悉檀であり、教道に従うと権であると答えている。

第五の問答は、これを受けて、教道は三悉檀であるのかという問いに対して、地前（初地以下の位）を教道と規定すれば、問いの通りであると答えている。

(9)開権顕実　第八項の「権実」は権と実を区別する相対的立場を示し、第九項の「開権顕実」は権そのままが実であるとする絶対的立場を示す。したがって、蔵教・通教・別教それぞれの権の四悉檀を開会《かいえ》して、円教の妙の四悉檀と規定する。具体的には、冒頭に、「九に開権顕実とは、一切諸法は皆な妙ならざること莫く、一色一香《いっしきいっこう》も中道に非ざること無し。衆生の情、妙を隔つるのみ。大悲は物《もつ》に順じて世と諍《あらそ》わず。是の故に諸もろの権実不同を明かす。故に『無量義』に云わく、『四十余年、三法、四果、二道合せず』と。今、方便の門を開きて、真実の相を示す。唯だ一大事の因縁を以て、但だ無上道を説くのみ。仏知見を開きて、悉《ことごと》く究竟の実相に入ることを得しむ。化城を除滅するは、即ち是れ麁を決し、皆な宝所に至るは、即ち是れ妙に入る」（六九〇中）とある。すべての存在が妙であり、中道であることを明かしながら、一方で、仏の大悲は衆生に合わせて世間と争わないので、さまざまな権実の相違を説くといっている。その経証として『無量義経』を引き、『法華経』以前の四十余年間の説法では、三法＝三乗、四果＝声聞の四果、二道＝頓漸のようにさまざまな差別ある法門を説いてきたことを指摘している。ところが、『法華経』においてはじめて方便の門を開き、真実の相を示し、唯一の重大な仕事のために、最高の悟りを説き、仏知見を開いて、すべて究極的な実相に入らせることができるといっている。さらに、化城喩品の化城宝処の譬喩に基づいて、化城の滅することは「麁を決すること」、宝処に至ることは「妙に入ること」と規定している。

「決する」とは、開会と同じ意味に使われる言葉で、『法華玄義』にしばしば出ている。『法華玄義』本文では、今紹介した原則論を示した後に、乳教の四権、酪教の四権、生蘇教の十二権、熟蘇教の八権を決して妙に入らせることを説いている。乳教については、『法華経』から「菩薩は是の法を聞きて、疑網《ぎもう》皆な已に除《のぞ》こる」を引用し、酪教については、「千二百の羅漢は悉く亦た当に仏と作るべし」「声聞の法を決了するに、是れ衆経の王なり。聞き已《おわ》りて諦らかに思惟《しい》し、無上道に近づくことを得」を引用している。

さらに、四悉檀それぞれの開会を名・体・宗・用・教の五重玄義の妙と対応させている。つまり、権の世界悉檀を開会して妙の世界悉檀と規定することは、釈名の妙に対応するとされる。以下同様にして、権の第一義悉檀を開会して妙の第一義悉檀と規定することは経体の妙に、権の為人悉檀を開会して妙の為人悉檀と規定することは宗の妙に、権の対治悉檀を開会して妙の対治悉檀と規定することは用の妙に、権の四悉檀の同異を分別することを開会して『法華経』の妙の悉檀と規定することは教相の妙に、それぞれ対応するといわれる。

⑽通経　最後に、四悉檀の解釈の第十項の「通経」について説明する。前に、四悉檀が『法華経』にも適用されること、逆に言えば、『法華経』にも四悉檀が説かれていることを示す項であると述べた。「今、四悉檀を以て此の経を通ず。此の経の何《いず》れの文に四悉檀を明かさんや」(六九〇下)という問いを設けている。この文のなかに、「此の経を通ず」とあるので、第十項の「通経」の意味は、四悉檀を『法華経』に通じさせるという意味である。わかりやすくいえば、四悉檀が『法華経』にも説かれていることを示すことになる。

では、『法華経』のどこに四悉檀が説かれているのかということについて、『法華玄義』では、いたるところに説かれているとしたうえで、略して迹門と本門から一文ずつを引用している。すなわち、迹門からは、方便品の「衆生の諸行、深心の念ずる所、過去に習う所の業、欲性、精進の力、及び諸根の利鈍を知り、種種の因縁、譬喩、亦た言辞を以て、随応して方便もて説く」を引用している。要約すると、仏は衆生のさまざまなあり方を熟知して、種々の表現手段を取って説法することをいった文である。この文が四悉檀を説いているということであるが、具体的には、「欲」は「楽欲《ぎょうよく》」、つまり願望、欲求の意で、世界悉檀を意味し、「性」は「智慧の性」のことで、為人悉檀を意味し、「精進の力」は「破悪」、つまり悪を対治することで、対治悉檀を意味すると説明されている。第一義悉檀については、「諸根の利鈍」の部分が該当するとされる。その理由として、「両人悟りを得ること同じからず」（同前）といっているだけで、わかりにくいが、鈍根の人と利根の人との両者が悟る悟り方が相違する点をふまえて、仏が「諸根の利鈍」を知るといっているのであるから、この句に、悟りという第一義悉檀を見い出していると推定される。

次に、本門からは、如来寿量品の「如来は明らかに見て、錯謬《しやくみよう》有ること無し。諸もろの衆生に種種の性、種種の欲、種種の行、種種の憶想分別有るを以ての故に、諸もろの善根を生ぜしめんと欲して、若干の因縁、譬喩、言辞を以て、種種に説法す。作す所の仏事は、未だ曾《かつ》て暫くも廃さず」を引用している。この文の趣旨は、先の方便品の文と同じである。四悉檀との対応関係については、「種種の性」は為人悉檀、「種種の欲」は世界悉檀、「種種の行」は対治悉檀、「種種の憶想分別」は「理を推して、邪な憶想を転じて、第一義を見ることを得」（六九一上）という理由で、第一義悉檀に対応するといわれている。

さらに、『法華玄義』には、迹門、本門のいずれの文にも、衆生のために説法することが説かれていることを指摘したうえで、「豈《あ》に四悉檀もて教を設くるの明証に非ざらんや」（同前）とあり、仏が四悉檀によって説法することを明確に示していると主張している。

以上で、四悉檀の十項の説明がすべて終わった。五重玄義の解釈に、通釈・七番共解と、別釈・五重各説の二種あるうち、ここまでで前者の段落の説明が終わったことになる。

第三章　五重各説１（五重玄義の各論）

第一節　釈名の基本方針と「妙法」解釈についての旧説

釈名の構成

ここから、五重各説の説明に入る。あらためて五重各説の段落の構成を確認しておく。五重各説は釈名《しやくみよう》・辨体《べんたい》・明宗《みようしゆう》・論用《ろんゆう》・判教《はんぎよう》の五章から構成されている。中でも釈名は、『法華玄義』全体の三分の二を占め、『法華経』の経題である「妙法蓮華経」を詳細に解釈している。このような経題の解釈が、中国の経疏において重視されたことは前に述べた。この釈名の章は、「通別を判ず」「前後を定む」「旧解《くげ》を出だす」「正《まさ》しく解《げ》す」の四項に分けられ、第四項の「正しく解す」では、経題を「妙法」・「蓮華」・「経」に三分して解釈しており、「妙法」の解釈が最も詳細をきわめる。「法」については、衆生法、仏法、心法《しんぽう》の三法に分類されて解釈され、「妙」については、通釈において、相待妙《そうだいみよう》・絶待《ぜつだい》妙《みよう》が説かれ、別釈において、迹門《しやくもん》の十妙、本門の十妙が説かれる。

釈名の構成を図示する。

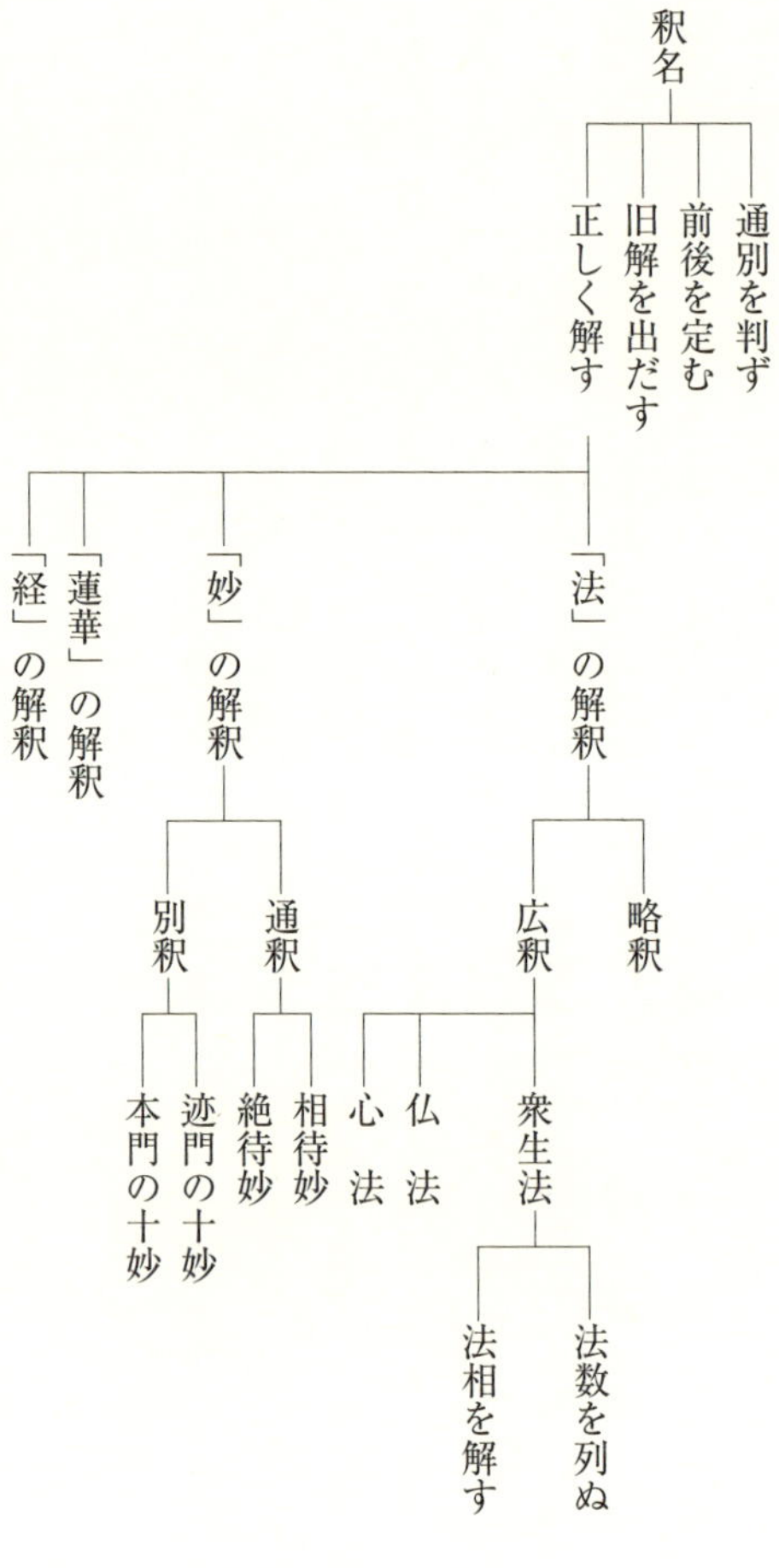

妙法蓮華＝別、経＝通について

第一項の「通別を判ず」とは、「妙法蓮華経」という経題を「妙法蓮華」と「経」とに分け、前者を別、後者を通と規定することである。たとえば、『涅槃経《ねはんぎょう》』『華厳経《けごんきょう》』『妙法蓮華経』という三経の名称を比べれば、「経」の部分はすべてに共通であるから、「通」と規定される。また、涅槃、華厳、妙法蓮華の部分は、それぞれの経の独自の名称であるから、他と区別されるという意味で、「別」と規定される。本文に教・行・理との関連について言及しているのは、通と別という二つの部分を持つ経題を立てる根拠を、教・行・理それぞれに通と別とがあることに求めているからである。いい換えれば、教・行・理に通と別とがあるので、そのような教・行・理を説き明かす『法華経』が通と別との二部分から成る経題を有するというものである。

教・行・理の通別については、教は仏の教え、行は修行、理は仏教の真理のことである。経典とは、仏が説いた教えそのものであり、そのなかには修行の内容が説かれ、また教えによって表現され、また修行によって体得されるべき理が示されているわけである。教は、もともと衆生の機縁に適応して説かれるものであるから、さまざまに異なった教えが成立する。これが教の別である。ところが、さまざまな教えがあっても、いずれも仏説であるという共通性を持っている。これが教の通といわれる。

次に、行は修行のことである。修行のプロセスにおいては、当然さまざまな修行が成立するので、これを行の別という。修行の果てに獲得すべき仏果は共通であるから、これを行の通という。

理を示す呼び名は多様であるから、これを理の別といい、しかしながら、理そのものは唯一であるから、これを理の通という。『法華玄義』の取りあげる具体的な例を紹介すると、実相《じっそう》、仏知見《ぶっちけん》、大乗、家業、一地、実事、宝所、繫珠《けいじゅ》、平等大慧《びょうどうだいえ》を理の別名としている。つまり、これらは理のさまざまな別名であるから、理の別といわれるが、一方、いずれも理にほかならないわけであるから、理の通ともいわれる。

ここには、『法華経』と関係の深い語句が取りあげられている。実相は方便品《ほうべんぼん》の諸法実相、仏知見は方便品の開示悟入《かいじごにゅう》の四仏知見、家業は信解品《しんげほん》の長者窮子《ちょうじゃぐうじ》の譬喩《ひゆ》、一地は薬草喩品《やくそうゆほん》の三草二木《さんそうにもく》の譬喩、実事は信解品、宝所は化城喩品《けじょうゆほん》の化城宝処《けじょうほうしょ》（宝所とも記す）の譬喩、繫珠は五百弟子受記品《ごひゃくでしじゅきほん》の衣裏繫《えりけい》珠《じゅ》の譬喩、平等大慧は見宝塔品《けんほうとうぼん》に出る。大乗は多くの箇所に出る。

法、妙の順に解釈する理由

第二項の「前後を定む」においては、経題の語順は、妙が前で、法が後にあるが、『法華玄義』における解釈の順序としては、法が前で、妙が後になることの理由を示している。経題の語順は「名《みよう》の便《べん》」、つまり言葉の表現上の便宜にしたがい、解釈の順序は、妙が形容語であるところから、どうしても形容する対象である法の内実を先に明らかにする必要のあることを指摘している。これを「義の便」という。

他の解釈の紹介と批判

第三項の「旧解を出だす」においては、智顗以前の妙法についての四人の解釈を紹介、批評している。智顗以前の法華経疏《しよ》で現存するもの（ここでは吉蔵のものは除く）は、道生の『妙法蓮花経疏』、法雲の『法華義記』であるが、その他、ごく簡潔な経序である慧観《えかん》の『法華宗要序《しゆうようじよ》』、僧叡《そうえい》の『法華経後序《ごじよ》』がある。また、敦煌《とんこう》から発見された経疏の断片もいくつか残っている。ここでは、旧解は多いけれども、四家の解釈を代表として取りあげるとしている。

⑴道場寺慧観の説　第一に「道場の観」の説が引用されている。鳩摩羅什《くまらじゆう》の弟子の道場寺《どうじようじ》慧観の説である。彼の法華経観は、短い経序である『法華宗要序』によって知ることができる。『法華玄義』の引用も、『法華宗要序』に基づいている。『法華玄義』には、「物《もつ》に応じて三を説く。三は真実に非

ざれば、終《つい》に其の一に帰す。之《こ》れを無上と謂う。無上なるが故に妙なり」(六九一中)という「妙」の解釈を示し、その解釈と関連させて、「是の乗は微妙《みみよう》にして、清浄《しようじよう》第一なり。諸もろの世間に於いて、上有ること無しと為す」との経文を引用している。さらにまた、「言譚《ごんたん》を象外《しようげ》に寄《よ》すれども、其の体は精麁を絶す。所以《ゆえ》に妙と称す」(同前)という解釈を示し、それとの関連で、「是の法は示す可《べ》からず、言辞の相は寂滅《じやくめつ》す」との経文を引用している。

『出三蔵記集』巻第八所収の『法華宗要序』の原文と比較すると、『法華玄義』の引用はかなり省略したものであることが分かる。『法華玄義』の文は、衆生に対応して三乗を説くこと、三乗は真実ではないので、一乗に帰着すること、その一乗は無上であるので、妙と規定されることを述べたものである。原文は難解であるが、訓読文を紹介すると、「是こを以《もつ》て初め仏を得て従《よ》り、此の経に曁《およ》ぶまで、始めて物に応じて津を開くが故に、三乗は別流《べつる》す。別流は真に非ざれば、則ち期《ご》を終えて会《え》すること有り。会するは必ず源を同じくするが故に、其の乗は唯一なり。唯一無上なるが故に、之れを妙法と謂う」(大正五五・五七上)とある。現代語訳を示すと、「そこで、最初に成仏してからこの経(『法華経』)に至るまで、はじめは衆生に対応して渡し場を開くので、三乗が別々に流れる。別々に流れるものは真実でないので、最終的には合流する。合流するものは源が同じでなければならないので、その乗は唯一である。唯一であるものはこの上ない存在であるから、これを妙法という」となる。つまり、一乗の存在を無上なるものと捉え、それを経題の妙法の意味としているのである。

もう一方の「言譚を象外に寄すれども、其の体は精麁を絶す。所以に妙と称す」という解釈の『法華宗要序』の原文は「然《しか》らば則ち仏慧《ぶつて》は乃ち一の正実《しようじつ》、乗の体成《たいじよう》、妙の至足《しそく》、華の開秀《かいしゆう》なる者なり。

華に寄せて微を宣《の》ぶと雖《いえど》も、道は像表《ぞうひょう》に玄にして、之れを称して妙と曰《い》えども、体は精麁を絶す」（同前）である。訳すと、「そうであれば、仏の智慧はなんと正しく真実である一なるものであり、体が完成した乗であり、この上なく充足した妙であるものであり、開きすぐれた華である。華にこと寄せて捉え難いものについて述べるけれども、道は形あるものを越えて奥深く、これを妙というけれども、体は精妙なものと粗雑なものとの対立を絶する」となる。仏の智慧について説明している言葉、「一の正実、乗の体成、妙の至足、華の開秀」の冒頭の一文字を連ねると、「一乗妙華」となる。また、蓮華によって仏の智慧をたとえてもたとえきれないものを妙と表現するが、妙といっても、妙の体である仏の智慧自身は精麁という相対概念の把捉を突破すると指摘している。

『法華玄義』の引用と原文には、少し相違点があるものの、一乗を妙法と規定していると理解してよい。一乗というと、通常は、一切衆生が平等に成仏できる教法を指す。ところが、慧観は、乗には三段階があり、三乗が一乗に帰一するのは乗の最初の段階であり、悟りの智慧が完全なものになることが乗の最盛期の段階であり、仏のこの世に応現した具体的な形を消滅させて精神を澄ますことが乗の最終的な段階であると解釈している。この三段階を具体的に『法華経』の教説と対応させると、乗の最初の段階は方便品の開三顕一《かいさんけんいち》の思想を指し、乗の最盛期の段階は如来寿量品《にょらいじゅりょうほん》の五百塵点劫《じんでんごう》における仏の智慧の完成＝成仏を指し、乗の最終的な段階は仏の本地《ほんじ》＝五百塵点劫の成仏の立場から、ブッダガヤーにおける成道の迹《しゃく》の立場を捨てることを指すと思われる。したがって、一乗といっても、乗の最盛期の段階である仏の悟りの智慧を重視していることがわかる。

(2) 慧基の説　第二に「会稽《かいけい》の基」の説が引用されている。会稽の法華寺《ほっけじ》に住んだ慧基《えき》（四一二—四九六）のことである。彼の伝記は、『梁高僧伝《りょうこうそうでん》』巻第八に載っている（大正五〇・三七九上―中を参照）が、それによれば、『法華義疏』三巻を著わしたようである。残念ながら現存しない。慧基の解釈は、「妙とは、同を表わすの称なり。昔は三因趣《おもむ》きを異《こと》にし、三果殊別《しゅべつ》なれば、妙と称することを得ず」（六九一中）というものである。三因とは、三乗の因位の修行のことで、具体的には、声聞《しょうもん》は四諦、縁覚《えんがく》は十二因縁、菩薩《ぼさつ》は六波羅蜜《ろくはらみつ》をそれぞれ修行することを意味する。三果とは、阿羅漢《あらかん》・縁覚・仏の三種の果のことである。この三因三果は妙ではないと指摘しているのである。妙とは同を表現する呼び名であると解釈しているが、これはどういう意味であろうか。三因三果に対応させると、一因一果を妙と規定していると思われる。同とは、因も同一であり、果も同一であることを意味すると考えられるからである。一因一果は、一乗を因果の視点から表現したものである。

(3)北地師の説　第三に、北地師《ほくじし》の説を引用している。北地師とは、固有名は特定できないが、黄河《こうが》以北に活躍した仏教徒を指している。北地師の解釈は、「理は則ち三に非ず。三教を麁《そ》と為し、非三の旨《むね》を妙と為す」（同前）というものである。三教を麁と規定し、非三の理を妙と規定しているようである。三教は、声聞乗・縁覚乗・菩薩乗の三乗のことであるが、これが麁であり、非三の理を妙と規定している。教と理という視点から麁妙を規定しているのである。『法華玄義』には「此れは意同じけれども、辞弱し」（同前）とあり、北地師の説は、慧観と慧基の説と基本的に同じであるが、表現が弱いと批評している。

(4)光宅寺法雲の説　第四に、法雲の説を紹介している。ここに紹介される法雲の説は、現存する『法華義記』の説と比較することができる。『法華玄義』は、はじめの三説に対しては、とくに論評を加えず、第四説の法雲の解釈を厳しく批判している。これは、法雲の解釈が最も有名で、影響力を持っていたという理由に基づく。『法華玄義』は法雲の解釈について、「今古の諸釈、世に光宅《こうたく》を以て長と為す。南方の大乗を釈するを観るに、多くは肇《じょう》・什《じゅう》を承け、肇・什は多く通の意に附す。光宅の妙を釈すること、寧《いずく》んぞ遠きを得んや。今、先に光宅を難ず。余は風を望まん」（六九一下）と述べている。これは、『法華経』解釈史における法雲の高い地位を認めるとともに、江南の大乗の解釈が、鳩摩羅什と、その弟子の僧肇の解釈を受けたものであり、彼らの解釈は、化法《けほう》の四教のなかの通教《つうぎょう》、つまり大乗仏教の入門的な教えの段階に足場を据えていたこと、法雲の解釈もその域を出ないことを指摘している。そして、法雲の高い地位を認めたうえで彼を厳しく批判することが、その他の説の批判にも有効であると述べている。

法雲の説の引用は、先の三説に比べて長いものなので、要点を説明する。法雲は、『法華経』以前の昔の経と今の経（『法華経』）とを比較して、昔の経に明かす因と果はそれぞれ体狭《たいきょう》、位下《いげ》、用短《ゆうたん》であり、『法華経』に明かす因と果はそれぞれ体広、位高、用長であると解釈した。このような『法華玄義』の紹介する法雲の説は、現存する『法華義記』の所説と同じものなのであろうか。『法華義記』における妙法の解釈は、まず法を因法と果法と解釈する。そして、『法華経』に説かれる因法と果法とが、昔日の因法と果法の麁に比較して妙と規定される理由について考察するのである。いい換えれば、昔日の教え（『法華経』以前の教え）と、今日の教え（『法華経』）とを因果の視点から比較して、昔日を麁因麁果《そいんそか》、今日を妙因妙果《みょういんみょうか》と規定する。そのうえで、それぞれ麁と妙と規定される理由を三種の視点、つまり体・義・用によって示す。

はじめに、因についていえば、第一に昔日の因の体が短く、今日の因の体が長いこと、第二に昔日の因の義が狭く、今日の因の義が広いこと、第三に昔日の因の用が劣っており、今日の因の用が勝れていることが示される。ここに出る体は字義の解釈としては本体、本質を指し、義は意義、内容を指し、用は作用を指すが、『法華義記』における実際の用法を改めて考えよう。因は仏果を実現するための修行を意味する。そこで、その修行の内容を体・義・用の三種の視点から明らかにしようとする。まず、修行について、三界《さんがい》の範囲内に限定されるのか、三界の範囲を越えたところまで及ぶのかという視点を立てる。この規定が最も重要であるので、これを体としていると考えられる。次に、修行の内容が六波羅蜜に限定されるのか、それともその範囲を越えるのかという視点を立てる。これは修行の内容の種類に関する議論であり、これを義としている。最後に、修行の作用として、どれだけの煩《ぼん》悩《のう》を断ち切ることができるのかという視点を立て、これを用としている。

具体的には、因の体の長短については、昔日は三界内の煩悩を対治《たいじ》する道を修めるだけで、三界外の煩悩を対治する道にまで及ばないのに対し、今日は三界内外のすべての煩悩を対治する道を修めることを指摘している。修行者の位に関して、今日は菩《ぼ》提心《だいしん》を生じてから成仏する直前の位である金剛《こんごう》心《しん》までの長い位にわたって、三界内外のすべての煩悩を対治する道を修め、すべての善を修めることを因の体とするから、因の体が長いと規定される。これに対して、昔日は修行者の位が三界内の範囲に限定されるから、因の体が短いと規定されるのである。次に、因の義の広狭については、昔日の因＝修行は六波羅蜜に限定されるので狭いと規定され、今日の因＝修行は六波羅蜜だけでなく、万善《まんぜん》をすべて修めるので広いと規定される。次に、因の用の勝劣については、『勝鬘経《しょうまんぎょう》』一乗章に出る五住《ごじゅう》地煩悩《じぼんのう》の理論を適用して、昔日の修行は四住地煩悩を断ち切るだけで、無明《むみょう》住地煩悩を断ち切るまでに至らないので因の用が劣っていると規定され、今日の修行は五住地煩悩をすべて断ち切ることができるので因の用が勝れていると規定される。

『法華経』の果と昔日の果との比較については、因の三義と同様に、第一に昔日の果の体が短く、今日の果の体が長いこと、第二に昔日の果の義が狭く、今日の果の義が広いこと、第三に昔日の果の用が劣っており、今日の果の用が勝れていることが明かされる。その具体的な内容は、『法華経』の明かす仏の寿命が長遠《じょうおん》であるから、果の体が長いといわれる。これに対して、昔日の仏の八十歳や七百阿僧祇《あそうぎ》の寿命は、果の体が短いといわれる。次に、果の義については、涅槃を意味する無為果《むいか》と、功徳《くどく》・智慧を意味する有為果《ういか》について、昔日は不完全であり、今日は完全であると対比される。次に、果の用については、『法華経』においては仏がさまざまな身体を取り、神通力によって衆生を利益することを明かし、このような今日の果の用は勝れており、昔日の果は、今日に比べて劣っていると規定される。

『法華玄義』の紹介する説では、因と果の体の広狭、位の高下、用の長短であったが、今紹介した『法華義記』の所説では、因と果の体の長短、義の広狭、用の勝劣となっていて、一致していない。やや詳しく『法華義記』の所説を紹介したが、実は、『法華義記』においては、さらに別解が提示されている。

それによれば、因については、体の広狭、位の長短、用の高下を区別し、果については、体の広狭、位の高下、用の長短を区別している。この場合は、因と果における位と用の形容語が入れ替わっている。因の体が広いとは、五乗（人乗・天乗・声聞乗・縁覚乗・菩薩乗）の善を因の体とするので広いといわれ、位が長いとは、菩提心を生じてから金剛心までの位を包括するので長いといわれ、用が高い点については、因によって引き起こされる果が五百由旬《ゆじゅん》を超出する点で高いと規定される以上、その高い果を引き起こす因も高いと理由づけられている。果の体が広いとは、功徳と智慧の二点において広いと規定される。まず、功徳についていえば、今日は五乗の善がすべて成仏に至ることを明かすので広いと規定され、智慧についていえば、今日は一乗の因果を照らす智慧があるので広いと規定される。用が長いとは、まず、果の用を衆生を教化することと規定したうえで、今日は、仏が神通力に

- 第一の解釈
  - 因の三義
    - 因の体の長短
    - 因の義の広狭
    - 因の用の勝劣
  - 果の三義
    - 果の体の長短
    - 果の義の広狭
    - 果の用の勝劣
- 第二の解釈
  - 因の三義
    - 因の体の広狭
    - 因の位の長短
    - 因の用の高下
  - 果の三義
    - 果の体の広狭
    - 果の位の高下
    - 果の用の長短

よって無量劫の間この世にとどまって衆生を教化することを明かすので、用が長いと規定される。位が高いとは、今日の果が五百由旬を超出するので、位が高いと規定される。法雲の因果の解釈の構成を図示する（前頁を参照）。

(5)『法華玄義』に紹介される法雲説　『法華玄義』に紹介される法雲説によれば、昔の経に明かす因果と『法華経』に明かす因果とを比較すると、前者が体狭、位下、用短であるので麁、後者が体広、位高、用長であるので妙と規定されるというものであった。『法華玄義』には、まず昔の経に明かす因について、「声聞は四諦を修し、支仏《しぶつ》は十二因縁を修し、菩薩は六度《ろくど》を修す。三因差別《しゃべつ》して、相《あ》い収むることを得ざれば、因の体は是れ狭し。昔、第九の無礙道《むげどう》の中に行ずるを、菩薩と名づく。伏道《ぶくどう》にして断ぜざれば、未《いま》だ三界を出でざるが故に、因の位下《ひく》しと名づく。第九の無礙は、止《た》だ四住を伏するのみにして、無明を伏さざるが故に、用短しと言う。是れ昔の因は三義の故に麁なりと為すなり」（六九一下）とある。声聞が四諦を修し、辟支仏《びゃくしぶつ》（縁覚）が十二因縁を修し、菩薩が六度（六波羅蜜）を修すということは、『法華経』序品《じょほん》に出る三乗の説明を受けたものである。この場合、声聞・縁覚・菩薩の因＝修行の内容が互いに異なるので、因の体が狭いといわれる。次に、昔の経における菩薩は、第九の無礙道にあるもので、煩悩を完全に断ち切らないで制伏するだけであるので、三界を超出できないとされる。そのため、因の位が低いとされるのである。

　第九の無礙道について説明する。欲界《よくかい》・色界《しきかい》・無《む》色界《しきかい》の三界は、さらに細かく欲界・四禅天《しぜんてん》・四無色天の九地に分けられる。その九地の一々に見惑《けんわく》と修惑《しゅわく》（思惑《しわく》）とがある。そして、それぞれの地の修惑に九品《くほん》の段階を設け、その一品の修惑を断じるのに、無礙道と解脱道《げだつどう》とがある。無礙道は、無間《むけん》道《どう》ともいわれ、惑を断じつつある位をいう。これに対して、解脱道は、惑を断じおわって解脱を得る位をいう。したがって、一地ごとに、九無礙道、九解脱道があることになる。ここの『法華玄義』で、第九の無礙道というのは、第九地の第九品の修惑を断じつつある無礙道のことをいう。この場合は、三界の煩悩をすべて断ち切ってはいないので、三界を超出することはできないとされるのである。さて、この第九の無礙道は、五住地惑のうち、見一処《けんいっしょ》住地惑・欲愛《よくあい》住地惑・色愛《しきあい》住地惑・有愛《うあい》住地惑の四惑を断じるだけで、無明住地惑を断じていないので、因の用が短いといわれる。

　次に、昔の経に明かす果について、『法華玄義』には、「有余《うよ》・無余《むよ》の衆徳備《そな》わらざるが故に、体狭しと言う。位は化城に在りて、変易《へんにゃく》を出でざるが故に、位下しと言う。第九の解脱は、止だ四住を除くのみにして、無明を破せず。又た、八十年の寿は、前は恒沙《ごうじゃ》を過ぎず、後は上の数に倍せず。是の故に用短し。是れ昔の果は三義の故に麁なりと為す」（同前）とある。すでに紹介した『法華義記』においては、果を無為果と有為果に分けていたが、無為果が涅槃を意味し、有為果が功徳（＝慈悲）・智慧を意味する。『法華玄義』では、有余・無余とあって『法華義記』の所説と相違していて難解であるが、一般には有余・無余は、有余涅槃・無余涅槃を意味するので、ここでもそのように理解してよいと思う。つまり、昔の経に明かす果は、有余涅槃・無余涅槃などの多くの徳を備えていないので、体が狭いといわれる。次に、三界の外の不思議変易の生死《しょうじ》を超出していないので、位が低いといわれる。次に、第九地の第九品の修惑を破って解脱を得る解脱道においては、まだ無明を破っていないので、用が短いといわれる。また、釈尊が八十年の寿命を持つという立場は、『法華経』如来寿量品に出る、過去の五百塵点劫の成仏と未来の復倍上数《ぶばいじょうしゅ》の仏寿を説いていない点で、用が短いといわれる。

昔の経に対して、今の経、つまり『法華経』に明かす因と果は、体広、位高、用長といわれるが、まず因について、『法華玄義』には、「三を会《え》して一と為し、万善を収束するが故に、体広しと言う。止だ界内の無礙道の中に行ずるのみならず、界外《かいげ》に出でて菩薩の道を行ずるが故に、位高しと言う。無礙に惑を伏すること、止だ四住のみならず、進みて無明を伏するが故に、用長し。今の因は三義もて妙なり」(同前)とある。三乗を一乗に統合し、万善を収め取るので、因の体が広いといわれる。次に、三界の外に出て、菩薩道を修行するので、位が高いといわれる。次に、無明をも破るので用が長いといわれる。

次に、『法華経』に明かす果については、「体に万徳《まんどく》を備え、衆善普《あまね》く会するが故に、体広しと言う。位は宝所に至るが故に、位高しと言う。五住惑を断じ、神通もて寿を延べ、衆生を利益するが故に、用長しと言う。今の果は三義の故に妙なり」(同前)とある。これは、『法華経』における真実の成仏の果について述べた文である。あらゆる徳を備え、あらゆる善をくまなく集めたものなので、体が広いといわれる。次に、仏果を意味する宝所に到達するので、位が高いといわれる。次に、無明を含む五住惑をすべて断ち切り、神通力によって寿命を延長して衆生を利益するので、用が長いといわれる。

神通力によって寿命を延長するとは、真実の永遠の寿命ではなく、衆生を救済するという目的のために、しいて神通力によって寿命を延ばしたという考えである。この考えは、法雲が『法華経』に説かれる仏身はなお無常の存在で、その点で真実の仏身常住を説く『涅槃経』に一段劣ると捉えた根拠となったものである。前に紹介した別解（一三八頁を参照）においては、果の用が長いと規定される内容が、仏が神通力によって無量劫の間この世にとどまって衆生を教化するというものであった。この点について、『法華義記』には、次のようにある。現代語訳を示すと、「ただし、大悲の心は限りがなく、人を救済する心は行き詰まることはない。近くは神通の力を借り、遠くは大衆のあらゆる修行に動かされることによって、とうとう金剛心を延長してこの世にとどまることができ、寿命は限りなく衆生に利益を与えることが無限である」（大正三三・五七二下―五七三上）とある。このように、『法華経』に明かされる仏は神通力によって寿命が長遠であるというのが、法雲の基本的な認識であった。したがって、法雲によれば、『法華経』の寿命長遠は相対的な長遠にとどまるとされる。法雲は、このことを次のような巧みな譬喩によって説明している。五丈の柱を二丈だけ土に埋めて、三丈を土から出した場合を想定すると、この地上の三丈が『法華経』以前の『首楞厳三昧経《しゅりょうごんざんまいきょう》』に説かれる釈尊の七百阿僧祇の寿命をたとえ、土に埋まっている二丈も取り出して五丈となったものが『法華経』の説く仏寿をたとえるので、今昔の仏寿の相違は、三丈と五丈の相違で、相対的な長短の差があるだけであり、それに対して、『涅槃経』には仏寿の絶対的な永遠性が説かれるというものである。

(6)『法華玄義』の法雲説批判　以上の法雲説に対して、智顗は、因体広狭の四難、因位高下の四難、因用長短の四難、果体広狭の四難、果位高下の四難、果用長短の四難の六点から批判している。いずれも四難とあるのは、教一《きょういち》（仏乗だけが唯一存在すること）、行一《ぎょういち》（菩薩行という唯一の修行だけが存在すること）、人一《にんいち》（すべての衆生が菩薩であること）、理一《りいち》（唯一の真理だけが存在すること）が『法華経』に説かれているとする法雲の説を受けて、もし法雲がいうように、『法華経』が仏身の常住、仏性《ぶっしょう》を説かない第四時教《だいしじきょう》（五時教判のなかの第四時教）であるならば、『法華経』には四一《しいち》が結局説かれないことになり、かえって『般若経《はんにゃきょう》』や『維摩経』などに四一が説かれているので、『法華経』が麁で、

『般若経』や『維摩経』が妙となるではないかという批判を指している。ついでに教行人理について説明すると、教は経に説かれる教えのこと、行は教によって修する修行のこと、人は修行する人のこと、理は修行によって見られる真理のことである。

はじめに因体広狭の四難について説明する。法雲は昔の経と今の経とを比較相対して、昔を麁、今を妙と規定した。智顗によれば、三蔵教＝小乗教を昔と定義するならば、法雲の指摘は正しいが、『法華経』以前のすべての経を昔と定義するならば、それらを一概に麁と規定することは誤りであると指摘している。前に、五時と化法の四教との関係を図示した（一一八頁を参照）が、『華厳経』には別教《べつきょう》・円教《えんぎょう》の二教が説かれ、『維摩経』・『思益梵天所問経《しやくぼんてんしよもんぎょう》』などの方等経《ほうどうきょう》には蔵教《ぞうきょう》・通教・別教・円教の四教すべてが説かれ、『般若経』には通教・別教・円教の三教が説かれるとされる。そうすると、これらの経にはいずれもその中に円教が説かれていることになる。このいわゆる「爾前《にぜん》の円」が説かれている以上、それを含む『法華経』以前の大乗経典を全面的に麁と規定することは誤りであると、智顗は指摘しているのである。『法華玄義』本文には、それらの大乗経典に含まれる円教の部分を実際に引用しているが、ここでは省略する。

さらに、智顗は、法雲が『法華経』を妙と判じながら、『法華経』は仏性を説かず、仏身の常住を明かさないとする説に対しては、もしそうであるならば、かえって『法華経』が麁となってしまうではないかと、法雲の解釈の自己矛盾を衝いている。要するに、智顗の批判の方法は、法雲自身が『法華経』においては四一が説かれ、因果がともに妙であると主張していることと、『法華経』は仏性と仏身常住を説かないとする主張との矛盾を指摘することである。

『法華経』と仏性の問題についての法雲の考えについては、『法華玄義』には、因体広狭の四難の結論部分において、「若《も》し今の因の体広しと言わば、那《な》んぞ忽《たちま》ち『法華』に一乗を明かすは是れ了《りょう》、仏性を明かさざるは是れ不了なりと言わん。那んぞ復《ま》た『法華』に縁因《えんいん》を明かすは是れ満、了因《りょういん》を明かさざるは是れ不満なりと言わん。那んぞ復た前は恒沙を過ぎ、後は上の数に倍すれども、猶《な》お是れ無常の因なりと言わん」（六九一下―六九二上）と、法雲を批判している。現代語訳すると、「どうして軽々しく『法華経』に一乗を明かしている点は了義《りょうぎ》であるが、仏性を明かしていない点は不了義であるというのか。どうしてまた『法華経』に縁因仏性を明かしている点は完全であるが、了因仏性を明かしていない点は不完全であるというのか。どうしてまた過去は恒沙の劫を過ぎ、未来は上の数に倍すということはやはり無常の因であるというのか」となる。ここには、『法華経』が縁因仏性を明かしてはいるが、了因仏性を明かしていないという指摘があることになる。

天台教学においては、仏性を縁因、了因、正因《しょういん》の三種に分ける。正因仏性は、仏性の本体に当たるもので、真如《しんにょ》を指す。この真如を悟る智慧を仏性に見立てたものが了因仏性で、智慧を生じるための縁＝条件となるすべての善行を仏性と見立てたものが縁因仏性である。したがって、『法華経』が了因仏性を明かしていないということは、了因仏性の対象である正因も明かしていないということになる。『法華義記』には、『法華経』における仏性の説・不説については直接の言及はないが、『涅槃経』についての記述のなかに、「然《しか》も『涅槃経』に亦《ま》た護法もて金剛の身を得、不殺《ふせつ》もて長霊《ちょうりょう》の報を感ずと言い、双《なら》べて縁正の両因を明かし、具《つぶ》さに仏果の業《ごう》を述ぶ」（大正三三・五七四中）とあり、『涅槃経』には縁因と正因の二仏性が説かれていることをわざわざ指摘しているので、逆に『法華経』には仏性が説かれていないということを含意していると解釈できる。

『法華義記』にも縁因と正因が出、『法華玄義』には、それに加えて了因も出てきたが、『法華義記』の縁因、正因の直接の典拠は『涅槃経』にある。天台教学の三因仏性の方も基本的には『涅槃経』に基づく思想であるが、智顗独自の工夫も加わっている。『南本《なんぼん》涅槃経』巻第二十六、師子吼《ししく》菩薩品には、「因に二種有り。一には正因、二には縁因なり」(大正一二・七七五中)、「正因とは名づけて仏性と為す。縁因とは発菩提心《ほつぼだいしん》なり」(同前・七七八上)と説かれている。正因は仏性そのもの、縁因は菩提心を生じることと規定される。三因仏性は、先に説明した。『涅槃経』に対して、『法華経』には仏性という術語そのものは見られない。法雲の立場は、経典に、ある術語そのものが出ているかどうかを問題とする文字重視の立場である。それに対して、智顗や吉蔵においては、さまざまな大乗経典の説相の相違や、思想的な同一性に対する研究が進み、自らの統一的な仏教観の形成を背景として、経典の説相の奥底を読み取っていこうという方法、態度が生まれてきた。したがって、智顗や吉蔵は、仏性という術語そのものは『法華経』に出ていなくとも、仏性の思想は原理的に説かれているのだという立場に立ったのであった。このことについて、『法華文句』巻第九下には、「明者は其の理を貴び、暗者は其の文を守る」(大正三四・一二七下)と指摘している。

次に、第二の因位高下の四難について説明する。因の位をめぐっての法雲批判も上に述べた方法と同じである。『法華経』以前の『般若経』や『維摩経』に説かれる菩薩という因の位は低くないことを、経文を引用しながら指摘している。それに対して、法雲のような法華経観であるならば、かえって『法華経』の因の位は低いという結果になってしまうと批判している。『法華玄義』には、「若し今の因の位高しと言わば、教は那んぞ忽ち是れ第四時ならん。位は那んぞ忽ち無礙道に住して、無明を伏せん。人は那んぞ忽ち是れ生死の身にして、法性身《ほつしようしん》に非ざらん。理は那んぞ忽ち無常にして、仏性を見ざらん。当《まさ》に知るべし、今の因は皆な四一無く、其の位下くして麁なり。昔の因は四一を具し、高くして妙なり」（六九二上）とある。教行人理にわたって、『法華経』が不完全であるという法雲の法華経観は、法雲の昔は麁、今日は妙という規定と矛盾することを指摘している。

次に、第三の因用長短の四難についても、『般若経』や『維摩経』を引用しながら、それらの昔の経に四一が説かれていることを指摘する一方で、『法華経』について、「若し今の因の用長しと謂わば、那んぞ復た『法華』は是れ覆相《ふくそう》の教と言わん。教は則ち短なり。行は覆相なれば、行は則ち短なり。覆相して仏性を明かさざれば、理は則ち短なり。四一既に闕《か》くれば、今は短にして麁なり。昔の用は既に長し。長ければ則ち是れ妙なり」（六九二中）と述べている。

次に、果に話を移す。第一の果体広狭の四難においても、『般若経』や『維摩経』において説かれる果体が広いことを、「般若は是れ仏母《ぶつも》にして、十方の仏は皆な護る。『浄名《じようみよう》』に云わく、『未だ曾《かつ》て此の実相の深き経を聞かず』と。当に知るべし、昔の果の体に衆徳を備うるなり」（同前）と指摘し、逆に法雲の法華経観のようであれば、『法華経』こそ四一を欠いて、果体が狭く、麁となってしまうと批判している。

第二の果位高下の四難においては、法雲の指摘のように、今＝『法華経』の果の位が高いならば、どうして、『法華経』を第四時教として、第五時の『涅槃経』の下に位置づけるのかなどと批判している。具体的には、「教を設《もう》くるに、何ぞ第五の教の下に在ることを得ん。行は那んぞ無常を出でざらん。人は那んぞ変易を出でざらん。理は那んぞ秘蔵を窮《きわ》めざらん」(同前)と述べている。そして、これまでと同じ論理、つまり、法雲の法華経観のようであるならば、『法華経』は四一を欠いて、果の位は低く、麁であり、かえって昔の経の果の位が高く、妙となってしまうと批判している。

第三の果用長短の四難においては、法雲の指摘のように、今『法華経』の果の用が長いならば、どうして『法華経』は仏身の常住を明かさないのか、どうして速やかに無明を破らないのか、どうして仏は毘盧遮那《びるしゃな》ではないのか、どうして秘蔵ではないのか、と批判している。そして、法雲の法華経観のようであるならば、『法華経』は妙ではなく、麁となってしまうと批判している。

以上で、因果の視点に基づく法雲の六点にわたる法華経観に対する智顗の批判を説明した。最後に、『法華玄義』には、法雲の神通延寿説《じんずうえんじゅ》に対する批判が述べられている。「而《しか》るに復た神通もて寿を延ぶと言う。是れ何の神通ならん。若し作意《さい》の神通ならば、彼の外道《げどう》に同じ。若し無漏《むろ》の神通ならば、彼の小乗に同じ。若し実相の神通ならば、則ち延に非ず、不延に非ず、能《よ》く延、能く不延なり。能く延ぶれば、何ぞ止だ寿を延ぶるのみにして、眼《げん》を延べて仏性を見せしめざらん。何ぞ舌を延べて常住を説かざらん。眼、性を見ざれば、則ち実相の神通に非ざることを知る。麁に非ずば、何とか謂わん」(同前)とある。『法華経』における神通が、もし外道の作意の神通、小乗の無漏の神通ではなく、実相の神通であるならば、仏性を見せ、常住を説くことができるはずであり、逆にもし仏性を見せず、常住を説かないような神通は実相の神通ではなく、かえって麁となってしまうという法雲批判である。

以上、智顗の法雲批判は、昔を麁、今を妙と全面的、一方的に規定することを批判する部分と、『法華経』には仏性と仏身の常住が説かれないとする法雲の法華経観が、昔を麁、今を妙と規定する法雲自身の考えと矛盾していることを批判する部分とからなっているといえる。その批判の底流には、昔の大乗経典に説かれる円教に対する着目と、『法華経』が仏性と仏身の常住を原理的に説いているという智顗の法華経観がある。

第二節　「法」の解釈

「正しく解す」――「妙」の略説

法雲の「妙法」についての解釈に対する智顗の批判について説明したが、『法華玄義』には、それを受けて、法雲説に対応する形で、智顗の「妙法」に関する略釈が述べられている。「釈名」の第四項が「正しく解す」であることは前に紹介した（一二九―一三〇頁を参照）が、この項の構成は、「先に略して彼の名を用《もっ》て妙の義を顕わす」（六九二下）と、「広く説かば、先に法、後に妙なり」（六九三上）の二段落から成る。つまり、略説と広説の二部分から成っている。

その広説の段落に、法、妙、蓮華、経についての詳しい解釈が見られる。その部分が、妙法蓮華経という経題の解釈の中心的な部分であり、『法華玄義』のなかで、最も重要な部分となる。広説に対して、略説の段落は、法雲の説に見られた体の広狭、位の高下、用の長短という概念を活用して、「妙」の簡潔な解釈を試みたものである。略説はごく短いものであるが、十法界《じっぽうかい》、五味《ごみ》、観心《かんじん》、六即《ろくそく》の四つの視点から「妙」を解釈している。順に、理一、教一、行一、人一に焦点を合わせた視点であると説かれている。

第一の十法界の視点からの解釈については、まず、因の三義について、「一法界に九法界を具するを、体広しと名づけ、九法界は即ち仏法界なるを、位高しと名づく。十法界は即空《そっくう》・即仮《そっけ》・即中《そくちゅう》なるを、用長しと名づく」（六九二下）とある。十界互具論に基づいた議論である。ある一法界に他の九法界を具することが体広とされる。一法界の広がりに焦点を合わせた視点なので、体が広いと規定される。地獄界から菩薩界の九法界がそのまま仏法界であることが位高とされる。仏法界は十界のなかで至高の存在であるから、位が高いと規定される。十法界が空・仮・中の三諦《さんたい》の円融《えんゆう》したものであることが用長とされる。本文には「即空・即仮・即中」とある。「即」は、「A即B」という形で使われ、Aはとりもなおさず Bである、AはつまりBである、AはBにほかならないなどという意味となる。この「即空・即仮・即中」という表現は、『法華玄義』『法華文句』に頻出するが、空諦、仮諦、中諦がばらばらでなく、渾然《こんぜん》一体となって融合していることを表現している。いわゆる円融の三諦、あるいは三諦円融と術語化されるものである。

次に、果の三義については、「体は一切処に遍きを、体広しと名づく。久しく已《すで》に成仏して久遠《くおん》久遠なることを、位高しと名づく。本《ほん》従り迹《しゃく》を垂れ、過・現・未来の三世に物《もつ》を益するを、用長しと名づく」（同前）とある。仏果の体が普遍的であることが体広といわれる。『法華経』見宝塔品には、宝塔の扉を開けるために、釈尊の分身仏が十方世界から集められる。ということは、釈尊の分身仏は十方世界において衆生救済の活動に取り組んでいることになる。このような釈尊のあらゆる世界での救済活動を、仏果がすべての場所にくまなく行きわたっていると表現したものと考えられる。釈尊が仏果を成《じょう》じたことが久遠の昔であることが位高といわれる。いうまでもなく、『法華経』如来寿量品に説かれる五百塵点劫の成仏に基づいたものである。そのような五百塵点劫の成仏という本地から、仏の具体的な衆生救済の活動、あり方という迹を垂れて、三世にわたって衆生を救済することが用長といわれる。

以上の因の三義、果の三義によって、『法華経』がその他の経と相違するので、「妙」と規定されるのである。

次に、第二の五味の視点からの解釈については、蔵教・通教・別教・円教のうち、円教の因果を広・高・長とし、円教以外の三教を狭・下・短として、「乳《にゅう》の経の一種の因果は広・高・長にして、一種の因果は狭・下・短なれば、則ち一麁一妙なり、云々。酪《らく》の経は、唯だ一種の因果のみにして、狭・下・短なれば、但《た》だ麁なるのみにして妙無し。生蘇《しょうそ》の経は、三種の因果は狭・下・短にして、一種の因果は広・高・長なれば、則ち三麁一妙なり。熟蘇《じゅくそ》の経は、二種の因果は狭・下・短にして、一種の因果は広・高・長なれば、則ち二麁一妙なり。醍醐《だいご》の経は、一種の因果は広・高・長なれば、但だ妙なるのみにして麁無し。又た、醍醐の経は妙因妙果にして、諸経の妙因妙果と異ならざるが故に、称して妙と為すなり」(同前) と述べている。醍醐の経、つまり『法華経』は円教の一種の因果であり、広・高・長と規定され、妙だけで麁がないといわれる。さらに、『法華経』の妙は、乳の経、生蘇の経、熟蘇の経に含まれる円教の妙と相違しないことを指摘している。

次に、第三の観心の視点からの解釈について説明する。『法華玄義』には、「若し己心《こしん》を観ずるに、衆生心・仏心を具せずば、是れ体狭し。具せば、是れ体広し。若し己心、仏心に等しからずば、是れ位下し。若し仏心に等しくば、是れ位高し。若し己心・衆生心・仏心は即空・即仮・即中ならずば、是れ用短し。即空・即仮・即中ならば、是れ用長し」（同前）とある。己心＝自己の心を観察した場合、その己心に衆生心と仏心が具わっていれば、体広といわれる。具わっていなければ、体狭といわれる。このような己心、衆生心、仏心という概念は、自己、衆生、仏を心の視点から表現したものである。最も包括的な概念が衆生であり、そのなかの至高の存在が仏であり、また衆生のなかの主体的で特殊な一点として自己がある。十界論に基づけば、衆生は地獄界から仏界までを包括するものである。衆生と仏を対比する場合は、衆生は地獄界から菩薩界までを含むものと解釈できるが、いずれにしても、己心が衆生心、仏心を具えるということは、自己の心に十界を具えることを意味する。次に、己心が仏心に等しければ位高といわれ、そうでなければ位下といわれる。最後に、己心、衆生心、仏心の三心が三諦円融であれば用長といわれ、そうでなければ用短といわれる。

次に、第四の六即の視点からの解釈について説明する。『法華玄義』には、「一法界に於いて、十法界の六即位に通達《つうだつ》せば、亦た是れ体広く、亦た是れ位高く、亦た是れ用長し」（六九二下）とある。六即は、前に説明したことがある（一二三頁を参照）が、理即・名字即《みようじ》・観行即・相似即・分真即・究竟即《くきよう》のことで、円教の階位を意味する。ある一法界において、十法界の六即位、つまり円教のすべての修行の階位を体現すれば、体広、位高、用長といわれる。これも基本に十界互具の論理を用いている。

「法」の略釈

以上で、「妙」の略説が終わり、次に広説となる。この広説において、「法」「妙」「蓮華」「経」という順に経題の解釈がなされる。はじめに「法」の解釈であるが、これに略釈と広釈とがある。略釈においては、南岳慧思の学説に基づいて、法を衆生法・仏法・心法の三法に分類している。法にはさまざまな意味があるが、存在するものの意を取りあげ、それを衆生、仏、心の三種に分類したのである。したがって、衆生法は、衆生という存在の意となる。仏法はここでは、仏の教えではなく、仏という存在の意と取るべきである。心法は、心という存在の意である。

略釈においては、衆生法・仏法・心法の三法が妙であるから、「妙法」といわれると説明している。具体的には、衆生法妙、仏法妙、心法妙について順に説かれる。はじめに、衆生法妙について説明する。『法華経』における衆生法妙と、その他の大乗経典における衆生法妙とを示す経文を引用している。衆生という存在が妙であることを示す経文として、『法華経』については、方便品の仏知見と、法師功徳品《ほっしくどくほん》の眼根清浄《げんこんしょうじょう》についての記述を引用している。つまり、衆生に仏知見や仏眼《ぶつげん》が具わっているので、衆生は妙なる存在であるというものである。『法華経』以外の経典については省略する。仏法妙の仏法は、先にも述べたように、仏という存在の意と解釈すべきである。その仏法は仏の権智《ごんち》と実智《じっち》に分類される。衆生がこの仏の権実《ごんじつ》の二智を認識することはとても困難であり、仏にとってのみ可能であることを仏法妙と規定している。心法妙は、心の存在が妙であることであり、『法華経』『普賢観経《ふげんかんぎょう》』『維摩経』『華厳経』を引用して示している。とくに、引用されている『六十巻華厳経』巻第十、夜摩天宮菩薩説偈品《やまてんぐうぼさつせつげほん》の「心、仏、及び衆生、是の三に差別無し」（大正九・四六五下）は有名であり、そもそも法を衆生法、仏法、心法に三分類することもこの経文に基づくものと考えられる。

「法」の広釈Ⅰ——「法数を列ぬ」

次に「法」の広釈が説かれる。ここでも、衆生法、仏法、心法の順に、それらを詳しく解釈している。冒頭に、三法の特色を因果の視点から明らかにして、「若し衆生法を広くせば、一往は通じて諸もろの因果、及び一切の法を論ず。若し仏法を広くせば、此れは則ち果に拠る。若し心法を広くせば、此れは則ち因に拠る」（六九三中）と述べている。仏法が果で、心法が因で、衆生法が因果にわたるので、衆生法は原理的に仏法、心法を包括する広い領域を持っていることになる。

はじめに、衆生法の広釈の段は、「法数《ほっすう》を列《つら》ぬ」と「法相《ほっそう》を解す」の二項から構成されている。はじめに、「法数を列ぬ」では、心という一法によって一切法を包括する場合、名色《みょうしき》という二法によって一切法を包括する場合、命《みょう》・識《しき》・煖《なん》という三法（九〇頁を参照）によって一切法を包括する場合をあげている。また、具体的には三法までの数しかあげていないが、このような形で数を増して百千にまで至ると述べている。名色の名は精神的なもの、色は物質的なものを意味し、五陰《ごおん》にあてはめれば、色陰が色に、受・想・行・識陰が名に配当される。また、精神的、物質的な対象世界を意味する。命・識・煖の命は、命根のことで、一生の間、識と煖を維持するものである。識は心のこと、煖は体温のことである。

(1)梵本と鳩摩羅什訳の十如是

さて、このように数によって一切法を包括する仕方を説明した後に、『法華経』の場合は、十法、すなわち十如是《じゅうにょぜ》によって一切法を包括することを示している。十如是は、南岳慧思によって十如と呼ばれたことが『法華玄義』に示されている。古来有名な十如是であるが、梵本にはこれに対応するものがなく、実際には五つの間接疑問文になっていることが知られている。

梵本の訳を紹介すると、「あらゆる法を、シャーリプトラよ、如来こそが説き示し、あらゆる法を如来のみが知る。それらの法は何であるか、それらの法はどのようなものか、それらの法はどのような様態か、それらの法はどのような特徴があるか、それらの法はどのような本質があるか。すなわち、それらの法が何であり、どのようなものか、どのような様態か、どのような特徴があるか、どのような本質があるかという、これらの法について、如来だけが知覚でき、明瞭に知る」とある。この文の意味は、仏の身につけているあらゆる法の内容について仏だけが知っているということである。十如是に相当する部分は、何であるか、どのようなものか、どのような様態か、どのような特徴があるか、どのような本質があるか、となっており、ほとんど類義語を列挙しただけである。このことは、紙がなかなか手に入らず、印刷技術もなく、識字率も低かった時代における仏典の表現上の特徴であり、耳で聞いてよく理解できるように、また内容を強調するために、類似した言葉をこれでもかというほど羅列するのである。このように、この箇所は、仏だけが仏の身につけている法の内容を知っているという趣旨である。

したがって、鳩摩羅什が独自に十如是として訳したということになる。五つの類義語を、五つの独立した範疇と理解することには無理があると思われるが、鳩摩羅什は法の範疇をより明確にするために、『大智度論』を参考として、十如是にしたと推定される。もっとも鳩摩羅什に十如是という意識があったかどうかには疑問が持たれている。というのは、鳩摩羅什の『法華経』の翻訳の席に列なり、彼の講義を聞いた道生の『妙法蓮花経疏』には、「十一事縁《じえん》」といっているからである。道生は「本」と「末」を分けて二つに数えている。しかし、法雲などは十に整理しているし、智顗の師である南岳慧思が十如と呼んだことは、『法華玄義』に記されている通りである。

鳩摩羅什が参考にした『大智度論』巻第三十二には、「復た次に一一の法に九種有り。一には体有り。二には各おの法有り。眼耳《げんに》は同じく四大《しだい》もて造ると雖も、眼独《ひと》り能く見、耳見る功無きが如し。又た、火は熱を以て法と為して、而も潤すこと能《あた》わざるが如し。三には諸法に各おの力《りき》有り。火は焼くを以て力と為し、水は潤すを以て力と為すが如し。四には諸法に各自《おのおの》因有り。五には諸法に各自《おのおの》縁有り。六には諸法に各自《おのおの》果有り。七には諸法に各自《おのおの》性有り。八には諸法に各おの限礙《げんげ》有り。九には諸法に各おの開通方便《かいつうほうべん》有り。諸法生ずる時、体及び余の法に凡《およ》そ九事有り」（大正二五・二九八下）とあり、巻第三十三には、「復た次に法相を、諸法の業、諸法の所作、力、因、縁、果、報と名づく」（同前・三〇三上）とある。内容の解説は省略するが、ここに十如是と類似の概念が出ていることに気づくであろう。

要するに、『法華経』の梵本では五つの間接疑問文となっている部分を、鳩摩羅什が『大智度論』により、経文の意味を明確にするために補って十如是として訳したということになる。鳩摩羅什が五つの範疇を十の範疇に改めた妥当性について、次のように考えられる。たとえば、「私はAさんを知っている」というとき、本当に知っているかどうかを示すためには、Aさんの国籍、性別、年齢、出身地、家族構成、職業、収入、性格、特技、学歴、生い立ち、などの具体的な項目についての知識を提示しなければならない。そして、それらの項目はより完備したものでなければならない。一方、無限に項目を列挙するわけにもいかないであろう。これと同様に、仏が仏の身につけている法を本当に知っていることを示すためには、より完備した項目を提示することが有効であるから、鳩摩羅什は一部補って、相・性・体・力・作・因・縁・果・報・本末究竟等の範疇を示したのであろう。また、梵本では五つの間接疑問文になっているが、鳩摩羅什の漢訳でも「如是」（このようなの意）という形容語がついているだけで、仏の身につけている法の相が何であり、性が何であり、体が何であるかについてはまったく説かれていないことに注意する必要がある。「このような」というだけで、どのようなものかは具体的には説いていない。すなわち、仏の身につけている法の相・性・体……は「かくかくしかじかである」といっているにすぎないことになる。仏だけが「諸法の実相」を認識することができるということは、「諸法の実相」を認識することが仏道の究極的課題であり、いい換えれば、それができれば成仏すると捉えられる（もちろん形式論理学ではそのようにはいえない）。少なくとも智顗にとってはそのように捉えられた。しかし、その「諸法の実相」の内実については、『法華経』の表面には説かれてはいないので、智顗は独自に「諸法の実相」の内実を明らかにし、それを、円融の三諦説や一念三千説《いちねんさんぜんせつ》として表現したのであろう。

(2)十如是の三転読　ここの『法華玄義』本文には、十如是の三転読《さんてんどく》が示されている。諸法の実相は、空・仮・中の三諦が円融しているあり方であることを示すために、空の読み方、仮の読み方、中の読み方を示すのである。具体的には、是相如《ぜそうによ》、是性如《ぜしょうによ》、ないし是報如《ぜほうによ》と読むときは即空の意義を示し、如是相《にょぜそう》、如是性《にょぜしょう》、ないし如是報《にょぜほう》と読むときは即仮の意義を示し、相如是《そうにょぜ》、性如是《しょうにょぜ》、ないし報如是《ほうにょぜ》と読むときは即中の意義を示すとされる。空については、如は「不異」の意義であるといわれる。相も性も同じく如であるという点で、空の無差別平等の面を指している。また、空でありながらも、相、性、ないし報と、他と区別される独立性を持つ点が仮といわれる。中道については、是《ぜ》に如す（この場合の如は、合致するの意）ということで、相、性、ないし報が、中道実相の是《ぜ》に合致しているといわれる。

十法界に対しても空・仮・中の三種の意義を示す三種の読み方をしている。『法華玄義』には、「十の数は皆な法界《ほうかい》に依る。法界の外に、更に復た法無し。能所合わせて称するが故に、十法界と言うなり。二に此の十種の法は、分斉《ぶんざい》同じからず。因果隔別《きゃくべつ》し、凡聖《ぼんしょう》に異なり有るが故に、之れに加うるに界を以てするなり。三に此の十は、皆な即ち法界にして、一切法を摂《しょう》す。一切法は地獄に趣き、是の趣をば過ぎず。当体は即ち理にして、更に依る所無きが故に、法界と名づく。乃至《ないし》、仏法界も亦《ま》復た是の如し。若し十の数、法界に依らば、能依《のうえ》は所依《しょえ》に従い、即ち入空《にっくう》の界なり。十の界界隔《へだ》つるは、即ち仮界《けかい》なり。十の数皆な法界なるは、即ち中界なり」（六九三下）とある。これは『摩訶止観《まかしかん》』巻第五上（大正四六・五二下を参照）にも説かれ、湛然の『弘決《ぐけつ》』巻第五の三（同前・二九三中を参照）には、十＋《プラス》法界は空の意義、十法＋《プラス》界は仮の意義、十法界とひと続きに読む場合は中道の意義をそれぞれ示すと説明されている。

⑶十如是の権実　次に、十如是の権実の判定においては、まず法雲の説と北地師の説が紹介されている。法雲の説は、前の五如是を権として凡夫《ぼんぶ》に所属させ、次の四如是を実として聖人に所属させ、最後の如是、つまり如是本末究竟等を総じて権実を結ぶと解釈している。これは『法華義記』巻第二（大正三三・五九六下―五九七上を参照）の記述によって、確かに法雲の説であることが確認される。この法雲の説に対して、智顗は凡夫にも実があり、聖人にも権があると指摘して批判している。北地師の説は、前の五如是を権とし、後の五如是を実と規定する。智顗は、二説とも凡人の勝手な説であると批判している。

智顗自身の解釈は、十如是を十法界に約す。そこで、六道の十如是と四聖の十如是に二分し、前者を権、後者を実と規定する。したがって、法雲や北地師のように、たんに十如是の前半と後半を権実に分けるのとは相違するのである。

「法」の広釈Ⅱ――「法相を解す」

衆生法の広釈は、「法数を列ぬ」と「法相を解す」の二項から構成されているが、「法相を解す」の項では、十如是について詳しい解釈がなされている。その十如是の詳しい解釈の前に、総論ともいうべき記述がある。すなわち、「此の一法界に十如是を具すれば、十法界に百如是を具す。又た、一法界に九法界を具すれば、則ち百法界・千如是有り」(六九三下)とある。十如是が十界、あるいは十界互具を介して、百如是、千如是になることを指摘したうえで、これを「一に悪、二に善、三に二乗、四に菩薩、五に仏なり」(同前)とあるように、五種に分類する。第一の悪は地獄・餓鬼《がき》・畜生の三悪道《どう》、第二の善は阿修羅《あしゆら》・人《にん》・天《てん》の三善道《さんぜんどう》を指す。第三の二乗はいうまでもなく声聞・縁覚である。そして、前四者を権法《ごんぽう》、第五の仏を実法《じつぽう》と規定する。ただし、「細《くわ》しく論ずれば、各おの権実を具す」(同前)といわれる。これは、十界互具によって、たとえば地獄界にも仏界を具すことから、地獄界にも権法だけでなく実法のあることを指摘したものと考えられる。さらに、この権実は不可思議であって、三世の諸仏の権実の二智によってはじめて知られるものであることを明かし、このような衆生法は不可思議で、妙であることを指摘している。

(1)十如是の通解　では、次に、十如是の解釈は通解《つうげ》と別解《べつげ》に分けられている。通解は、十如是の一般的な概念規定であり、別解は、四趣《ししゅ》、人天《にんでん》、二乗、菩薩・仏の四種類に分類して、それぞれの具体的な十如是について説明することである。これは、『摩訶止観』巻第五上（大正四六・五三上―五四上を参照）における十如是の解釈が総釈と随類釈《ずいるいしゃく》に二分されることとまったく対応している。

では、十如是の通解について説明する。『法華玄義』には、はじめに、十如是の概念について、「相《そう》は以て外に拠る。覧《み》て別《わ》く可きを、名づけて相と為す。性は以て内に拠る。自分改めざるを、名づけて性と為す。主質《しゅぜつ》を名づけて体と為し、功能《くのう》を力《りき》と為し、構造を作《さ》と為し、習因を因と為し、助因を縁と為し、習果を果と為し、報果を報と為し、初めの相を本と為し、後の報を末と為し、帰趣《きしゅ》する所の処を究竟等と為す、云々《うんぬん》」（六九四上）とある。相は、ものの外側を拠りどころとしていて、見れば他と区別できるものをいう。つまり、外面的特徴のことである。性は、ものの内側を拠りどころとしていて、自己自身の持ち前を改めないものをいう。『摩訶止観』の性の規定は、不改、性分《しょうぶん》、実性《じっしょう》の三義とされている（大正四六・五三上を参照）。不改は変化しないこと、性分は生まれつきの性質、実性は真実の本性の意である。したがって、『法華玄義』の性の規定は、『摩訶止観』の規定の第一、第二を兼ねたものである。体は、根本の実体のことである。『摩訶止観』の説明を参照すると、色・受・想・行・識の五陰は色心を体とするといわれる。力は、何事かをなす潜在的能力のことで、作は、具体的な行為、動作のことである。因縁果報は、一連の概念である。因は習因で、縁は因に対して、間接的な補助原因をいう。果は習因に対して習果といわれ、報は報果といわれる。習因、習果、報果については、因が善ならば果も善、因が悪ならば果も悪、因が無記《むき》ならば果も無記であるという因果関係の場合、因を習因、果を習果という。新訳（玄奘《げんじょう》訳以前を旧訳《くやく》、以降を新訳という）では、それぞれ同類因、等流果《とうるか》という。たとえば、悪心が連続して生じる場合の因果などをいう。これに対して、善因に対して楽果《らつか》、悪因に対して苦果が報《むく》いとして生じる因果関係の場合、因を報因、果を報果という。新訳では、それぞれ異熟因《いじゆくいん》、異熟果《いじゆくか》という。この因果関係は、いわゆる三世にわたる因果応報を説明する場合に使われる。さて、最後の本末究竟等については、第一の相を本とし、第九の報を末とし、本末が帰着する場所を究竟等といっている。場所とは、ここでは空・仮・中を意味する。

究竟等については、さらに、「若し如の義を作さば、初後皆な空《くう》なるを等と為す。若し性相の義を作さば、初後の相い在るを等と為す。若し中の義を作さば、初後皆な実相なるを等と為す。今、此の等に依らず、三法具足するを究竟等と為す。夫《そ》れ究竟とは、中は乃ち究竟なり。即ち是れ実相を等と為すなり」(同前)と説明されている。等には、空の等、仮の等、中の等があるが、ここでは、空、仮、中がばらばらではなく、一体となって備わっていることを究竟等というのだと説いている。あるいは、視点を変えて、中道、実相を究竟等といっている。空、仮、中をいわば横に並べていう場合(三諦を一括して扱うこと)、隔歴の三諦と円融の三諦とを区別し、前者を別教の立場、後者を円教の立場とする。また、空、仮、中を縦に並べていう場合(価値的に段階づけること)、空は二乗、仮は菩薩、中道は仏の立場をそれぞれ表わす。この場合は、中道が究極的な立場を表わすわけである。ここの究竟等の説明でも、この二つの表現方法が使われていることがわかる。

(2)十如是の別解　別解は、四趣、人天、二乗、菩薩・仏の四種類に分類している。阿修羅の位置づけは、時によって相違することがある。三悪道、三善道という分類の場合は、善道に含まれ、ここの場合のように、四悪趣と人天という分類の場合は、悪趣に含まれる。ではまず、四趣の十如是について説明する。如是相は悪相、如是性は黒（黒色は悪を象徴する）、如是体はくだけ折れる粗悪な色心、如是力は悪の働きを意味する。悪の働きの具体例としては、地獄には刀剣に登る働きがあり、餓鬼には銅・鉄を食らう働きがあり、畜生には弱肉強食であったり、魚同士が食らいあったり、車や重いものを引いたりすることを取りあげている。如是作は身口意《しんくい》を働かせて悪を行なうことで、如是因は悪の習因、如是縁は悪の我《が》・我所《がしょ》（我の所有物）、持ち物などの悪の報因、如是果は悪の習果、如是報は悪の報果である。地獄を例に取れば、地獄界の身となることである。如是本末究竟等は、空仮中の三種の意義があるとされる。本が空であれば末も空であることが空の意義である。悪の果報が本の相性《そうしょう》の中にあり、本の相性が悪の果報の中にあることが仮の意義である。『法華玄義』には、「事を仮りて等を論ず」（六九四中）とある。四悪趣の中実理心《ちゅうじつりしん》、つまり中道実相＝理を体得した心は仏果と異ならず、すべての存在が中道であるとすることが中の意義である。これら三種の意義をすべて備えることが等といわれる。

次に、四趣の場合は悪・苦を基調としていたのに対し、人天の十如是の場合は、善・楽を基調としている。相は清らかで上に昇ること、性は白法《びゃくほう》（白色は善を象徴する）、体は安楽の色心、力は善の器でありうること、作は悪を制止する止善と善を行なう行善を作ること、因は白業《びゃくごう》、縁は善の我・我所、持ち物、果は自然に善心に報いて生じるもの、報は自然に楽《らく》を受けることとされる。そして、究竟等は、四趣の場合と同じとされる。究竟等については、四種の分類すべてに共通である。

次に、二乗の十如是の場合は、真無漏《しんむろ》を基調としている。無漏は煩悩を離れた清浄なあり方を意味する。具体的には、相は涅槃、性は非白非黒《ひびゃくひこく》の法、体は五分法身《ごぶんほっしん》である。五分法身とは、戒・定・

慧・解脱《げだつ》・解脱知見の五つの法＝功徳の集まりをいい、阿羅漢果を得た者が備えるとされる。仏身論でいう法身、つまり理法を仏と見立てた概念とは相違する。そのような法身概念は後代のものである。さて、二乗の力は自由に行動でき、仏道を受ける器、つまり道器でありうること、作は熱心に修行に精励すること、因は無漏の正智、縁は智慧を補助する助道、果は四果（預流果《よるか》・一来果《いちらいか》・不還果《ふげんか》・阿羅漢果）であるとされる。報については、真無漏を得た阿羅漢は三界に再生しないので、報はないとされる。ただし、大乗の立場からは、阿羅漢といえども、三界外の不思議変易の生死を受けるので、報があることになる。

最後の菩薩・仏の十如是のなかで、菩薩については、蔵教・通教・別教の三種の菩薩に分類される。蔵教の六度（六波羅蜜）の菩薩は、福徳に約して相・性・体・力を論じるといわれ、因は善業、縁は煩悩、果は三十四心にわたって煩悩を断じることである。仏には報がなく、菩薩には報があるとされる。三十四心は、八忍八智《はちにんはっち》の十六心と、九無礙道・九解脱道の十八心をいう。十六心によって見惑を断じ、十八心によって思惑を断ずる。

通教の菩薩の場合は、無漏に約して相・性を論じるといわれる。六地以前については、欲界の思惑の前六品を断じるだけなので、三界に再生する。つまり、報があるわけである。ところが、六地においては、欲界の思惑の残りの三品も断じ、三界に再生しないので、報がないといわれる。菩薩行を修するために、あえて見思《けんじ》惑《わく》の習気《じっけ》を残し、それだけでは弱いので、誓願《せいがん》の力によってそれを補助して、三界に生を受ける場合は、本当の業報ではないので、報とは認めないとされる。したがって、この場合は、十如是ではなく、九如是になるということである。

別教の菩薩の場合は、空観《くうがん》、仮観《けがん》、中観《ちゆうがん》を段階的に修する次第三観《しだいさんがん》に約して十如是を論じるとされる。別教の菩薩は、通惑=見思惑を断じるので、三界内の再生はないが、三界外の変易の生死を受ける。これに三種の場合があるとされる。第一はまったく別惑=塵沙惑《じんじやわく》・無明惑を断じない場合で、第二は別惑を伏す場合である。これは十住・十行・十廻向《えこう》の位をいう。第三は別惑を断じる場合で、初地以上の位をいう。そして、別惑を断伏《だんぷく》しない場合は、空観・仮観の方便行、その二観によって得られる菩薩の無漏智である真無漏を因とし、無明を縁として、変易の生死を受ける。別惑を断伏する場合は、中道の法に対する執著《しゆうじやく》を意味する順道法愛《じゆんどうほうあい》を因とし、無明を縁として、変易の生死を受けるとされる。

菩薩の説明の次に、仏の場合が説かれ、中道に約すとされる。相は縁因仏性、性は了因仏性、体は自性清浄心《じしようしようじようしん》である正因仏性、力ははじめて菩提心を生じて二乗を超出すること、作は四弘誓願《しぐぜいがん》、因は智慧荘厳《ちえしようごん》、縁は福徳荘厳《ふくとくしようごん》、果は最高の悟り、報は大般涅槃《だいはつねはん》のこととされる。ただし、仏の報については、有るとする場合と無いとする場合とがあることを、種々の立場から指摘している。また、仏界が無上の存在であることを種々の立場から明らかにしている。

第一は、六道の相性はまったく五住地惑(一四一頁を参照)を表わし、二乗の相性は四住を破るが、無明を破らないことを表わし、菩薩は次第に五住地惑を破ることを表わすのに対して、仏はまったく五住地惑に汚されない点で、仏界は無上の存在であるというものである。

第二は、六道の相は生死の苦を表わし、二乗の相は涅槃の楽を表わすのに対して、仏界の相は非生死非涅槃の中道の常楽我浄《じようらくがじよう》を表わす点で、仏界は無上の存在であるというものである。

第三は、四道は悪を表わし、人天は善を表わし、二乗は無漏善を表わすのに対して、菩薩・仏は非漏非無漏善を表わす点で、仏界は無上の存在であるというものである。

第四は、六道は因縁生の法を表わし、二乗は即空を表わし、菩薩は即仮を表わすのに対して、仏は即空・即仮・即中を表わす点で、仏界は無上の存在であるというものである。これは『中論』の三諦《さんたい》偈《げ》を適用したものである。

第五は、四道はただ悪を表わすだけで、善を表わすことができず、人天はただ善を表わすだけで、悪を表わすことができず、二乗はただ無漏を表わすだけで、善悪を兼ねないのに対して、仏は一切の相を表わすことができる点で、仏界は無上の存在であるというものである。

第六は、五味の教のなかで、乳教は、菩薩界・仏界の性相（相性と同じ意味であるが、対応する『法華玄義』の用語に従っておく）を説き、即仮・即中の等に入る。中に入る点は無上であるが、一の方便を帯びているので、完全には無上ではない。酪教は、二乗の相性を明かし、析空《しゃっくう》の等に入ることができるだけで、即空の等にさえ入ることができないので、無上の存在ではない。要するに、即中の等に入る円教を無上の存在と規定している。したがって、蔵教・通教・別教・円教の四教を説く生蘇教は、三種の方便を帯びているので無上の存在ではなく、通教・別教・円教を説く熟蘇教は、二種の方便を帯びているので無上の存在ではないとされる。これらの四味の教に対して、醍醐教に当たる『法華経』は純粋に円教を説くものなので、無上の存在とされる。また、『法華経』以外の経に明かす九種の性相（十界のうち、仏界を除く他の九界の性相）は仏界の性相の即空・即仮・即中に入ることができないが、『法華経』の開会《かいえ》によって、即空・即仮・即中に入らせることができるとされる。それに対して、『法華経』の場合は、九種の性相がそのまま仏界の性相の即空・即仮・即中であると説くので、仏が繰り返し『法華経』をほめたたえるとされる。

さて、最後に、この百界千如是は天台教学独自のものであるから、一般性のある経論の偈によって実証し、百界千如是を理解しやすいものにしている。具体的には、『中論』の三諦偈、『涅槃経』の無常偈、七仏通誡偈《しちぶつつうかいげ》である。

第一に、『中論』の三諦偈について、六道の性相は「因縁もて生ずる所の法」、二乗、通教の菩薩などの性相は「我れ即ち是れ空なりと説く」、蔵教・別教の菩薩の相性は「亦た名づけて仮名《けみょう》と為す」、仏界の相性は「亦た中道の義と名づく」と、それぞれ対応しているとされる。要するに、この三諦偈に、百界千如是が説かれていることを示しているわけである。

第二の無常偈とは、有名な「諸行は無常なり。是れ生滅の法なり。生滅滅し已《おわ》りて、寂滅を楽と為す」というものである。日本のいろは歌のもとになったものである。この偈の前半を聞いた雪山童子《せっせんどうじ》が残りの半偈を聞くために、腹を空かせた恐ろしい羅刹《らせつ》に自分の身を食べさせる約束をした話はとても有名である。この羅刹は、実は帝釈天《たいしゃくてん》が姿を変えたもので、雪山童子の求道心がほんものかどうかを試したのであった。さて、無常偈と百界千如是との対応については、六道の相性は「諸行」、二乗・通教の相性は「無常」、別教の菩薩の相性は「生滅滅し已る」、仏界の相性は「寂滅を楽と為す」である。また、「生滅滅し已りて、寂滅を楽と為す」は別教の相性といわれる。なぜならば、「生滅が滅し已る」という段階を経由して寂滅があるからである。これに対して、生滅に即して寂滅＝楽であるものが円教の仏界の相性である。

第三の七仏通誡偈とは、過去七仏が共通に説いた戒《いまし》めの歌である。つまり、どの仏も共通に説く普遍的な教えで、「諸悪は作すこと莫《な》かれ。衆善《しゆぜん》は奉行《ぶぎよう》せよ。自ら其の意を浄《きよ》めよ。是れ諸仏の教えなり」というものである。百界千如是との対応については、四趣の相性は「諸悪」、人天の相性は「衆善」に対応する。そして、「自ら其の意を浄めよ」は三種類に分類され、析体《しやくたい》の浄意（意を浄めること）は二乗の相性とされる。析体とは、析空と体空のことである。それぞれ蔵教と通教の空観に相当する。さらに、第二の入仮の浄意は菩薩の相性、入中の浄意は仏界の相性と規定される。つまり、三種類とは、入空（析空観《しやつくうがん》と体空観《たいくうがん》）、入仮、入中のことである。このように、十如是が有名な三種の偈と合致することを示しているのである。しかも、『中論』は論、『涅槃経』は経、七仏通誡偈は律というように、仏教の三蔵との合致に配慮しているのである。

仏法・心法の解釈

次に、仏法について説明する順であるが、実は衆生法の説明において百界千如是が出た。仏法もその百界千如是の一部であるから、仏法についてはすでに解説したことになる。そこで、「法」の解釈の最後として、心法を説明する。衆生法は広大すぎ、仏法は高尚すぎるので、初学者にとっては難解とされる。そこで、心、仏、衆生の三者が無差別であるという前提に基づき、自ら己心を観察するというあり方が許容され、これこそ初学者にとって容易であるとされる。

己心を観察することを正当化するために、第一に、『涅槃経』の「一切衆生は三定《さんじよう》を具す」を引用している。三定とは、上定、中定（色界の四禅の中の初禅）、下定（十大地法《じゆうだいじほう》の中の定）のことであるが、上定とは仏性を意味し、心性を観ずることをいう。そして、これは衆生法を包含するものといわれる。

第二に、『華厳経』の「心を法界に遊ばして、虚空《こくう》の如ければ、則ち諸仏の境界を知る」を引用している。「法界」は中、「虚空」は空、「心、仏」は仮と規定され、このように空・仮・中を備えることとは仏の境界であり、心を観察することにおいて、仏法を備えるとされる。さらに、一念心が百界千如是を備えること、また、衆生、五陰、国土を作ることを説いている。ここには『摩訶止観』において一念三千説として展開されるものと共通の思想が見られる。また、心の存在が、空である面、仮である面を有しながら、究極的には、空でもなく仮でもなく清浄である、つまり中道であることが説かれている。以上で、「法」の解釈をすべて終わる。

第四章　五重各説2（五重玄義の各論）

第一節　相待妙・絶待妙

相待妙

『法華玄義』の釈名のなかでも、最も力を入れて解釈されている「妙」について説明する。はじめに、「妙」の解釈の段落の構成を再確認しておきたいと思う（一三〇頁の図を参照）。「妙」の解釈は、通釈と別釈に分かれ、通釈ではいわゆる相待妙《そうだいみょう》・絶待妙《ぜつだいみょう》について説かれる。別釈では迹門《しゃくもん》の十妙、本門の十妙が説かれ、分量的にも『法華玄義』の五割強を占める。通釈の本文には、「通を又た二と為す。一に相待、二に絶待なり」（六九六中）とあり、いわゆる相待妙・絶待妙の二妙を紹介している。この二妙の概念の成立をめぐって、興味深い問題があるが、それは後述することにして、ここでは二妙の簡単な説明をしておく。相待とは、相対と同じ意味で、麁《そ》と妙、小と大、半と満などの相対概念を比較相対させることである。したがって、相待妙とは、麁に相対した妙をいう。これに対して、絶待とは、待を絶することなので、麁と妙などの相対概念を比較相対させることを超絶していることを意味する。麁と妙との比較相対を絶したものを言葉で表現することは本来できないのであるが、言葉を使わなくては何も伝えることができず不便であるので、強いて妙と表現する。妙とだけいうと、先の相待妙と混同する恐れがあるので、これを絶待妙といって区別する。

本文では、相待妙を説明して、「今、麁に待する妙とは、半字を麁と為すに待して、満字を妙と為すことを明かす。亦《ま》た是れ常・無常、大・小相待して麁妙と為すなり」（同前）と述べている。『涅槃《ねはん》経《ぎょう》』の所説に基づいて、半字（梵語で、母音十二字、子音三十五字のそれぞれを半字といい、母音と子音を合わせて意味を持つ一語としたものを満字という）は小乗教、満字は大乗教を指す。この場合は、半字を麁、満字を妙と規定する。同様に、無常を麁、常を妙、小を麁、大を妙と規定する。本文では、続いて、『維摩経』『般若経《はんにゃきょう》』『涅槃経』『法華経』を引用して、今、説明したような麁妙の規定を確認している。ここでは、『法華経』からの引用だけを紹介すると、「今、『法華』に明かさく、『昔、波羅奈《はらない》に於いて、四諦の法輪、五衆《ごしゅ》の生滅を転じ、今、復《ま》た最妙無上の法輪を転ず』と。此れも亦た鹿苑《ろくおん》を麁と為すに待して、『法華』を妙と為す」（同前）とある。五衆とは、五陰《ごおん》のことである。ヴァーラーナシーの鹿野苑《ろくやおん》において説かれた小乗教を麁と規定し、「最妙無上の法輪」と形容されている『法華経』を妙と規定している。そして、上にあげた大乗経典に説かれる「妙」の意義には相違がなく、麁に相対する点も共通であると指摘されている。

次に、二つの問答が展開されている。はじめに、第一の問答の趣旨は、次のとおりである。まず、利根の菩薩《ぼさつ》は『法華経』以外の方等《ほうどう》経典や『般若経』において妙に入ることができるが、鈍根の菩薩や二乗の人は、方便《ほうべん》の教によって調伏《じょうぶく》されなければならない。たとえば、方等経典は生蘇味《しょうそみ》を帯《お》びて相待妙を説き、『般若経』は熟蘇味《じゆくそみ》を帯びて相待妙を説いている。これに対して、『法華経』は生蘇味や熟蘇味の方便を帯びずに、純粋に相待妙を説いている。これらはいずれも「妙」の意義に相違はないが、方便を帯びているか帯びていないかの相違があるといわれる。

また、三蔵教は半字の生滅門を説いて、満理（完全な道理、真理）に通じることができないので、麁と規定される。これに対して、満字の不生不滅《ふしようふめつ》の門は満理に通じるので、妙と規定される。ただし、満理に通じる仕方に二種類があるといわれる。先の話と類似しているが、方便を帯びて満理に通じる仕方と、直ちに満理を顕わす仕方とである。いうまでもなく、前者が方等経典や『般若経』で、後者が『法華経』を指す。

第二の問答は、船の譬えによって、五時教の相違を説明しているものである。おもしろい譬えであるが、内容はよく知られている五時教と蔵教《ぞうきよう》・通教《つうぎよう》・別教《べつきよう》・円教《えんぎよう》の化法《けほう》の四教との関係を説くものであるから、説明は省略する。

絶待妙

次に、絶待妙の段においては、蔵教・通教・別教・円教のそれぞれにおける絶待妙について区別して説明されている。まず、蔵教の絶待妙については、「随情の三仮《さんけ》の法起こるに、若《も》し真諦《しんたい》に入らば、待対《たいだい》即ち絶す」（六九六下）とある。ここに出る「随情の三仮」については、次の通教の絶待妙に出る「随理の三仮」と関連づけて説明すると便利である。仏の説法について、相手の機根に応じて説く場合を随事、随情、随他意《ずいたい》、仏の悟りのままに説く場合を随理、随智、随自意という。また、三仮とは、もと『成実論《じょうじつろん》』仮名相品《けみょうそうほん》に基づいて成実論師が立てた概念で、因成仮《いんじょうけ》・相続仮《そうぞくけ》・相待仮《そうだいけ》をいう。仮は、実体がないことを表現したものである。因成仮は現象世界が因縁によって成立したものであることをいい、相続仮は現象世界が前後相続して存在することをいい、相待仮は大小、長短のような相対的な存在をいう。

蔵教の二諦論は、迹門の十妙のなかの境妙のなかに説かれるが、それ自体で実在すると捉えられる「実有」を俗諦とし、この実有を滅して真諦に入ることができるとされる。ここでは、この実有を随情の三仮と表現し、この随情の三仮を分析して空の存在であることを悟ること、つまり、蔵教の析空観《しゃっくうがん》であるが、それをここでは真諦に入ると表現している。要するに、蔵教の悟りを得ると、すべての相対、具体的には、ここでは三仮の区別を超絶することができ、それを絶待妙という。

通教の絶待妙については、「随理の三仮の若《ごと》きは、一切世間は皆な幻化《げんけ》の如く、事に即《そく》して而《しか》も真にして、一事の而も真に非ざる者有ること無し。更に何物を待って、不真と為さんや」（同前）とある。通教の二諦論は、幻有《げんう》を俗諦とし、幻有がそのまま空であることを真諦とする。通教の立場は、しばしば「即事而真《そくじにしん》」と表現される。「事に即して而も真なり」と読む。意味は、事そのままが真であるというものである。要するに、蔵教のように現象世界を要素に還元して空であることを悟る析空観ではなく、現象世界をそのまま空であると悟る体空観《たいくうがん》を表現したものである。本文は、一切世間は実有ではなく、幻化、つまり、魔術師が作り出した物のようであって実体性がないこと、事象そのままが真であって、どんなささいな事象であっても真でないものはないこと、したがって、真と不真の対立が撥無《はつむ》されることを指摘したものである。この真と不真との相対を超絶している点が絶待妙と規定されるわけである。

次に、別教の絶待妙については、「別教若《も》し起こらば、即真の絶に望むに、還って是れ世諦なり。何となれば、大涅槃に非ず、猶《な》お是れ生死《しょうじ》の世諦なればなり。絶は還って待有り。若し別教の中道に入らば、待は則ち絶す」（六九七上）とある。即真の絶とは、通教の絶待妙のことである。これは別教の立場から見れば、世諦＝俗諦であり、別教の中道の立場が絶待妙であるというものである。蔵教・通教には中道の概念は説かれないが、別教においては但中《たんちゅう》＝隔歴《きゃくりゃく》の三諦が説かれ、円教においては不但中＝円融《えんゆう》の三諦が説かれる。

最後に、円教の絶待妙については、「円教若《も》し起こらば、無分別《むふんべつ》の法を説く。辺に即して而も中にして、仏法に非ざること無く、亡泯清浄《もうみんしょうじょう》なり。豈《あ》に更に仏法ありて仏法に待せん。如来の法界《ほうかい》なるが故に、法界を出でて外に、復た法の相《あ》い形比《くら》ぶ可《べ》きもの有ること無し。誰《た》れに待して麁と為し、誰れに形《くら》べて妙なるを得ん。待す可き所無く、亦た絶する所無し。何と名づくるかを知らざれば、強いて言いて絶と為す」（同前）とある。あらゆる事象がすべて仏法、法界であるという円教の世界観のもとでは、麁と妙という区別そのものが成立しない。したがって、相待も絶待も意味をなさない。しかし、何かしら言葉で表現しなくてはならないので、強いて絶待妙という表現を用いるという説明である。

本文では、円教の絶待妙について、さらに経文を引いて説明を加えている。重要であるので、要点を整理して順に解説する。まず、不可称量《ふかしょうりょう》、不可思議なものを大と名づけるという『涅槃経』の文を引いて、妙の場合もこれと同様に、不可思議なものに名づけたもので、決して麁という概念と相対させて設定したものではないと述べている。このことを、法界を例に取りあげて説明している。「法界は広大でひとり他を絶している」と固定的に考える場合、法界は他よりも広大であるが、他の存在と相対的であるから、真の絶ではないとされる。真実には、法界は清浄で、見聞覚知《けんもんかくち》できず、説示することができないと表現するしかないといわれる。本文では、さらに『法華経』の文を引用して説明を続けている。『法華経』からは、三文を引用して、『法華経』に説かれる絶待妙を指摘している。その後、絶待の説明として、相待も絶待も超絶するという説明に止めるべきであり、絶することをいたずらに繰り返していけば、無限に続き、戯論《けろん》に堕落してしまうと戒めている。

本文には、有門《うもん》の絶、空門《くうもん》の絶について説いている。絶を無限に繰り返すことが戒められたので、基本的には、この二門の絶で十分であるということを示していると思われる。内容的には、有門の絶は、法界の外に法のないことを知って絶を論じることで、この絶もまた絶することが空門の絶といわれる。さらに、この相待妙・絶待妙の二妙と、先に説明した衆生法・仏法・心法《しんぽう》の三法との関係について説かれている。要するに、この三法が妙と規定される理由は、この二妙を備えているからであるというものである。また、蔵教・通教・別教・円教の四教の絶と五時教との関係について説いている。

最後に一つの問答がある。妙を解釈するのに、なぜ絶という概念を用いるのかという問題を提示している。これに対して、ただ妙を絶と呼び、絶は妙の異名であると答えている。このようにいえるのは、妙が不可思議なものに名づけたものであり、絶は思議を絶する意と捉えられるからだと思う。また、妙は能絶、麁は所絶と規定され、この妙に麁を絶する働きのあることを指摘している。そして、これを方便の教、迹門の大教、本地《ほんじ》の大教、観心《かんじん》の妙の関係に応用している。つまり、方便の教が起これば、迹門の大教は起こらず、迹門の大教が起こることによって、方便の教が絶する。迹門の大教が起こると、本地の大教は起こらず、本地の大教が起こることによって、迹門の大教が絶する。本地の大教が起こると、観心の妙が起こらず、観心の妙が起こることによって、本地の大教が絶する。さらに、迹門の絶待妙によって衆生法を妙にし、本地の絶待妙によって仏法を妙にし、観心の絶待妙によって心法を妙にすると指摘している。そして、「前の四絶は横に四教に約し、今の三絶は竪《たて》に円教に約す」(六九七中)と結んでいる。四絶とは蔵教・通教・別教・円教それぞれの絶待妙で、三絶とは迹門・本地・観心の絶待妙のことである。

吉蔵における相待妙・絶待妙

『法華玄義』における待絶二妙《たいぜつにみょう》(相待妙・絶待妙のこと)について説明したが、この二妙は吉蔵の法華経疏、『法華玄論』『法華遊意』にも出ている。日本では、智顗の『法華玄義』が多く読まれてきたので、待絶二妙は智顗におけるそれが有名であるが、現在の研究では、『法華玄義』が智顗の弟子の灌頂《かんじょう》の手によって整理されたこと、その際に吉蔵の『法華玄論』を参照したことが論証されているので、最初にこの待絶二妙の概念を作ったのは誰か、あるいは智顗と吉蔵のいずれかという新しい問題が出てきたのである。『法華玄論』には、「妙」の二義として相待妙と絶待妙とを論じている。現代語訳を紹介すると、「質問する。妙に何種類あるか。解答する。かいつまんで二義を明かす。第一に相待妙、第二に絶待妙である。相待妙とは、麁に相対して妙を説く。絶待妙とは、麁でもなく妙でもなく、何と名づけたらよいかわからないので、強いて妙と名づける」(大正三四・三七一下)とある。吉蔵は、智顗とほぼ同じような概念規定をしたうえで、この二妙を説く理由について、次のように説明している。至人《しにん》＝仏が「麁」に相対して「妙」を説くと、言葉に執著《しゅうじゃく》する迷える衆生は、もし道が麁でないならば、当然妙であるはずだと思い込んでしまう。これは、当然の理解ともいえるが、このように理解された「妙」＝相待妙は麁を絶しているが、「妙」を絶していないから、真の「妙」とはいえない。これに対して、非麁非妙であり、麁妙をともに絶している絶待妙が真の「妙」なのである。したがって、吉蔵によれば、経題の「妙」は麁妙という相対概念を超絶する道そのものを、強いて「妙」と名づけたものであるということになる。

待絶二妙の概念規定そのものは、智顗と吉蔵との間に、そう大差はないように思われる。吉蔵は、待絶二妙の思想的基盤である相待・絶待の論理とでも呼ぶべきものを広く他の概念に応用している。具体的には、麁妙の概念ばかりでなく、大小、苦楽、中偏などのさまざまな相対概念に適用している。たとえば、『法華玄論』よりも早い時期の撰述と推定されている『二諦義』には、絶待楽、相待大・絶待大という用語が見られる。この相待・絶待の論理の大小の概念への適用は、『涅槃遊意』や『浄名《じょうみょう》玄論』巻第四にも見られるが、とくに『大品《だいぼん》玄意』においては、相待大と絶待大について集中的に議論している。また、『三論玄義』には、中偏の概念への適用がなされて絶待中という用語が見られ、また、正邪の概念への適用がなされて絶待正という用語が見られる。また、『中観論疏《ちゅうがんろんしょ》』巻第一本にも、絶待中、絶待楽という用語が見られる。要するに、吉蔵にとって待絶二妙は、他のさまざまな相対概念と同じように、麁妙という相対概念に、相待・絶待の論理を適用したものにほかならないと考えられる。

ところで、『三論玄義』や『中観論疏』に絶待中という用語が出ると述べたが、実は吉蔵と同じく三論学派に所属する慧均《えきん》が師の興皇寺《こうおうじ》法朗《ほうろう》（五〇七―五八一）の説として、対偏中・尽偏中・絶待中・成仮中《じょうけちゅう》という用語を紹介しているという研究報告がある。法朗は吉蔵の師でもあるから、法朗に絶待中という用語が見られることはきわめて注目すべきことであるが、法朗が絶待妙という用語を用いたという報告はない。吉蔵は、相待妙・絶待妙の用語を自ら造語したか、先人から借り受けたかを明言していないが、『法華遊意』において待絶二妙についての議論のなかで、絶待妙の典拠として、『涅槃経』『大智度論』、慧観の『法華宗要序《しゅうようじょ》』、劉虬《りゅうきゅう》の『注法華経』を引用している。そして、これらの経論の引用の後に、吉蔵は絶待妙が「関河《かんが》旧宗《くしゅう》」であることを明言している。この「関河旧宗」とは、関中《かんちゅう》、つまり、長安《ちょうあん》における鳩摩羅什《くまらじゅう》やその門下の僧肇《そうじょう》、僧叡《そうえい》などと、河西《かさい》、つまり、河西道朗《どうろう》の伝統説を意味している。吉蔵によれば、絶待妙は関河の伝統的な解釈であるということになるが、少なくとも吉蔵の引用文の中に絶待妙という用語がないことは、かえってこの用語が吉蔵や智顗以前の人によって作られたものではないことを示しているようにも思われる。しかしまた、相待妙、絶待妙はそれほど特異な思想ではなく、吉蔵が引用しているように、経論や中国の注釈家によって、思想的にはほとんど同様のものが成立していたといえること、『大般涅槃経集解《だいはつねはんぎょうじゅうげ》』巻第十の僧宗《そうしゅう》（四三八―四九六）の注釈には、「相待」「絶待」という用語が見られること、法朗に絶待中という用語があること、浄影寺慧遠《じょうようじえおん》に「絶待」という表現が見られることなどから考えると、待絶二妙は、智顗と吉蔵のいずれの創唱とするにせよ、もちろん彼ら以前の成立の可能性も残っているが、今一歩で形成されるべき概念であったと推定される。また、このような絶待・相待の論理は、老荘思想や、とくに魏晋《ぎしん》時代の思想にとってもなじみのあるものであったといえよう。

要するに、待絶二妙は、吉蔵の基本的な思惟形式である相待・絶待の論理に根ざしたものであり、それが吉蔵の創唱であっても何ら不思議ではなく、むしろその可能性は大いにあるということである。しかし、また、もしそうであっても、吉蔵自ら絶待妙が関河の旧宗であると述べていることから推測すると、待絶二妙の用語を創唱したという自覚そのものは吉蔵には稀薄であるように感じられる。これは、吉蔵が待絶二妙の思想の重要性を十分に認識しているが、その用語そのものにはそれほど独創的意義を認めていないからであると推定される。

『法華玄義』における待絶二妙は、吉蔵と比較すると、その特色はどのように捉えられるであろうか。これまでの説明でわかるように、待絶二妙の論理的側面は、吉蔵のそれとほとんど同じと考えられる。ただ『法華玄義』においては、教判思想への応用が顕著であることが特色をなしている。また、迹門の十妙のそれぞれに「破《は》麁顕妙《そけんみょう》」「開麁顕妙《かいそけんみょう》」という項目が出ている。「破麁顕妙」は、麁と妙の相対関係のうえに、麁を破って妙を示すことである。「開麁顕妙」は、すべてが妙であるという究極的立場を踏まえて、麁がそのまま妙であることを示すことである。「破麁顕妙」が相待妙、「開麁顕妙」が絶待妙の適用であることは、『法華玄義』自ら明言するところである。このような項目が迹門の十妙の一々に設けられていることは、待絶二妙が『法華玄義』の体系に深く組み込まれていることを意味する。ただし、このことは待絶二妙の論理的側面についていえることであり、相待妙・絶待妙の用語がなければ、『法華玄義』の思想が表現できないというものではないと考えられる。「開麁顕妙」という表現によって、『法華経』の開会《かいえ》の思想、つまり、すべての対立を融合統一する思想を十分に示すことができるからである。なお、吉蔵においては、相待・絶待の用語が、「妙」以外の概念にも広く適用されていたが、智顗においては、『摩訶止観《まかしかん》』に相待止観・絶待止観が説かれ、『維摩経文疏《もんじょ》』に相待不思議・絶待不思議が説かれている。

結論的には、待絶二妙の思想を支える相待・絶待の論理は、それほど智顗や吉蔵、また、彼ら以前の中国の仏教思想にとって特異な思想とは考えられないし、僧宗の相待、絶待という用語、法朗の絶待中という用語がすでに存在していたのであるから、智顗、吉蔵のいずれが創唱したとしても不思議ではないと考える。もちろん、彼ら以前の別な人が創唱した可能性も決してないとはいえないであろう。ここでは、吉蔵においては、主に待絶二妙の論理的即面が強調されているのに対して、『法華玄義』においては、待絶二妙が『法華経』の位置づけという教判思想と結びつけられているという両者の相違点を指摘しておきたいと思う。

第二節　迹門の十妙

「妙」の解釈に、通釈と別釈があるうち、次に別釈を解説する。この別釈は『法華玄義』全体の五割強を占め、迹門の十妙、本門の十妙から構成されている。智顗は『法華経』以前の諸経＝爾前経《にぜんきょう》と『法華経』の迹門十四品とを、境《きょう》・智《ち》・行《ぎょう》・位《い》・三法《さんぼう》・感応《かんのう》・神通《じんずう》・説法《せっぽう》・眷属《けんぞく》・利益《りやく》（功徳《くどく》利益ともいう）の十種の観点から比較して、爾前経に説かれる十種が麁で、迹門に説かれる十種が妙であると判定した。これらの十種の妙が迹門の十妙といわれる。また、本門の十妙は、本因・本果・本国土・本感応・本神通・本説法・本眷属・本涅槃・本寿命・本利益の十種の優れている点を取りあげて、

『法華経』の迹門十四品を麁、本門十四品を妙と判定している。

このような比較相対のうえの妙は、相待妙と呼ばれる立場である。この相待妙だけでは不十分であり、さらに『法華経』の思想の真髄である絶待妙の立場に立って、爾前の麁を開会することが説かれる。開会とは、卑近な説明であるが、あるものを値打ちのないものとして捨てるのではなく、より高次の立場に立って、それを再び蘇生させること、活性化することといえる。このことを具体例をあげて説明しよう。境妙のなかの十二因縁においては、思議生滅・思議不生滅・不思議生滅・不思議不生滅の十二因縁が説かれる。それぞれ蔵教・通教・別教・円教に相当する。相待妙の立場からは、前の三種は麁、後の一種が妙と規定される。そして、さらに絶待妙の立場から、前の三種の麁を開会して妙と規定する。前者は「破麁顕妙」、後者は「開麁顕妙」と呼ばれる。相待妙は麁を破って妙を顕わすことで、絶待妙は麁を開会して妙を顕わすこととされる。

迹門の十妙ばかりでなく、本門の十妙についても、このような待絶二妙が説かれる。要するに、『法華経』の経題の「妙」には相待妙と絶待妙の二妙の意義があり、したがって、この二妙は迹門、本門の全体に通じて説かれている。それゆえ、待絶二妙が通釈といわれる。これに対して、迹門の十妙、本門の十妙は、『法華経』の優れている点を個別的に取りあげているので、別釈といわれる。

『法華玄義』本文には、「迹本は倶《とも》に是れ教なり。教に依りて観を作さば、観に復た十重有りて妙を論ず」(六九七中)とある。観心が迹門の十妙、本門の十妙のそれぞれによって行なわれるべきであることを説いたものである。したがって、「観に復た十重有りて妙を論ず」とは、迹門と本門のそれぞれについて十重があるはずであると思う。ただし、観心は実際に説かれている場合もあるし、きわめて省略的に示される場合もあるし、まったく論及されていない場合もある。また、「迹の中に、衆生法妙・仏法妙・心法妙有り。各おの十重なれば、合して三十重なり」(同前)などと説かれ、迹門の十妙は、それぞれ三法の妙に分類すると、三十重の妙があることが示されている。同様に、本門にも三十重の妙があることになり、都合、六十重の妙があり、さらにそれぞれに待絶の二妙があるので、百二十重の妙があることが指摘されている。

構成

迹門の十妙は、標章《ひょうしょう》、引証《いんしょう》、生起《しょうき》、広解《こうげ》、権実《ごんじつ》の五項から構成されている。左に図示する(次頁を参照)。

標章では、前にあげた十妙の名称と、その中で論じられる内容目次のようなものを紹介している。第一の境妙については、十如・十二因縁・四諦・二諦・三諦・一諦などの境が諸仏の師であるので、境妙と呼ぶとされる。第二の智妙については、境が妙であるので、智もまた妙であるとされる。仏教においては、智と境とが合致することを説くからである。第三の行妙については、智は行を導くので、行妙というとされる。第四の位妙については、妙なる行の合致する対象なので位妙というとされる。第五の三法妙については、種々の三法をあげてみな秘密蔵であるので、妙と呼ぶとされる。第六の感応妙については、諸仏は来ず、衆生は行かないのに、慈《いつく》しみという善根《ぜんこん》の力によって、仏と衆生との間には感応という関係があるので、感応妙と名づけるとされる。第七の神通妙については、種々の神通をあげて、みな一乗のためであるので、神通妙というとされる。第八の説法妙については、真理の

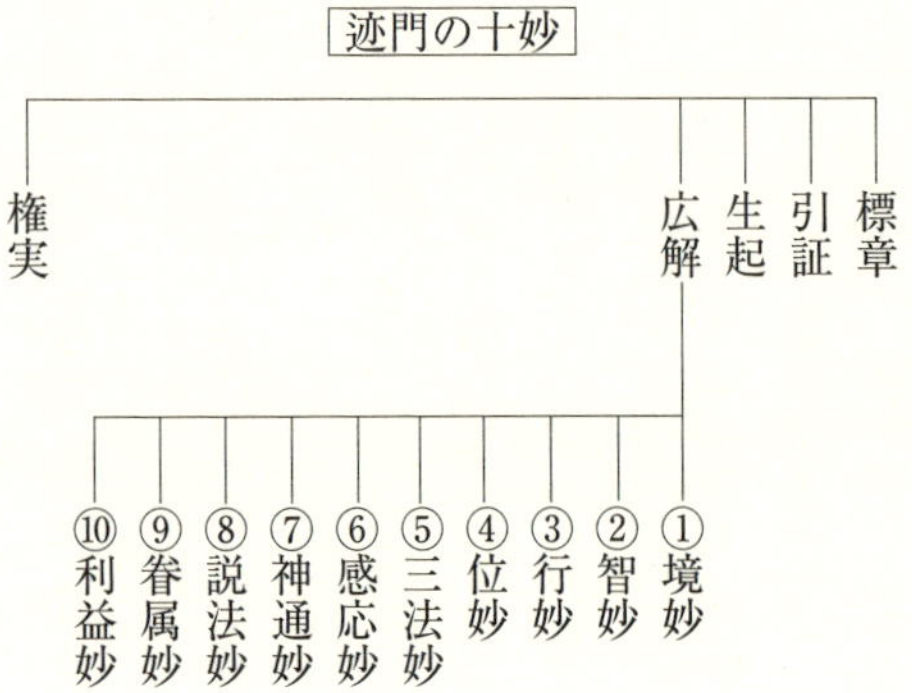

とおりに円《まど》かに説いて、みな衆生を仏知見に開示《かいじ》悟入《ごにゅう》させるので、説法妙というとされる。第九の眷属妙については、種々の眷属をあげて、それらに取り囲まれるので、眷属妙というとされる。第十の利益妙については、種々の利益をあげて、これらの利益を受けるので、利益妙と名づけるとされる。

次に、第二項の引証においては、迹門の十妙を具体的に指示する『法華経』の経文を引用している。たとえば、境妙については、「諸法の如是相等、唯《た》だ仏と仏とのみ乃ち能《よ》く諸法の実相《じっそう》を究尽《くじん》す」、「甚深微妙《じんじんみみょう》の法は、見難《がた》く、了す可きこと難し。我れ、及び十方の仏は、乃ち能く是の相を知る」を引用している。いずれも仏にしか認識できない実相や法の存在を強調している。これらの実相や法が境（仏教の真理）を意味し、妙と規定されるのである。

次に、第三項の生起においては、十妙の順序がなぜ上に述べた順序となっているのかの理由を説いている。実相の境は、仏や天人が作ったものではなく、もともと存在するもので、今はじめて存在するものではないので、最初に位置するといわれる。この境＝理に迷うと惑を起こし、理を悟ると智を生じる。この智は行の根本とされる。智という目によって、行という足を生じるといわれる。この境・智・行の三法という乗り物に乗って、涅槃にたとえられる清涼池《しょうりょうち》に入り、諸位に登るといわれる。次に、この位は三法の秘密蔵の中に住すといわれる。この三法に住してから、仏と衆生との間に感応という事態があり、仏の応においては、まず神通によって衆生を驚かし、教えを聞くことができる場合は、次に説法をするといわれる。衆生がこのように仏の説法を聞けば、法の眷属となり、眷属は修行して大利益を得るといわれる。生起の最後には、「前の五は自に約して因果具足し、後の五は他に約して能所具足す。法は無量なりと雖《いえど》も、十の義意円《まど》かなり。自他の始終、皆悉《み》な究竟《くきょう》するなり」（六九八中）とある。仏法は広いといっても、自行《じぎょう》・化他《けた》の二門に収まる。境・智・行・位の前四義が自行の因で、第五の三法が自行の果になる。また、感応・神通・説法が化他の能化で、眷属・利益が化他の所化になる。教化する主体が能化、教化される相手、対象が所化といわれる。以上の十義は、自行の因果、化他の能所を完備しているので、爾前経と『法華経』迹門とを比較する視点として完璧であることを主張したものと理解できる。

次の第四項は、広解で、十妙の一々を詳しく解釈する段落である。この迹門の十妙の広解の段が

『法華玄義』のなかで最も詳しい段である。

①境　妙

⑴仏教の真理観　第一の境妙の段は、「諸境を釈す」と「諸境の同異を論ず」の二段から構成されている。前者では、十如・十二因縁・四諦・二諦・三諦・一諦の六境を説いている。第六の一諦は、実際には一諦と無諦との二種に分類されているので、都合七種の境が説かれることになる。ところが、『法華玄義』に境妙を明かす冒頭には、「境を釈するに、六と為す」(同前)とあり、無諦を数に入れていない。これについて、慧澄《えちょう》の『講義』には、「無諦は一実諦を執する者には之《こ》れを立て、執《しゅう》せざる者には立てず。其の義不定《ふじょう》なれば、一諦の中に寄せて別に標せず」と説明している。後者の「諸境の同異を論ず」では、無諦を含む七種の境の相互関係について説いている。

『法華玄義』には、上にあげた六種の境の順序について説明している。十如是《じゅうにょぜ》は『法華経』に説かれるものなので最初に位置するといわれる。第二の十二因縁は三世の輪廻《りんね》のありさまを説明したものである。この三世の輪廻はいつも存在しているので、第二に位置するといわれる。四諦は、如来がこの世に出現して、巧みに説法することから生じたので、第三に位置するといわれる。この四諦から二諦へは、広より略に至ると説明されている。そして、二諦に中道を加えて三諦を導出し、三諦は空諦・仮諦という方便をまだ帯びているので、ただちに真実を顕わすために一諦を明らかにし、一諦は言葉で表現されているので、最後に言葉の表現を超絶した無諦を明らかにすると説かれている。

ここで少し用語の解説をしておく。最初の十如是については、『法華経』方便品《ほうべんぼん》に出る用語で、すでに衆生法の広釈において出たので、そこで説明した（一五四―一五七頁を参照）。この境妙においても、十如是については、前の箇所を参照するように求められている。これまでも、十二因縁が縁覚《えんがく》に対する教えであることはしばしば出てきたが、ここで、改めて十二因縁の説明をする。ここで因縁と訳されている言葉の原語は、プラティートゥヤ・サムウトパーダ（pratītya-samutpāda）で、縁起とも訳される。これは「縁《よ》りて起こる」の意で、ものごとは原因・条件によって生起することをいう。または、「縁りて起こす」の意で、原因・条件によってものごとを生起させる道理、あり方をいう。十二因縁は、釈尊が菩提樹《ぼだいじゅ》の下で坐禅瞑想をしていたときに観察したとされる重要な実践的教理である。これは、私たちの迷いの生存の成立を構造的に分析したもので、これを認識することはそのまま悟りの実現に直結すると考えられる。私たちの迷いの現実態は、老死《ろうし》、すなわち老い死んでいくことである。この老死に憂悲苦悩《うひくのう》（憂い・悲しみ・苦しみ・悩み）という精神的な苦悩を付加する場合も多くある。この老死の成立する根拠、老死を成立させている条件は、いったい何であろうか。それは生《しょう》、生まれることである。以下、同じ論理で、次々と条件づけの項目が取りあげられ、全部で十二項目の条件づけの連鎖ができる。老死・生のほか、順に名と簡潔な意味とをあげると、有《う》（輪廻的生存）・取《しゅ》（執著）・愛（喉の渇きにたとえられる盲目的執著）・受（感受作用）・触《そく》（感官と対象の接触）・六処（眼《げん》・耳《に》・鼻《び》・舌《ぜつ》・身・意の六つの感官）・名色《みょうしき》（名は精神、色は身体を指す）・識（認識作用）・行（潜勢的形成力）・無明《むみょう》（根源的無知）である。

　十二項目だけでなく、さまざまな項目の縁起説がある。十二因縁はより少ない項目のさまざまな縁起説を総合したものと推定されている。そのため、かえって全体を統一的に解説することは難しいので、ここでは一応の意味を示したにすぎない。要するに、煩悩《ぼんのう》、業《ごう》、苦の連鎖を指摘したもので、私たちは煩悩によって、誤った行為をなし、それによって苦の果報を得ているというものである。最も古い原始仏典と推定される『スッタニパータ』にただ一箇所出る縁起は、業と業の果報の関係について適用されている（六五三偈《げ》）。つまり、個人の行為とその報いの関係が縁起と表現されているのである。この考えはさらに発展して、説一切有部《せついっさいうぶ》においては、三世輪廻を説明する理論として活用された。

衆生の三世輪廻はいつも存在するので、十二因縁が第二に位置するとの『法華玄義』の説明を上に紹介したが、『法華玄義』に出る十二因縁はすでにそのような意味のものである。これを三世両重《さんぜりょうじゅう》の因果という。十二の項目が過去世と現在世の因果関係、現在世と未来世の因果関係を説明するものとして解釈される。ここに三世と、二つの因果関係が出ているので、三世両重の因果と呼ぶ。

次に、第三の四諦《したい》について説明する。四諦の教えは、釈尊が最初に教えを説いたときに説かれたものである。『転法輪経《てんぼうりんきょう》』には、いわゆる四諦八正道《はっしょうどう》が説かれている。これが史的事実でないとしても、仏典編纂の過程において、仏弟子たちが釈尊の最も基本的な教えと認めたことを示していると思われる。著者も、初期仏教のなかで、最も重要な教理であると考えている。有名な毒矢の譬喩《ひゆ》において、釈尊はマールンキャプッタの提示した形而上学的な質問に毅然として沈黙を守って答えず、そのかわりに、この四諦説を説いている。そして、如来が説くものと説かないものとを明瞭に区別して認識するように勧告している。四諦は、現実の苦とその超克の道を説いたもので、苦諦・集諦《じったい》・滅諦・道諦の四つの真理をいう。諦はサティヤ（satya）の訳で、真実、真理の意である。苦諦とはすべては苦であるという真理である。仏教の世界認識の基本は苦であり、その苦の内容を四苦八苦として示す。迷いの人生全般はこのようなさまざまな苦に塗り込められていると考えられたのである。「四苦八苦する」などといって、非常に苦労、難儀する意で今でも使われる言葉である。四苦は生・老・病・死の四つの苦である。生苦は生きる苦しみではなく、新生児が母の狭くて暗い産道を通って生まれてくる苦しみである。その他のものは容易にわかると思う。八苦はこの四苦に、さらに四種の苦を加えたものである。第一は怨憎会苦《おんぞうえく》、つまり、怨み憎む者と出会わなければならない苦である。自分の人生を振り返って、あんな人と会わなければよかったという人が、誰にもいく人かはいるであろう。第二は愛別離苦《あいべつりく》、つまり愛する者と離別しなければならない苦である。第一の怨憎会苦と反対の事態を指摘したものである。著者には、死苦の内実も、実は自己の存在の無に対する恐怖もさることながら、愛する者との別れがその主要な内容になっているのではないかとさえ思われる。第三の求不得苦《ぐふとっく》は、求めても得られない苦である。私たちの欲望は際限のないものであるから、常に何ものかを求めてやまない。しかし、その欲求が常に満たされるとはかぎらないし、むしろいつも裏切られた思いを抱かざるをえないのではないであろうか。これらは、老、病、死以外の人生の種々相における不如意を取りあげたものと考えられる。それに対して、第四の五取蘊苦《ごしゅうんく》は、五陰盛苦《ごおんじょうく》ともいい、五蘊、すなわち色（いろ・形あるもの。視覚の対象。身体）・受（感受作用）・想（表象作用）・行（他の受・想・識蘊以外の精神作用であり、好悪《こうお》などの意志作用を中心とする）・識（認識・判断作用）の五つの要素によって構成される、私たちの輪廻的生存そのものが苦であるというもので、他の七つの苦の根底にある苦と捉えることができる。あるいは、七つの苦を一つの苦に集約し表現したものと捉えられる。

初期仏教の四法印《しほういん》の一つに「一切皆苦《いっさいかいく》」があるが、厭世的な人生観の印象を私たちに与える。実際に、仏弟子たちはこの現実の世を迷いの世界と捉え、それを超出する涅槃を求めた。しかし、釈尊の八十歳の入滅までの衆生救済の行動がたんに厭世的な世界観からのみ生まれたとは思われない。思想史の事実として、後代に出現した大乗仏教においては、この現実の世に対する捉え方を大きく変えたのではないかと考えられる。たとえば、『法華経』においては、この現実の世を地涌《じゆ》の菩薩の衆生救済の場として積極的に評価するアイディアを示しているのではないかと、著者は考えている。この現世の根源的な意味は人間にとって最大の秘義ではないであろうか。この問題は、インド仏教の範囲で考えるのと、中国、日本仏教まで範囲に入れて考えるのとでは大いに相違するので、慎重な思想史的研究が必要である。

次に、集諦とは、苦の原因は煩悩であるという真理である。滅諦とは、苦の原因である煩悩を滅すれば、絶対的な静寂の境地である涅槃が得られるという真理である。道諦とは、苦の滅に至る方法に関する真理の意であり、内容的には八正道（八聖道）を指す。八正道とは、正見（正しい見解）・正思（正しい思惟）・正語（正しい言葉）・正業《しょうごう》（正しい行為）・正命《しょうみょう》（正しい生活）・正精進《しょうしょうじん》（正しい努力）・正念（正しい心の落ちつき）・正定《しょうじょう》（正しい精神統一）の八つで、宗教生活全般にわたる正しいあり方をいう。この正しさを保証するものが、同じく初転法輪において説かれた不苦不楽の中道の思想である。釈尊の時代に流行していた宗教思想として、また、釈尊の半生において自ら体験したものとして、苦行主義と快楽主義という二つの極端な立場があった。釈尊はこれら二つの極端を離れた中道を発見したと宣言している。以上、四諦を説明した。簡潔明快な理論構成で、インド医学の影響を受けたとの指摘もある。つまり、病気の現状の認識・病気の原因の解明・病気を治療する方法・病気の治癒と健康の回復という道筋と共通性があるというものである。それだけに、きわめて合理的で、説得性がある。つまり、初期仏教の根本思想は、人生の苦の原因は煩悩であるという基本的認識（この認識は、煩悩と苦の因果関係を繰り返し観察することによって体得されるべきものである）に立って、衣食住を含む生活全般にわたる少欲知足《しょうよくちそく》の生き方によって、煩悩をコントロールし、それによって絶対的な安心立命の境地を目指したものといえる。

第四の二諦については、『中論』に、「諸仏の説法は二諦に依る」と説かれる。二諦とは、真諦（paramārtha-satya. 第一義諦、勝義諦《しょうぎたい》）と俗諦（saṃvṛti-satya, vyavahāra-satya. 世俗諦、世諦）とで、前者は言葉によって説くことのできない究極的な真実、後者は世俗の立場における、言葉によって説かれる真実をそれぞれ意味する。

第五の三諦は、『中論』のいわゆる三諦偈《さんたいげ》に基づくものであるが、智顗は独自の工夫をこらして、空仮中の三諦思想を確立した。また、一諦は大乗の『涅槃経』に基づくといわれる。究極的なものを説明する手段として、複数の概念から成る理論を構成するが、最終的には一なるものに帰着することを指摘したものであり、ついには言葉による理論そのものを拒絶して、無諦まで持ち出している。以上説明した諸境は何らかの形で、諸経論に出典のあるものであるが、その原義を踏まえながら、智顗は独自の工夫をこらして、仏教の真理観を整理するとともに、その高低浅深を判定しているのである。

(2)十二因縁　前に述べたように、境妙の構成は「諸境を釈す」段と「諸境の同異を論ず」段の二段から成っている。諸境のなかで、第一の十如は前の箇所、つまり、衆生法の広釈の部分に説明を譲っているので、詳しい解釈は第二の十二因縁から始められている。全体の構成を図示する。

境妙の構成

- 諸境を釈す
  - 十如是
  - 十二因縁
    - 正しく釈す
    - 麁妙を判ず
    - 開麁顕妙
    - 観心
  - 四諦
    - 四諦を明かす
    - 麁妙を判ず
    - 開麁顕妙
    - 観心
  - 二諦
    - 略して諸意を述ぶ
    - 正しく二諦を明かす
    - 麁妙を判ず
    - 開麁顕妙
  - 三諦
    - 三諦を明かす
    - 麁妙を判ず
    - 開麁顕妙
  - 一諦
    - 別して一諦を明かす
    - 通じて無諦を明かす
- 諸境の同異を論ず

十二因縁の解釈の構成については、「一に正《まさ》しく釈し、二に麁妙を判じ、三に開麁顕妙し、四に観心なり」（六九八中─下）とある。第一の「正しく釈す」段が、さらに四項に分けられる。つまり、思議生滅の十二因縁・思議不生不滅の十二因縁・不思議生滅の十二因縁・不思議不生不滅の十二因縁である。これらはそれぞれ蔵教・通教・別教・円教の所説をいう。慧澄癡空《ちくう》の『講義』には、「思議・不思議は真中に約し、生滅・不生滅は事理に約す」とある。つまり、思議は真諦、不思議は中諦を説くもの、生滅は事、不生滅は理を説くものと規定されている。事は、因縁によって生じる差別《しゃべつ》の事相、理はその差別相の根底にある平等な理性《りしょう》を指す。『法華玄義』本文には、「思議の両極の因縁は、利鈍の両縁の為《た》めに、界内の法を辨《べん》じて論ずるなり」（六九八下）とある。思議生滅の十二因縁は界内の事教、思議不生不滅の十二因縁は界内の理教といわれる。もちろん、前者が鈍根、後者が利根を対象としたものである。界内は、三界《さんがい》の内という意味で、界外《かいげ》に対する言葉である。小乗仏教では、衆生の輪廻する世界を三界に限定していた。いい換えれば、この三界を超出することが小乗の涅槃になる。ところが、大乗仏教では、小乗と同じ土俵に立ちながら、さらにそれを乗り越えるために、輪廻する世界を界内ばかりでなく、三界の外＝界外にも設定したのである。そうすることによって、小乗仏教の聖者（阿羅漢《あらかん》）は界内の輪廻は超え出たが、まだ界外の輪廻を超え出ていないと批判した。事教、理教は、それぞれ先に説明した（八八頁を参照）事相、理性を主として説く教えのことである。ついでに不思議生滅の十二因縁・不思議不生不滅の十二因縁についていうと、『法華玄義』に、「利鈍の両縁の為めに、界外の法を説くなり」（六九九下）とあるように、前者が鈍根、後者が利根のための教えで、前者が界外の事教、後者が界外の理教と規定される。

では、思議生滅の十二因縁から順に説明する。『法華玄義』には、まず外道《げどう》の誤った哲学的見解について、「外道は邪《よこしま》に諸法は自在天《じざいてん》従り生ずと謂う。或いは世性《せしょう》と言い、或いは微塵《みじん》と言い、或いは父母《ぶも》と言い、或いは無因と言う」（六九八下）と紹介している。人間と世界の成立に関して、外道はさまざまな邪見を抱く。たとえば、人間と世界は、自在天（イーシュヴァラ、Īśvara）と呼ばれる世界創造神が作ったものであるとする考えがある。また、サーンキヤ哲学においては、根本原質である世性《せしょう》（プラクリティ、prakṛti）から、世界が展開したと考える。また、最小の物質＝微塵が集合して世界が作られたとする考えもある。一種のアトム論である。また、父母から生まれたという考えもある。さらに、まったく原因がないとする説もあった。これは、世界の成立を偶然のたまものと見る考え方である。このような外道の誤った捉え方に対して、仏教では、人間と世界の成立に関して、原因、結果の正しい関係を発見したとする。それが十二因縁説として表現されているのである。

　人間と世界の成立については、『法華玄義』に、「唯だ是れ過去の無明、顚倒《てんどう》の心中に諸行を造作し、能く今世の六道の苦果を出だすに、好悪同じからず」（同前）、「六道の差別は、自在等の作《さ》に非ず、悉《ことごと》く一念の無明の心従り出づ」（同前）、「当《まさ》に知るべし、無明は諸行と合するが故に、即ち六道の名色・六入・触・受・愛・取・有・生・老病死等有り。上中下に随いて、差別同じからず。人天《にんでん》の諸趣の苦楽は万品《まんぼん》なり。生を以《もつ》て死に帰し、死に已《おわ》りて還《ま》た生ず。三世に盤廻《ばんね》すること、車輪・旋火《せんか》のごとし」（同前）などとあるように、過去の無明とさまざまなレヴェルの行業《ぎょうごう》＝行為とが結合して、六道の存在を形成するというものである。思議生滅の因縁は、界内の事教とされるために、六道の形成を説くだけで、十界の形成までは説かない。四聖は三界を超えた存在だからである。最後に、「此の十二因縁は、新新に生滅し、念念に住せざるが故に、生滅の十二因縁と名づくるなり」（同前）と結んでいる。つまり、十二項目が一瞬一瞬生滅して少しもとどまらないので、生滅の十二因縁と呼ぶというものである。その後、『法華玄義』には、『私記』によれば十一のテーマに分類される問答が展開されているが、ここでは説明を省略する。

次に、通教の所説とされる思議不生不滅の十二因縁については、「無明は幻化《げんけ》の如く不可得なるが故なり。乃至《ないし》、老死は幻化の如く不可得なればなり。……無明は六道の依正《えしょう》を幻出す」（六九九下）とあるように、十二因縁のそれぞれが幻や化（魔術師が仮りに作り出したもの）のように、実体のないものと捉えるものである。通教の特色は、諸法の空を認識するものであるので、無明の形成する六道を空なるものとして捉える見方をいう。なお、この思議生滅の十二因縁と思議不生不滅の十二因縁の直接の典拠は、『中論』にあるが、それぞれ蔵教、通教の所説と規定する解釈は智顗独自のものである。

次に、別教の所説とされる不思議生滅の十二因縁については、『華厳経《けごんきょう》』から、「心は工《たく》みなる画師《えし》の如く、種種の五陰を作る。一切世間の中に、心従り造らざること莫《な》し」を引用して、「画師」は無明の心、「一切世間」は十法界《じっぽうかい》の仮《け》実国土《じつこくど》等であると解釈している。つまり、無明の心が十界の三世間を作ることを説いている。「仮実国土」は三世間を意味する。というのは、実法は五陰を指し、五陰によって仮りに形成される衆生を仮法といい、国土は衆生の住む環境世界をいうからである。別教の世界観は、心が一切法を生じるというものである。この「心」が真識か、妄識かなど、智顗以前に種々の議論があったが、智顗は、『摩訶止観』において一念三千《いちねんさんぜん》説《せつ》を説く箇所で、それらの問題を議論している。

さて、不思議生滅の十二因縁においては、無明の心は、自・他・共《ぐう》・無因の四句によっても捉えられない不可思議な存在であると指摘されている。つまり、無明の存在が、それ自身によって生じたものでもなく、他によって生じたものでもなく、それ自身と他の共同によって生じたものでもなく、原因無くして生じたものでもないとされる。しかし、四悉檀《ししつだん》を用いれば、また説くこともできるとされ、「四句に無明を求むるに、不可得なれども、無明従り界内外の一切の法を出だす」（同前）といわれる。無明から生じるとされる界内の十二因縁は前に説明したが、界外の十二因縁とはどういうことであろうか。前述のとおり、大乗仏教においては、界外における輪廻を説く。これを不思議変易《ふしぎへんにやく》の生死という。もともと『勝鬘経《しようまんぎよう》』において説かれた理論である。『法華玄義』本文では、『宝性論《ほうしようろん》』を引用して、界外の十二因縁について説明しているが、解説は省略する。

最後に、円教の所説とされる不思議不生不滅の十二因縁は、利根の人のために、事に即して理を顕わすものであるといわれる。現実の事相そのままが理性であることを意味する。具体的には、大乗の『涅槃経』の「十二因縁を名づけて仏性《ぶつしよう》と為す」を引用して、次のように解釈している。無明・愛・取は煩悩道を意味し、煩悩即《そく》菩提であるから、究極的に清浄であり、了因仏性を意味するとされる。名色・行・有は業道を意味し、業道即解脱であるから、自在であり、縁因仏性を意味するとされる。生・老死は苦道を意味し、苦道即法身《ほつしん》であり、この法身に苦もなく楽もないことを大楽と名づけ、不生不死にして常住であることは正因《しよういん》仏性を意味するとされる。このように、十二因縁を天台教学でいう三因仏性を意味するものとして捉えている。

十二因縁の解釈が四項に分類されるうち、第一の「正しく釈す」項の解説が終わった。次に、第二項の麁妙判においては、迹門の十妙、本門の十妙のいずれにおいても、麁妙の判定（破麁顕妙）と、開麁顕妙とが説かれる。前者が相待妙、後者が絶待妙であることもすでに述べた（一七八頁を参照）。

この十二因縁の解釈においても、破麁顕妙と開麁顕妙とが順に説かれている。破麁顕妙では、前の蔵教・通教・別教の三教の十二因縁を麁と規定し、第四の円教の十二因縁を妙と規定する。

第三項の開麁顕妙については、麁と規定された前の三教の十二因縁、この三麁を妙と捉え直すことを意味する。この破麁顕妙、開麁顕妙は、他の境についても説かれているが、その内容は基本的に今説明したものと同じである。

第四項の観心については、『法華玄義』の妙の別釈には、いつも観心が説かれているわけではないが、ここの十二因縁においては、初めに取りあげたテーマであるためか、観心の項目が設定されている。内容的には、この十二因縁が常楽我浄であることを常に観察することを説いている。

(3)四諦　四諦の解釈の構成も、十二因縁のそれと同じで、四諦の解釈・麁妙判（破麁顕妙）・開麁顕妙・観心の四項から成っている。四諦の解釈では、十二因縁と名称は違っているが、蔵教・通教・別教・円教それぞれの所説として、四種の四諦を説いている。つまり、生滅・無生滅・無量・無作《むさ》の四諦のことである（一一二頁を参照）。生滅については、「真に迷うこと重きが故に、事に従いて名を受く」（七〇一上）とされ、無生滅については、「真に迷うこと軽きが故に、理に従いて名を得」（同前）とされる。生滅の四諦は、前に説明した（一八六頁を参照）初期仏教における四諦説を意味する。煩悩に基づいて苦果が生じ、煩悩を滅する修行によって苦果が滅するというように、四諦の因果を生滅の相のもとに見るものである。これに対して、無生滅の四諦は、四諦の因果を空無にして生滅なしと見るものである。

無量については、「中に迷うこと重きが故に、事に従いて名を得」（同前）とあり、無作については、

「中に迷うこと軽きが故に、理に従いて名を得」（七〇一中）とある。無量の四諦は、四諦それぞれに無量の相があることを指摘したものである。具体的には、苦には十界の果という無量の相があり、集には五住煩悩という無量の相があり、道には恒沙《ごうじゃ》の仏法という無量の相があり、滅には諸波羅蜜《はらみつ》という無量の相があると説いている。無作の四諦については、理に迷うために、菩提が煩悩であるとするのを集諦、涅槃が生死であるとするのを苦諦といい、これとは逆に、理を悟るために、煩悩即菩提とするのを道諦、生死即涅槃とするのを滅諦というとされる。

四諦は四聖諦ともいうが、その聖諦の意義について、『法華玄義』は次のように説く。聖は梵語のアーリヤ（ārya）の訳語で、神聖なという意味であるが、『法華玄義』には、「聖とは、邪法を対破するが故に、正聖《しょうしょう》と言うなり」（七〇一上）とある。諦はサティヤ（satya）の訳語で、真実、真理の意味であるが、『法華玄義』には三種の意義を示している。つまり、「自性虚《こ》ならざるが故に、称して諦と為す。又た、此の四を見て、不顚倒の覚を得るが故に、称して諦と為す。又た、能く此の法を以て他に顕示《けんじ》するが故に、名づけて諦と為す」（同前）とある。この三義は、すぐ後で、聖理を見ること、智を得ること、説くことといい換えられている。

(4)二諦　二諦の構成は、「一に略して諸意を述べ、二に二諦を明かし、三に麁妙を判じ、四に開麁顕妙す」（七〇二上）となっている。第一項においては、二諦が多くの経論にさまざまな説き方で説かれているため、中国では人師によって恣意的に解釈されてきたという事実・状況を紹介しながら、智顗は、経論の異説はすべて如来の巧みな方便に基づくものであり、それらを正しく理解するためには、如来の説法に、随情、随情智、随智の三種のあることを知る必要があることを指摘したものである。

仏の説法が相手の機根に応じてなされる場合を随情といい、仏の悟りのままになされる場合を随智という。また、相手の機根に応じて説くことと、仏の悟りのままに説くこととが合致する場合を随情智という。

では、第二の二諦を明かす項においては、法性《ほっしょう》を真諦、無明十二因縁を俗諦とすれば、理論的にはそれで十分であるが、人の心は浅薄なものであるから、あえて七種の二諦説を立てると断わっている。また、七種の二諦のそれぞれに、随情・随智・随情智の三種があるので、都合二十一種の二諦になるといわれる。四諦、十二因縁は、四種に分類され、それぞれが蔵教・通教・別教・円教の四教に配当されていたが、二諦説については、七種に分類されている。七種とは、基本的には四教に基づくが、三種の被接《ひしょう》を含んでいるので、合計七種になる。つまり、蔵教・通教・別接通《べつせつつう》（通教から別教に引き継がれること）・円接通《えんせつつう》（通教から円教に引き継がれること）・別教・円接別《えんしょうべつ》（別教から円教に引き継がれること）・円教それぞれの二諦説をいう。別接通・円接通・円接別が三被接といわれ、被接説についてはすでに述べた（一一六―一一八頁を参照）。

第一の蔵教の二諦説は、実有《じつう》を俗諦とし、実有の滅することを真諦とする。実有とはそれ自体で実在するものをいう。空と反対の意味である固定的実体という意味である。

第二の通教の二諦説は、幻有《げんう》を俗諦とし、幻有そのままが空であることを真諦とする。幻有とは、実体性がなく、幻のような存在のものである。

第三の別接通の二諦説は、幻有を俗諦とし、幻有そのままが空・不空であることを真諦とする。

第四の円接通の二諦説は、幻有を俗諦とし、幻有そのままが空・不空であり、一切の法が空・不空に趣くことを真諦とする。

第二から第四までは、俗諦の規定が共通であり、真諦の規定の仕方によって、通教、別接通、円接通の三種が分かれる。空・不空は別教の標識で、一切法が空・不空に趣くことが円教の標識となっている。これは第五以下の二諦説を見ても確認できる。

第五の別教の二諦説は、幻有・幻有即空《そっくう》を俗諦とし、不有不空を真諦とする。

第六の円接別の二諦説は、幻有・幻有即空を俗諦とし、不有不空であり、一切の法が不有不空に趣くことを真とする。ここで「不有」といっているのは、先の二諦説に出る「空」と同義である。

第七の円教の二諦説は、幻有・幻有即空を俗諦とし、一切の法が有に趣き、空に趣き、不有不空に趣くことを真諦とする。

第五から第七までは、俗諦の規定が共通であり、真諦の規定の仕方によって、別教、円接別、円教の三種が分かれる。

次に第三項の麁妙判では、円教の二諦説を妙と判定し、それ以外の二諦説を麁と判定している。

第四項の開麁顕妙では、三世の如来は衆生に仏知見を開かせ、無生法忍《むしょうぼうにん》を得させるためにこの世に出現すること、はじめて仏の身を見て、一乗の真実を聞いて悟る者もいるが、そうでない者のために、種々の方便を設け、さまざまな二諦説を説いてきたこと、それらの方便によって調熟《じょうじゅく》して最終的に『法華経』において悟らせることを説いている。これが『法華経』の開権顕実《かいごんけんじつ》であり、麁はみな妙となり、それが絶待妙といわれる。さらに、『法華経』は「衆経《しゅきょう》を総括して、而も事《こと》此こに極まる。仏の出世の本意、諸もろの教法の指帰《しいき》なり」(七〇四中)とたたえられている。

(5)三諦・一諦・無諦　その他の三諦・一諦・無諦については、『法華玄義』の説明も簡略なものであるので、一括して説明する。三諦については、七種の二諦のうち、蔵教・通教の二諦説は中道を論じないので、三諦が成立しない。そこで、中道を論じる後の五種の二諦に対応して、別接通（別入通ともいう）・円接通（円入通）・別教・円接別（円入別）・円教の三諦説を説いている。

一諦については、大乗の『涅槃経』の「言う所の二諦は、其の実は是れ一なり。方便もて二と説く」を引用して、一諦を説く根拠としている。つまり、五種の三諦説では、前の四種が通教・別教の方便を帯びているので、この方便を捨てて、一諦（円教に相当する）を説くのである。

無諦については、一諦に執著する迷いの者のために、無諦を示すといわれる。

(6)諸境の同異を論ず　境妙の二段の構成のうち、「諸境を釈す」段が終わったので、第二段の「諸境の同異を論ず」段について説明する。ここでは、第一段で説いた十如・十二因縁・四諦・二諦・三諦・一諦・無諦について、それぞれの対応関係を説いている。具体的には、十二因縁と十如との関係、四諦と十如・十二因縁との関係、二諦と十如・十二因縁・四諦との関係、三諦と十如・十二因縁・四諦・二諦との関係、一諦と十如・十二因縁・四諦・二諦・三諦との関係、無諦と十如・十二因縁・四諦・二諦・三諦・一諦との関係を説いているが、内容の説明は省略する。

②智　妙

(1)境と智の関係　迹門の十妙の第二、智妙について説明する。すでに迹門の十妙の標章では、境が妙であるので、智もまた妙であると説明され、さらに生起では、境＝理に迷うと惑を起こし、理を悟ると智を生じると説明されていた。智妙の冒頭でも、「第二に智妙とは、至理《しり》は玄微《げんみ》にして、智に非ざれば顕わるること莫し。智は能く所を知れども、境に非ざれば融ぜず。境既に融妙なれば、智も亦た之れに称《かな》う。其れ猶お影響《ようごう》のごとし。故に境に次いで智を説く」（七〇七上）とある。智は境＝理を認識する心の働きを意味する。『法華玄義』の引用文の意味は、「第二に智妙とは、究極的な理は奥深くて捉えがたく、智によらなければ〔理は〕顕われることはない。智は〔個別的な〕対象を知ることができるけれども、境（＝理）によらなければ、〔智は〕融合した完全なものとならない。境が融合したもので妙である以上、智もまた境に合致する。あたかも影と響きが形と音に付き従うようなものである。それゆえ、境の次に智を説く」というものである。境と智の融合、相即《そうそく》関係を指摘したものである。仏教においては、自己の心や対象である法を観察することを観念（観心）、観法《かんぼう》などといい、これによって仏道修行を代表させる場合がある。たとえば『摩訶止観』などの場合がそうである。この観という仏道修行の実践主体において開示される世界は、いわゆる境智冥合《みょうごう》の世界であり、当の主体者にとっては境と智は二つに分けられるものではない。しかし、これに分析、反省を加えたとき、かりに所観の境と能観の智とをたて分けることができる。

⑵智妙の前段の構成　智妙の段は、「総じて諸智を論ず」段と「境に対して智を論ず」段との二段から構成されており、前段は、「一に数《しゅ》、二に類、三に相《そう》、四に照、五に判、六に開なり」（同前）とあるように、六項から成っている（次頁の図を参照）。

第一項の「数」では、二十智の名称が紹介され、第二項の「類」では、智を二十種に類別する理由が説かれ、第三項の「相」では、二十智の概念規定がなされ、第四項の「照」では、二十智が諸境を

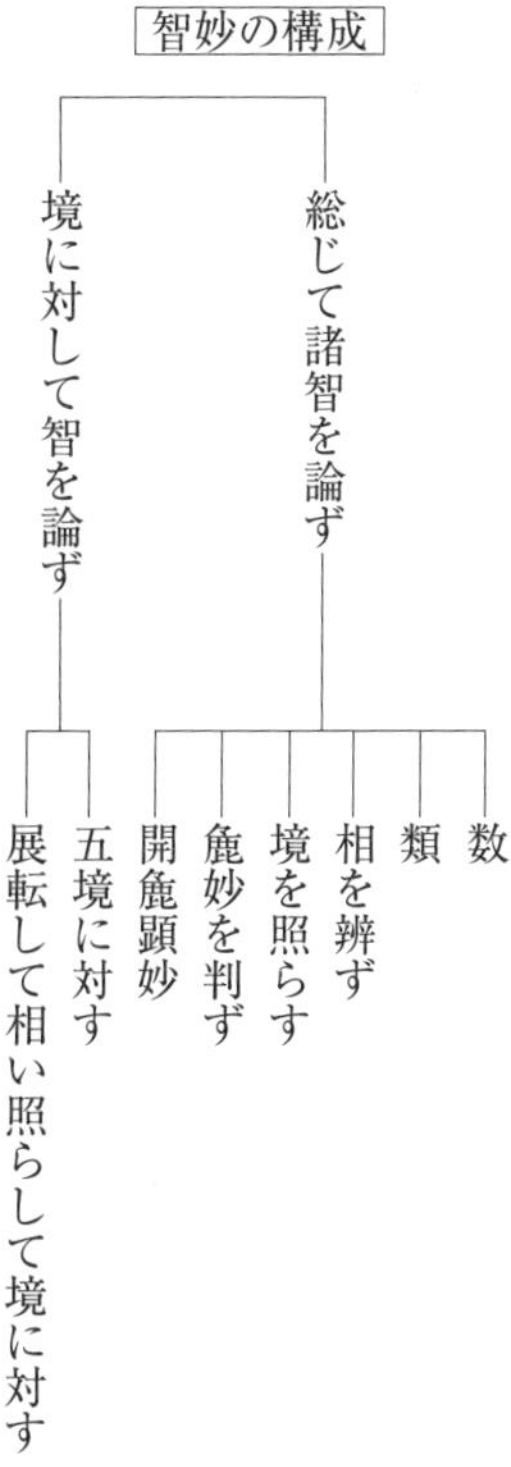

照らすことが明かされ、第五項の「判」では、相待妙の立場によって二十智の麁妙が判定され、第六項の「開」では、絶待妙の立場から諸智が開会され、絶待の智妙が説かれている。

(3)二十智の名称　はじめに「総じて諸智を論ず」段の第一項「数」では、智を二十種に分類し、その名称を表示している。やや煩瑣であるが、以下の説明に不可欠なので、番号を付してあげる。①世智、②五停心《ごじょうしん》・四念処《しねんじょ》の智、③四善根の智、④四果の智、⑤支仏《しぶつ》の智、⑥六度の智、⑦体法声聞《しょうもん》の智、⑧体法支仏の智、⑨体法菩薩の入真方便の智、⑩体法菩薩の出仮《しゅつけ》の智、⑪別教の十信の智、⑫三十心の智、⑬十地の智、⑭三蔵の仏の智、⑮通教の仏の智、⑯別教の仏の智、⑰円教の五品弟子の智、⑱六根清浄の智、⑲初住より等覚《とうがく》に至るの智、⑳妙覚《みょうかく》の智である。『釈籤』によれば、①から⑥が蔵教、⑦から⑩が通教、⑪から⑬が別教、⑭から⑯が三仏、⑰から⑳が円教の智と規定されている。そして、蔵教・通教・別教の仏智が中間に位置づけられているのに、円教の仏智＝妙覚智が最後に位置している理由について、「彼の三果は人無きが故に、別して此こに於いて列す。円の果は人有るが故に、自ら因の後に居《こ》す」と説明している。蔵教・通教・別教の三教は方便の説であるから、修行者が三教のそれぞれにおいて果に達しても、さらに高次の教に進んで修行を続けなければならない。したがって、それら三教の果は究極の果ではなく、円教の果のみが究極の果となる。そこで、三教の仏智は①から⑲までの因の位に置かれ、円教の妙覚智だけが果智として最後に位置づけられる。

智というと、当然仏教の智を意味するが、第一に世智が取りあげられている。『釈籤』では、この世智を蔵教の智のなかに組み入れている。世智は世間の智であり、出世間の智である蔵教の智とは一線を画すべきものである。これについて、『講義』には次のような説明が見られる。世智の「邪計妄《じゃけもう》執《しゅう》」、つまり誤った見解、執著という点では、この世智は蔵教の破る対象であるが、「人天正因縁《にんでんしょういんねん》」、つまり人天の正しい因縁を認識する智という点では、蔵教の仲間に組み込むことができるというものである。『講述』には、この解釈のほかに、次の二つの解釈が見られる。第一は、世智ももとは仏法から出ているものであるという指摘である。その根拠として、『涅槃経』文字品《もんじほん》の有名な経文、「一切世間の外道の経書は皆な是れ仏説にして、外道の説に非ず」を引用している。第二は、『法華経』の開会の広大さ、徹底性を示すために、最も低い世智を取りあげるというものである。

(4)二十智の分類と特色　第二項の「類」では、二十智のそれぞれが他の智と区別されて、一つのグループを作っている点を説明している。『法華玄義』本文に、「是の如き等、其の類に随いて、相似の者を分かち、或いは離し、或いは合して、判じて二十と為す、云云《うんぬん》」（七〇七中）とある通りである。

第三項では、二十智の特色について説明している。非常に詳しい説明、問答も見られるが、ここでは、二十智に出る難解な用語の解説をしておくにとどめる。五停心は、蔵教の最も初歩の修行で、貪《とん》欲《よく》を止める不浄観《ふじようかん》、瞋恚《しんに》を止める慈悲観、愚癡《ぐち》を止める因縁観、散乱心を止める数息観《すそくかん》、仏道の障害となる種々の煩悩を止める念仏観の五種の観法である。四念処は、身の不浄、受の苦、心の無常、法の無我を観察することである。念処は別相念処・総相念処に分かれ、五停心とあわせて三賢《さんげん》と呼び、外凡《げぼん》の位とされる。この外凡に対して、内凡と呼ばれるものが四善根である。初めて無漏《むろ》慧《え》が生じ、それによって四諦の理を見る位を見道というが、その見道に入る直前の位を、煖《なん》・頂・忍・世第一法の四善根の位という。煖法の煖は、あたたかさのことで、これが火の前触れであるように、見道の無漏慧の火によって煩悩を焼き滅ぼす前触れとして、有漏《うろ》の善根を生じる位をいう。頂は、動揺して安定しない善根＝動善根のなかの絶頂の位をいう。忍は、不動善根の位で、もはや悪趣に落ちない位をいう。世第一法は、世間＝有漏法のなかの最高の善根を生じる位をいう。

三賢＝外凡、四善根＝内凡に対して、蔵教の聖位が④の四果であり、いわゆる声聞の四果のことである。預流果《よるか》は、三界の見惑を断じ終わって、無漏の聖道の流れに入った位である。預流果の者は、人界と天界とを最多でも七回往復する間に阿羅漢果を得る。一来果は、欲界の九品の思惑（修惑《しゆわく》）のうち、前の六品の思惑を断じ終わった位で、一度天界に生まれ、再び人界に生まれて阿羅漢果を得る。不還果《ふげんか》は、欲界の思惑をすべて断じ終わった位で、欲界に帰って来ないで色界に生まれ、そこで阿羅漢果を得る。阿羅漢果はもはや三界に輪廻しない最高の位である。

②から④までが蔵教の声聞の智である。⑤支仏の智が蔵教の縁覚の智、⑥六度の智が蔵教の菩薩の智、⑭三蔵の仏の智が蔵教の仏の智に当たる。⑦から⑩までが通教の智とされたが、いずれも「体法」という語が付いている。体とは、析《しゃく》の対概念である。蔵教では諸法を分析したうえで空を認識するので析空、通教では分析をまたずに諸法をそのまま空であると認識するので体空といわれる。析空、体空は、それぞれ析色入空《しゃくしきにっくう》、体色入空の略称であるから、析と同様、体も動詞である。ここでは色のみでなく、広く諸法を体するという意味で、体法といっていると推定される。ともあれ、体法という用語は、通教の標識となるものである。また、通教の菩薩の智は、入真＝入空（空に入ること。仏教的真理の世界に入ること）と出仮（仮に出ること。現実世界で利他行を実践すること）の二種に分けられているが、出仮を正意とするので、入真の方は方便智と規定されている。なお、⑮も通教に所属する。

⑪から⑬までが別教の智である。⑪が別教の十信、⑫が十住・十行・十廻向《えこう》の三十心、⑬が十地の智を意味する。⑯も別教に所属する。⑰から⑳までは円教の智と規定される。⑰の円教の五品弟子とは、随喜品・読誦《どくじゅ》品・説法品・兼行六度品・正行六度品のことで、六即の観行即に相当する。この五品弟子は智顗が『法華経』分別功徳品《ふんべつくどくほん》に基づいて独自に考案したものである。⑱の六根清浄は円教の十信位、六即の相似即に相当する。⑲の初住から等覚までは、十住・十行・十廻向・十地・等覚の四十一位を意味する。⑳の妙覚は仏の悟りを意味する。

要するに、智顗は蔵教・通教・別教・円教の四教のすべての行位における智を網羅して二十智に分類したのである。すこぶる体系的で見事な分類といえる。

(5)二十智と諸境との関係　第四項の「照」では、二十智それぞれがどのような境を照らすかを説明している。智によって境を照らし、境によって智を生じるというように、智と境とをそれぞれ実体化する捉え方は厳しく戒められているが、一般的に、智が境を照らすという視点で、二十智と境との対応関係を指摘している。要約して示す。

①の世智は六道の十如を照らし、②五停心・四念処の智、③四善根の智、④四果の智、⑤支仏の智、⑦体法声聞の智、⑧体法支仏の智、⑨体法菩薩の入真方便の智は二乗の十如を照らし、⑥六度智、⑩体法菩薩の出仮の智は、上求菩提《じょうぐぼだい》の点では菩薩の十如を照らし、下化衆生《げけしゅじょう》の点では六道の十如を照らす。⑪別教の十信の智、⑫三十心の智の四十心の智も同様である。⑬十地の智は次第に照らす点では菩薩の十如を照らし、不次第に照らす点では仏の十如を照らす。⑰円教の五品弟子の智から⑳妙覚の智までは、仏の十如を照らす。⑭〜⑯の智の対境については説かれていない。おそらく蔵教、通教、別教の仏は有名無実の存在（果頭無人《かずむにん》といわれる）であるからかもしれない。なぜ有名無実かというと、三教の仏の位に到達すると、そこに止まるのではなく、実際には、それぞれの上の教の位に移動するとされるからである。

今の説明は、二十智と十如との対応関係についてのものであるが、他の境、つまり十二因縁・四諦・二諦・三諦・一諦・無諦との関係については、二十智も四教に分類され、境も基本的に四教に分類されるので、蔵教の智は蔵教の境を照らすというように対応する。煩瑣になるので、一々の説明は省略する。

⑹相待妙と絶待妙　第五項の「判」では、相待の智妙を明かす。蔵教・通教の智は麁、別教・円教の智は妙と規定されるが、さらに⑰から⑳までの四種の円教の智のみが妙と規定されている。このよ

うな相待妙の立場に立った規定に対して、第六項の「開」では、「前の十六番の智は、若し決了せずば、但《た》だ是れ麁智なるのみ。若し決了することを得ば、悉く妙智と成る」（七一〇中）とあるように、『法華経』の開会によって、すべての智が妙となることが示される。

(7)智妙の後段の構成　智妙の二段のうち、後段の「境に対して智を論ず」段は、さらに「五境に対す」段と、「展転《てんでん》して相い照らして境に対す」段とに分かれる。はじめに「五境に対す」段について紹介する。迹門の十妙の第一、境妙においては、十如是・十二因縁・四諦・二諦・三諦・一諦・無諦の七境が出たが、ここで「五境」といわれている理由は、第一の十如是が省略されているためと、無諦が一諦のなかに収められているからである。十如是が省略される理由については、「初めに応《まさ》に十如の境に対すべし。此れは既に一経の意にして、処処に之れを説けば、解《げ》す可し。故に復た釈せず」（七一〇下）と説明されている。たとえば、十二因縁に対して智を明かす項では、『涅槃経』の「十二因縁に四種の観有り。下智観《げちかん》の故に声聞の菩提を得、中智観の故に縁覚の菩提を得、上智観の故に菩薩の菩提を得、上上智観の故に仏の菩提を得」を引用して、下智・中智・上智・上上智の四種の智と十二因縁との対応関係を説いている。蔵教では三乗人が析智《しゃくち》（析空観の智）によって界内の十二因縁の事を観察するが、最も劣っている声聞に代表させて、これを声聞の下智という。通教では三乗人が体智（体空観の智）によって界内の十二因縁の理を観察するが、中程度の縁覚に代表させて、これを縁覚の中智という。別教では仏・菩薩が界外の十二因縁の事を観察するが、声聞・縁覚より優れた菩薩の智を取りあげて上智という。円教では仏・菩薩が界外の十二因縁の理を観察するが、最も優れた法なので、仏の智を取りあげて上上智という。そして、下智観、つまり下智による十二因縁の観察の具体的内容を説き、続いて、中智観、上智観、上上智観の内容について説いている。

その他の境の四諦については、「声聞は根鈍にして、四諦の事を縁ず。即ち生滅の四諦の智なり。縁覚は根利にして、四諦の理を縁ず。即ち無生の四諦の智なり。菩薩は智浅くして、不思議の事を縁ず。即ち無量の四諦の智なり。諸仏は智深くして、不思議の理を縁ず。即ち無作の四諦の智なり」（七一一下）と説かれている。要するに、境妙において示された四種の四諦に対応して、四種の智が説かれているわけである。なお、「縁ず」とは、あるものを対象として認識することである。

同様に、二諦に対して智を明かす項では、境妙において示された七種の二諦に対応して、七種の権実二智が明かされている。すなわち、析法の権実二智、体法の権実二智、体法含中《がんちゅう》の権実二智、体法顕中の権実二智、別の権実二智、別含円の権実二智、円の権実二智の七種である。

その他、五種の三諦の境に対しては、五種の三智（一切智・道種智《どうしゅち》・一切種智）が説かれ、一諦の境に対しては、如実智が説かれ、無諦の境に対しては無智が説かれる。要するに、「五境に対す」項では、七種の二諦に対しては七種の二智、五種の三諦に対しては五種の三智というように、それぞれ境と智が一対一の対応関係を示すような形で智を明かしている。

次に、「展転して相い照らして境に対す」には、「二に展転して相い照らすとは、六番の智は、前の諸境を伝照す」（七一四下）とある。六番の智、つまり十二因縁・四諦・二諦・三諦・一諦・無諦の六境に対する智が、これら諸境を次々と照らすことを指摘している。たとえば、七種の二智が四種の十二因縁を照らすことや、五種の三智が七種の二諦を照らすことなどについて論じている。要するに、この項では、境の諸分類と智の諸分類とが、理論的にはすべて組み合わされ関係づけられることを示している。

(8)二十智の分類の基本的枠組み　二十智の基本にある考えも化法の四教である。智顗は従来の経論に説かれる智を化法の四教の枠組みに基づいて、二十智に整理したのである。この化法の四教が智顗の教学に占める位置の重要性に改めて気づかされる。これに関連して、興味深い記述が『法華玄義』に見られる。二諦の境に対して智を明かす段において、智顗は七種の権実の二智について説いているが、その後、「若し上の如く諸智を釈することを作さずば、経論の異説、意則ち解し難し」(七一三上)と述べている。これは基本的に化法の四教に基づく智の分類を知らなければ、経論に説かれるさまざまな説を正しく解釈できないことを指摘したものである。言葉を換えれば、智顗の考案した智の分類によってこそ、経論のさまざまな説、表面的には矛盾するような複数の説を合理的に解釈できるのであるという智顗の自信を示しているといえる。

具体的には、菩薩の階位である初住心について説いた『華厳経』の経文、「三世の諸仏は、初住の智を知らず」を引用している。ただし、『私記』によれば、『華厳経』にはこのままの経文はないということである。智顗は、この経文に対する世間の人の解釈として、「如実智は、仏も自ら仏の如実智を知らず、亦た初住の如実智をも知らず」(同前)を取りあげ、この解釈が妥当でないことを、次のように批判している。蔵教・通教の仏には如実智がないので、如実智を知らないという表現は奇妙であり、同様に別教の初住の菩薩にも如実智がないので、如実智を知らないということはできないというものである。智顗自身は、先の経文について、「三世の三蔵の仏は、円教の初住の智を知らず。此れは則ち事理の二釈に倶に滞《とどこお》り無きなり」(同前)と解釈している。これは経文の「三世の諸仏」を蔵教の仏と規定し、「初住の智」を円教の初住の智と規定したものである。この解釈は、『釈籤』、その他の注釈によれば、蔵教がより高次の円教を知ることができないという蔵教と円教の教相の不同という「事」の点でも滞りがないとともに、下が上を知らないという一般的な道理＝「理」の点でも滞りがないとされる。

多くの経論に説かれるさまざまな説を矛盾なく解釈するため、経論の解釈の枠組みとして考案されたものが化法の四教であったのである。もちろん、智顗にとっては、釈尊が衆生の機根に自由自在に対応するために、高低浅深の異なる化法の四教を説いたと認識されていたわけである。

③行　妙

⑴行とは何か　迹門の十妙の第三、行妙について説明する。すでに迹門の十妙の標章では、智は行を導くので行妙というとされ、さらに生起では、智は行の根本であり、智という目によって、行という足を生じると説明されていた。また、『法華玄義』の行妙の冒頭にも、「夫《そ》れ行は進趣《しんしゅ》に名づくるも、智に非ざれば前《すす》まず。智解《ちげ》は行を導くも、境に非ざれば正しからず。智目《ちもく》・行足《ぎょうそく》もて、清涼池に到る。而して解は是れ行の本なり。行は能く智を成《じょう》ずるが故に、行満ちて智円《まど》かなり。智は能く理を顕わす。理窮《きわ》まれば、則ち智も息《や》む。此の如く相い須《もち》うれば、則ち妙行に非ず。妙行とは、一行一切行なり。……此の妙行は、前の境智と一にして而も三を論じ、三にして而も一を論ず」（七一五中）とある。行は進み趣《おもむ》くという意味であるが、智によらなければ進むことができず、また、その智は境に基づかなければ正しくない。それゆえ、智を目となし、行を足となして、智行あわせもって涅槃にたとえられ

る清涼池に到ることができるとされる。この点は生起の説明とほぼ同じである。

さらに、次の部分を『釈籤』の解釈を参照して解説すると、智と行の関係については、解（智）は行の根本であること、したがって、行は智によって生じることを明かし、行が智を成立させることができること、したがって智は行によって生じることを明かしている。そして、行が満たされれば、智も完全となることが示されている。智と行との相互関係を指摘しているわけである。智と境の関係については、智は理（境）を顕わすことができること、したがって智が生じれば理が生じることを明かしている。「理窮まれば、則ち智も息む」はやや難解であるが、『釈籤』では、「理未《いま》だ窮まらざるが故に、則ち智未だ息まず。故に理生ずれば、則ち智生ず」と解釈している。つまり、理が究極的に全現しないうちは、理の顕現する段階に応じて、智も生じるし、逆に、『法華玄義』の本文にあるように、理が全現すれば、智も新たに生じることはないわけである。『釈籤』は、智が生じれば理が生じ、理が生じれば智が生じるという智と理の相互関係を指摘しているわけである。

今説明した箇所の直後に、「此の如く相い須うれば、則ち妙行に非ず」とある。これまでの、智と行、智と境の関係についての説明は理解しやすいが、『法華玄義』では、境、智と隔別《きやくべつ》（互いに融合せず、区別されたあり方）に捉えられた行は、行であっても、行妙とはいわれず、境、智、行の三者が相即するとき、それぞれが妙といわれ、したがって、行も行妙といわれる。妙行の説明として、端的に「一行一切行」という表現があるが、一行に万行《まんぎよう》を具足する修行をいったものである。天台では、円教の究極的なあり方の説明として、しばしば一即全体、全体即一を意味する表現を用いる。ここでも行について、一つの行にすべての行が備わっている、そのような行こそ妙行だといっているのである。

行妙の全体は、二段落に分けられている。前段では「通途《つうず》の増数行《ぞうしゅぎょう》」が、後段では「約教《やっきょう》の増数行」が説かれている。この後段では、蔵教・通教・別教・円教の増数行についてそれぞれ説明しているが、その後、「五数に約して行妙を明かす」段落が続く。その段落では、「別の五行」と「円の五行」が説かれている。行妙の構成を図示する。

行妙の構成

- 通途の増数行
- 約教の増数行
- 五数に約して行妙を明かす
  - 別の五行
    - 聖行
      - 戒聖行
      - 定聖行
      - 慧聖行
    - 梵行
    - 天行
    - 嬰児行
    - 病行
  - 円の五行

(2)通途の増数行　前段の「通途の増数行」について説明する。通途というのは、一般的なという意味である。この段では、智に対して行を明かすのであるが、一種の智に対して、一行、二行、三行というように増数、つまり、数を一つずつ増やして行を明かしていくと、行は塵沙《じんじゃ》のように無量となる。塵沙は塵《ちり》と砂のことで数の多いことをたとえたものである。一種の智に対してもこのようであるから、智妙において明かされたような諸智に対して行を明かせば、なおさら説き尽くせないほど、無量の行があることになる。

『法華玄義』本文には、「行は衆多《しゅた》なりと雖も、智を以て本と為す。智は導主の如く、行は商人の若《ごと》し。智は利針の如く、行は長線の如し。智、行の牛を御すれば、車は則ち安隠《あんのん》にして、能く至る所有り。此の増数の諸行を用《もっ》て、前の十如諦智の導く所、乃至、一実諦智の導く所と為す。若し此の意を得ば、正智を以て衆行を導き、正境の中に入る」(七一五下)とある。智と行の関係について、指導者とそれに率いられる商人、鋭い針と糸、御者と牛にそれぞれたとえている。そして、これらの増数の諸行は十如や四諦などの境とそれらに対応する智や、一実諦の境とそれに対応する智に導かれるとする。このように理解できれば、正しい智によって正しい修行をし、正しい境に入ることができるとされる。

(3)約教の増数行　「約教の増数行」では、蔵教・通教・別教・円教それぞれの増数行を明かしている。まず、蔵教の増数行については、心不放逸《しんふほういつ》の一行、止と観の二行、戒・定・慧の三行を紹介し、それぞれに一切行を収めることを説いている。

通教の増数行については、一切の法は一相、一相は無相《むそう》であると観察する一行を代表としてあげている。

別教の増数行については、『華厳経』の入法界品《にゅうほっかいぼん》に説かれる善財童子《ぜんざいどうじ》が多くの善知識を訪問し、そこでそれぞれ一法を聞いて行とする一行を代表としてあげている。

円教の増数行については、一行から十行まで、具体的に行の名を取りあげている。一行から十行までを順に紹介すると、一行三昧、止・観、聞《もん》・思《し》・修《しゅ》(あるいは戒・定・慧)、四念処、五門禅(苦・空・無常・無我・寂滅を観察すること)、六波羅蜜、七善法《ぜんぼう》(仏の説法に備わる七つの美点で、初善中善後善・其義深遠・其語巧妙・純一無雑・具足・清白《しょうびゃく》・梵行之相のこと。『法華文句』では、これを順に時節善・義善・語善・独一善・円満善・調柔善《じょうにゅうぜん》・慈悲善と呼んでいる）、八正道、九種大禅（自性禅・一切禅・難禅・一切門禅・善人禅・一切行禅・除悩禅・此世他世楽禅・清浄浄禅）、十境界（あるいは十観成乗）の名を出している。

さらに、例のごとく、行妙の相待妙、絶待妙が説かれている。つまり、蔵教・通教・別教の三教の増数行が麁、円教の増数行が妙と判じられ、さらに開会の立場では一切行が妙となる絶待妙が示されている。

(4)別教の次第の五行　「五数に約して行妙を明かす」段は、別教の次第の五行と円教の不次第の五行とに分類される。次第は段階的という意味で、隔別などと同じように別教の思想的特色を表現している。不次第はその否定で、円融と同じ意味で、円教の思想的立場をいい表わしている。五行については、『法華玄義』本文に、『涅槃経』を引用して、聖行《しょうぎょう》・梵行・天行・嬰児行《ようにぎょう》・病行を取りあげている。この五行は『南本《なんぽん》涅槃経』巻第十一、聖行品に出る。聖行は戒・定・慧の三学を修めること、梵行は清浄な心で、衆生の苦を抜き楽《らく》を与えること、天行は天然《てんねん》の理によって修める行のこと、嬰児行は嬰《えい》児《じ》にたとえられる人・天・小乗などの小善の行のこと、病行は大慈悲によって煩悩のある衆生に同化して、自らも煩悩、苦のあることを示す行のことである。

別教の五行の第一の聖行は、さらに戒・定・慧によって三分され、戒聖行・定聖行・慧聖行が説かれている。

まず戒聖行では、『南本涅槃経』聖行品に基づいて、根本業《こんぽんごう》清浄戒・前後《ぜんご》眷属余《けんぞくよ》清浄戒・非《ひ》諸悪覚《しょあくかく》覚《かく》清浄戒・護持正念念《ごじしょうねんねん》清浄戒・廻向具足無上道戒《えこうぐそくむじょうどうかい》を取りあげ、また現行品《げんぎょうほん》に基づいて、禁戒《ごんかい》・清浄戒・善戒・不欠戒・不析戒《ふしゃくかい》・大乗戒・不退戒・随順戒・畢竟戒《ひつきょうかい》・具足諸波羅蜜戒を取りあげ、また『大智度論』に基づいて、不破戒・不欠戒・不穿戒《ふせんかい》・不雑戒《ふぞうかい》・随道戒・無著戒《むじゃくかい》・智所讃戒・自在戒・随定戒《ずいじょうかい》・具足戒を取りあげ、それぞれの戒の内容や相互の関係などについて詳しく解説している。最後に、相待の妙戒、絶待の妙戒を説いている。

定聖行では、まず、世間禅・出世間禅・出世間上上禅の三種の禅に分類している。

世間禅は、さらに根本味禅《こんぽんみぜん》と根本浄禅《こんぽんじょうぜん》の二種に分類されている。前者は十二門禅（色界の四禅、慈悲喜捨の四無量心、四無色定《しむしきじょう》）のことであり、後者は六妙門（数《す》息《そく》・随息・止・観・還《げん》・浄の六種の門）、十六特勝（数息観をより詳しく細分化した観法で、特に優れたものといわれる。『次第禅門』によれば、知息入・知息出・知息長短・知息遍身・除諸身行・受喜・受楽《じゅらく》・受諸心行・心作喜・心作摂・心作解脱・観無常・観出散・観欲・観滅・観棄捨をいう）、通明観《つうみょうかん》（四禅・四無色定・滅尽定のこと。これらの禅は共通に身・息・心を観じて明浄であり、また、六通・三明《さんみょう》を生じるので、通明禅と名づけられる）のことである。

出世間禅は、観・練《れん》・熏《くん》・修《しゅ》の四種の禅に分類されている。

観禅は、九想《くそう》・八背捨《はっぱいしゃ》・八勝処《はちしょうしょ》・十一切処《じゅういっさいしょ》のことである。

九想は、身体の醜悪な九種の相を観じて、身体に対する執著を離れる不浄観を意味する。具体的には、脹想《ちょうそう》・壊想《えそう》・血塗想《けつずそう》・膿爛想《のうらんそう》・青瘀想《しょうおそう》・噉想《かんそう》・散想・骨想《こつそう》・焼想のことである。身体が腐乱していく様子をつぶさに観察する、この観法は、死体が打ち捨てられている墓場に一人坐して観察するもので、身体に対する執著を徹底的に破すための原体験を積むものである。初期仏教の出家の修行がいかに徹底したものであったかを知らされる。

八背捨は八解脱ともいう。背捨《はいしゃ》は、貪著《とんじやく》の心に背《そむ》き捨てるという意味である。具体的には、内有色《ないうしき》相《そう》（＝想）外《げ》観色《かんしき》背捨・内無色相《ないむしきそう》外観色背捨・浄背捨身作証《じょうはいしゃしんさしょう》・虚空処《こくうしょ》背捨・識処背捨・不用処《ふゆうしょ》背捨・非有想非無想《ひうそうひむそう》背捨・滅受想《めつじゅそう》背捨に分類され、第一・第二は初禅・二禅により、第三は四禅により、第四から第七までは四無色定によるとされる。第八は滅尽定に入ることである。

八勝処は、勝知勝見を生じる依り所なので、勝処というとされる。欲界の色処を観じて、貪心を除く禅観で、八背捨の第一・第二をそれぞれ二分して、内有色相（＝想）外観色少勝処・内有色相外観色多勝処・内無色相外観色少勝処・内無色相外観色多勝処の四つの勝処が立てられ、さらに、八背捨の第三を四分して、青《しょう》勝処・黄《おう》勝処・赤《しゃく》勝処・白《びゃく》勝処の四つが立てられる。

十一切処は、万物を一つの対象に集約して観察する十種の禅観のことである。その対象として取りあげられるものは青・黄・赤・白・地《じ》・水・火・風・空《くう》・識の十種である。

練禅《れんぜん》は九次第定のことで、四禅・四無色定・滅尽定を指す。下位の観禅を鍛錬するものなので、練禅といわれる。

熏禅は師子奮迅《ししふんじん》三昧で、修禅は超越《ちょうおつ》三昧のことである。

修禅は出世間禅の最高位なので、頂禅《ちょうぜん》ともいわれる。

出世間上上禅は、菩薩の禅波羅蜜を構成する九種大禅のことで、九種の名称についてはすでに述べた。

このように、従来の経論に説かれる多くの禅定を体系的に整理し、詳しく解説した後に、禅の相待妙、絶待妙について論じている。なお、禅の具体的な名称などは、『釈禅波羅蜜次第法門』（『次第禅門』ともいう）、『法界次第初門《ほうかいしだいしょもん》』などに詳しく説かれている。定聖行はやや複雑なので、図示しておく。

定聖行
- 世間禅
  - 根本味禅（十二門禅）
  - 根本浄禅（六妙門・十六特勝・通明観）
- 出世間禅
  - 観禅（九思・八背捨・八勝処・十一切処）
  - 練禅（九次第定）
  - 熏禅（師子奮迅三昧）
  - 修禅（超越三昧）
- 出世間上上禅（九種大禅）

次に、慧聖行においては、四種の四諦（生滅の四諦・無生滅の四諦・無量の四諦・無作の四諦）の慧が明かされている。とくに無作の四諦の慧を明かすなかで、二十五三昧によって二十五有《う》を滅することを詳しく説いている。地獄の有は無垢《むく》三昧によって破し、畜生の有は不退三昧によって破し、餓鬼の有は心楽《しんらく》三昧によって破し、阿修羅の有は歓喜《かんぎ》三昧によって破し、弗婆提《ほつばだい》（須弥山《しゅみせん》の東方の大陸）の有は日光三昧によって破し、瞿耶尼《くやに》（須弥山の西方の大陸）の有は月光《がっこう》三昧によって破し、鬱単越《うったんのつ》（須弥山の北方の大陸）は熱焔《ねつえん》三昧によって破し、閻浮提《えんぶだい》（須弥山の南方の大陸）の有は如幻《にょげん》三昧によって破し、四天王（六欲天の第一）の有は不動三昧によって破し、三十三天（六欲天の第二）の有は難伏《なんぷく》三昧によって破し、焔魔《えんま》天（六欲天の第三）の有は悦意三昧によって破し、兜率陀《とそつだ》天（六欲天の第四）の有は青色《しょうしき》三昧によって破し、化楽《けらく》天（六欲天の第五）の有は黄色《おうしき》三昧によって破し、他化自在《たけじざい》天（六欲天の第六）の有は赤色《しゃくしき》三昧によって破し、初禅の有は白色《びゃくしき》三昧によって破し、梵王《ぼんおう》の有は種種《しゅじゅ》三昧によって破し、二禅は双《そう》三昧によって破し、三禅は雷音《らいおん》三昧によって破し、四禅は注雨三昧によって破し、無想天（色界第四禅の広果天の一部）の有は如虚空《にょこくう》三昧によって破し、阿那含《あなごん》天（五浄居《ごじょうご》天のことで、色界第四禅にある無煩《むぼん》天・無熱天・善現天・善見天・色究竟天のこと）は照鏡三昧によって破し、空処《くうしょ》（四無色定の第一）は無礙《むげ》三昧によって破し、識処（四無色定の第二）は常三昧によって破し、不《ふ》用処《ゆうしょ》（四無色定の第三）は楽《らく》三昧によって破し、非想非非想処《ひそうひひそうしょ》（四無色定の第四）は我《が》三昧によって破すとされる。このように、聖行は戒・定・慧によって修行する菩薩の正行であり、智顗の解説も、五行のなかで最も詳しい。

　聖行以外の梵行・天行・嬰児行・病行の基本的な意味については、すでに述べた（二一三頁を参照）。『法華玄義』の説明に即して、もう少し詳しく見ていこう。梵行の梵は清浄という意味で、二辺《にへん》、つまり両極端に対する執著を離れていることが清浄ということの中身とされる。この清浄な法、具体的には慈悲喜捨《じひきしゃ》の四無量心によって、衆生に対して抜苦与楽《ばつくよらく》（苦を抜き楽を与えること）する。そして、「菩薩は大涅槃の心を以て聖行を修し、無畏地《むいじ》を得、二十五三昧の無方《むほう》の大用《だいゆう》を具す。爾《そ》の時の慈悲は、是れ真の梵行なり」（七二四上―中）と規定されている。要するに、慈悲による抜苦与楽が梵行とされている。また、梵行には一切の福徳荘厳《ふくとくしょうごん》を備えるといわれている。

　天行の天は、天然の理のこととされる。行の段階によって理の顕現の程度が異なり、低い段階からいうと、道前（天然の理のこと）、道中（理によって行を成ずること）、道後（行によって理が顕われること）の区別がある。今は理によって成立する行を天行と名づけるとされる。また、梵行が福徳荘厳といわれたのに対して、天行は智慧荘厳といわれている。また、上、仏道を求めるので、聖行・天行があり、下、衆生を化するので、梵行・病行・嬰児行があるといわれている。つまり、前者が自行、後者が化他行に相当するということである。

嬰児行については、衆生に小善があっても、菩薩がそれを開発してくれなければ、その小善はさらに成長できないので、菩薩は慈悲心によって、人・天の小善、二乗の小善、蔵教・通教・別教の菩薩の小善に同化して修行する。これを嬰児行という。

病行は、無縁の大悲（対象を持たない絶対平等の仏の慈悲のこと）より生じる行といわれる。衆生の病に同化して衆生を救済する行とされる。嬰児行との相違点については、嬰児行は善を生ずることに同化する方面についていい、病行は衆生の煩悩に同化する方面についていうと指摘されている。

⑸円教の不次第の五行　円教の五行は、『釈籤』の分科によれば、約教と観心の二段から成っている。約教といっても、ここでは円教の五行を説くことを意味する。まず、冒頭に『涅槃経』の「復た一行有り。是れ如来の行なり。所謂る大乗大般涅槃《だいはつねはん》なり」を引用し、「大乗」を円因、「涅槃」を円果と解釈して、如来の行を意味するものと捉えている。そして、『法華経』における如来行について、次のように説いている。『法華経』に説かれる安楽行について、安楽は涅槃＝円果、行は円因を意味するので、如来の行と呼ぶといわれる。また、いわゆる『法華経』法師品《ほっしほん》に、「如来の室に入り、如来の衣を著《き》、如来の座に坐す。爾《しか》して乃ち応に四衆の為めに広く斯《こ》の経を説くべし。如来の室とは、一切衆生の中の大慈悲心、是れなり。如来の衣とは、柔和忍辱心《にゅうわにんにくしん》、是れなり。如来の座とは、一切法空、是れなり」と説かれるように、入室《にゅうしつ》・著衣《じゃくえ》・坐座《ざざ》すべてに如来を付して呼んでいることを取りあげ、

如来は人についての表現であり、涅槃は法についての表現であり、如来即涅槃、涅槃即如来で、『涅槃経』と『法華経』の意義は同じであると指摘している。具体的に、『法華経』のどの部分が円の五行に相当するのかという問題にも、この法師品の文は深く関係している。つまり、『法華玄義』には、「今、『法華』に依りて、円の五行を釈せば、五行は一心の中に在りて、具足して欠くること無きを如来の行と名づく。文に『如来は荘厳もて、而も自ら荘厳す』と云うは、即ち円の聖行なり。『如来の室』は、即ち円の梵行なり。『如来の座』は、即ち円の天行なり。『如来の衣』に二種有り。『柔和』は、即ち円の嬰児行なり。『忍辱』は、即ち円の病行なり。此の五種の行は、即ち一実相の行なり。一は五と作らず、五は一と作らず、共に非ず、離《り》に非ず、不可思議なるを、一の五行と名づく」（七二五中）と説かれている。要するに、智顗は『法華経』に説かれる安楽《あんらく》行を如来行と考えたので、安楽行品《ぎょうほん》の文によって、円の五行を明らかにしたのである。

観心の円の五行については、『法華玄義』本文に、「観心の円の五行とは、上来の円行は、遠く求む可からず、心に即して而も是れなり。一切諸法の中、悉く安楽の性有り。即ち心性を観ずるを、名づけて上定《じょうじょう》と為す。心性は即空・即仮《そっけ》・即中なり。五行・三諦・一切仏法は、心に即して而も具す」（七二六上）とある。つまり、五行を一心にすべて具足することを明かしている。最後に、行妙の相待妙、絶待妙を説いた後に、『法華経』は麁を開して妙に入らせるのに、なぜ『涅槃経』に次第の五行が説かれるのかという問題を提示し、これに次のように答えている。『法華経』は仏在世の人のために、権を破して実に入るので、もはや麁がないこと、それに対して、『涅槃経』は末代の見思《けんじ》惑《わく》の重い凡《ぼん》夫《ぶ》のために、戒・定・慧の三学を助けて、大涅槃を実現しようとするものであること、したがって、

『法華経』によって円の不次第行を知れば、『涅槃経』の次第行を必要としないことを指摘している。

④位　妙

⑴位妙と三草二木の譬喩　迹門の十妙の標章では、妙なる行の合致する対象なので位妙というとされ、さらに生起では、これまで考察してきた境・智・行の三法という乗り物に乗って、涅槃をたとえる清涼池に入り、諸位に登ると説明されていた。また、『法華玄義』の位妙の冒頭には、「諦理既に融じ、智円かにして隔《へだ》つること無ければ、行を導きて妙を成ず。三義已《すで》に顕わるれば、体・宗・用足《た》る。更に位妙を明かすは、行の階《のぼ》る所なればなり」（七二六中）とある。位は、修行によって登って行く階段のようなものを指す。目的地は清涼池にたとえられる涅槃であるので、涅槃に到達するまでの修行の進歩向上の過程を位というのである。なお、この位妙までの四妙が自行の因を明かす段とされることはすでに述べた。

位妙は、「来意を明かす」・「略して諸位の権実を叙す」・「略して今経《こんぎょう》を述ぶ」・「経に依りて広く解す」の四項から構成されているが、位妙全体の構成を図示しておく（次頁を参照）。

第一項は今、引用した文である。第二項では、位に権実があり、それはさまざまな経論に説かれているが、『法華経』以外の経論に説かれる位はどれも不十分であることを指摘している。第三項では、『法華経』に説かれる位について略説している。『法華経』には具体的な位の名称は出ていないが、「意は小大を兼ね、粗《ほ》ぼ権実を判ず」（同前）といわれる。つまり、小乗、大乗を包括する位を明かし、位の権実、具体的には蔵教・通教・別教の権の位と円教の実の位をほぼ判定しているという意味であ

位妙の構成

- 来意を明かす
- 略して諸位の権実を叙す
- 略して今経を述ぶ
- 経に依りて広く解す
  - 小草の位
    - 人の位
    - 天の位
  - 中草の位
    - 声聞の位
    - 縁覚の位
  - 上草の位
  - 小樹の位
    - 三乗共の十地
    - 名別義通
  - 大樹の位
    - 経論の不同を出だす
    - 総じて菩薩の位を明かす
    - 別して七位を解す
  - 最実位
    - 名義を簡ぶ
    - 位の数を明かす
    - 円位の断伏を明かす
    - 功用を明かす
    - 麁妙を明かす
    - 位興を明かす
    - 位廃を明かす
    - 開麁顕妙
    - 経を引く
    - 妙位の始終を明かす

る。

『法華玄義』本文には、「然《しか》るに、梵文《ぼんもん》は尽《ことごと》くは度《わた》らず。本経には必ず有り」（同前）とある。これは伝説にすぎないが、中国に伝来した『法華経』はインドの『法華経』のごく一部にすぎないというものである。『華厳経』などについても同様の伝説がある。実際に『法華経』に説かれる位の代表的なものは、薬草喩品《やくそうゆほん》に説かれる六位と指摘されている。この六位の基本となるものは、いわゆる『法華経』の七つの譬喩の一つとして有名な三草二木《さんそうにもく》の譬喩である。この譬喩は雲雨《うんう》の譬喩とも呼ばれる。ごく短い譬喩であるので、その現代語訳を示す。「たとえば、三千大千世界の山、川、谷、地面に生えている草木、叢林《そうりん》、多くの薬草があるとしよう。〔それらは〕幾種類かあり、それぞれ名や形が相違している。厚い雲が空いっぱいに広がり、三千大千世界をくまなく覆い、同時に平等に注ぎ、その潤いはくまなく草木、叢林、多くの薬草の小さな根・茎・枝・葉を持つものと、中位の根・茎・枝・葉を持つものと、大きな根・茎・枝・葉を持つものとを潤す。多くの樹木の大きなものと小さなものは、その上中下〔の性質〕に従ってそれぞれ受ける潤いが異なり、同一の雲によって雨を受けても、それぞれの種類・性質に適合して、生まれ育つことができ、華が咲き、果実が実る。同一の地面に生じても、同一の雨によって潤されても、多くの草木にそれぞれ区別がある」というものである。

ここには三草二木の内容である小の薬草・中の薬草・上の薬草・小樹・大樹《だいじゅ》について出ているが、より明確には『法華玄義』本文で引用している偈に出る。「転輪聖王《てんりんじょうおう》、釈・梵の諸王は、是れ小の薬草なり。無漏の法を知りて、能く涅槃を得、独《ひと》り山林に処して、縁覚の証を得るは、是れ中の薬草なり。世尊の処を求め、『我れ当に作仏《さぶつ》すべし』とて、精進と定とを行ずるは、是れ上の薬草なり。又た、諸もろの仏子にして、心を仏道に専らにして、常に慈悲を行じ、自ら作仏すること決定《けつじょう》して疑い無しと知るは、是れ小樹と名づく。神通《じんずう》に安住して、不退の輪を転じ、無量億百千の衆生を度《ど》するは、是れ大樹と名づく」(同前)とある。これだけでは、六位にならないので、「一地の生ずる所、一雨の潤す所」「今、当に汝が為めに最実事を説くべし」を引用して、第六の位としているわけである。三草二木の譬喩を修行の階位を意味するものとして解釈することは、中国の法華経疏において一般的なことである。ただし、その内容は注釈家によって異なる。たとえば、引用文を見ると、小の薬草は人天の位、中の薬草は声聞・縁覚の二乗の位であることは容易にわかるので、吉蔵も智顗もこれについては同じ解釈を与えている。ところが、大の薬草・小樹・大樹がいずれも菩薩の位を意味することは、経文から容易に理解できるが、それらの間の相違については、解釈の相違が出てくる。吉蔵は、上の薬草を十信・十住・十行・十廻向の菩薩、小樹を初地の菩薩、大樹を七地の菩薩としている。智顗は、上の薬草を蔵教の菩薩、小樹を通教の菩薩、大樹を別教の菩薩とし、さらに、「最実事」を円教の菩薩としている。

⑵三草二木の位　智顗は第四項「経に依りて広く解す」において、小草の位、中草の位、上草の位、小樹の位、大樹の位、最実位について順に説明している。円教の位を意味する最実位について最も詳しく説明している。はじめに、小草の位についてであるが、すでに人天の位と説明された。先に引用した偈の「転輪聖王」は人主の位、「釈梵」、すなわち帝釈《たいしゃく》・梵天は天主の位を意味するとされる。このように報果に約して位を明かすといわれる。そして、果に優劣がある以上、必ず修行する因に浅深のあることを指摘している。人の位の因は、五戒(不殺生《ふせっしょう》・不偸盗《ふちゅうとう》・不邪婬《ふじゃいん》・不妄語《ふもうご》・不飲酒《ふおんじゅ》)を守る

こととされる。これに四段階があり、下品《げぼん》の五戒は一天下に王となる鉄輪王《てつりんのう》となり、中品の五戒は二天下に王となる銅輪王《どうりんのう》となり、上品の五戒は三天下に王となる銀輪王《ごんりんのう》となり、上上品の五戒は四天下に王となる金輪王《こんりんのう》となることを説いている。つまり、転輪聖王にも四種のランクがあり、須弥山の周囲の四大洲《しだいしゅう》のうち、一洲、二洲、三洲、四洲をそれぞれ支配するのである。

天の位については、十善道（不殺生・不偸盗・不邪婬・不妄語・不両舌《ふりょうぜつ》・不悪口《ふあっく》・不綺語《ふきご》・不貪欲《ふとんよく》・不《ふ》瞋恚《しんに》・不邪見）を修して天の位を受けるとされる。具体的な天の名としては、『正法念処経《しょうぼうねんじょきょう》』に基づいて、持鬘天《じまん》・迦留波陀天《かるはだ》・常恣意天《じょうしい》・空倏天《くご》・日行天・六欲天（四王天・三十三天・焔摩天《えんま》・兜率天《とそつ》・化楽天《けらく》・他化自在天《たけじざい》）をあげている。

次に、中草の位については、声聞・縁覚の二乗を指すということであった。『成実論』は空門《くうもん》の立場から二十七賢聖《げんじょう》の位（十八有学《うがく》と九無学）を明かし、阿毘曇《あびどん》は有門の立場から七賢・七聖の位を明かしていると指摘したうえで、『法華玄義』では後者について説明している。七賢とは、五停心、別相念処、総相念処、煖法、頂法、忍法、世第一法をいう。賢は聖に達していないが、その隣りに位置するものをいう。たとえば孔子《こうし》を聖人というのに対して、孟子《もうし》を賢人と称するようなものである。七聖とは、随信行、随法行、信解、見得、身証、時解脱羅漢《じげだつらかん》、不時解脱羅漢《げだつらかん》の七位のことである。以上が声聞の位であるので、このほかに縁覚の位について説明している。『法華玄義』には、辟支仏《びゃくしぶつ》は縁覚と漢訳するが、『大智度論』には独覚・因縁覚という訳語が出ることを指摘している。無仏の世に出て、ひとりで悟る者を独覚といい、仏の世に出て、十二因縁の教えを聞いて悟る者を因縁覚というと区別している。さらに、無仏の世に出る独覚について、小辟支迦羅《しょうびゃくしから》と大辟支迦羅とを区別している。

小辟支迦羅は独覚であっても、舎利弗《しゃりほつ》などの大羅漢に道力《どうりき》（仏道修行によって得られる神通力）が及ばないと評されている。

次に、上草の位は、蔵教の菩薩の位を指す。蔵教では、三阿僧祇劫《あそうぎこう》を過ぎ、さらに百劫をかけて三十二相を得る修行をして成仏するとされる。成仏の直前までの位を蔵教の菩薩と規定する。

次に、通教の位と規定される小樹の位においては、第一に三乗共《ぐう》の十地について説き、第二に名別《みょうべつ》義通《ぎつう》について説いている。菩薩の階位である十地には三乗に共通な十地と共通でない十地との二種類がある。前者が通教の三乗共の十地と呼ばれ、後者が別教の三乗不共の十地と呼ばれる。三乗共の十地の名称は、乾慧地《けんねじ》・性地《しょうじ》・八人地《はちにんじ》・見地《けんじ》・薄地《はくじ》・離欲地《りよくじ》・已辦地《いべんじ》・支仏地・菩薩地・仏地である。「名別義通」は、二項に分かれている。第一に別して菩薩のために、伏忍《ぶくにん》・柔順忍《にゅうじゅんにん》・無生忍《むしょうにん》の名を立てるが、その意義は三乗に共通であることを示している。第二に別教の名称を用いて通教の菩薩の位を示している。

次に、別教の位と規定される大樹の位については、「経論の不同を出だす」・「総じて位を明かす」・「別して位を明かす」の三項に分かれている。第一項では、経論にさまざまな位の名や数が出ることを指摘している。たとえば、「『華厳』の若きは、四十一地を明かす。三十心・十地・仏地を謂う。『瓔珞《ようらく》』には五十二位を明かす。『仁王《にんのう》』には五十一位を明かす。『新金光明経《しんこんこうみょうきょう》』には但だ十地・仏果を出だすのみ。『勝天王《しょうてんのう》般若』には十四忍を明かす。『大品《だいぼん》』には但だ十地を明かすのみ。『涅槃』には五行・十功《じっく》徳《どく》を明かす。義に約し位に配するに、三十心・十地・仏地を開くに似たり。而して文に名を出ださず」（七三一下）とある。このような経論の多様な説のなかで、智顗は、とくに『菩薩瓔《ぼさつよう》

（纓とも記す）珞本業経《らくほんごうきょう》』を重視して、「今謂わく、『纓珞』の五十二位は、名義整足す。恐らくは是れ諸もろの大乗方等の別・円の位を結ぶ」（同前）と述べている。この経は、天台思想の骨格を形成する空仮中の三観思想の典拠としても有名なものであるが、ここに指摘されているように、最も完備した菩薩の階位を説く経典としても有名である。

次に、第二項の「総じて位を明かす」では、『菩薩瓔珞本業経』『大品般若経《だいぼん》』『涅槃経』の三経に基づいて、菩薩の位を明かしている。第一に、『菩薩瓔珞本業経』の十信・十住・十行・十廻向・十地・等覚・妙覚の七位について説明し、第二に、『大品経』、および三観に基づいて、煩悩の断伏《だんぶく》の高下を明かしている。たとえば、『大品経』の「菩薩、道慧《どうえ》を具せんと欲せば、当に般若を学ぶべし」について、十信に従仮《じゅげ》入空《にっくう》の観を習って、愛論（愛著に基づく誤った言論）と見論（誤った見解に基づく言論）とを伏し、十住の位に入ろうとすることであると解釈している。第三に『涅槃経』に説く聖行と『瓔珞経』の七位とを対応させている。

なお、第三項の「別して位を明かす」についての内容的な説明は省略されている。

(3)最実位＝円教の位　最後に最実位、すなわち円教の位は、十項に分かれ、位妙のなかで最も詳しく説明されている。最初に十項の名を紹介しておく。「名義を簡《えら》ぶ」・「位の数を明かす」・「断伏を明かす」・「功《く》用《ゆう》を明かす」・「麁妙を明かす」・「位《い》興《こう》を明かす」・「位廃を明かす」・「開麁顕妙」・「経を引く」・「妙位の始終を明かす」の十項である。

第一項の「名義を簡ぶ」では、名称は通教や別教と同じであっても、意義は円教である場合、つまり名通義円、名別義円の場合や、名称、意義ともに円教である名義倶《く》円《えん》の場合を取りあげている。たとえば、名別義円についていえば、十信、十住などの名称は別教でも円教でも共通であるが、意義は相違するので注意が必要となる。

第二項の「位の数を明かす」では、平等法界や実相には浅深の位はないが、人に約せば位を論じることができることを説いている。「平等法界は、尚《な》お悟と不悟とを論ぜず。孰《いず》れか浅深を辨ぜん。既に悟と不悟とを論ずることを得れば、何ぞ浅深を論ずることを妨げん」(七三二下)、「今、実相は平等にして、次位無しと雖も、実相を見る者に次位を判ずるに、何ぞ咎《とが》めん」(七三三上)とある通りである。具体的な円教の位としては、十信・十住・十行・十廻向・十地・等覚・妙覚の七位と、十信の前に、『法華経』分別功徳品に基づいて、五品弟子位を説いているので、都合八位を説いている。五品弟子位とは、智妙にも名称が出たが、随喜品・読誦品・説法品・兼行六度品・正行六度品のことである。

第三項の「断伏を明かす」では、円教の八位における煩悩の断伏について説いている。断と伏を区別するときは、煩悩の種子を滅することを断といい、煩悩の実際の働きを抑えることを伏という。順序としては、先に煩悩を伏し、後に断じることになる。

第四項は「功用を明かす」である。「若し字を分かちて義を解せば、功は自ら進むを論じ、用は物《もつ》を益《やく》するを論ず。字を合して解せば、正しく化他を語《い》う」(七三六下)とあるように、この項では、各位の化他行の側面を説いている。

第五項の「麁妙を明かす」では、はじめに蔵教・通教の位を麁、別教・円教の位を妙と規定し、次に、別教の位を麁、円教の位を妙と規定している。

第六項の「位興を明かす」では、蔵教・通教・別教・円教のそれぞれの位を説く理由を述べている。

すなわち、界内の好楽《こうぎょう》（衆生の好み）に従うと蔵教・通教の位を説き、界外の好楽に従うと別教・円教の位を説くといわれる。また、界内の事善を生じ、界内の事悪を破し、事を縁じて真に入るためには、蔵教の位を説き、界内の理善を生じ、界内の理悪を破し、理を縁じて真に入るためには、通教の位を説き、界外の事善を生じ、塵沙の事悪を破し、事より中に入るためには、別教の位を説き、界外の理善を生じ、無明の理悪を破し、理を縁じて中を見るためには、円教の位を説くといわれる。

第七項の「位廃を明かす」では、理にはもともと位はなく、衆生のために位を設けるのであるから、衆生の修行が向上進展すれば、すでに乗り越えられた位は廃されるべきであることを説いている。

第八項の「開麁顕妙」は、麁位を開いて妙位を顕わすという意味である。いわゆる絶待の位妙を明かしている。『法華玄義』本文には、「此の麁を離れ已りて、別に更に妙無し。何ぞ麁を破して妙に往《い》くことを須《もち》いん。但だ権位を開きて、即ち妙位を顕わすなり」（七三九上）とある。

第九項の「経を引く」では、『涅槃経』の五味の譬喩（乳味・酪《らく》味《み》・生蘇味・熟蘇味・醍醐味《だいごみ》）と、四教の位との対応関係について説いている。たとえば、『涅槃経』の「凡夫は乳の如く、須陀洹《しゅだおん》は酪の如く、斯陀含《しだごん》は生蘇の如く、阿那含は熟蘇の如く、阿羅漢・支仏・仏は醍醐の如し」という文は、蔵教の五位を説いたものであると解釈している。このように、『涅槃経』の文を引用して、四教の位を成立させているが、両者の関係について、「若し四教を将《もっ》て譬えを釈せずば、譬えは解す可からず。若し五譬は四教の位を判ずるに非ずば、信を取ること難しと為す。若し経文を信ぜば、則ち位の義暁《あきら》め易く、諸位の意を解せば、彼の譬えは冷然たり」（七三九中）と述べている。なお、この項に毒発《どくほつ》不定《ふじょう》の義が説かれている。『涅槃経』の「譬えば人有り、毒を乳の中に置けば、則ち能く人を殺し、乃至、醍醐も亦た能く人を殺すが如し」という文に基づく思想である。修行者の心を乳にたとえ、実相の智を毒にたとえ、智慧が修行者の無明を破すことを、乳のなかに置かれた毒が発して人を殺すことにたとえたものである。これによれば、毒の効き目が現われるのは、五味のいずれにおいてであるか定まっていないことになる。

最後に第十項の「妙位の始終を明かす」の冒頭において、「真如法《しんによほう》の中には詮次《せんじ》無く、一地・二地無し。法性は平等にして、常《つね》自に寂然《じやくねん》たり。豈に応に初後・始終を分別すべけん」(七四〇下)とあるように、法性に位の差別のないことを示し、次に、「良《まこと》に平等大慧《びようどうだいえ》もて法界を観ずるに、若干《にやつかん》有ること無きに由りて、能く若干の無明を破して、若干の智慧無きを顕出す」(同前)とあり、『釈籤』によれば、位の差別の成立することを示しているとされる。最後に、「此の智慧に約するに、無始にして而《しか》も始なれば、即ち是れ初めの阿《あ》なり。無終にして而も終なれば、即ち是れ後の茶《だ》なり。無中にして而も中を論ずれば、即ち是れ四十心なり。復た差別すと雖も、則ち差別無し。故に不思議の位と名づくるなり」(同前)とあり、『釈籤』によれば、「無差《むしや》にして差、差にして無差、及び不二の相」を明かしているとされる。つまり、位に差別がないという立場と、差別があるという立場の両者を相即させる立場を明らかにしているわけである。なお、「阿」「茶」は梵字(悉曇《しつたん》の四十二字門)の最初と最後の文字にあたる。この基本的な観点に立って、円教の妙位の始めが十住であることと、終わりが妙覚であることを明かしている。

以上のように、智顗は、薬草喩品の三草二木と最実事によって六位を立て、蔵教・通教・別教・円教の四教の位を体系的に明らかにしたのである。

⑤三法妙

⑴三法の意味と三法妙の構成　迹門の十妙の第五、三法妙について、すでに迹門の十妙の標章では、三法は秘密蔵であるから妙であるといわれ、生起では、位は三法の秘密蔵の中に住すといわれていた。三法妙の冒頭にも、「第五に三法妙とは、斯《こ》れは乃《すなわ》ち妙位の住する所の法なり」(七四一中)といわれている。続いて、「三法と言うは、即ち三軌《さんき》なり。軌は軌範に名づく。還って是れ三法は、軌範たる可きのみ」(同前)とある。三軌は真性軌《しんしょうき》、観照軌《かんしょうき》、資成軌《しじょうき》のことである。それぞれの意味は後で説明するが、この文には、軌は軌範のことであり、三軌は軌範とすることのできるものという意味であることを明かしている。「法」の語義にはいろいろな意味を含んでいるが、その一つに軌範という意味もあるので、その考えに基づいて、三法を三軌として説明していると思われる。

この三法妙の段落構成を図示する。

三法妙の構成
- 総じて三軌を明かす
- 歴別に三法を明かす
- 麁妙を明かす
- 開麁顕妙
- 始終を明かす
- 類通三法
- 悉檀の料簡

⑵総じて三軌を明かす　第一段の「総じて三軌を明かす」は、三法の概念規定を試みる段落である。つまり、先にも述べたが、三法とは三軌であり、三軌とは真性軌、観照軌、資成軌のことである。慧澄癡空の『講義』には、「真性は法体《ほったい》の不妄不異《ふもうふい》を謂い、観照は情を破し理を顕わすを謂い、資成は相い由りて用を済《な》すを謂う」と説明している。わかりやすくいうと、真性は真如実相のことである。慧澄が法体とも理とも呼んでいるものである。観照は真如実相を観察する智慧のことである。資成は智慧を補助する万行のことである。『法華玄義』では、三軌の名称を紹介した後に、「名は三有りと雖も、秖《た》だ是れ一の大乗の法なるのみ。『経』に曰わく、『十方に諦《あき》らかに求むるに、更に余乗無く、唯だ一仏乗なるのみ』と。一仏乗に即ち三法を具す。亦た第一義諦と名づけ、亦た第一義空と名づけ、亦た如来蔵《にょらいぞう》と名づく」（同前）と述べている。「一の大乗法」が「一仏乗」と同義と捉えて差し支えないはずであるから、三軌の名称は異なっていても、その本質は「一の大乗法」＝「一仏乗」であり、その一仏乗に三法＝三軌を具していることになる。そして、三法は、第一義諦、第一義空、如来蔵とも名づけられるとされる。

これらの異名と三軌の関係については、『講義』に、「第一義諦は理《り》極究竟《ごくくきょう》の故に真性に対し、第一義空は情相を尽くして遺《のこ》すこと無きが故に観照に対し、如来蔵は諸法を具含して用を済すが故に資成に対す」とある。第一義諦はパラマールタ・サティヤ（paramārtha-satya）の訳語で勝義諦《しょうぎたい》とも漢訳されるものである。最高の意義の真理という意味である。この第一義諦においては涅槃や実相なども含めてあらゆるものが空であることを第一義空（パラマールタ・シューンヤター、paramārtha-śūnyatā）という。如来蔵（タターガタ・ガルバ、tathāgata-garbha）は、煩悩に覆われ蔵されながらも、それに汚《けが》されず本来の清浄性を持つ如来法身のことをいう。如来蔵思想では、すべての衆生がこの如来蔵を蔵していることを説く。したがって、これらの用語が三軌のそれぞれに対応するような異なる意味を持っているとは限らない。ただ『講義』では、第一義諦の真理を意味する側面に注目して真性軌と対応させ、第一義空の執著を否定する作用に着目して観照軌に対応させ、如来蔵の功徳の集合体である側面に注目して資成軌に対応させたと考えられる。なお、これらの対応そのものは、『法華玄義』の後の部分に出る。

『法華玄義』では、先の引用文に続けて、「此の三は定《さだ》んで三ならず、三にして一を論ず。一は定んで一ならず、一にして三を論ず。不可思議なり。並《びょう》ならず別ならず、伊字《いじ》・天目《てんもく》なり」(同前)と述べている。これは三軌が一体不離であることを表現した文である。このような考えをしばしば梵字の伊字の三点や、大自在天の三目が縦にも横にも一列には並ばないで、三角形を構成している様子にたとえる。引用文に見られる不並不別《ふびょうふべつ》や、不縦不横《ふじゅうふおう》などの表現も、この考えを示すものである。

次に、『法華玄義』本文には、境・智・行・位と三軌との関係について説いている。境は真性軌、智は観照軌、行は資成軌に対応し、位は三法を修行して証得する果であるというものである。そうすると、三軌は結局、これまでの迹門の三妙においてすでに説かれたことになってしまうので、改めて三法妙を説かなければならない理由が問われることになる。

境・智・行の三妙と三軌との役割の相違を三点にわたって指摘し、それによって改めて三軌を説く理由としている。第一には境・智・行は因を、三軌は果を明かしたものであること、第二には境・智・行は別説で、三軌は合説であること、第三には境・智・行はばらばらに説いて本末を論ぜず、三軌は本末を論じていることである。本末については、性徳《しょうとく》の三軌を本とし、修徳《しゅとく》の三軌を末としている。本性として先天的に備えている能力を性徳といい、修行によって得られる後天的能力を修徳という。この本末に一切の諸法を含むと述べている。さらに、性徳の三法から名字の三法、観行の三法、相似の三法、分証の三法、究竟の三法が順次成立することを説いている。また、自成《じじょう》=自行の三法、化他の三法があることを説いて、これらの理由によって、改めて三法妙を説かなければならないことを主張している。

(3)歴別に三法を明かす　次に、「歴別《りゃくべつ》に三法を明かす」段について説明する。「歴別」とは、個別的なものを経由するという意味であるが、個別的なものとは具体的には蔵教・通教・別教・円教の四教のことであるから、この段では四教それぞれにおける三軌を明かしている。ただし、その前に、「如来開合の方便」（七四一下）を知る必要があるとしている。仏の説法においては、方便によって、たとえば一なるものを三と説いたり、また三なるものを一と説いたりする。前者が開で、後者が合に相当する。このことを知ってはじめて、三法をまとめて一大乗とすることも理解できると述べている。先に、三法の本質は一大乗であるという『法華玄義』の説明を紹介したが、この開合の方便を知ることによって、三法と一大乗との関係を正しく認識できるということだと思う。

蔵教の三軌から順に説明する。蔵教の声聞・縁覚の場合は、無為の智慧を観照軌とし、これが正しく乗（乗り物）=教の体に相当する。乗り物の飾りにたとえられる助道（補助となる修行の意）を資成軌とし、これら正・助の乗が惑を断じて真=真性軌に入るとされる。蔵教の菩薩の場合は、無常観を観照軌とし、功徳の増大するものを資成軌とし、道場に坐して結（煩悩の意）を断じて真を見ることを真性軌とする。

通教においては、真性軌を乗の体とし、即空の慧を観照軌とし、衆行《しゅぎょう》（多くの修行の意）を資成軌とする。

別教においては、縁修《えんしゅ》の観照軌を乗の体とし、諸行を資成軌とし、此の二法、つまり観照軌と資成軌を縁修の智慧とし、この智慧によって惑を破して理＝真性軌を顕わすことができるとされる。縁修については、別教の菩薩の修行のあり方に縁修と真修があり、前者は真如を対象とする有心有作、つまり作為的な修行をいい、後者は無心無作の修行をいう。

最後に、円教の場合は、真性軌を乗の体とし、真性が寂にして、しかも常に照らす点を観照軌とし、真性法界に無量の行を含む点を資成軌とする。

⑷麁妙を明かす・開麁顕妙・始終を明かす　第三段の「麁妙を明かす」は、三法妙の相待妙を明かす段である。つまり、蔵教・通教・別教の三軌は麁で、円教の三軌は妙と規定される。

第四段の「開麁顕妙」は、三法妙の絶待妙を明かす段である。この第四段の末尾には、「三句に一切の法を摂《しょう》し、仏性に非ざること無し。悉皆《ことごと》く是れ妙にして、麁の待《たい》す可き無し。即ち絶待妙なり」（七四三下）とある。ここに出る「三句」とは、『涅槃経』の「仏性とは、亦た一、一に非ず、一に非ず非一に非ず」を指す。仏性が一であるあり方、一でないあり方、そのどちらでもないあり方の三種のあり方を示す句を、「三句」といったものである。第一段の「総じて三軌を明かす」では触れなかったが、そこにはすでに一であるあり方は第一義諦、一でないあり方は如来蔵、どちらでもないあり方は第一義空を表わすと説かれていた。一切法が仏性であり、すべて妙であり、比較すべき麁はないという絶待妙を明かしているわけである。

第五段の「始終を明かす」については、「乃ち凡地《ぼんじ》の一念の心に、十法界、十種の相性《そうしょう》を具するを取りて、三法の始めと為す」（同前）とあり、理即の凡夫の一念に十界・十如是を具足することを三軌の始めとしている。その理由として、十如是は三軌にほかならないといい、具体的に十如是のそれぞれが三軌のどれに対応するかを示している。たとえば、「如是体は、即ち真性軌なり。如是性は、性は内に拠るを以て、即ち是れ観照軌なり。如是相とは、相は外に拠るを以て、即ち是れ福徳にして、是れ資成軌なり」（同前）と述べられている。また、続いて凡心の一念に十界を具すことも明かしている。この三軌の始めに対して、三軌の終わりについてはどのように説かれているのかが問題となる。『法華玄義』には、般若の習果、解脱の報果が満じ、それゆえに法身も満じ、これを三徳究竟の満とし、如来蔵と名づけるなどと述べている。つまり、凡夫の三軌から仏の三軌までの諸段階を明かすことを「始終を明かす」と呼んでいるわけである。

(5)類通三法　第六段の「三法に類す」、あるいは「類通三法《るいずうさんぽう》」について説明する。「類通」という言葉は、二つのものを同類として通じ合わせることを意味する。具体的には、三軌と他の三法との対応関係を示すことを指す。第五段の「始終を明かす」では、凡夫から仏までの三軌の始終を明かした。これは、いわば縦の面から三軌を明かしたことになるが、この段では、いわば横の面から三軌の普遍性を示そうとするものである。

他の三法とは、全部で十組の三法があげられている。これについては、「諸もろの三法は無量なれども、止《た》だ十を用《もち》うるのみなるは、其の大要を挙げて始終を明かすのみ」（七四四上）と理由づけられている。十組とは、三道・三識・三仏性・三般若・三菩提・三大乗・三身・三涅槃・三宝・三徳のことである。ここで、三道が最初に位置することについては、生死の本法であるからと理由づけられている。そして、この生死の流れに逆らって悟りを目指そうとするならば、「須《すべか》らく三識を解し、三仏性を知り、三智慧を起こし、三菩提心を発し、三大乗を行じ、三身を証し、三涅槃を成ずべし」（同前）といわれ、それらの修行、証得によって、最後に、「是の三宝は一切を利益し、化縁《けえん》尽きて三徳に入り、秘密蔵に住す、云云」（同前）と結論づけられている。

十法の内容と三軌との対応について説明する。類通三道では、真性軌が苦道、観照軌が煩悩道、資成軌が業道《ごうどう》に対応すると説かれる。三道はいわゆる煩悩（惑）・業・苦のことで、衆生の迷いのあり方を簡略に示したものである。つまり、衆生は煩悩に突き動かされて、誤った行為＝業をなし、それによって苦の果報を受けるというものである。

類通三識では、菴摩羅識《あんまらしき》が真性軌、阿黎耶識《ありやしき》が観照軌、阿陀那識《あだなしき》が資成軌に対応すると説かれる。菴摩羅識はアマラ・ヴィジュニャーナ（amala-vijñāna）の訳語で、無垢識《むくしき》、清浄識などと漢訳され、第九識とされる。阿黎耶識はアーラヤ・ヴィジュニャーナ（ālaya-vijñāna）の訳語で、蔵識、無没識《むもつしき》などと漢訳され、第八識とされる。よく見られる「阿頼耶識」は玄奘《げんじょう》以後の音写語である。阿陀那識はアーダーナ・ヴィジュニャーナ（ādāna-vijñāna）の訳語で、執持識《しゅうじしき》と漢訳され、第七識とされる。

類通仏性では、真性軌が正因仏性、観照軌が了因仏性、資成軌が縁因仏性に対応すると説かれる。真如実相を正因仏性とし、その真如を悟る智慧を了因仏性とし、智慧を生じるための縁＝条件となるすべての善行を縁因仏性とする。

次に、類通三般若では、真性軌が実相般若、観照軌が観照般若、資成軌が文字般若と対応すると説かれる。般若の智慧によって実相を観察するわけであるから、般若の対境の実相は般若とは異なるはずであるが、般若を起こす根源のものとして、実相般若といわれる。観照般若は、般若の本来の意義で、実相を観察する智慧を意味する。文字般若は、般若を文字として説いている『般若経』を指す。

類通三菩提では、真性軌が実相菩提、観照軌が実智菩提、資成軌が方便菩提に対応すると説かれる。実相菩提は実相の理を悟ること、実智菩提は実相の理にかなう智慧を悟ること、方便菩提は衆生を自在に教化する方便を悟ることを意味する。

類通三大乗では、真性軌が理乗、観照軌が随乗、資成軌が得乗と対応すると説かれる。理乗は真如、理性のこと、随乗は対境に随従して働く智慧のこと、得乗は自他を悟らせる証果のことである。

類通三身では、真性軌が法身、観照軌が報身、資成軌が応身と対応すると説かれる。

類通三涅槃では、真性軌が性浄涅槃《しょうじょう》、観照軌が円浄涅槃、資成軌が方便浄涅槃と対応すると説かれる。性浄涅槃は一切法が本来の相においては清浄な涅槃のあり方をしていることをいう。つまり真如を指している。円浄涅槃は修行を経由して得られる涅槃のことである。方便浄涅槃は衆生救済のために応現した仏が化縁（教化すべき衆生との関係の意）が尽きたために入る涅槃のことである。釈尊の生涯に当てはめると、菩提樹の下での成道が円浄涅槃、八十歳での入滅が方便浄涅槃に相当することになる。

第九に類通一体三宝では、真性軌が法宝、観照軌が仏宝、資成軌が僧宝《そうぼう》と対応すると説かれる。

最後に、類通三徳では、『涅槃経』の法身・般若・解脱の三徳と、『法華経』の三軌とが一致することを説いている。『法華玄義』には、「『大経』の三徳は共に大涅槃を成ず。此の経の三軌は共に大乗を成ず。彼《か》しこに法身の徳を明かし、此こに実相と云う。彼しこに仏性と云うは、亦た一なり。一切衆生は悉く一乗なるが故なり。亦た是れ実相を指して一乗と為す。彼の処に般若の徳を明かし、此の経に『其の智慧の門は、難解難入《なんげなんにゅう》なり』、『我が得る所の智慧は、微妙最第一《みみょうさいだいいち》なり』、乃至、『声聞の法を決了するに、是れ諸経の王なり』と明かす。皆な是れ般若なり。彼の経には解脱の徳を明かし、此の経には数数《しばしば》示現して、生を現じ滅を現ずることを明かす。衆生を調伏する所の処に随いて、自ら既に累《るい》無く、他をして解脱せしめ、乃至、万善《まんぜん》の事の中の功徳を収取して、悉く果を証することを得《う》。豈に解脱に非ざらん。二経の義合す」（七四五下―七四六上）とある。真性軌が法身、観照軌が般若、資成軌が解脱と対応すると説かれていると解釈できる。なお、ここには、『法華経』に仏性が説かれていないとする説に対する批判が見られる。この『法華経』無仏性説は、おそらく光宅寺法雲の説と推定される。

　これで類通三法の段の説明は終わるが、主に『法華経』の経文を引用しながら、これら種々の三法の典拠を示している。

　智顗は、諸経論に説かれる（三道、三識などの）三項一組の概念が三軌と同じ構造になっていることに着眼し、またそのことを主張しているといえよう。換言すれば、三軌は境・智・行を合説したものであるから、迹門の十妙の最も根本的な三妙が仏教全体にとって普遍的なものであることを示したのである。

⑹悉檀の料簡　最後に「悉檀の料簡《りょうけん》」の段について説明する。

第一に、十種の三法がみな三軌と対応一致するならば、なぜ異なった名称によって説かれるのかという問題を取りあげ、衆生の機宜《きぎ》の相違によると答えている。衆生の機がどんな教えに適合するか、その適合性を機宜という。

第二に、三軌・三徳と四悉檀との対応関係を示している。大乗のなかに三法や一切の法が備わっていて、互いに混乱しないのは世界悉檀であり、資成軌は為人《いにん》悉檀に対応し、観照軌は対治《たいじ》悉檀に対応し、真性軌は第一義悉檀に対応すると説かれる。三徳と四悉檀との対応関係については省略するが、最初の三軌と最後の三徳とを取りあげて、中間はその例によると述べている。

第三に、四悉檀の相待妙、絶待妙を説いている。つまり、世界悉檀・為人悉檀・対治悉檀の三悉檀を麁とし、第一義悉檀を妙とするのが相待妙、三悉檀を第一義悉檀に収め取ってすべて妙と規定するのが絶待妙である。

最後に、迹門の十妙の前半の五妙が自行の妙を明かすものであることを説いている。

⑥感応妙

⑴中国における伝統的な感応の思想　迹門の十妙の標章では、諸仏は来ず、衆生は行かないのに、慈《いつく》しみという善根の力によって、仏と衆生との間に感応という関係があるので、感応妙と名づけるといわれ、生起では、仏が三法に住して、寂であっても常に照らしながら、十法界の衆生の機を照らし、衆生の機が来れば、必ず応じると説明していた。感応妙の冒頭でも、同様に「果智は寂《じゃく》にして照らし、感有れば必ず彰《あら》わるるが故に、感応妙を明かすなり」（七四六下）とある。感応という概念はもともと

中国哲学の概念であるが、これを仏と衆生の関係に適用し、仏教の一種の救済論を示したものが感応思想である。

『法華玄義』の感応妙の説明に入る前に、感応思想の思想史的背景について解説する。まず、感応思想は『周易《しゅうえき》』乾卦《けんか》・文言伝《ぶんげんでん》に、「同声相い応じ、同気相い求む」とあり、咸卦《かんか》・彖伝《たんでん》に、「咸は感なり。柔《じゅう》上にして剛《ごう》下なり。二気感応して以て相い与《くみ》す」などとある。これらは、この世界が陰《いん》と陽《よう》に代表されるような相対的二者が互いに他を求めて働きかけ、それに対して互いに反応するという相互交流の関係を保持していることを指摘したものである。また、『荘子《そうじ》』刻意《こくい》篇《へん》には、「聖人《せいじん》の生ずるや天行《てんこう》し、其の死するや物化《ぶつか》し、……感じて後応じ、迫りて後動く」とある。これは無《む》為《い》自《し》然《ぜん》の境地に身を置く聖人の行為の受動的性格を指摘したものである。『周易』繋辞伝上《けいじでんじょう》にも、聖人ではなく、易＝変化の原理についてであるが、その受動的性格を指摘した、「易は無思《むし》なり。無為なり。寂然《せきぜん》として動かず、感じて天下の故《こ》に遂通《すいつう》す」という文がある。これらの相対的二者の交流という世界観としての感応思想と、聖人の万物に対する応化とを関連させて考えるとき、これから述べる仏教の救済論としての聖人《しょうにん》（仏）と凡夫（衆生）の感応思想が浮かび上がってくるように思われる。ただし、実は中国伝統の感応思想の仏教的受容は、救済論としての感応思想だけではない。

他に注目すべきものとして、廬《ろ》山《ざん》慧《え》遠《おん》（三三四―四一六）に典型的に見られる因果報応（応報）思想としての受容がある。彼の『明報応論《みょうほうおうろん》』には、「本《も》と情感ずるを以て、応自《おうおのずか》ら来たる」（大正五二・三三下）とある。衆生の情＝心が外界の対象物と接触することが感であり、その結果、苦楽の報《むく》いが生じることを応という。また、先に紹介した『周易』の感応の場合は、感と応の動作主体は互いに転換可能であり、『荘子』の場合は、感と応の動作主体はともに聖人であり、聖人の心を動かす外物の存在が前提されているともいえるが、それをことさら取りあげようという意識は稀薄なようである。このような点に注目すると、仏教の感応思想の特色が浮かび上がってくる。

仏教の聖人と凡夫の感応思想がいつ確立したのか、正確にはよくわからないが、道生《どうしょう》の場合には、「感」という衆生の側の動作主体を「機」と表現することも含めて、後代の仏教の感応思想の全容がすでに確立しているといえる。それによれば、道生に典型的に見られる仏教の感応思想では、感の主体は凡夫であり、応の主体は聖人であるという明確な区別のある点が特色となっている。このことは道生以前の人である支遁《しとん》（三一四―三六六）においても、「万物は聖を感じ、聖も亦た寂にして以て之れに応ず」（『大小品対比要抄序《だいしょうぼんたいひようしょうじょ》』、大正五五・五六上）とあって同様であるが、道生の場合は、後代の仏教の感応思想の先駆として、感の動作主体を凡夫の機と規定している。

機については、すでに説明した（七六―七七頁を参照）が、要約すると、機は日本人にとっては機根という熟語としてよく知られているが、根がサンスクリット語のインドリヤ（indriya）の翻訳語として、宗教的能力を意味するのに対して、機に対応するサンスクリット語はないこと、漢語としての機はもともと弩《いしゅみ》の矢を飛ばすバネ仕掛け、物事の兆し、からくりなどを意味すること、これらの意味を踏まえて、遅くとも道生においては、仏・菩薩の応現・教化を発動させ、かつそれを受け止める衆生の側の構え、あり方という仏教的用法が確立していたことなどを説明した。

では、道生はなぜ機に着目し、重視したのであろうか。私は、その理由には二つの事がらが関係していると思う。第一には教判思想における機の役割の認識であり、第二には聖人と凡夫の感応における機の役割の認識である。前者について説明すると、道生は、仏の経教の多様な展開の理由を、衆生の側の機の成熟段階の相違性に求めている。また、仏の経教についてではないが、広く仏・菩薩の衆生に対する化導《けどう》の多様なあり方の根拠を、機の多様性に求めている。

次に、後者の、聖人と凡夫の感応における機の役割についてであるが、実は、前者の教判思想における機の役割の認識も後者に含めることができると思う。というのは、衆生の機の多様性に対して、聖人が多様な教法をもって応じることは、広い意味での聖人と凡夫の感応の一様態であるといえるからである。そして、この意味における機の重視は、聖人と凡夫の感応において、感の主体を明確化することと関連しているのである。その良い例として、『法華経』序品《じょほん》の「一時」の道生の注を紹介しよう。「『時』とは、衆生の機が聖人を動かせば、聖人が応じることができる。凡夫と聖人の道が交わり、良い機会を失わないことを『一時』という」(続蔵二―乙―二三―四・三九七右下)とある。ここでは、凡夫の機が聖人を感じ、つまり発動させ、それに対して、聖人が凡夫に応じるという図式が明瞭に示されている。

後代の仏教においては、基本的に道生に見られる感応思想を下敷きにして、衆生のいかなる機が仏の応現を発動させることができるのかという、より切実な問題を考察してゆく。これらの感応をめぐる議論は、法雲の『法華義記』、梁代に編纂された『大般涅槃経集解《だいはつねはんぎょうじゅうげ》』に散見されるが、三論宗の慧《え》均《きん》の『大乗四論玄義記《だいじょうしろんげんぎき》』には感応の章を立てて、前代の議論を整理している。『法華玄義』の感応妙における議論も、前代の議論を背景にして成立していることに注意するべきである。

(2)機の三義と応の三義　感応妙の構成を図示する。

感応妙の構成

- 感応の名を釈す
- 機応の相を明かす
- 機感の不同を明かす
- 機応の相対を明かす
- 麁妙を明かす
- 観心を明かす

第六項の観心は名目だけで、内容がないので、その他の五項について順に説明する。その前に、感応妙の冒頭には、迹門の十妙の前四妙が円因で、第五の三法妙が円果を意味するとあり、この円果に基づいて、衆生の感に対する仏の応があることを指摘している。

第一項の「感応の名を釈す」は、字義の解釈、四悉檀との対応、料簡＝問答の三段から成っている。字義の解釈では、まず、感応という用語が竺法護《じくほうご》訳『正法華経《しょうほけきょう》』に出るとの指摘に始まって、経に出る機、縁という概念は感の別名であって、いずれも衆生を指し示す概念であることを指摘している。そのうえで、機を中心に解釈すると理解しやすいとして、以下、機の三義、これに対応する応の三義について述べている。

機の第一義については、「一には機は是れ微《み》の義なり。故に『易《えき》』に云わく、『機とは、動の微、吉の先に現ずるなり』と。又た、『阿含《あごん》』に云わく、『衆生に善法の機有らば、聖人来たりて応ずるなり。衆生に将《まさ》に生ぜんとするの善有らば、此の善微微《みみ》にして将に動ぜんとして、機と為すことを得《う》』と。若し将に生ぜんとする善を機と為さば、此の語（底本の「結」を『全集本』によって改める）を促《そく》と為す。今、生ず可きの善を明かす。此の語は則ち寛《かん》なり。弩《いしゆみ》に発す可きの機有るが故に、射る者は之れを発し、之れを発すれば則ち箭《や》動き、発せざれば則ち前《すす》まざるが如し。衆生に生ず可きの善有るが故に、聖《しよう》応ずれば則ち善生じ、応ぜざれば則ち生ぜず。故に機とは微なりと言うなり」(七四六下—七四七上)とある。『周易』によれば、機は動きの微《かす》かなものという意味である。そこで、機を微と規定しているのである。機微という熟語の成り立ちがよくわかる。『阿含経』によれば、衆生に善法、つまり善なるものという機があれば、これに仏が応じる。そして、まさに生じそうな善を機と規定するならば、それは狭い意味の機であり、生じる可能性のある善を機と規定するならば、それは広い意味の機であると説明している。譬喩の意味は、弩に矢を発射するバネ仕掛けがあるから、射手が射れば矢が動き、射なければ矢が進まないという意味である。それと同様に、衆生に生じる可能性のある善というバネ仕掛けがあるから、射手が射れば、つまり聖人が応じれば善が生じることを指摘している。

機の第二義については、関《かん》の意義があると述べている。関の意義は、『古注楞伽経《こちゆうりようがきよう》』の説に基づくとあるが、この『楞伽経』の注釈書についてはよくわからない。衆生の善、悪が、聖人の慈悲に関係する点を取りあげて、関の意義を指摘している。関は、字義としてはかんぬきの意であり、そこから物をつなぐように関係するの意が生じた。機にも仕掛け、からくりの意味があり、関にもつなぎ目の仕組み、からくりの意があるので、機と関とを同一視したものと思われる。機関という熟語の成り立ちがよくわかる。

機の第三義については、宜《ぎ》の意義があると述べている。宜は適当な、適宜《てきぎ》なという意である。機に、ほどよい時機という意味があり、その点が宜の意味に通じるとされたのだと思う。無明の苦を抜こうとすれば、まさしく悲に適宜であり、法性の楽を与えようとすれば、正しく慈に適宜であると説いている。

次に、機の三義に対応して、応の三義が説かれている。機の微の意義に対応して、応の赴《ふ》の意義が取りあげられている。生じる可能性のある善がまさに動こうとしているときに、聖人がそれに赴《おもむ》けば、善が生じるといわれる。機の関の意義に対応して、応の対《たい》の意義が取りあげられている。仏と衆生の二者が相関、相対関係にある点を指摘したものである。機の宜の意義に対応して、応の応の意義が取りあげられている。衆生の状態に適宜な仕方で仏が応じることを指摘したものである。

次に、機の三義、応の三義と四悉檀との対応について説明する。微と赴の意義を取りあげるのは世界悉檀の立場からの解釈とされる。理由は、楽欲《ぎようよく》の心に赴くからである。関と対の意義を取りあげるのは対治悉檀の立場からの解釈とされる。理由は、悲によって苦の機に対し、慈によって善の機に対するからである。宜と応の意義を取りあげるのは為人悉檀・第一義悉檀の立場からの解釈とされる。理由は、事善を生じるのに適宜に応じるのは為人悉檀であり、理善を生じるのに適宜に応じるのは第一義悉檀であるとされる。

この項の最後の料簡では、理善と第一義悉檀との関係の問題、衆生の機と仏の応の一異、つまり同一か相違するかの問題、仏の応とは法身の応なのか応身の応なのかという問題の三種の問題が取りあげられているが、説明は省略する。

⑶善悪と機、慈悲と応　第二項の「機応の相を明かす」では、いくつかの問題が扱われているが、重要な問題を紹介する。第一に、感応における衆生の機はいったい善なのか、悪なのか、あるいは善

悪の合したものなのかという問題が取りあげられている。いずれもその解釈の基づく経文が引用されており、とくに智顗によって取捨選択はされていない。経文は対機説法であるので、さまざまなケースが説かれている。現に、三種の解釈にはどれも基づく経文が引用されている。『釈籤』の解釈によれば、前二者は特殊なケースについて当てはまるもので、道理としては第三の善悪合体説が妥当であるとしている。

第二に、感応における仏の応は、悲に基づくのか、慈に基づくのか、あるいは慈と悲との合したものに基づくのかという問題が取りあげられている。これも、第一の問題と同じく智顗によって取捨選択はされていないが、『釈籤』によれば、道理としては、慈悲合体説が妥当とされる。

第三の問題は、これまで問題になってきた善悪は時間的に過去・現在・未来のいずれの善悪なのかという問題である。究極的には三世は不可得であるが、四悉檀の力によって衆生の立場に合わせて三世を説くという基本的立場を確認したうえで、過去の善、現在の善、未来の善を機とする場合をそれぞれ肯定的に紹介し、それに対応して、慈悲についても、過去の慈悲、現在の慈悲、未来の慈悲によって応じることを肯定的に紹介している。そして、善悪については、「若し通じて論ぜば、三世の善悪を皆な機と為す。別して論ぜば、但だ未来の善悪のみを取りて正機と為すなり。何となれば、過去は已に謝し、現在は已に定まる。秖《た》だ未来の悪を抜き、未来の善を生ぜんが為めなるのみ」（七四八上）と結論づけている。応については言及されていないが、当然、通じて論じれば、三世の慈悲となるが、『釈籤』によると、別して論じれば、現在の慈悲となると説かれる。

第四の問題は、感応における衆生と仏の能動性の問題についてである。つまり、衆生は自ら仏を感じるのか、それとも仏に依存して仏を感じるのかという問題である。また、仏は自ら衆生に応じるのか、それとも衆生に依存して応じるのかという問題である。このような分析的な視点による問いかけそのものが、究極的立場では成立しないことを指摘したうえで、世間の言語習慣の立場で、かりに感と応、能と所などを区別する立場が成立することを示している。

(4)機応と顕冥　次に、第三項の「機感の不同を明かす」は、「一に四句《しく》に就いて不同を論じ、二に三十六句に就いて不同を論じ、三に十法界《じっぽうかい》に就いて不同を論ず」(七四八中)に分かれている。「四句」とは、冥機冥応《みょうきみょうおう》、冥機顕応《けんのう》、顕機顕応、顕機冥応のことである。「顕」は目に見えてはっきりしているという意味、「冥」は奥深くて目に見えないという意味である。具体的にいえば、冥機は、過去世に積んだ善を意味する。過去のことなので目に見えないからである。この冥機に対して、はっきり目に見える仏の応がないが、目に見えない法身の利益を受けることを冥応といい、利益に焦点を合わせて冥益《みょうやく》ともいう。もちろん、仏に直接お会いして説法を聞き、利益を受けることが顕応、顕益といわれる。これに対して、現在世においてはっきり目に見える形で修得する善を顕機といい、これに対しても顕応と冥応がある。したがって、現世の応報の内容も、この四種の視点から判断しなければならず、単純に判断して仏教の因果応報を疑ってはならないと戒めている。

「三十六句の不同」については、機を冥機・顕機・亦《やく》冥亦顕機・非冥非顕機の四種に分類する。それぞれ過去、現在、過去・現在、未来の機を意味するとされる。そして、一機に対して、応にも四種の応を立てる。たとえば、冥機冥応・冥機顕応・冥機亦冥亦顕応・冥機非冥非顕応というようにである。このようにすれば、全部で十六句が成立する。これは　機を中心に見たものであるので、逆に応を中心に見る場合も十六句あることになり、都合三十二句となる。これに最初の機を中心とした四句を合わせると三十六句となる。もし応を中心とした四句、これは『法華玄義』には出ていないが、もしこれを加えるならば四十句となると『釈籤』に指摘されている。

最後に、十法界についての不同については、十界互具の立場においては、六万四千八百の機応があることを説いているが、計算の仕方は省略する。

(5)機応の相対を明かす　第四項の「機応の相対を明かす」には、「一に諸有《しょう》の苦楽は三昧の慈悲と相対するを明かし、二には機関等の相対、三には三十六句の相対、四には別・円の相対なり」（七四八下）とある。

第一では、諸機は多くても二十五有（二一六―二一七頁を参照）を出ず、諸応は多くても二十五三昧（二一六―二一七頁を参照）を出ないと述べ、その代表例として、地獄の有の善悪の機に対する無垢三昧の慈悲の応について詳しく明かしている。

第二では、地獄界の黒業《こくごう》（悪業の意）の機に微・関・宜の三義があり、それに対する無垢三昧の応に赴・対・応の三義があること、地獄の白業《びゃくごう》（善業の意）も同様であることを説いている。

第三では、前に説明した冥顕の四句を適用し、地獄界における四機・四応を説き、さらに、これも前に説明した三十六句を適用し、地獄界における三十六機・三十六応を説いている。

第四では、別機と別応、円機と円応が対応すると説いている。

(6)麁妙を明かす　最後に、第五項の「麁妙を明かす」では、第一に機の相待妙、第二に応の相待妙、第三に絶待妙を説いている。

第一では、地獄界を例にとり、地獄界に具せられる九界の機を麁とし、仏界の機を妙とすることを説いている。

第二では、機の麁妙に対応して応があることを説いたうえで、別教の初地、円教の初住における法身の応が妙と規定されている。

第三では、『法華経』の開会《かいえ》の立場に立って、「九法界《くほうかい》の機は、皆な仏界の機なり。四聖《ししょう》の応は、妙応に非ざること無きなり」（七四九下）と結論し、相待判において麁と規定されたものを妙と捉えなおしている。

⑦神通妙

⑴神通とは何か　迹門の十妙の第七、神通妙について、迹門の十妙の標章では、種々の神通がすべて一乗のためのものなので神通妙といわれるとあり、生起では、第六の感応妙において説かれた感応という仏と衆生との関係を踏まえ、仏の応においては、まず神通によって衆生を驚かせ、説法の準備を整えることが指摘された。神通はアビジュニャー（abhijñā）の訳語で、原義はすぐれた知のことである。『法華玄義』に説かれるように六神通（二五二頁を参照）などが有名である。現代的にいうと、超能力に相当する。古代社会においては、何らかの宗教的な修行、たとえばヨーガや苦行などのような修行によって凡人の手の届かない超能力が得られるとし、それが人々に大きな魅力となっていたようである。仏典にもこのような不可思議、神秘的な超能力が多く出ており、釈尊の十大弟子のなかで目連（目犍連《もっけんれん》）は神通第一として有名である。

中国に仏教を伝えた仏図澄《ぶっとちょう》などの僧侶もその超能力によって注目を浴び、そのことが仏教を広めるうえで効果があったことが認められている。これらの超能力のなかには、現代では科学的に説明できるものも少なくないと思う。仏教の僧侶は、当時においては第一級の知識人であったから、当時はまだ広くは知られていない科学的な知識、医学の知識、生物学の知識などをフルに活用して、一般の人々が驚くようなことができたと思われる。しかし、仏典に説かれている神秘的な記事の多くはやはり客観的な事実を示すものではなく、その当時の一種の象徴的な表現であり、いわゆる宗教言語として解釈しなければならないと思う。つまり、そのような表現がいったい何を意味していたのかを理解することが重要だと思う。しかし、いつの時代にも、ファンダメンタリズム、つまり原理主義、根本主義に立つ人はいる。仏教の六神通の中には、空中飛行という超能力も出ているが、現代においても、それを真に受けて、熱心に空中浮遊ができたなどということを宗教の宣伝に使う場合があるようであるが、もし本当にファンダメンタリズムの立場を採用するなら、数秒間浮遊できるなどという小さなことはいわず、アメリカにでもイギリスにでも飛んでいっていただきたいと思う。また、宿命通《しゅくみょうつう》といって、過去の生涯を知るという超能力も仏典には説かれるが、これを真に受けて、人様の過去世が何であるかなどという重大な問題を勝手に吹聴している人もいるようであるが、これも眉唾ものである。神通力は、人間の人格的な成長、宗教的な境涯という視点から、人間学的に再解釈される必要があると思う。

(2)神通妙の構成とその内容　神通妙の構成を図示する。

神通妙の構成

- 次第
- 名数
- 神通の不同を明かす
- 麁妙を明かす

「次第」は「来意」ともいい換えられている。第六感応妙において、仏と衆生の感応関係という事態が説かれた。その関係に則って、仏の衆生に対する応化という側面に光を当てたものが第七の神通妙、第八の説法妙である。このような仏の衆生に対する働きかけは、一般的には『法華玄義』にも出ているように、三輪と捉えられる。転輪聖王の輪宝《りんぽう》にたとえているのである。三輪の内容については、「身輪《しんりん》・口輪《くりん》・他心輪《たしんりん》を謂う」（同前）とある。名称から身口意の三業《さんごう》と関係する概念だということがわかる。身輪は、仏の身業による教化で神通を意味する。神通輪、神変輪《じんぺんりん》とも呼ばれる。口輪は、口業による教化で説法を意味する。説法輪、教誡輪《きょうかいりん》とも呼ばれる。他心輪は、衆生の心中を洞察することで、憶念輪、記心輪とも呼ばれる。

『法華玄義』に、「若し説法の大なるを見ば、則ち智慧の大なることを知る。故に両輪は兼ねて他心輪を示すなり」（七五〇上）とある。これは、神通輪、説法輪という仏の目に見える具体的な教化の根底には、そもそも教化すべき相手の衆生の心中に対する、仏の洞察という他心輪が存在していることを指摘したものだと思う。衆生教化に焦点を合わせると、他心輪よりも、身輪、口輪をあげることが多いといわれている。

次に、第二項の「名数《みょうしゅ》」では、まず、諸経に出る神通の数は一定していないこと、しかし、ここでは六神通を取りあげることを述べている。その名称は、天眼通《てんげんつう》・天耳通《てんにつう》・他心通・宿命通・如意身通《にょいしんつう》・無漏通と紹介されている。如意身通は神足通《じんそくつう》ともいわれ、無漏通は漏尽通《ろじんつう》ともいわれる。『法華玄義』には、神通の語義解釈として、「『瓔珞』に『神は天心に名づけ、通は慧性《えしょう》に名づく』と云うが如し。『天心』とは天然の心なり。『慧性』とは通達《つうだつ》して無礙なり」(同前)、また、「『地持《じじ》』の力品《りきほん》に云わく、『神は測知《そくち》し難きを謂い、通は壅礙《ようげ》無きを謂う』と。此の解は『瓔珞』と同じ。『天心』は即ち是れ測知し難きの義、『慧性』は即ち是れ壅礙無きの義なり」(同前)と述べている。『地持経』の解釈は、漢語の神通の意味をよく示していると思う。神はここでは神様という名詞の意味ではなく、不可思議なという形容詞の意味である。通は、滞りがなく、すらすらと順調に行くことである。この解釈に比べると、『菩薩瓔珞本業経』の、神を天心、通を慧性とする解釈は、少し難しいが、智顗の解説では、それぞれ天然の心、通達して無礙であることを意味するとされる。天心は、本来は何ものにも汚されていない生まれつきの、本然《ほんねん》の心の意味であるが、智顗によれば、「測知し難きの義」であるとされている。慧性は障害のない智慧の働きを意味したもので、わかりやすい。この項の末尾に「天然の慧性」(同前)という表現があるので、これによれば本然の智慧の働きを意味するということになる。なお、この六神通のなかには、修行する順番、獲得する順番に固定的なものはなく、活用する場合もその時々に自由に応じるといわれ、それゆえに、諸経に列挙される場合も、固定した順番がないことを指摘している。

次に、第三項の「神通の不同を明かす」では、まずさまざまな神通を取りあげている。鬼道の報得の通、つまり餓鬼道の衆生が業の報いとして獲得した神通、薬を服して得られる神通、外道の神通、諸天の神通、二乗の神通、六度の菩薩＝蔵教の菩薩の神通、通教の菩薩の神通、別教の菩薩の神通、円教の神通を取りあげ、どんな修行によって得られる神通かについて説明している。円教の神通については、『釈籤』によれば、諸経には眼・耳・身・意の四根を六神通とする。眼は天眼通、耳は天耳通、身は如意身通、意は他心通・宿命通・漏尽通に相当する。これに対して、『法華経』と『普賢観《ふげんかん》経《ぎょう》』には、鼻根と舌根を加えて、つまり六根を六神通とする。これは両経に説かれる六根清浄を踏まえたものだと思う。六根清浄についての法師功徳品の文を見ると、六根が実に超自然的な能力を持つことを説いている。さらに、この六根の神通は、具体的な禅定によって獲得されるものではなく、「中道の真」（七五〇中）であって、「任運《にんぬん》に成就して、作意《さい》を須《もち》いず」（同前）といわれている。つまり、その自然性、本来性が指摘されている。また、「其の修習《しゅじゅう》を論ずれば、皆な実相常住の理を縁《えん》ず」（同前）ともいわれている。天然自然であることを強調しているので、本来は修行を問題にすることはできないと思うのであるが、しいて問題にすれば、常住である実相＝理に基づく神通であることを指摘している。

『法華玄義』では、その後、いくつかの経文をあげて、六根の神通を説明している。とくに、『鴦掘《おうくつ》魔羅経《まらきょう》』（『央掘魔羅経』などとも記す）の「所謂る彼の眼根《げんこん》（他の五根にも当てはまる――著者注）は、諸もろの如来に於いて常なり。具足して減修《げんしゅ》無く、了了分明《りょうりょうふんみょう》に見る」について、少し解説を加えている。それによれば、「彼」とは衆生を意味し、衆生にとっては無常であると捉えられても、仏にとっては常住であること、「減修無く」とは実相によって修することを意味し、「了了に見る」とは仏性を見ることを意味し、あるいは「了了」とは実相の理を見ることで、「分明」とは法界の事を知ることであると解釈している。『法華玄義』には、さらに、「見に二種有り。一に相似の見、二に分真《ぶんしん》の見なり」（七五〇下）とある。この「見」は示現という意味だと思う。つまり、神通を現わし示すことである。これに真実のものと相似のものとがあると区別しているわけである。

最後に、料簡問答があるが、説明は省略する。

神通妙の最後の項である「麁妙を明かす」では、神通の相待妙と絶待妙を説いているが、本文は比較的長いので、要点を整理して内容を紹介したいと思う。神通によって衆生を教化する場合、自己の身を変化させて衆生の正報《しょうほう》に応同（ある対象に同化するように現われること）する場合と、自己の国土を変化させて衆生の住する依報《えほう》に応同する場合の二つの場合があるとされる。前者は十界の衆生に応同することを意味し、後者は十界の衆生の住する国土に応同することを意味する。『法華玄義』では、前者について具体的に説明した後に、五味における麁妙を判定している。蔵教・通教・別教が麁で、円教が妙と規定されるので、五味のなかでは、他の四味が麁を含んでいるのに対して、『法華経』だけが円教の一妙と規定される。

後者の依報に応同する場合は、さらに二つに分かれる。第一に、国土の苦楽が衆生によるもので、仏に関係しない場合である。第二に仏が衆生を折伏《しゃくぶく》・摂受《しょうじゅ》する場合で、このときは国土の苦楽は仏によるもので、衆生に関係しない。第一の場合については、衆生の乗戒の緩急によって、国土の浄穢《じょうえ》が決まることを説いている。乗戒の緩急とは、乗は教えの意、戒は宗教生活上の禁制の意である。そして、教えを聞くことと、戒を保持することに関して、手ぬるくて怠慢なことが緩、ひたすらで熱心なことが急といわれる。『法華玄義』の説く具体的な内容の紹介は省略する。第二の場合については、仏が浄穢の国土を起こして、十界の衆生を折伏・摂受する様子を説いた後に、蔵教・通教・別教の三教の作意の神通は麁、円教の神通は妙であること、九界の衆生のために方便の神通を用いることは麁、仏界の衆生のために真実の神通を用いることは妙であることを明かしている。また、依報に対する応同についても、五味に約して麁妙を判定している。最後に、神通の絶待妙について説いている。

⑧説法妙

次に第八、説法妙については、迹門の十妙の標章では、真理のとおりに円かに説いて、みな衆生を仏知見に開示悟入させるので、説法妙というとされ、生起では、神通によって衆生を驚かした後、もし衆生が教えを聞くことができる場合は、次に説法するといわれていた。ここでも、「一乗を演説するに、三の差別無く、皆悉《み》な一切智地《いっさいちじ》に到る。其の説く所の法は、皆な実にして虚ならず。是の故に次に説法妙なり」（七五一下）と、同様な内容を記している。ここの構成を図示する。

説法妙の構成
- 法の名を釈す
- 法の大小を分かつ
- 縁に対して異なり有るを明かす
- 所詮を明かす
- 麁妙を明かす
- 観心を明かす

三世の仏法は無量であるけれども、十二部経によってすべてを包含することができることが説かれている。十二部経とは、仏の説法を内容・形式のうえから十二種に分類したもので、それぞれの意味は、まさにこの第一項「法の名を釈す」で明らかにされている。『法華玄義』では、はじめに達摩鬱《だつまうつ》多羅《たら》（北斉《ほくせい》の法上《ほうじょう》）による十二部経の解釈を紹介しているが、これについては説明を省略する。その後に、十二部経個々に対して説明を与えている。詳しく紹介できないので、ここでは、『法華玄義』の本文に出る十二部経の名称とその辞書的な意味とを示すにとどめたいと思う。

修多羅《しゅたら》は梵語スートラ（sūtra）の音写で、経、法本《ほうほん》、契経《かいきょう》、線経などと漢訳する。いわゆるお経のなかで、教えを簡略にまとめた聖典の中の文句を指す。たとえば、諸行無常《しょぎょうむじょう》、諸法無我《しょほうむが》、涅槃寂静《ねはんじゃくじょう》などのことといわれる。『涅槃経』『法華経』などのように個別の経典全体の呼び名としての意味とは異なる。祇夜《ぎや》はゲーヤ（geya）の音写で、重頌《じゅうじゅ》、応頌などと漢訳する。修多羅の内容を韻文で繰り返す部分をいう。和伽羅那《わからな》はヴィヤーカラナ（vyākaraṇa）の音写で、授記《じゅき》と漢訳する。授記は『法華経』に強調される未来の成仏の予言のことも意味するが、そればかりでなく、もっと広い意味で、声聞、縁覚、六道などの未来に果報として得るべき境涯を予言することをも含む。伽陀《かだ》はガーター（gāthā）の音写で、不重頌、孤起頌《こきじゅ》、諷頌《ふうじゅ》などと漢訳する。また、偈とも音写する。祇夜と異なり、前に散文がなく、韻文が単独で出る場合を意味する。優陀那《うだな》はウダーナ（udāna）の音写で、無問自説《むもんじせつ》と漢訳する。弟子の質問がないのに、仏が自らの感興のままに説きだしたものをいう。尼陀那《にだな》はニダーナ（nidāna）の音写で、因縁と漢訳する。仏が経や律を説く場合、その因縁、由来を説いたもののことである。阿波陀那《あばだな》はアヴァダーナ（avadāna）の音写で、譬喩と漢訳する。お経のなかに説かれる譬喩を指す。伊帝目多伽《いたいもくたか》はイティヴリッタカ（itivṛttaka）の音写で、本事《ほんじ》、如是語《にょぜご》などと漢訳する。『法華玄義』には、伊帝目多伽に二種あるとして、第一を「結句」といっているが、これは如是語の意味に該当するもので、「仏はこのように説いた」という語で始まる経をいう。第二は本事に該当するもので、仏や弟子の過去世の因縁事跡を説いたものをいう。闍陀伽《じゃだか》はジャータカ（jātaka）の音写で、本生《ほんじょう》と漢訳する。仏の前世の物語をいう。毘仏略《びぶつりゃく》はヴァイプリヤ（vaipulya）の音写で、方広《ほうこう》と漢訳する。広大深遠な説を詳しく展開したものをいう。『法華玄義』では、大乗経典は阿耨多羅三藐三菩提《あのくたらさんみゃくさんぼだい》を得るためにこの毘仏略を説くとしている。阿浮陀達磨《あぶだだつま》はアドゥブフタダルマ（adbhutadharma）の音写で、未曾有《みぞう》と漢訳する。仏が神通力を示した部分や、仏の偉大な功徳を讃歎した部分を指す。優波提舎《うばだいしゃ》はウパデーシャ（upadeśa）の音写で、論議と漢訳する。仏や弟子が論議分別して教えの意義を説き明かしたものをいう。

次に第二項の「法の大小を分かつ」については、『法華経』では、九部経が小乗で、その他の授記・無問自説・方広の三部は大乗だけが備えるという立場に立っていることを紹介しながら、小乗にも十二部を備えるという説も紹介している。前者を別、後者を通の立場からの発言であるとしている。もっとも小乗の十二部は当然小乗の思想にとどまるものであることも指摘している。また、その他の説も紹介している。

第三項の「縁に対して異なり有るを明かす」では、「今、総じて如来の、四縁に対して十二部の法を説くを論ずるに、両種の四教の不同有り」（七五四上）とあるように、四種の機縁、つまり界内の鈍根・界内の利根・界外の鈍根・界外の利根に対する如来の説法の内容が異なることをいう。つまり四教という相違がある（一一四頁を参照）。この四教にも二種類があるとされ、第一には、「隠顕《おんけん》に就いて共に四教を論ず。隠は即ち秘密教、顕は即ち頓《とん》・漸《ぜん》・不定教《ふじょうきょう》なり」（七五四上―中）とあるように、秘密・頓・漸・不定の化儀《けぎ》の四教をいう。第二には、「直ちに顕露漸教《けんろぜんぎょう》の中に就いて、更に四教を明かすは、即ち是れ三蔵・通・別・円なり」（七五四中）とあるように、いわゆる化法の四教を指す。

第四項の「所詮を明かす」については、第三項で示した二種の四教の所詮、つまり明らかにされる思想内容について、思議の真諦、思議の俗諦、不思議の真諦、不思議の俗諦というカテゴリーを用いて説明している。

第五項の「麁妙を明かす」では、「一に理に約し、二に言《ごん》に約し、三に所詮に約し、四に衆経に約し、五に正しく此の経に約す」（七五四下）という五種の視点から、麁妙を明かしている。第一では、理はすべて中道で妙であるが、衆生の情が理に順ずれば妙となり、背けば麁となることを説いている。第二では、仏の一音《いっとん》の説法は妙であるが、衆生は類にしたがって異なって理解するので、麁妙が分かれると説いている。第三では、蔵教・通教・別教・円教の四教に約して麁妙を分けるが、能詮の教、所詮の理がともに妙であるのは円教だけであるとされる。第四では、爾前《にぜん》の諸経は麁で、『法華経』のみが妙であることを明かしている。第五では、『法華経』が妙の十二部経をすべて備えていることを、具体的に十二部経に該当する経文を引用して示している。その後、相待の説法妙、絶待の説法妙を明かしている。

第六項「観心」は、タイトルだけで、中身は説かれていない。

⑨眷属妙

迹門の十妙の第九、眷属妙について、迹門の十妙の標章では、種々の眷属を取りあげ、それらに取り囲まれるので、眷属妙というとされ、生起では、衆生が仏の説法を聞いて法の眷属となるとされていた。この段の構成を図示する。

眷属妙の構成
- 来意を明かす
- 眷属を明かす
- 麁妙を明かす
- 法門の眷属を明かす
- 観心の眷属を明かす

第一の「来意を明かす」は、眷属妙の説かれる理由を説明する段である。説法は必ず衆生という縁に対するものであり、教えを受けた衆生は眷属となるので、説法妙の後に眷属妙が説かれると説明している。眷属の字義の解釈として、「天性親愛《てんしょうしんあい》なるが故に眷と名づけ、更相《たが》いに臣順《しんじゅん》するが故に属と名づく」（七五五中）と述べている。つまり、「眷」は生まれつきの本性として親しみ愛するという意味で、「属」は臣下のように随順するという意味として解釈している。漢語としては、眷は目をかけるの意、属は従属するの意で、眷属は一族、親族の意味となる。眷属に対応するサンスクリット語の一つにパリヴァーラ（parivāra）があるが、これは取り巻きの者、随順する者の意である。仏教では、主に仏・菩薩の従者をいうが、『法華経』の聴衆を列挙する場合を見ると、諸天、比丘尼《びくに》、転輪聖王、阿闍世王《あじやせおう》などもみな多数の眷属を引き連れて『法華経』の会座《えざ》に参集している。

さて、『法華玄義』では、眷属の上のような字義に基づいて、仏教の修行者が戒定慧の三学を受けることによって、仏弟子となることを説いている。とくに、慧については、「諸もろの法門を説きて、転じて人心に入れ、法に由りて親を成ず。親の故に則ち信じ、信ずるが故に則ち順ず。是れ眷属と名づくるなり」（同前）と述べ、直接、眷属の原義である「親」「順」と関連させて、眷属の成立を指摘している。

第二段の「眷属を明かす」では、理性の眷属、業生《ごつしよう》の眷属、願生の眷属、神通生の眷属、応生の眷属の五種の眷属を出している。衆生の如《によ》（真実のあり方）と仏の如とは一如であるので、理性のうえで互いに関係しており、一切の衆生は仏との結縁《けちえん》、不結縁にかかわらず、みな仏の子といわれる。これが理性の眷属である。

このように本来性という視点では、衆生はみな理性の眷属であるが、衆生は実際にはかつて受けた仏の教化を忘れ無明を起こしてしまう。『法華玄義』では、この事態を如来寿量品《によらいじゆりようほん》の良医《ろうい》の譬喩に出る「他の毒薬を飲む」ことにたとえている。毒薬を飲んだ子どもたちのなかには、「失心《しつしん》」の子と「不失心」の子の二種類がいたのであるが、「不失心」の子は三千塵点劫《じんでんごう》の昔の大通覆講《だいつうふつこう》のときに結縁できたとされる。大通覆講とは、大通智勝仏《だいつうちしようぶつ》が『法華経』を説いた後に、禅定に入ったので、彼の出家以前にもうけた十六人の王子、このときはすでに出家して沙弥《しやみ》となっているわけであるが、彼らが次々に『法華経』を仏の代わりに説く。これを大通覆講という。覆講とは繰り返して述べるという意味である。この十六人の沙弥のなかの一人が釈尊にほかならない。したがって、そのとき、釈尊から

『法華経』を聞いて結縁したものが、「不失心」の子である。「失心」の子は、本心を失って薬を飲もうとしない子という意味であるが、長く生死に流浪し、大通覆講以後に、蔵教・通教・別教・円教のそれぞれの教えとの結縁を果たすとされる。結縁以後は、仏の教化によって成熟させられ、あるものは度脱し、あるものは今にいたるまで度脱していない。このように結縁の前後はあるが、すでに悟りを得たか、まだ得ていないかにかかわらず、いずれも仏の眷属となり、これを業生の眷属という。願生、神通生という言葉と比較すれば、業生という意味は、業の力によってこの世に生じることをいう。

願生の眷属は、誓願の力によって生じる眷属という意味である。『釈籤』には、帝釈天が釈尊の出家のときに馬になって釈尊を乗せることを誓願した例や、目連が神通第一の弟子となることを誓願して生じてきた例をあげている。

神通生の眷属は、過去世において仏に出会い、真理を一部見るが、まだ生が尽きておらず、上界や他方世界に生じている者がいる。この者が神通の力によって、この世界に来生《らいしょう》する場合、これを神通生の眷属という。

応生の眷属とは、無明の幾分かを断じて中道法身を証した法身の菩薩で、この土に応現した者をいう。この法身の菩薩の応生の理由として、他を成熟させるため、自ら成熟するため、本縁（過去世における仏との関係）のための三種があげられている。

次に、「麁妙を明かす」段では、眷属妙の相待妙と絶待妙を明かしている。相待妙では、蔵教・通教・別教の眷属を麁と規定し、次に、『法華経』の所説を取りあげて、「結縁妙・成熟妙・業生妙・願生妙・応生妙・内眷属妙・外眷属妙」（七五七上―中）を指摘している。その後、五味に約して相待妙を明かしている。最後に、開麁顕妙、つまり絶待妙を明かしている。

次に、前に説明した五種の眷属は人物を意味していたが、「法門の眷属を明かす」段は、人格的な眷属ではなく、法門、仏教の教えを眷属に見立てたものである。蔵教・通教・別教・円教それぞれの法門の眷属を紹介しているが、たとえば、円教の法門の眷属については、「若し円教の法門に眷属を明かさば、自行《じぎょう》の三諦一諦を実と為し、化他《けた》の一諦三諦を権と為す。随情の一諦三諦を権と為し、随智の三諦一諦を実と為す。此の不思議従《よ》り解を生ず。一心に万行の善を具するを男《むすこ》と為し、無縁の大慈を女《むすめ》と為し、仏知見を開きて喜を生ずるを妻と為し、非浄非垢《ひじょうひく》等の中道の道品《どうぼん》、六波羅蜜を善知識と為す。是の如き等の実相円極《じつそうえんごく》の法門、以て眷属と為す。初住の中に便《すなわ》ち正覚《しょうがく》を成じ、能く八相もて物《もつ》を化するは、即ち是れ導師なり。前来の諸もろの法門は既に麁なれば、諸もろの導師を生ずるも亦た麁なり。今、法門の眷属は既に妙なれば、生ずる所の導師も亦た妙なり」（七五七下）とある。そして、五味に約して相待妙を明かし、最後に絶待妙を明かしている。

次に、「観心の眷属を明かす」は、自己の心に引き寄せて眷属を明かす段である。愛心の眷属、見心の眷属という煩悩を明かしている。これに蔵教・通教・別教・円教の眷属を加えて、六種の観心の眷属を明かしている。さらに、前の五種の眷属を麁とし、円教の観心の眷属を妙と規定する相待妙を明かし、次に絶待妙を明かしている。

また、最後に結論として、業生などの眷属は「聴学文字の人」のために説かれ、法門の眷属は「行教の人」のために説かれ、観心の眷属は「観心坐禅の人」のために説かれるという、それぞれの眷属の役割を指摘している。

⑩功徳利益妙

迹門の十妙の第十、功徳利益妙については、迹門の十妙の標章では、種々の利益をあげて、これらの利益を受けるので、利益妙といわれるとされ、生起では、眷属は修行して大利益を得るといわれていた。この段の構成を図示する。

功徳利益の構成

- 利益の来意
- 正説の利益
  - 遠益
  - 近益
  - 当文の益
- 流通の利益
- 観心の利益

冒頭に、功徳と利益は同じ意味であるが、区別する場合は、自己の利益を功徳といい、他人に与える利益を利益というと述べている。そこで、単に利益妙という場合もある。さて、第一段の「利益の来意」では、諸仏の神通、説法の化用は、眷属に施され、そこには必ず利益があることを指摘している。

第二段に当たる「正説の利益」では、「先に遠益《おんやく》を論じ、次に近益《こんやく》を論じ、三に当文《とうもん》の益を論ず」（七五八中）とあるように、三段に分類されている。「遠益」とは、大通智勝仏の時から、今の釈尊の出世までの間の利益をいい、「近益」とは、今の釈尊が出世して、寂滅道場の『華厳経』の説法から

『法華経』の説法以前までの間の利益をいい、「当文の益」とは、『法華経』における利益をいう。

ここでは遠益について少し説明する。この箇所は、迹門の十妙を説いているところなので、五百塵点劫の最初の成仏ではなく、大通智勝仏以後を問題にしている。遠益には、略して七種の益がある。二十五有の果報の益、二十五有の因華《いんけ》開敷《かいふ》の益、真諦三昧の析法《しゃくほう》の益、俗諦三昧の五通の益、真諦三昧の体法の益、俗諦三昧の六通の益、中道王三昧《ちゅうどうおうざんまい》の益のことである。それぞれ、地上清涼《じじょうしょうりょう》の益、小草の益、中草の益、上草の益、小樹の益、大樹の益、最実事の益とも呼ばれる。いうまでもなく、薬草喩品の三草二木の譬喩に基づくネーミングである。

二十五有は前にも出たが（二一六―二一七頁を参照）、衆生の輪廻する三界六道を二十五種に分類したものである。二十五有は六道に対応するが、利益という以上は、四悪趣《しあくしゅ》を破壊し、人天を成ずることを内容としているので、二十五有の果益《かやく》、因益《いんやく》は人天の利益を意味している。また、略して七益があるが、広く開くと、十益があるといわれる。果の益、因の益、声聞の益、縁覚の益、六度の菩薩＝蔵教の菩薩の益、通教の修行者の益、別教の修行者の益、円教の修行者の益、変易《へんにゃく》の益、実報《じっぽう》の益である。変易の益は、方便有余土《ほうべんうよど》（見思惑《けんじわく》を断じたが、無明惑《むみょうわく》を断じないために、界外の変易の生死を受ける蔵教の二乗、通教の三乗、別教の十住・十行・十廻向、円教の十信が生まれる国土）の人の益で、実報の益は、実報土（無明を断じた別教の初地以上、円教の初住以上が生まれる国）の人の益である。

七益と十益の対応関係について説明すると、二十五有の果報の益は果の益、二十五有の因華開敷の益は因の益、真諦三昧の析法の益は声聞の益・縁覚の益、俗諦三昧の五通の益は六度の菩薩の益、真諦三昧の体法の益は通教の修行者の益、俗諦三昧の六通の益は別教の修行者の益、中道王三昧の益は円教の修行者の益・変易の益・実報の益にそれぞれ対応している。

第三段の「流通《るずう》の利益」については、「一に師を出だし、二に法を出だし、三に益を出だす」（七六二下）とあるように、三段に分かれている。第一に経典を流通、弘通《ぐずう》する人について説明している。具体的には、法身の菩薩（別教の初地以上、円教の初住以上の菩薩）、生身の菩薩（別教の初地以前、円教の初住以前の菩薩）、凡夫の師の与える利益について説明している。第二に経を弘通する方法について説明している。第三に経典を流通する功徳利益を説明している。この流通は、一経三段、つまり序説・正説・流通説の第三段の流通段を指すのではなく、『法華経』の多くの箇所に説かれる経典の流通を指すといわれる。

第四段の「観心の利益」では、心を観察して生じる利益について説明している。

権実の規定

実は、迹門の十妙の構成を振り返ると（一三〇頁の図を参照）、標章、引証、生起、広解、権実の五段落から成っている。ここまでで、迹門の十妙の広解の解説を終えたことになる。第五段の権実では、光宅寺法雲の権実の規定を批判して、智顗独自の権実の規定を提示している。法雲の権実の規定の内容は、いわゆる三三の境、つまり三教・三機・三人を照らすことを権と規定している。三教は声聞乗・縁覚乗・菩薩乗のことで、三機は声聞乗を受けるべき機・縁覚乗を受けるべき機・菩薩乗を受けるべき機のことで、三人は声聞・縁覚・菩薩のことである。そして、四一の境を照らすことを実と規定している。四一の境には二種類があり、第一は教一・理一・機一・人一であり、第二は果一・人一・因一・教一である。両者の相違点は、前者の理一を、後者では果一と因一とに分類している点と、前者の機一が後者では除かれている点である。

智顗は、まず権の規定について、三三の境のなかに理が説かれていない点を批判している。次に実の規定については、因一と果一とを分けると、因果の二法となり、理一とすることができないと批判している。したがって、『講義』によれば、後者の四一のなかの因一・果一によって、前者の四一のなかの理一を批判していることになる。智顗の権実の規定について、「十麁の境を照らすを権と為し、十妙の境を照らすを実と為す。十麁とは、即ち前の九法界の三の因縁等の諸もろの麁の諦・智、乃至、麁の利益を皆な権と称するなり。十妙を照らすとは、即ち是れ理妙、乃至、利益妙なり。妙なるが故に実と為す」（七六三下）と述べられている。これによれば、蔵教・通教・別教の十妙が麁で、円教の十妙が実と規定される。十妙とは、もちろんこれまで見てきた迹門の十妙を指す。

迹門の十妙の意義

以上で、迹門の十妙の解説はすべて終わった。『法華玄義』の全体の約五割の分量を占めていた。すでに智顗の思想の特色として、教学と実践の総合、つまり教観双美とたたえられてきた点と、教学自体の総合、実践（禅観）自体の総合という点を指摘した。智顗の晩年は、南朝と北朝が隋によってまさに統一された時代であったが、智顗自身が禅観重視の北朝仏教の特色と、講経重視の南朝仏教の特色とを融合した人物と評価されている。智顗がしばしば批判する「暗証《あんしょう》の禅師」は北朝仏教の欠点を批判したものであり、「文字《もんじ》の法師」は南朝仏教の欠点を批判したものである。自己の禅観を正しく判定する正しい教学が必要であり、正しい教えを我が身に体得するための正しい禅観が必要である。智顗はこの課題に主に『法華玄義』と『摩訶止観《まかしかん》』において答えたので、教観双美とたたえられたのである。

『法華玄義』は主に教学の総合に該当する著作である。もちろん『摩訶止観』は禅観の総合を果たした著作ということができる。『法華玄義』の教学の総合について、前に「境妙」を例にあげ、「仏教の真理観が扱われている。具体的には、原始仏教以来重視されてきた四諦説、十二因縁説のみならず、後に発展した二諦説、三諦説、また『法華経』の十如是など種々の教説を整理、体系化している」と述べたが、今、迹門の十妙全体を学んだ後に、もう一度、この問題を振り返りたいと思う。そもそも、迹門の十妙において取りあげられた項目を改めて列挙すると、境・智・行・位・三法・感応・神通・説法・眷属・利益であった。これはある意味で、仏教全体を包括する全体性を持っていると思われる。智顗自身が指摘しているように、仏教全体といっても、自行と化他の二門を出ない。今、この枠組みを使って十妙の全体性を説明すると、境・智・行・位は自行の因といわれ、三法は自行の果、感応・神通・説法は化他の能化、眷属・利益は化他の所化といわれている。このことも前に紹介した。

私たちが自分自身の修行をする場合を考えてみよう。仏教にはどのような真理が説かれているのか、その真理を体得する智慧はどのようなものか、その智慧を獲得するための実践修行はどのようなものか、どのような修行の階梯、つまり位を経て仏果に到達するのか、これらの問題に答えるものが境妙から位妙までの四妙であった。三法妙は、修行によって到達する果を説いたものであった。三軌と多くの経論に説かれる十組の三法との対応関係を説いた「類通三法」は、智顗の説く三軌の普遍性を強く訴えたものであった。

化他の方面については、仏と衆生との間の感応という根源的事態を踏まえて、仏の側から衆生への働きかけとして、神通妙と説法妙とが説かれたわけである。この仏の側からの働きかけを受ける衆生の側が仏との間に師弟の関係を成立させ、仏の弟子となる面を説いたものが眷属妙であった。そして、仏の弟子となって得ることのできる功徳利益を説いたものが功徳利益妙であった。

このように見てくると、迹門の十妙は、自行については、その因と果を説き、化他については、化導の主体である仏の側の働きかけと、化導の対象である衆生のあり様を説いているので、仏教の全体を包括しているといってもよい。そして、十妙のそれぞれにおいても、経論に説かれる種々多様な教理を広く集めて、整理を加えていたことに気がつく。なかにはあまりに煩瑣であると感じる点もあり、議論が必ずしも明瞭でない点もあったが、十妙全体が仏教の全体を包括し、十妙のそれぞれが、またそれぞれの問題領域において、その全体を包括しようとしているという、この構造を評価すべきだと思う。

第三節　本門の十妙

本迹の六種の概念規定

本門の十妙の冒頭には、「第二に本に約して十妙を明かすとは、二と為す。先に本迹《ほんじゃく》を釈し、二に十妙を明かす」(七六四中) とある。全体が大きく二段落に分けられる。第一段は、本迹の関係を、理事、理教、教行《きょうぎょう》、体用《たいゆう》、実権《じつごん》、今已《こんい》の六種の視点から明かしている。第二段は、本門の十妙、具体的には、本因妙、本果妙、本国土妙、本感応妙、本神通妙、本説法妙、本眷属妙、本涅槃妙、本寿命妙、本利益妙を明かしている。

はじめに本迹の関係についていては、六種の視点から本迹の概念を規定しているが、それらは相互に関連している。はじめに本とは「理の本」（同前）といわれ、「実相一究竟《じっそういちくきょう》の道」（同前）と規定され、迹とは「諸法の実相を除いて、其の余の種種」（同前）といわれる。これは後の箇所の詳釈では、「一に理事に約して本迹を明かすとは、無住の本従《よ》り一切の法を立つ。無住の理は、即ち是れ本時の実相真諦なり。一切の法は、即ち是れ本時の森羅俗諦《しんらぞくたい》なり。実相の真本に由りて、俗迹《ぞくしゃく》を垂れ、俗迹を尋ねて、即ち真本を顕わす。本迹は殊《こと》なりと雖も、不思議一なり」（同前）といわれている。「実相一究竟の道」が「無住の本」「無住の理」「本時の実相真諦」「実相の真本」などといい換えられているが、要するに、「理」を指している。もちろんこれが本を意味する。「無住の本従り一切の法を立つ」とは、『維摩経』（大正一四・五四七下）の有名な経文である。本時とは、如来寿量品で明かされた五百塵点劫の釈尊の最初の成仏の時を指す。この理に対して、「諸法の実相を除いて、其の余の種種」が「一切の法」「本時の森羅俗諦」といい換えられているが、要するに「事」を指しており、迹を意味している。

末尾にある「本迹は殊なりと雖も、不思議一なり」とは、鳩摩羅什の弟子の僧肇《そうじょう》の『注維摩詰経《ちゅうゆいまきつきょう》序《じょ》』から取られたもので、智顗だけではなく、三論宗の吉蔵も好んで引用する名文である。本と迹とは相違しているけれども、不思議という点では同一であるという意味である。もともとは維摩詰の本地と外に現われた仮りの姿＝迹とについていったものである。ここで問題にしている六種の本迹関係について、智顗はそれぞれの視点から本迹の概念規定をしたうえで、本迹の一致を結論的に示している。

次に、理教に約す本迹の第二の規定の場合は、第一の規定における理と事をまとめて本と規定し、そしてこの理と事を言葉で説くことを迹と規定する。言葉で説かれた教えを迹とするので、「教迹《きょうしゃく》」(同前)という用語が出ている。後の箇所では、「二に理教に本迹を明かすとは、即ち是れ本時に照らす所の二諦は、倶に不可説なるが故に、皆な本と名づくるなり。昔、仏は方便もて之れを説く。即ち是れ二諦の教なり。教を名づけて迹と為す。若し二諦の本無くば、則ち二種の教無し。若し教迹無くば、豈に諦の本を顕わさん。本迹は殊なりと雖も、不思議一なり」(同前)とある。第一の規定の本＝真諦＝理、迹＝俗諦＝事を不可説、つまり言葉で説くことのできない本と規定し、その本に基づいて言葉によって説き出された二諦の教を迹と規定している。

次に、教行に約す第三の規定については、理事の教を本と規定し、この教を受けて修行することを迹と規定する。後の箇所では、「三に教行に約して本迹と為すとは、最初に昔仏《しゃくぶつ》の教を稟《う》けて以て本と為せば、則ち因を修して果を致すの行有り。教に由りて理を詮じて、行を起こすことを得《う》。行に由りて教に会《え》して、理を顕わすことを得。本迹は殊なりと雖も、不思議一なり」(七六四下)とある。教を本とし、修行を迹とし、両者の相即関係を指摘している。

次に、体用に約す第四の規定については、修行によって体を証得するという事態を踏まえて、体を本と規定し、体の本から用を生じることに注目して、用を迹と規定している。後の箇所では、「四に体用に約して本迹を明かすとは、昔、最初に修行して理に契《かな》うに由りて、法身を証するを本と為す。

初めて法身の本を得るが故に、体に即して応身の用を起こす。応身に由りて法身を顕わすことを得。本迹は殊なりと雖も、不思議一なり」（同前）とある。法身の証得＝本から応身の用＝迹を起こすこと、応身によって法身を顕わすこととを指摘している。理との合致、法身の証得が本と規定されているので、単に理を本と規定する第一の規定とは視点が異なることがわかる。実践修行に焦点を合わせた規定である。

次に、実権に約す第五の規定については、第四の規定における法身の証得＝体、応身を起こすこと＝用を最初に得ることを「実得の体用」（七六四中）といい、これを本と規定し、その後、化他の方便の立場を「権施《ごんせ》の体用」（同前）といい、これを迹と規定している。後の箇所では、「五に実権に約して本迹を明かすとは、実とは、最初久遠《くおん》に実に法・応の二身を得るを、皆な名づけて本と為す。中間に数数《しばしば》生を唱え滅を唱え、種種に権《かり》に法・応の二身を施すが故に、名づけて迹と為す。初めて法・応の本を得るに非ざれば、則ち中間の法・応の迹無し。迹に由りて本を顕わす。本迹は殊なりと雖も、不思議一なり」（七六四下）とある。久遠の昔に最初に法身・応身を得ること＝本と、その後、化他のために法身・応身を施すこと＝迹とを示し、両者の相即関係を指摘している。

最後に、今已に約す第六の規定については、『法華経』本門において明かされる内容を本と規定し、『法華経』以前の諸経において明かされる内容を迹と規定している。後の箇所では、「六に今已《こんい》に約して本迹を論ずとは、前来の諸教に已に事理、乃至、権実を説くは、皆な是れ迹なり。今経に説く所の久遠の事理、乃至、権実は、皆な名づけて本と為す。今、明かす所の久遠の本に非ずば、以て已説《いせつ》の迹を垂るること無し。已説の迹に非ずば、豈に今の本を顕わさん。本迹は殊なりと雖も、不思議一なり」(同前)とある。『法華経』以前の経に説かれる事理・理教・教行・体用・権実を迹とし、『法華経』に説かれるそれらを本とし、両者の相即関係を指摘している。

構　成

次に、第二段の本門の十妙の構成を図示する。

本門の十妙の構成

- 本迹を釈す
- 本門の十妙を明かす
  - 略釈
  - 生起の次第
  - 本迹の開合を明かす
  - 文を引きて証成す
  - 広釈
  - 三世に約して料簡す
  - 麁妙を判ず
  - 権実を明かす
  - 利益
  - 観心

(1)**略釈**　第一項は略釈で、簡略に本門の十妙の解釈をする部分である。第五項の広釈と対になっている。第一の本因妙とは、「本初《ほんじょ》に菩提心を発し、菩薩の道を行じて、修する所の因なり」(七六五上)とあるように、五百塵点劫の最初の成仏の前に修行した内容を指す。第二の本果妙とは、「本初に行ずる所の円妙の因もて、常楽我浄を契得《かいとく》し究竟《くきょう》するは、乃《すなわ》ち是れ本果なり。……但だ成仏してより已《こ》来《のかた》、甚だ大いに久遠なる初証の果を取りて、本果妙と名づくるなり」（七六五中）とあるように、五百塵点劫の最初の成仏を指す。

仏果を成じた以上、必ずその仏の住する依報としての国土があるはずであり、その本の娑婆《しゃば》世界《せかい》を本国土という。第四の本感応妙から第七の本眷属妙、そして第十の本利益妙は、迹門の十妙のなかにも同じ名称が説かれていたが、いずれも五百塵点劫の本果に基づくものなので、本と冠している。たとえば、弥勒《みろく》菩薩《ぼさつ》も知らなかった地涌《じゆ》の菩薩を本眷属と呼んでいる。第八の本涅槃妙と第九の本寿命妙とは、迹門の十妙になかった名称であるが、本涅槃妙は、本時（五百塵点劫に成仏した時点）に証得した断徳涅槃（煩悩を完全に滅する涅槃）を指すと説明されている。また、方便有余土《ほうべんうよど》（二六四頁を参照）や凡聖同居土《ぼんしょうどうごど》（凡夫と聖者がともに住む土）において化縁《けえん》が尽きて涅槃に入ることを意味すると説かれている。第九の本寿命妙は、涅槃に入ることがある以上、長短、遠近の寿命があると説いている。

(2)生起の次第　第二項の生起の次第では、本門の十妙の次第順序の根拠を示している。「本因、初めに居《こ》する所以《ゆえん》は、必ず因に由りて果を致す。果成ずるが故に国有り。極果《ごくか》、国に居すれば、即ち機を照らすこと有り。機動けば、則ち化を施す。化を施せば、則ち神通有り。神通竟《お》わりて、次に為めに法を説く。説法の被《こうむ》らしむる所は、即ち眷属と成る。眷属已に度すれば、縁尽きて涅槃す。涅槃するが故に、則ち寿命の長短を論ず。長短の寿の作す所の利益、乃至、仏滅度の後の正像《しょうぞう》等の益あり」（七六五中―下）とある。

(3)本迹の開合を明かす　第三項の「本迹の開合を明かす」では、迹門の十妙と本門の十妙との関係について述べている。迹門では因を開いて境・智・行・位の四妙を出し、果を合して三法妙としているのに対し、本門では果を開いて、本果・本国土・本涅槃・本寿命の四妙を出し、因を合して本因妙としている点を指摘している。また、とくに本涅槃妙と本寿命妙が本門にあって迹門にない理由について、次のように述べている。過去仏の日月灯明仏《にちがつとうみようぶつ》や迦葉仏《かしようぶつ》などが『法華経』を説いてただちに涅槃に入った事例によって考えると、五百塵点劫の本果成道の本仏もまた同様に『法華経』を説いて涅槃に入ったはずであるから、本涅槃妙を説くというものである。これに対して、今の釈尊は迹の立場であるが、これは『法華経』の後に『涅槃経』を説いてから涅槃に入り、このことは『涅槃経』に説かれるので、迹門には涅槃妙がないというものである。

⑷文を引きて証成す　第四項の「文を引きて証成す」では、『法華経』本門のなかから、本門の十妙を説く経文を引用している。これは重要であるので、一々の経文を紹介したいと思うが、その前に、「然るに、先仏の『法華』は、恒河沙阿閦婆《ごうがしやあしゆくば》の如き偈あり。今の仏は霊山《りようぜん》にて八年説法す。胡本《こほん》の中の事は、復た応《まさ》に何ぞ窮《きわ》むべけん。真丹《しんたん》の辺鄙《へんぴ》に、止《た》だ大意を聞くのみ。人は七巻を見て、謂いて小経と為す。胡の文は浩博《こうはく》なり。何ぞ辨ぜざる所あらん」（七六五下）という興味深い記述がある。ここには『法華経』の説法が八年であると述べられている。この説は現存しない『法性論《ほつしようろん》』に出るといわれるが、『法華経』自身には涌出品《ゆじゆつぽん》に、「是れ従り已来《このかた》、始めて四十余年を過ぎたり」（大正九・四一下）とあり、『法華経』の説法が釈尊成道後四十余年後のことであると述べている。また、『法華経』八年説法説は、浄影寺慧遠《じようようじえおん》『大乗義章』巻第一・衆経教迹義《しゆきようきようしやくぎ》に紹介されている劉虬《りゆうきゆう》の教判において、「四には仏成道し已《おわ》りて四十年の後、八年の中に於いて『法華経』を説く」（大正四四・四六五上）と明言

されている。また、智顗の用いた『法華経』が七巻本であったことがわかる。これはほぼ同時代の吉蔵の場合も同様であったことがわかっている。

では、十妙の根拠となる経文を紹介する。「我れ本と菩薩の道を行ずる時、成ずる所の寿命は、今猶お未だ尽きず」が本因妙、「我れ実に成仏してより已来、無量無辺億那由他《なゆた》なり」「我れ実に成仏してより已来、久遠なること斯《かく》の若し。但だ方便を以て、衆生を教化して、此《かく》の如き説を作す」が本果妙、「我れ娑婆世界に於いて、三菩提を得已りて、是の諸もろの菩薩を教化し示導《じどう》す」「是れ自従《よ》り来《このかた》、我れ常に此の娑婆世界に在りて、説法教化す。亦た余処に於いて、衆生を導利す」が本国土妙、「若し衆生有りて我が所に来至《らいし》せば、我れは仏眼を以て、其の信等の諸根の利鈍を観ず」が本感応妙、「如来の秘密の神通の力」「或いは己身《こしん》を示し、或いは他身を示し、或いは己事を示し、或いは他事を示す」が本神通妙、「是の諸もろの菩薩は、悉く是れ我が化する所にして、大道心を発せしむ。今、皆な不退に住して、我が道法を修学す」「或いは己事を説き、或いは他事を説く」が本説法妙、「此の諸もろの菩薩は、身皆な金色《こんじき》にして、下方の空中に住す。此れ等は是れ我が子なり。我れ久遠従《よ》り来、是れ等の衆を教化す」が本眷属妙、「又復《ま》た、其れ涅槃に入ると言う。是《かく》の如きは皆な方便を以て分別す」「今、実に滅するに非ざれども、便ち唱えて当に滅度を取るべしと言う」が本涅槃妙、「処処に自ら名字の不同、年紀の大小を説く」が本寿命妙、「又た方便を以て微妙の法を説き、能く衆生をして歓喜の心を発せしむ」「仏の、寿命劫数《こうしゅ》の長遠《じょうおん》なること是の如しと説くを聞きて、無量無辺阿僧祇の衆生は大饒益《だいにょうやく》を得」が本利益妙を意味するとされる。このなかには、経文そのものは迹中の事がらを指しているが、そこから類推して本時の妙を指し示すものも含まれている。

⑸広釈　第五項の広釈では、本門の十妙について詳しく解釈している。本因妙の依文である「我れ本と菩薩の道を行ずる時、成ずる所の寿命」の「寿命」が本時の智妙を意味し、「我れ本と行ず」が行妙を意味し、「菩薩の道の時」が位妙を意味すると説いている。この智妙・行妙・位妙の三妙を証《しょう》成《じょう》し、これがとりもなおさず本時の因妙であると述べている。さらに、爾前迹門《にぜんしゃくもん》における化法の四教の因を紹介したうえで、それらは「一に近きが故に、二に浅深同じからざるが故に、三に払わるるが故なり」（七六六中）という三種の理由によって迹因であると規定している。第一の「近きが故に」とは、仏陀伽耶《ぶつだがや》における始成正覚《しじょうしょうがく》を指している。つまり、久遠実成《くおんじつじょう》を説いていないので迹因であるということである。第二の「浅深同じからざるが故に」とは、化法の四教それぞれにおける因には浅深高低があった。しかし、もし本因ならば、そのような差別はなく唯一の円因であるはずなので、前者は迹因であるというものである。第三の「払わるるが故なり」とは、久遠の本を明らかにすれば、中間、今日は自然に払拭され、取り除かれることを意味している。この三種の理由によって爾前迹門の所説が迹であることを規定する方法は、他の九妙についても原則的に適用されている。

本果妙については、「我れ成仏してより已来、甚だ大いに久遠なり」の「我れ」が真性軌、「仏」が観照軌、「已来」が資成軌を意味するとされ、この三軌が成就して久しいことが本果妙とされる。

本国土妙については、「是れ自従《よ》り来《このかた》、我れ常に此の娑婆世界に在りて説法教化し、亦た余処に於いて、衆生を導利す」の「娑婆」が本時の同居土、「余処」が本時の三土とされる。同居土とは、詳しくは凡聖同居土といい、これに娑婆世界のような穢土と、極楽世界のような浄土の二種がある。三土とは、方便有余土、実報無障礙土《じっぽうむしょうげど》、常寂光土《じょうじゃっこうど》のことである。「本時の真応の栖《す》む所の土」（七六七上）

といわれているが、応身が同居土に住み、真身が他の三土に住むという意味である。

本感応妙については、「若し衆生有りて我が所に来至せば、我れは仏眼を以て、其の信等の諸根の利鈍を観ず」の「衆生来至す」が法身を感じることであり、「我れは仏眼を以て観ず」が慈悲によって応じることであり、「諸根の利鈍」が十法界の衆生の冥顕、つまり目に見えない、あるいははっきり目に見える、好き嫌いの相違を意味するとされる。これが本時に二十五三昧を証得する感応を指すとされる。また、感応については、感の麁妙、応の麁妙、感の広狭《こうきょう》、応の広狭について四句分別しているが、ここでは今昔《こんじゃく》に約して、つまり久遠実成を明らかにしない場合と明らかにする場合とに約して、本迹を判定すると断っている。

次に、本神通妙については、「如来の秘密の神通の力」「或いは己身・他身を示し、己事・他事を示す」の「己身・己事を示す」が円の神通、「他身・他事を示す」が偏の神通を意味し、「秘密」が妙であると規定して、「若しは偏、若しは円、皆な是れ妙なり」（七六七下）といい、これを本時の神通としている。

本説法妙については、「此れ等は我が化する所にして、大道心を発せしむ。今、皆な不退に住す」の「我が化する所」がまさしく説法を意味し、「大道心を発せしむ」が小乗の説法でないことを示し、これが本時の簡説《けんせつ》、つまり権を選び捨てて実を説くことだと述べている。

本眷属妙については、「此の諸もろの菩薩は、下方の空中に住す。此れ等は是れ我が子、我れは則ち是れ父なり」の「下方」とは、地涌の菩薩が仏の隣りにあって智度《ちど》＝般若波羅蜜の底を究めることを意味し、「虚空」とは法性虚空の寂光を意味し、地涌の菩薩が本時の寂光の空中から今時の寂光の空中に出現することを意味すると述べている。そして、地涌の菩薩は本時の応の眷属であると述べている。

本涅槃妙については、「其の涅槃に入るは、実の滅度に非ざれども、便ち唱えて当に滅度を取るべしと言う」の「実の滅度に非ず」が常住の本寂、「唱えて滅度すと言う」が衆生を調伏することを意味し、本時の涅槃であると述べている。また、『涅槃経』には仏身常住の説が多いのに対して、『法華経』には無量の寿命を中心とするので、仏身の未来の常住については少ししか説いていないが、だからといって仏身を無常と判定してはならないと戒めている。これは法雲などの『法華経』の仏身を無常とする説を批判したものである。

本寿命妙については、「処処に自ら名字《みょうじ》の不同、年紀の大小を説く」が中間の長短の寿命を明かすとし、それに基づいて、本時の寿命の存在を類推し、さらに因の寿ですら尽きないのであるから、果の寿はなおさら尽きないと述べている。

最後に、本利益妙については、「皆な歓喜《かんぎ》を得しむ」の「歓喜」が利益を意味するとされている。

(6)三世に約して料簡す　次に、第六項「三世に約して料簡す」について説明する。ここでの料簡の意味は、問答を展開しながら真実を突き詰めるという意味である。はじめに、涌出品の「如来の自在神通の力、如来の師子《しし》奮迅《ふんじん》の力、如来の大勢威猛《だいせいいみょう》の力」（取意引用。原文は大正九・四一上を参照）を引用し、これを「三世《さんぜ》益物《やくもつ》の文なり」（七六九中）と規定している。つまり、三世にわたって物＝衆生を利益するという意味である。そして、この三世にわたる衆生に対する利益も、五百塵点劫の最初の成道を本とすることに変わりのないことを強調している。そのうえで、十五の問答を展開している。

たとえば、第一の問答では、『法華経』の会座に来集した諸仏はみな釈尊の分身であったが、その他の仏にも分身仏はあるのかという問いに対して、諸仏にも分身があると答えている。第二の問答では、まず諸仏に分身があるならば、多宝如来について、禅定に入っているが如く全身散ぜずと言われたことと、多宝如来が十方に遊び、『法華経』の真実を証明するということとは矛盾しないかという問いが提起される。これに対して、多宝如来にも分身があること、多宝如来は『法華経』を説かなかったので、大誓願を立て、生身の骨を砕かず、全身が散じないようにして、「円教」＝『法華経』を証明するために出現すること、「禅定に入るが如し」ということは「不滅」を意味し、出現して「常経」＝『法華経』を証明することは「不偏」を意味し、この不偏不滅によって円常の意義が示されること、多宝如来が「口に真浄の大法を唱う」といわれるが、その「真」は常の意義であるから、常楽我浄のうち常と浄の意義が明示されており、他の我・楽は自ずとわかるはずであることなどを答えている。質問に対する答えとしては必ずしも明瞭ではないように思われるが、大誓願によって全身が散じないようにしたことに注目した答えだと思う。

(7)麁妙を判ず　次に、第七項の「麁妙を判ず」では、まず迹門の妙と本門の妙とは、その妙に相違はないが、迹門の「始得」を麁と規定し、本門の「先得」を妙と規定することを述べている。「始得」は、始成正覚の立場、「先得」は久遠実成の立場を指し示した用語である。

次に、本迹の関係を、事理、理教、教行、体用、権実、今已の六種の視点から捉えることは前に紹介したが、そのなかの事理を代表例として、迹門の事理の始得を麁、本門の事理の先得を妙とすることを述べ、さらに発迹顕本《ほっしゃくけんぽん》、つまり迹門の事理を払って、本門の事理を顕わさなければ、迹門の事理の麁妙を理解するだけで、本門の事麁を理解できず、まして本門の理妙はとうてい理解できないと述べている。

また一方、発迹顕本すれば、本門の事理から迹門の事理を垂れることがわかること、したがって本門は妙、迹門は麁と規定され、このように麁妙の区別が存すること、しかし、妙理そのものには迹門、本門の区別がないので、「不思議一」であることを指摘している。

(8)権実を明かす　次に、第八項の「権実を明かす」では、まず、十麁の境を照らすことを権、十妙の境を照らすことを実と規定したうえで、最終的には迹門の権実を権、本門の権実を実と規定している。さらに、このように規定された迹門の権、本門の実はともに不思議であること、不思議なるものはとりもなおさず法性であり、法性の理はそもそも古今、本迹、権実などの相対概念の把握を超越していること、しかし、この法性に約して本迹、権実、麁妙を論じることを述べている。

その他、自行の権実二智、化他の権実二智、自行化他の権実二智について述べ、また、迹門・本門における施権、開権、廃権について述べている。

(9)利益　第九の「利益」では、『法華経』の正説《しょうせつ》の利益と流通説《るずうせつ》の利益を説いている。正説については、生身の菩薩が迹門において得る利益、また生身の菩薩、法身の菩薩が本門において得る利益を説いている。

流通説については、迹門の流通においては冥益を明かして顕益を説かず、本門の流通においては冥益・顕益のあることを説いている。

(10)観心　最後に、第十項の「観心」では、仏は観心、つまり心を観察することによって本門の妙を得たのであり、仏の如＝真如と衆生の如は一如であるから、衆生も観心によって、この本門の妙を得ることができると述べている。

以上で本門の十妙についての説明が終わる。つまり、五重玄義の第一の釈名のうち、妙法の解釈がすべて終わったということである。次に釈名の段の蓮華と経の解釈が続く。

第五章　五重各説3（五重玄義の各論）

第一節　「蓮華」の解釈

譬喩蓮華・当体蓮華

蓮華の解釈の段の構成を図示する。

蓮華の解釈
- 法譬を定む
- 旧釈を引く
- 経論を引く
- 正しく釈す

第一項の「法譬《ほっぴ》を定む」とは、蓮華が法か譬えかを確定するという意味である。つまり、蓮華について、二種の異なった解釈があった。一つは、「権実《ごんじつ》は顕われ難《がた》ければ、喩えを蓮華に借りて妙法を譬う。又た、七喩の文《もん》多し。故に譬えを以《もっ》て題に標す」（七七一下）とあるように、蓮華は妙法を譬えたものであるという解釈である。この場合の蓮華は植物の蓮華である。後の術語では譬喩《ひゆ》蓮華という。

もう一つは、「蓮華は譬えに非ずして、当体に名を得《う》」（同前）という解釈で、後の術語では当体蓮華という。『法華玄義』の説明には、「類せば、劫初《こっしょ》には万物《まんもつ》に名無く、聖人《しょうにん》理を観じて、準則して名を作るが如し。蛛《くも》の羅《ら》の絲《いと》を引くに、之《こ》れに倣いて網を結び、蓬《ほう》の飛びて独り運ぶに、依りて車を造り、浮槎《ふじゃ》の流れに汎《うか》ぶに、而《しか》も舟を立て、鳥跡《ちょうせき》の文を成すに、而も字を写すが如し。皆な理に法《のっと》りて、而も事を制するのみ。今、蓮華の称は、是れ喩えを仮《か》るに非ず。乃ち是れ法華の法門なり。法華の法門は、清浄にして因果微妙《みみょう》なれば、此の法門を名づけて蓮華と為す。即ち是れ法華三昧《ざんまい》の当体の名にして、譬喩に非ざるなり」（同前）とある。有名な箇所である。世界の成立の始めには、まだ万物には名前がない。そこで、聖人が道理を観察して、それに基づいて命名するという事態を述べ、その具体的な例として、網、車、船、文字などの制作を取りあげ、これらの例はみな道理に則って、物事を制作したものであることを述べている。これらの具体例は『牟子理惑論《ぼうしりわくろん》』（大正五二・七上を参照）を参照したものかもしれない。そして、このような論理を用いると、蓮華は法華の法門そのもののこととされる。つまり、法華の法門は清浄で因果が微妙であるので、蓮華と名づけられたということになる。もちろん、清浄で因果が微妙という属性は植物の蓮華のそれでもあるので、法華の法門が同じく蓮華と名づけられたわけである。つまり、経題の蓮華は、妙法を譬えた植物の蓮華の意味ではなく、法華の法門そのものに対する呼び名であるという解釈が第二の当体蓮華の解釈である。

これらはいわゆる譬喩蓮華と当体蓮華という二つの異なる解釈であるが、『法華玄義』は引き続いて、「問う。蓮華は定《さだ》んで是れ法華三昧の蓮華なるや、定んで是れ華草《けそう》の蓮華なるや」（七七一下—七七二上）という質問を提示している。これに対しては、本来的には法の蓮華であり、衆生の機根に約せば、上根にとっては法の蓮華であり、中・下根にとっては華草の蓮華であると答えている。つまり、中・下根にとっては蓮華が譬えの名であることを認めて、折衷案を提示しているといえよう。なお、このような蓮華を巡る二種の解釈の対立は、智顗や吉蔵より以前にすでに論じられていた。その証拠に、吉蔵の文献にも、この二種の蓮華の解釈が紹介されている。吉蔵の『法華玄論』巻第二に、「問う。蓮華は但《た》だ是れ譬名《ひみよう》なるや、亦《ま》た是れ法説なることを得るや。答う。『大集経《だいじつきよう》』の偈《げ》に云わく、『慈悲を茎と為し、智慧を葉と為し、三昧を鬚《しべ》と為し、解脱を敷《ふ》と為す。菩薩《ぼさつ》の蜂王《ふうおう》は甘露《かんろ》の味を採る。是の故に妙法蓮華を敬礼《きようらい》す』と。若《も》し此の意を観ぜば、具《つぶ》さに衆徳を以て蓮華と為すなり」（大正三四・三七九上）とある。つまり、吉蔵は、蓮華が慈悲、智慧、三昧、解脱などの多くの徳を意味する『大集経』（大正一三・二上）の例を引用して、譬喩の蓮華のみでなく、法の蓮華でもあることを示している。ただし、これ以上の詳しい議論はない。なお、吉蔵の『法華遊意』において、この『大集経』の例は、蓮華によって『法華経』をたとえる理由について、離喩《りゆ》、合喩《ごうゆ》、遍喩《へんゆ》の三種に分類して説明するなかで、遍喩の例として取りあげられている。

旧説の紹介

次に第二項の「旧釈《くしやく》を引く」では、蓮華の解釈に関して、前の時代の解釈を列挙紹介しているが、灌頂《かんじょう》が吉蔵の『法華玄論』巻第二の蓮華釈を参照して整理したことがわかっている。ここでは、『法華玄論』の記述も参照しながら、『法華玄義』の蓮華釈を紹介したいと思う。ここの全体の構成は、旧説として、僧叡《そうえい》、廬山慧遠《ろざんえおん》、河西道朗《かさいどうろう》の三人の説を順次紹介した後に、「他、蓮華を解《げ》するに、十六義有り」(七七二上)と述べて、蓮華が何を譬えているのかについて十六種の解釈を紹介批評している。以上の部分はすべて『法華玄論』の記述に基づいている。しかも、十六種といいながら、『法華玄論』の数え方でいうと、第八の解釈を脱落させている。最後に、法雲の解釈を紹介批評している。

第一に、僧叡の『法華経後序《ごじょ》』から、「未《いま》だ敷《ひら》かざるを屈摩羅《くつまら》と名づけ、将《まさ》に落ちんとするを迦摩《かま》羅《ら》と名づけ、中に処して盛んなる時を分陀利《ふんだり》と名づく」を引用している。つまり、蓮華の開花状態による三種の名称を紹介している。これらのもともとの意味について説明すると、屈摩羅はクドゥマラ(kudmala)の音写語でつぼみの意、迦摩羅はカマラ(kamala)の音写語で蓮華、青《しょう》蓮華の意、分陀利はプンダリーカ(puṇḍarika)の音写語で白《びゃく》蓮華の意である。

第二に、慧遠の説として、「分陀利伽《ふんだりか》は是れ蓮華の開喩なり。然《しか》るに、体は時を逐《お》いて遷《うつ》り、名は色に随いて変ず。故に三名有るなり」(同前)を引用している。ここには、分陀利伽以外の名が省略されているが、『法華玄論』を参照すると、「屈摩藍《くつまらん》」「摩頼《まらい》」という名が出ている(大正三四・三七八中を参照)。『法華玄義』では、慧遠の説の紹介の後に、「『大経』に亦た云わく、『人中の蓮華、分陀利《ふんだり》華《け》』と。二名並べ題するは、応《まさ》に通・別の異なり有るべし。今、蓮華は是れ通、分陀利は是れ別称なるを取る」(七七二上)とある。蓮華と分陀利が並列してあげられている大乗の『涅槃経《ねはんぎょう》』(大正一二・七一〇下)の例を引用して、蓮華は総称であり、分陀利はそのなかの特殊な蓮華を意味する別称であると述べている。

次に、道朗の説を、「鮮白色《せんびやくしき》なり。或いは翻じて赤色《しやくしき》と為し、或いは翻じて最香《さいこう》と為す」（七七二上）と引用している。『法華玄論』を参照すると、道朗の説が「鮮白色なり」までで、その後ろの文は引用でないかもしれないが、道朗の原文が残っていないので、よくわからない。『法華玄論』には、「河西道朗云わく、鮮白色なり。又た余処には翻じて赤色最香蓮華と為す」（大正三四・三七八中）とある。この文は分陀利を白色の蓮華とする説、赤色の蓮華とする説をあげているだけで、いずれが正しいかを述べていない。そして、上の説の紹介の結論として、「此《かく》の如きは皆な是れ開盛の義なり。分陀利を挙ぐれば、則ち之れを兼ぬ」（同前）と述べている。蓮華の色については論ぜず、花の盛りという点に着目したものであることがわかる。実は、『法華玄論』においては、分陀利が白蓮華を意味することを否定している。これは吉蔵の誤解であったので、吉蔵も後の法華経疏である『法華義疏《ぎしよ》』『法華遊意』においては、前説を訂正して、分陀利が三時の開花状態のなかで盛りの蓮華であることとともに、青・赤・黄・白の四色の一つである白蓮華を意味することを認めている。『法華玄義』は『法華玄論』に基づいて蓮華の解釈を紹介しているので、色の問題についてはほとんど論じていないのだと思われる。

次に、「問う。梵本は別を挙げ、此の方には通を用《もち》うるは何ぞや。答う。外国には三時の名有り、此の方には則ち無し。但だ通名を挙ぐるに、通は自《おのずか》ら別を兼ぬるのみ」（同前）という問答がある。これまで、インドにおいては、蓮華に開花状態によって三種の名称があること、経題の蓮華の梵名の分陀利はそのなかで、盛りの時の名称であることが明らかとなった。しかし、中国には、その三時の名称の区別がないので、漢訳に反映させることができず、蓮華という通名＝総称によって、分陀利という別名（特殊な名）を兼ねると説明している。

十六種の解釈

次に、「他、蓮華を解するに、十六義有り」（同前）とある。ここは先にも述べたように、『法華玄論』を参照して整理されている。『法華玄論』の第八義が脱落していることは指摘したが、そればかりでなく、『法華玄義』の文が簡潔すぎて意味がよく取りにくい点もある。『法華玄論』では、蓮華にどのような特色があるかを指摘したうえで、その特色が『法華経』のどのような思想を譬えたものかを明確に説いている。したがって、ここでは、『法華玄義』の文ばかりでなく、『法華玄論』の文も紹介して、考察を加えたいと思う。なお、出典を一々記すと煩瑣であるので省略する（七七二上―中。『法華玄論』は大正三四・三七八下―三七九上の範囲を参照）。

十六種の義の第一として、「蓮華の縁に従いて生ずるは、仏性《ぶっしょう》の縁に従いて起こるを譬う」とある。これは『法華玄論』の第二義、「此の華は種に由りて生ず。一乗は縁に従いて起こるに喩う。故に下の偈に云わく、『仏種は縁に従いて起こる。是の故に一乗を説く』と」に対応している。『法華玄義』の文は、蓮華についても、仏性についても、同じく「縁」に従って生じるとあるので、蓮華のどんな点が『法華経』のどんな点を譬えたのか必ずしも明白ではない。この点については、『法華玄論』のように、蓮華が種子によって生じるとした方がわかりやすいと思う。ところが、下の句については、『法華玄義』が仏性が縁に従って生じると述べていることは、『法華経』本文に、「仏種は縁に従いて起こる」とあるので、この「仏種」を仏性といい換えたと考えれば、容易に理解できる。しかし、『法華玄論』では、一乗が縁に従って生じるとなっている。『法華経』本文には、「仏種は縁に従いて起こる」ことを理由として、「是の故に一乗を説く」と続くが、仏種と一乗の関係をどう捉えているのかよくわからない。もし吉蔵が仏種と一乗を同一視しているのならば、『法華玄論』の文も『法華経』の文を根拠に、仏種＝一乗が縁に従って生じるとしたものとして理解できると思う。ところで、吉蔵の『法華統略』には、蓮華が生じるのに、縁を借りることと、種子を持つことという二つの意義を有し、これが衆生の成仏にとっての縁因仏性と正因《しょういん》仏性の存在に対応していることを明かしている（続蔵一―四三―一・三右上―下を参照）。これは『法華玄論』の解釈と相違する。

十六種の第二義として、「蓮華の能《よ》く梵王《ぼんおう》を生ずるは、縁に従いて仏を生ずるを譬う」とある。これは『法華玄論』の第七義、「大梵王は衆生の祖にして、此の華従《よ》り生ず。十方三世の諸仏の根本法《こんぽんほっ》身《しん》は此の経に由りて有るを喩うるなり」に対応している。『法華玄義』の表現が不十分であるのに対して、『法華玄論』の意味は明白である。梵天が蓮華から生じたことと、十方三世の諸仏が『法華経』から生じることとを類比させている。『法華経』の根源性を指摘したものである。

十六種の第三義として、「蓮華の生ずること必ず淤泥《おでい》に在るは、解《げ》の生死《しょうじ》より起こるを譬う」とある。これは『法華玄論』の第十義、「此の華の生ずること、必ず淤泥に在るは、一乗の人は必ず生死自《よ》り起こるを喩う」に対応している。これだけでは意味が取りにくいが、この条は『法華遊意』の合喩の第四義、「此の花は泥水を出づと雖《いえど》も、泥水を捨てざれば、仏、四流の外に出づと雖も、三界《さんがい》の中を捨てざるを喩う」（大正三四・六四三中）に対応しているので、これを参考にすると、一乗の人は生死を捨てず、生死の中から生じることをいったものと思われる。汚泥のなかから蓮華が生じることが、一乗の人が生死のなかから生じることをたとえているとされる。『法華玄義』には「解の生死より起こるを譬う」とあるが、『法華経』による解脱が生死のなかから生じることをいったものだと思う。

十六種の第四義として、「蓮華は是れ瑞にして、見る者歓喜するは、見る者の成仏するを譬う」とある。これは『法華玄論』の第四義、「此の華は能く瑞相を為す。法華を見れば、必ず衆生皆な成仏することを得《う》と知るを喩う」に対応している。蓮華が吉兆を現わし、それを見る者が歓喜することが、『法華経』を見ると、すべての衆生が成仏できることを知って歓喜することを譬えているとされる。

十六種の第五義として、「蓮華の微《かす》かなる従り著《いちじる》しきに之《い》くは、一礼一念も皆な作仏《さぶつ》することを得るを譬う」とある。これは『法華玄論』の第六義、「此の華は微かなる従り著しきに之くは、以て此の経に衆生の一礼の福、一念の功、漸漸《ぜんぜん》に成仏するを明かすを喩う」に対応している。蓮華の開花状態の変化が、衆生の微善が成長して徐々に成仏に至ることを譬えているとされる。

十六種の第六義として、「蓮華の必ず倶《とも》なるは、因果亦た倶なるを譬う」とある。これは『法華玄論』の第十二義、「此の華は生ぜざれば而《すなわ》ち已《や》み、生ずれば則ち華実倶に含むは、此の経は説かざれば而ち已み、説けば則ち因果双《なら》べて辨《べん》ずるを喩う」に対応している。蓮華という花は、萼《がく》、花《か》托《たく》、雄しべ、雌しべから成っている。雌しべの下の子房《しぼう》の発達したものが一般に果実と呼ばれるが、花托の発達した蓮華のような植物の場合は、花托も含めて果実と呼ばれることもある。蓮華は開花状態のとき、十分に花托が熟しているので、花と実が同時にあるといわれる。この点が『法華経』に因と果とがともに説かれることをたとえるのにふさわしいとされる。この第十二義は、法雲の『法華義記』の「此の花は有らざれば則ち已みなん。有れば則ち花実必ず倶なり。此の倶《く》の義を用《もっ》て、此の経に因果双べて説くを譬うるなり」（大正三三・五七四中）を受けたものである。

十六種の第七義として、「華に必ず蓮あるは、因は必ず仏と作《な》ることを譬う」とある。これは『法華玄論』の第十三義、「此の華は必ず菓を生じ、余華は爾《しか》らず、或いは生じ、生ぜざるは、一乗の因は必ず当《まさ》に仏に作るべく、三乗の因は或いは作り、或いは作らざるを喩う」に対応している。前述の、蓮華には花と実が同時にあるという点を視点を変えて見ると、華は必ず蓮＝実を生じることになり、これが『法華経』の一乗の因が必ず成仏することを譬えているとされる。三乗の因は、そのなかの声《しょう》聞乗《もんじょう》、縁覚乗《えんがくじょう》は成仏できず、菩薩乗が成仏するので、あるいは作仏し、あるいは作仏しないといわれている。

十六種の第八義として、「蓮華は引きて蓮華世界に入るを譬う」とある。これは『法華玄論』の第十六義、「仏、初めて正覚《しょうがく》を成《じょう》ずるが故に、蓮華蔵世界に一乗の法門を説く。今、二乗の人の為《た》めに一乗を説き、二乗の人をして同じく法界《ほうかい》に入らしむ。共に蓮華蔵土に在るが故に、蓮華を借りて以て此の義を表わす」に対応している。釈尊が菩《ぼ》提樹《だいじゅ》の下で悟りを開いたときに『華厳経《けごんきょう》』を説いたことを、「蓮華蔵世界に一乗の法門を説く」と表現している。『華厳経』における一乗の説法と、『法華経』における一乗の説法とがどちらも蓮華蔵世界においてであることを指摘したものである。

十六種の第九義として、「蓮華は是れ仏の践《ふ》む所なるは、衆聖《しゅしょう》の託生《たくしょう》するを譬う」とある。これは『法華玄論』の第十四義、「此の華、諸仏の践翫《せんがん》する所、衆聖の託生する所と為るは、此の経、諸仏の護念し、菩薩を教うる法なるを譬うるなり」に対応している。諸仏が蓮華の上に託生することが、諸仏が『法華経』を護念することを譬えているとされる。『法華経』に「妙法蓮華教菩薩法仏所護念」と出るのに基づいたものである。

以上のように、九義を紹介した後に、『法華玄義』には「此の十譬は秖《た》だ是れ今家の行妙を譬うる中の片意なるのみ」とあるので、一つ脱落していることになる。『法華玄論』の第八義、「此の華、人《にん》天《でん》の愛敬《あいぎょう》する所と為るは、此の経、衆聖の尊重《そんじゅう》する所なるを喩う」が脱落している。これは蓮華が人天に尊重されることが、『法華経』が諸仏に尊重されることを譬えているというものである。さて、吉蔵のあげる十六義のうち、これまでに紹介したものは、『法華玄義』の迹門《しゃくもん》の十妙のうち、行妙をたとえるものであり、しかも不完全なものであるという批判がなされている。

一条脱落しているが、便宜上、次を十六種の第十一義として紹介する。「蓮華は淤泥より生じて、淤泥に染《そ》まざるは、一は三の中に在りて、三は一を染めざるを譬う」とある。これは『法華玄論』の第九義、「此の華は淤泥に生ずと雖も、泥は染汚《ぜんま》すること能《あた》わず。以て一乗は三乗の汚泥に在りと雖も、汚泥は染汚すること能わざるを喩う」に対応している。蓮華は泥水に生じるけれども、泥水に汚されないことを、『法華経』の一乗が三乗のなかにありながら、三乗に汚されないことに譬えている。

十六種の第十二義として、「蓮華の三時に異なるは、三を開けば秖だ是れ一なるを譬う」とある。これは『法華玄論』の第五義、「此の華に三時の異なり有りて、終《つい》に一華を離れざるは、以て一仏乗に於いて分別《ふんべつ》して三を説き、三乗を説くと雖も、終に一乗に帰するを喩う」に対応している。前に紹介したように（二八五頁を参照）、蓮華には開花状態によって、屈摩羅、迦摩羅、分陀利の三時の相違があるが、結局は一つの蓮華である。これは三乗が最終的に一乗に帰着する点を譬えているとされる。

十六種の第十三義として、「蓮華に開有り合有るは、縁に対するに隠《おん》有り顕《けん》有るを譬う」とある。これは『法華玄論』の第三義、「此の華は開合に時有り、開けば則ち昼と為り、合すれば則ち夜と為るは、以て一乗の隠顕に時有り、大縁未だ熟せざるが故に隠れ、縁熟するが故に顕わるるを喩う」に対応している。蓮華は昼に開花し、夜閉じるが、これは一乗が衆生の機縁が熟したときには顕われ、熟していないときには隠れることに譬えられる。

十六種の第十四義として、「蓮華は諸華に於いて最も勝《すぐ》るるは、諸説の中に第一なるを譬う」とある。これは『法華玄論』の第一義、「此の華は衆華の中に最第一なり。……以て此の経は衆経《しゅきょう》の中に最も第一と為すを譬う」に対応している。蓮華は最第一の花であり、これは『法華経』が諸経のなかで最第一であることを譬えているとされる。

十六種の第十五義として、「華開きて実顕わるるは、巧みに説きて理顕わるるを譬う」とある。これは『法華玄論』の第十一義、「此の華、開きて実を現わすは、此の経の言《ごん》巧みにして理顕わるるを喩うるなり」に対応している。蓮華は開花して実を顕わすが、これは『法華経』の表現が巧みで、理が顕われることに譬えられている。

十六種の第十六義として、「蓮華に三時の異なり有るは、権実の時に適《かな》うことを譬う」とある。これは『法華玄論』の第十五義、「未だ敷かざるの時には而も蓮実現われざるは、仏初めて出世して説法するに、三乗有りと明かせども、一乗の蓮実現われざるを喩う。華開けば実方《まさ》に現わるるは、方便《ほうべん》の門を開けば、一乗の真実方に現わる。故に此の華には開、未開有りて、三乗の権、一乗の実有るを喩うるなり」に対応している。蓮華は花が開かなければ実が現われず、花が開けばはじめて実が現われる。このことは三乗の方便の門を開かなければ一乗の真実が現われないが、方便の門を開けばはじめて真実が現われることをたとえているとされる。

以上の六義については、『法華玄義』には、「此の六譬は秖だ是れ今家の説法妙の中の片意なるのみ」と批判している。『法華玄義』に紹介されている文と、その典拠である吉蔵の『法華玄論』の文は必ずしも完全に一致していないので、対応関係が明瞭ではないものもあるが、『法華玄義』が『法華玄論』を典拠としていることは確実であるので、両者の対応関係を指摘しながら解説した。『法華玄義』の文だけでは、意味を十分に理解できない点もあることも明らかになったと思われる。

法雲の蓮華の解釈

これまで、旧説として、僧叡、廬山慧遠、河西道朗の三人の説が紹介され、次に十六種の蓮華の意義が紹介された。『法華玄義』には、続いて法雲の説が引用、批判されている。法雲の説は、「光宅の云うが如し、『余華は華果倶ならざるは、余経の偏《ひと》えに因果を明かすを譬う。此の蓮華は、華果必ず倶なるは、此の経に双べて因果を辨ずるを譬う』と。弟子門には因を明かし、師門には果を明かすが故に、蓮華を借りて喩えと為す」と紹介されている。蓮華が花と果実がそろっていることが『法華経』の因果双説を譬えているというものである。これは先に引用したように、確かに『法華義記』に見られる説である。また、因果双説について、法雲の説では、弟子門が因を明かし、師門が果を明かすという解釈をしている。ここで弟子門とは序品《じょほん》から安楽行品《あんらくぎょうほん》までを指し、師門とは涌出品《ゆじゅっぽん》から普賢《ふげん》品《ほん》までを指す。法雲の時は、提婆達多品《だいばだったほん》がなかったが、この弟子門と師門は、智顗における迹門、本門にそれぞれ対応する。

この説に対して、『法華玄義』では批判がなされている。智顗の批判は、迹門にも本門にもそれぞれ師の因果、弟子の因果が説かれていることを、『法華経』の経文を引用して、具体的に示している。吉蔵の法雲批判にも、迹門には因ばかりでなく果も説かれ、本門には果ばかりでなく因も説かれるというものがある。また、実相《じっそう》の理は本迹の因果に合致するわけではないが、理に約して本迹の因果を明かすこと、実相は権実に合致するわけではないが、実相に約して開権顕実《かいごんけんじつ》・発迹顕本《ほっしゃくけんぽん》を論じると述べている。わかりにくい表現であるが、実相の理は本来、本迹の因果や権実という相対概念による把捉を越えたものであるが、本迹の因果などを明らかにすることによって実相を明らかにすることがあることを示したものだと思う。

ここで、法雲の『法華義記』においては、どのように蓮華の解釈がなされているのか、その全体像を説明する。法雲は経題の解釈について、略釈と広釈を示している。まず略釈においては、

「蓮華」とは、外〔の世界において〕必ず華と実がどちらもある物にたとえる。蓮の範疇の中の華を語る場合は、果の範疇の中の因のようである。華の範疇の中の蓮を語る場合は、因の範疇の中の果のようである。このためにこの〔『法華経』の〕経家《きょうけ》は一乗の因果はどちらもこの〔蓮華の〕華のようであることを明かさなくてはならない。それゆえ、譬喩を借りて名づけられるので、「蓮華」という。（大正三三・五七三上）

とある。現代語訳を示した（以下同様）。ここでは、蓮華が華と実をともに備える植物であることから、

因果具足、すなわち『法華経』の一乗の因果をたとえるのに適当であることを示している。広釈においては、蓮華については簡潔な解釈が示されているだけであるが、「法」を妙因妙果の法であるとしたうえで、この経が因果を体とする以上、蓮華を譬喩として用いることを説いている。また、諸経典の題目の付け方を五種に分類し、『法華経』の場合は、第五の「法譬《ほっぴ》双挙《そうこ》」に相当するとし、また、なぜとくに植物のなかから水生の蓮華を譬喩として選んだのかという問題について、

　法と譬えとの両者を挙げるのは、とりもなおさずこの『法華経』である。上に妙法を出し、下に蓮華を出して譬えとする。これによって因と果のどちらの意義をも示すことができる。そもそも水や陸地に生じるものはさまざまな種類のものがあって限りがない。今、明らかに水に生じる蓮華を取って、それで因果をたとえるとは、この〔蓮華の〕花はなければそれまでだが、あれば花と実が必ず一緒にある。この〔花と実が〕一緒にあるという意義によって、この経に因と果との両者が説かれることをたとえるのである。（同前・五七四中）

と述べている。蓮華は華と実とを必ず含むので、『法華経』の因果双説をたとえるのにふさわしいというもので、略釈の解釈と同様である。この『法華経』の因果双説については、諸経の宗旨を、「因を以て宗と為す」「果を以て宗と為す」「因果を以て宗と為す」というように三種に分類するなかの第三の場合に該当するとして、

　今、この『法華経』は因果を宗とする。安楽行品以前は開三顕一して、因の意義を明かし、涌出品以後は開近顕遠《かいごんけんのん》して、果の意義を明かす。……今、この経の首題に妙法というのは、因もまた法であり、果もまた法であることを表明する。それゆえ蓮華を譬えとして、因と果と二つの理

をどちらも示すのである。（同前）

と述べている。

『法華経』の前半が因を明かし、後半が果を明かすという解釈は、『法華玄義』に紹介されていたものである。実は、法雲も『法華経』の前半にも果が明かされ、後半にも因が明かされていることを認めているのであるが、前半の重点は因、後半の重点は果にあると考えたのであった。『法華義記』には、

今、この経は因を明かす場所でもやはりまた果の意義がある。つまり「仏知見を開く」といっている。果を論じる中でもやはりまた因の意義がある。つまり「久しい間、修行して得たものである」といっている。前者は因のために果を明かし、後者は果のために因を明かしている。それゆえ因と果とがどちらも説かれることが経の正宗《しょうしゅう》であることがわかる。（同前・五七四中─下）

と述べている。

まとめると、法雲は妙法を妙因妙果と解釈し、蓮華は妙法の譬え、すなわち妙因妙果の譬喩として解釈した。したがって、法雲には当体蓮華の解釈はなく、譬喩蓮華の解釈だけを示している。

経論を引く

蓮華の解釈の第三項「経論を引く」では、最初に『法華論』における『法華経』の十七種の名称を紹介し、次に、やはり『法華論』の蓮華の解釈として、出水と華開《けかい》の意義を説明し、最後に『大集経』を引用している。『法華論』の十七名については、「一に無量義、二に最勝、三に大方等《だいほうどう》、四に教

菩薩法、五に仏所護念、六に諸仏秘蔵、七に一切仏蔵、八に一切仏密字、九に生一切仏《しょういっさいぶつ》、十に一切仏道場、十一に一切仏所転法輪《しょてんぼうりん》、十二に一切仏堅固《けんご》舎利《しゃり》、十三に諸仏大巧方便《だいぎょうほうべん》、十四に説一乗、十五に第一義住、十六に妙法蓮華、十七に法門摂無量名字句《ほうもんしょうむりょうみょうじく》身頻婆羅《しんびんばら》阿閦婆《あしゅくば》等なり」(七七二中)と紹介している。『法華論』の原文とは若干相違しているものもある。『法華論』の原文(大正二六・二下—三上参照)に出る名称とその意味を簡単に示しておく。

①無量義経(無限の教説を成就する経典)、②最勝修多羅《しゅたら》(最高の経典)、③大方広経(大乗の経典)、④教菩薩法(菩薩を教化する教え)、⑤仏所護念(仏に大切に守られているもの)、⑥一切諸仏秘密法(すべての仏の秘密の教え)、⑦一切諸仏之蔵(すべての仏の功徳《くどく》が収まっている蔵)、⑧一切諸仏秘密処(すべての仏の秘密の境地)、⑨能生一切諸仏経(すべての仏の悟りを生み出すことのできる経典)、⑩一切諸仏之道場(すべての仏の悟りの場)、⑪一切諸仏所転法輪(すべての仏によって説かれる教え)、⑫一切諸仏堅固舎利(如来の真実の法身が破壊されない経典)、⑬一切諸仏大巧方便経(すべての仏の偉大な方便力を説く経典)、⑭説一乗経(一乗を説く経典)、⑮第一義住(最高の真理)、⑯妙法蓮華経(釈尊によって体現されたすばらしい法、清浄な白蓮のごとき存在である釈尊に関する経典)、⑰最上法門(最高の教え)である。

次に、蓮華の二義について説明する。『法華論』の十七名のなかの第十六名が妙法蓮華であり、その解釈のなかで、蓮華の二義を説いている。『法華論』の出水の義とは、蓮華が泥水から水上に出ていることを捉えたものである。このことが、小乗の汚濁の水を出離していることを譬え、また、声聞が菩薩のように如来の大衆のなかで蓮華の上に坐して、無常の智慧、清浄な境界を説くのを聞いて、如来の秘密の教えを証得することを譬えたものとしている。華開の義とは、大乗を信じることのできない臆病な衆生に、如来の清浄で妙なる法身を示して信心を生じさせることを意味するとされる。この『法華論』の蓮華の解釈に対して、『法華玄義』の解釈が示されている。

衆生に清浄で妙なる法身を見せることは、妙因が開発することを蓮華としており、蓮華の上に坐すことは、妙なる依報《えほう》＝国土を蓮華としていると解釈している。そして、『法華論』の解釈は、迹門の十妙の行妙、位妙の意義に相当すると評している。

最後に、『大集経』の引用があるが、この文は、吉蔵の『法華玄論』から、当体蓮華を示す文として引用されたものとほぼ同じである。『法華玄義』には、「『大集』に云わく、『憐愍《れんみん》を茎と為し、智慧は葉、三昧を鬚《しべ》と為し、解脱は敷なり。菩薩の蜂王は、甘露を食す。我れ今、仏の蓮華を敬礼す。又た、戒・定《じょう》・慧・陀羅尼《だらに》を以て瓔珞《ようらく》と為し、菩薩を荘厳《しょうごん》す』」（七七二下）とある。これについて、菩薩が戒・定・慧・陀羅尼の四法を取り集めて菩薩となるのは、蜂が華のなかにあるようなものであり、憐愍・智慧・三昧・解脱の四法によって菩薩を豊かに飾ることは、蜂が華を食べるようなものであると解釈している。

正しく釈す

次に、第四項「正《まさ》しく釈す」では、はじめに、前の第三項で引用された『大集経』と『法華論』の意義を繰り返し説いている。『大集経』によれば行法の因果を蓮華とし、『法華論』によれば依報の国土を蓮華とすると述べたうえで、依正《えしょう》の因果はすべて蓮華の法であるとまとめている。『大集経』が修行者主体＝正報の因果に当たるわけである。依正の因果の法がそのまま蓮華であるから、これは「法性《ほつしょう》の蓮華」＝当体蓮華であり、鈍根の者のために「世華《せけ》」（世間の蓮華の意）＝譬喩蓮華を借りることも差し支えないことを明らかにしている。

次に、優曇鉢華《うどんはつけ》をめぐる議論がある。優曇鉢はウドゥンバラ（udumbara）の音写語で、優曇とも音写する。無花果《いちじく》の一種で、外部から花が見えないので、仏教においては、三千年に一度しか開花しない花とされ、類いまれな現象をたとえるのに用いられる。『法華経』の中に、『法華経』を優曇華《うどんげ》にたとえる経文があること、この優曇華が蓮華に似ているとされることに基づき、蓮華によって妙法をたとえることの妥当性を説明している。

次に、「夫《そ》れ喩えには少喩・遍喩有り。『涅槃』の如し、云云《うんぬん》」（同前）とあり、譬喩の種類についての説明がある。『涅槃経』には八種の譬喩が説かれており（大正一二・七八一下―七八二上を参照）、その中の少喩と遍喩とを取りあげている。少喩は部分的な譬喩で、遍喩は全体的な譬喩である。『法華玄義』『釈籤』の説明によれば、美しい顔を満月に譬えたり、白象を雪山《せっせん》にたとえることが少喩であるが、これは部分的な譬喩なので、月に眉や目があるわけではないし、雪山に象の尾や牙があるわけではない。これは当然のことであるが、譬喩が部分的なものであることをよく示している。これを受けて、「今の法華三昧は、以て喩えと為すこと無けれども、此の蓮華を喩うるのみ」（七七二下）と記されている。少喩と同様に、法華三昧の一々の部分が蓮華の一々の部分に対応してはいないけれども、蓮華によって法華三昧をたとえることを明かしている。

この後、蓮華を譬喩に用いる意義を中心的に説く段が続く。まず第一に、この蓮華だけが因に万行《まんぎょう》を含み、果に万徳《まんどく》を円《まど》かにすることをたとえることができることを明かしている。第二に、蓮華以外の花は麁《そ》であり、九法界の十如是《じゅうにょぜ》の因果をたとえるが、この蓮華は妙であり、仏法界の十如是の因果をたとえることを明かしている。第三に、蓮華が仏法界をたとえるのに、迹門と本門とにそれぞれ三種の譬喩があることを明かしている。これについては、すでに「序王」の解説において論じたことがある。いわゆる「為蓮故華《いれんこけ》」（蓮の為めの故の華《はな》）・「華開蓮現《けかいれんげん》」（華開きて蓮現わる）・「華落蓮成《けらくれんじょう》」（華落ちて蓮成る）が、迹門の「為実施権《いじつせごん》」（実の為めに権を施す）・「開権顕実」（権を開きて実を顕わす）・「廃権《はいごん》立実《りゅうじつ》」（権を廃して実を立つ）をそれぞれたとえ、さらに本門の「従本垂迹《じゅうほんすいじゃく》」（本従り迹を垂る）・「開迹顕本」（迹を開きて本を顕わす）・「廃迹立本《はいしゃくりゅうほん》」（迹を廃して本を立つ）をそれぞれたとえるとされていた。この段の説明も表現は少し異なるが、趣旨は共通である。ここでは、さらに十如是に関して、この二門六譬を適用して、「初めの重《じゅう》は、仏界の十如より、九界の十如を施出するに約す。次の重は、九界の十如を開きて、仏界の十如を顕わす。三の重は、九界の十如を廃して、仏界の十如を成ず。三譬は迹門の始終を摂得《しょうとく》し尽くす」（七七三上）と説明している。これは迹門の三譬についてである。また、これを境妙の十二因縁・四諦・三諦などや、智妙から功徳利益妙についても適用できることを指摘している。

そして、本門の三譬についても、「第四重は、本の仏界の十如より、迹の中の仏界の十如を施出するに約す。第五重は、迹の中の仏界の十如を開きて、本の中の仏界の十如を顕出す。第六重は、迹の中の仏界の十如を廃して、本の中の仏界の十如を成ず。始終円満し、開合具足す」（同前）と述べている。以上が少喩（少分喩）の立場からの蓮華の解釈である。

この後、「多分喩」の立場からの解釈が示される。多分喩とは、前に出た遍喩のことである（二九九頁を参照）。ここでは、はじめに総じて蓮華が十如是をたとえることを論じ、その後、別して蓮華が仏界の十如是をたとえることを一々詳しく説いている。次に、境妙の中の十二因縁、四諦、二諦、三諦、一実諦、無諦をたとえることを指摘している。これによって、蓮華が境妙をたとえることを説きおわり、さらに境妙以外の迹門の九妙をたとえることを簡潔に指摘した後に、本門の十妙をたとえることも明かしている。そして、蓮華の解釈の結びとして、「若し蓮華に非ずば、何に由りてか遍《あまね》く上来の諸法を喩えん。法譬双べて辨ずるが故に、妙法蓮華と称するなり」（七七四下）と述べている。

第二節　「経」の解釈

釈名、つまり「妙法蓮華経」という経典の題目の解釈は、「法」「妙」「蓮華」「経」の解釈に分類されている。釈名の最後に、「経」の解釈が置かれている。「妙法蓮華経」という経題のうち、「経」はどの経典にも必ず付いているものであるから、通名と呼ばれている。これに対して、「妙法蓮華」は、特定の経典の名であるので、別名と呼ばれている。したがって、「経」の解釈は、『法華経』にだけ当てはまるものではなく、通仏教的な内容であるので、簡潔に説明したいと思う。

はじめに、経の梵名として「脩《しゅ》（修とも記す）多羅《たら》」を紹介し、また「脩単蘭《しゅたんらん》」「脩妬路《しゅとろ》」を紹介している。これら音写語の相違は、かの地の方言による相違であることを指摘している。しかし、対応する梵語はスートラ（sūtra）である（主格の場合はスートラム）から、梵語を音写する翻訳者の音写の仕方の相違に由来すると考えた方がよいであろう。さらに、中国におけるスートラの翻訳に無《む》翻《ほん》と有《う》翻《ほん》の相違があることを指摘している。無翻は翻訳できないという立場で、有翻は翻訳できるという立場である。

経の解釈の構成を図示する。

経の解釈
- 無翻を明かす
- 有翻を明かす
- 有無を和融す
- 法に歴て経を明かす
- 観心もて経を明かす

翻訳不可能とする立場

第一項の「無翻を明かす」では、スートラという梵語は中国語に翻訳できないということを説いている。その理由としては、梵語は多くの意味を持っているのに対して、中国語は単純で浅いので、そのような言葉で複雑な意味を持つ梵語を翻訳できないというものである。そして、原音を残すべきであるという結論を示している。後にスートラの五種の意義を紹介するが、これを一語で翻訳する中国語はたしかにないが、この五種の意義はスートラに対する一種の哲学的な解釈であり、たんに文字上の意味ではない。したがって、梵語と中国語の上のような比較は必ずしも正しいとは思われない。なお、仏教の重要な概念、たとえばニルヴァーナ（nirvāṇa）、ボーディ（bodhi）、アルハット（arhat）が初期の漢訳仏典では、それぞれ無為、道、真人《しんにん》などと漢訳されたが、後に原音を重視して、それぞれ涅槃、菩提、阿羅漢《あらかん》と音訳されたことがあった。これは、新しい仏教の概念が中国文化の文脈の中で誤解されることを避けるためであったと考えられる。

『法華玄義』には、開善寺智蔵《かいぜんじちぞう》（四五八―五二二）の説を、「正翻《しょうほん》に非ざるなり。但だ此れを以て彼れに代《か》うるのみ。此の間には聖説を経と為し、賢説は子史《しし》なり。彼《か》しこには聖を経と称し、菩薩を論と称す。既に翻ず可《べ》からざれば、宜《よろ》しく此れを以て彼れに代うべし。故に経と称するなり」（七七五上）と引用している。中国では聖人の説を経といい、聖人に及ばない賢人の説を『荘子《そうじ》』『孟子《もうし》』などの諸子や歴史書と呼ぶのに対し、インドでは仏の説を経といい、菩薩の説を論ということ、仏の説を経というのは正しい翻訳ではなく、中国の聖人の説を経と呼ぶのに基づいた便宜的な呼び名であることを明かしたものである。ちなみに、論は、梵語ではウパデーシャ（upadeśa）、シャーストラ（śāstra）という。

次に、『法華玄義』にはスートラの五種の意義を明かしている。つまり、「一に法本なり。亦た出《しゅつ》生《しょう》と云う。二に微発《みほつ》と云う。亦た顕示《けんじ》と云う。三に涌泉《ゆせん》と云う。四に縄墨《じょうぼく》と云う。五に結鬘《けつまん》と云う。今は秖《た》だ五義を作すのみ。翻ず可からず。今、一の中に於いて三を作して、三五、十五の義あり」（同前）とある。末尾に、「一の中に於いて三を作して」とあるのは、五種の意義の一々をさらに教・行・理（義）の三種に分類するので、都合十五義となるというものである。第一の法本については、すべてが不可説であるが、四悉檀《ししつだん》を用いれば説くことができるとし、その四悉檀を分類して、世界悉檀を教の本、為人《いにん》悉檀・対治《たいじ》悉檀を行の本、第一義悉檀を義の本と規定している。仏の金口《こんく》によって説かれた言葉が無量の教えを生じる根本なので、経は教の本といわれる。この教えのとおりに修行すれば、涅槃という目的地に到達できるので、その点において経は行の本ともいわれる。経によって表わされる義、理を明らかにすることができるので、経は義の本ともいわれる。このように、法本の意義を教・行・理（義）の三点に分けて明らかにしている。

第二の微発の意味は少し難しい。微はほのかではっきり見えないという意味である。発は生じる、起こすという意味である。『法華玄義』における微発の用法は、この意味を踏まえて、漸進的に浅いものから深いものに至ることを意味しているようである。

第三の涌泉は、わき出る泉を譬えとして用い、尽きることのないことを意味する。

第四の縄墨は、直線を引くために用いる墨のついた細い縄を譬えとして用い、邪正を判定することを意味している。

第五の結鬘は、華鬘《けまん》、つまり花輪を結ぶことを譬えとして用い、ばらばらにしないで統一することを意味する。これら四義の基本的な意味に基づき、教、行、理（義）の三点にわたって、経の意義を説明している。

この段の最後に、経の訓詁が紹介されている。経という漢字の訓詁として、常、法の二種の訓詁が紹介されている。常は永遠に変わらないこと、法は軌範となるものという意味である。『法華玄義』においては、これらの意味を教、行、理（義）の三点にわたって示している。

翻訳可能とする立場

次に、第二項の「有翻を明かす」は、スートラを翻訳できるという立場であるので、具体的に何と翻訳するかが問題となる。『法華玄義』には五種の翻訳が紹介されている。経、契《かい》、法本、線、善語教である。

経については、第一に「経由」という意味だと説明している。ある所を通り過ぎて来るという意味であるが、スートラは聖人の心と口とを経由して来るから、このようにいうと説明されている。これをさらに教・行・理（義）の三点にわたって説明している。つまり、教由はすべての経論釈が聖人の心と口を経由すること、行由はすべての修行が聖人の心と口を経由すること、義由は世間・出世間、方便・究竟《くきょう》などのすべての義が聖人の心と口を経由することとされている。

第二には、「緯《い》」という意味をあげている。経緯という言葉があるが、経は布地を織る縦糸で、緯は横糸である。つまり、縦糸と横糸が組合わさってはじめて布地が完成する。経度、緯度という言葉も、この縦と横の意味に基づくものである。『講義』には、単に「緯」とあるのは間違いで、「経緯」とあるべきだと指摘している。この指摘は、『法華玄義』の具体的な説明にも合致すると思われる。『法華玄義』には、仏が世界悉檀によって経を説き、菩薩が世界の緯を使って織り、経緯合して賢聖の文章が完成すると説いている。これは教に約した説明である。また、慧行＝正行を経とし、行行＝助行を緯とし、経緯合して八正道の文章が完成すると説いている。これは行に約した説明である。真諦を明らかにすることを経とし、俗諦を明らかにすることを緯とし、経緯合して二諦の文章が完成すると説いている。これは理に約した説明である。

第二の契は、かなう、合致するという意味である。衆生の縁にかなない、生善、破悪という事にかない、義にかなうという意味を取りあげている。

第三の法本は、「無翻を明かす」の項で明かされた五義の第一と同じである。

第四の線は、教・行・理を貫き保持して、ばらばらにしないことを意味するとされている。また、線は「縫う」という意義を持つとして、教・行・理のそれぞれを縫うことを説明している。

第五の善語教については、教のみではなく、善行教、善理教という言葉を示している。

無翻と有翻の調和・経の本質・経の観心釈

第三項の「有無を和融す」は、第一項の無翻と第二項の有翻の立場を調和させるという意味である。ここでは、両者の立場の長短を示しながら、結論的には、経という翻訳が妥当であることを明かしている。

第四項の「法に歴《へ》て経を明かす」の「法に歴て」とは、具体的には、十八界（六根・六境・六識を合わせたもの）などの「法」、つまり存在を経由してという意味である。内容的には、経が妥当な翻訳であるとすると、経の本質はいったい何なのかという問題を取り扱っている。はじめに、経の本質についての三種の旧説を紹介している。第一に声である。色《しき》・声《しょう》・香《こう》・味・触《そく》・法の六境の中の声境のことである。仏の在世においては、仏が声を出して説法したものが経だからである。第二に色である。六境の中の色境のことである。いろ・形あるものという意味である。具体的には、仏滅後においては、紙に墨で書いた経が伝わるからといわれる。第三に法である。六境の中の法境である。意根によって思惟される存在を広く指す。仏道修行において、内面的に思惟して、心が法と合致する場合があるからである。他人の声を聞かずとも、紙墨によらずとも、ただ悟りを開けばよいのである。この場合は法を経とするといわれる。

『法華玄義』本文には、次に、「三塵を経と為して、此の土に施す」（七七六下）、「他土の若《ごと》きは、亦た六塵を用い、亦た偏えに一塵を用う」（七七七上）とあり、娑婆《しゃば》世界と他の世界の相違について説明している。三塵は、声塵、色塵、法塵のことで、塵は先に述べた境のことである。認識の対象を意味する境が心を汚す塵に譬えられるのである。娑婆世界の人間は、耳識《にしき》・意識・眼識《げんしき》の三種が鋭く、他の三識は鈍いとされ、耳識が鋭い者にとっては声塵が経となり、意識が鋭い者にとっては法塵が経となり、眼識が鋭い者にとっては色塵が経となると明かしている。これに対して、娑婆世界以外の世界では、その世界によって、六塵を全部経とすることもあるし、ただ一塵を経とすることもあると明かしている。その後、『法華玄義』は、色塵に焦点を合わせて、色塵が経の意味を持つ、つまり法本をはじめとする五義（三〇三―三〇四頁を参照）の意味を持つことを詳細に説明し、さらに色塵の経が三諦をはじめとする境妙から利益妙までの迹門の十妙を完成することを説いている。次に、声塵について簡潔に言及されているが、他の四塵については省略されている。

最後に、第五項の「観心《かんじん》もて経を明かす」では、心を観察するという実践的立場から経を明らかにしている。構成は、上の四項が観心に適用されている。つまり、第一段は無翻の立場に立ったものである。心には善悪の諸もろの心数《しんじゅ》＝心作用を含んでいること、さらに万法を含んでいることを明かし、したがって当然五義を含んでいることを明かしている。次に、心が法本をはじめとする五義を含むことを順に説明している。なお、五義のそれぞれにおいて、教・行・理の三点にわたって説明している。

第二段は有翻の立場に立ったものということになる。心が由、契、経緯、法本、線であることを明かしている。また、心が軌範、常であることも明かされている。たとえば、心が軌範であることについては、次のように説かれている。「もし観察がなければ、軌範がない。観察が心王《しんのう》である。心王が正しいので、心作用もまた正しい。行・理も同様である。心王が理に合致すれば、心作用もまた理に合致する。それ故、軌範となるものと名づけるのである」というものである。正しく観心しているときの心が軌範たりうるという意味だと思う。

第三段は有無を和融する立場に立ったものであるが、実際には省略されている。

第四段は法に歴る立場に立ったものである。小乗では、悪の中に善がなく、善の中に悪がなく、事理についても同様なので、多くの意義を含むことはできないとされ、大乗においては善悪が相即《そうそく》しているので、悪心を観察しても空仮中の三諦を明らかにし、善心を観察しても三諦を明らかにすることができることなどを説いている。

以上で、「経」の解釈を終わる。つまり、これで『法華玄義』の釈名の段が終わったということである。釈名は『法華玄義』の三分の二を占める分量を持つものであったが、「妙法蓮華経」の中では、「妙」の解釈が最も重視されていた。

第六章　五重各説4（五重玄義の各論）

第一節　顕体（辨体）の構成

五重各説のうち、第一の釈名が終わり、本節では第二の顕体（辨体《べんたい》）の解説をする。顕体の冒頭には、「第二に顕体とは、前の釈名は総じて説けば、文義《もんぎ》浩漫《こうまん》なり。今、頓《とみ》に要理を点じて、正《まさ》しく経体を顕わし、直ちに真性《しんしょう》を辨ず。真性は二軌無きに非ざれども、解《げ》し易《やす》からしめんと欲して、是の故に直説《じきせつ》す」（七七九上）とある。名《みょう》は体《たい》・宗《しゅう》・用《ゆう》の三義を包括し、総説するので、文章の分量も多く焦点がぼやけるという欠点もあった。そこで、中心となる道理に焦点を合わせて、正面から経の体を示し、すぐに真性軌を論じるというものである。真性軌は観照軌、資成軌《しじょうき》と合わせて三軌と呼ばれ、迹門《しゃくもん》の十妙の三法妙において説かれていた。真性軌が経の体に当たる。真性軌は他の二軌と一体不離の関係にあるが、理解の便のため、真性軌だけを直説するといわれている。体の定義として、「体とは、一部の指帰《しいき》、衆義の都会《とえ》なり」（同前）といわれている。経典一部の趣き帰する所であり、釈尊一代の教義がすべて集まる所と説明されている。

顕体の構成を図示する。

体玄義の構成

- 正しく経体を顕わす
  - 旧解を出だす
  - 体を論ずる意
  - 正しく体を顕わす
  - 文を引きて証す
- 広く偽を簡ぶ
  - 凡に就いて簡ぶ
  - 外に就いて簡ぶ
  - 小に就いて簡ぶ
  - 偏に就いて簡ぶ
  - 譬えに就いて簡ぶ
  - 悟りに就いて簡ぶ
- 一法の異名
  - 異名を出だす
  - 解釈す
  - 譬えもて顕わす
  - 四随に約す
- 実相に入る門を明かす
  - 略して門の相を示す
  - 門に入る観を示す
    - 略して門に入る処を示す
    - 略して門に入る観を示す
  - 麁妙を示す
    - 能所に就いて麁妙を判ず
    - 諸門に約して麁妙を判ず
  - 開顕を示す
- 遍く衆経の体と為す
- 遍く諸行の体と為す
- 遍く一切の法の体と為す

第一段は、正面から経体を示す段落である。正しい体を知るためには偽を捨てなければならないので、第二段においてそれを説く。第三段では経体である実相《じっそう》の別名をあげ、第四段では実相に入る教行《きょうぎょう》を明かし、第五段では実相が諸経の体であることを明かし、第六段では実相が修行の体であることを明かし、第七段では実相が一切法の体であることを明かしている。

正しく経体を顕わす

七段について順に解説する。はじめに、第一段の「正《まさ》しく経体を顕わす」の構成については前の図の通りである。

第一項の「旧解《くげ》を出だす」では、六種の旧説を紹介批評している。第一の説は、北地師《ほくじし》の「一乗を用《もっ》て体と為す」(七七九上)という説である。この説は、漫然としていて中心点を的確に把握していないと批判されている。というのは、一乗という概念は権実《ごんじつ》にまたがるものであるから、もし権の一乗(『法華経』以前の大乗経に説かれる菩薩乗《ぼさつじょう》を指すと思われる)であるならば『法華経』の主意ではないし、実の一乗であっても、これは三軌を包括するもので、体を示すのに明瞭ではないからとされている。

第二の説は、ある人の「真諦《しんたい》を体と為す」(同前)という説で、これもまた中心点を的確に把握していないと批判されている。そもそも真諦は大乗、小乗に通じるし、大乗の真諦も多種あるからである。

第三の説は、ある人の「一乗の因果を体と為す」(同前)という説である。一乗については、第一の批判がここでも適用されるし、また因果については、因と果という区別された二つのものが立てられている点、「猶《なお》未《いま》だ事を免れず。云何《いか》んが是れ体なるや。事には理の印無ければ、則ち魔経に同じ。

云何んが用《もち》う可《べ》けん」（同前）と批判されている。ここでは、事と理という対《つい》概念を示して説明している。事は個別的、差別的な事象の意で、理は普遍的、平等的な真理の意である。二つと数えられるものは事であり、体の概念に当てはまらないという批判である。

第四の説は、ある人の「乗の体は因果に通ず。果は万徳《まんどく》を以《もつ》て体と為し、因は万善《まんぜん》を以て体と為す」（同前）という説で、体が因果に通じることを主張している。

第五の説は、ある人の「因乗は般若《はんにゃ》を以て本と為し、五度を末と為す。果乗は薩婆《さつば》若《にゃ》を以て本と為し、余を末と為す。……」（七七九中）という説で、因果それぞれに本末を主張している。五度は、六《ろく》波羅蜜《はらみつ》のうち、般若波羅蜜を除いたもので、布施・持戒・忍辱《にんにく》・精進《しょうじん》・禅定《ぜんじょう》の五波羅蜜をいう。薩婆若は、一切智のことである。

第六の説は、ある人の「六度を以て乗の体と為す。方便《ほうべん》は生死《しょうじ》を運出し、慈悲は衆生を運取す」（同前）というもので、六度（六波羅蜜）全部を体と主張している。これらの説に対して、「私《わたくし》に問う」「私に謂う」などの表現を用いて、灌頂《かんじょう》が批判を加えているが、紹介は省略する。

灌頂は、最後に『中辺分別論《ちゅうべんふんべつろん》』『唯識論《ゆいしきろん》』『摂大乗論《しょうだいじょうろん》』『法華論』『十二門論』の五論を引用して、「此の五論は乗の体を明かすこと同じけれども、荘挍《しょうきょう》は小《すこ》しく異なり。今経《こんぎょう》に於いて乗の体を明かすは、正しく是れ実相にして、荘挍を取らざるなり。若《も》し荘挍を取れば、則ち仏の乗ずる所の乗に非ざるなり」（七七九下）と結論を述べている。乗り物の本体については五論の内容は同じだが、乗り物の飾り（荘挍）については相違することを指摘し、『法華経』の体としては「実相」を取り、飾りを取らないと述べている。

次に、第二項の「体を論ずる意」では、『大智度論』を引用して、小乗経では、無常・無我・涅槃《ねはん》の三法印《さんぼういん》があれば仏説であることが確定するように、大乗経では、諸法実相の一印があれば了義経《りょうぎきょう》、つまり真実を十分に説き尽くした経であることが確定すると述べている。法印とは、教えの目印の意で、これが説かれているかどうかで、仏の教えであるかどうかを判定できるものをいう。小乗経では、万物は変化してやまないこと＝諸行無常《しょぎょうむじょう》、万物には固定的実体がないこと＝諸法無我《しょほうむが》、涅槃は静まりかえった安らぎの境地であること＝涅槃寂静《ねはんじゃくじょう》の三種を三法印というが、これに一切皆苦《いっさいかいく》を加えて四法印《しほういん》という。『法華玄義』には、小乗経の法印が三種であり、大乗経のそれは一種である理由について、次のように説いている。小乗経では、生死と涅槃は相違するものと説き、無常と無我を生死の二印とし、涅槃を涅槃の一印とするのに対して、大乗経では、生死即《そく》涅槃、涅槃即生死であるから、唯一の印を用いるというものである。

次に、第三項の「正しく体を顕わす」では、これまですでに指摘されてきたことであるが、体を「一実相の印」（同前）と明言している。さらに、三軌のなかでは真性軌を取り、十法界《じっぽうかい》のなかでは仏法界を取ることを述べ、さらに、境妙を例にあげて、「仏界の十如是《じゅうにょぜ》の中には、如是体を取る。四種の十二因縁の中には、不思議不生不滅《ふしぎふしょうふめつ》を取る。十二支の中には、苦道は即ち是れ法身《ほっしん》なるを取る。四種の四諦の中には、無作《むさ》の四諦を取る。無作の中に於いては、唯《た》だ滅諦を取るのみ。七種の二諦の中には、五種の二諦を取る。五の二諦の中には、唯だ真諦を取るのみ。五の三諦の中には、五の中道第一義諦を取る。諸もろの一諦の中には、中道の一実諦を取る。諸もろの無諦の中には、中道の無諦を取るなり」（七七九下―七八〇上）と指摘している。要するに、別教《べっきょう》と円教《えんぎょう》、とくには円教に相当するものを選び、さらにその中において中心となるものを選んでいる。この趣旨が理解できれば、智妙以下についても体となるものを選ぶことができると述べている。

第四項の「文《もん》を引きて証す」では、『法華経』のなかから、実相に関説する経文を引用している。たとえば、序品《じょほん》の「今、仏、光明を放ちて、実相の義を助顕す」「諸法の実相の義は、已《すで》に汝等《なんだち》が為《た》めに説く」、方便品《ほうべんぼん》の「唯だ仏と仏とのみ乃《すなわ》ち能《よ》く諸法の実相を究尽《くじん》す」などである。

広く偽を簡ぶ

第二段の「広く偽を簡《えら》ぶ」については、正しい体を知るためには、偽を選び捨てなければならない。これを「一に凡《ぼん》に就いて簡び、二に外《げ》に就いて簡び、三に小に就いて簡び、四に偏に就いて簡び、五に譬えに就いて簡び、六に悟りに就いて簡ぶ」（七八〇中）とあるように、六点にわたって行なう。世間＝凡、外道《げどう》、小乗、円教以外の通教《つうぎょう》・別教を説く大乗＝偏においても、「実」という概念は用いられるが、それらは究極の「実」ではないので捨てられなければならない。これが前の四項において説かれる趣旨である。

とくに第四項においては、偽を選ぶだけではなく、経の正体についても論じている。たとえば、「一実諦とは、即ち是れ実相なり。実相とは、即ち経の正体なり。是の如き実相は、即ち空《くう》・仮《け》・中《ちゅう》なり。即空《そっくう》なるが故に、一切の凡夫《ぼんぷ》の愛論を破し、一切の外道の見論を破す。即仮《そっけ》なるが故に、三蔵の四門の小実を破し、三人の共見《ぐうけん》の小実を破す。即中なるが故に、次第の偏実を破す」（七八一中―下）と述べている。円教の円融三諦《えんゆうさんたい》を経の正体としているわけであるが、即空によって第一項の凡の立場と第二項の外道の立場を否定し、即仮によって第三項の小乗＝蔵教《ぞうきょう》の立場と第四項の偏＝通教の立場を否定し、即中によって第四項の偏＝別教の立場を否定している。

第五項の「譬えに就いて簡ぶ」では、三種の譬喩《ひゆ》によって、体の真偽を区別している。第一の譬喩を紹介する。これは三獣渡河《さんじゅうとが》の譬喩といわれるものである。兎、馬、大象の三種の動物が河を渡る場合、兎と馬は向こう岸に渡ることができても、河底に足が着かない。これに対して大象は向こう岸に渡り、しかも足が河底に着く。この譬喩の意味は次のように解釈されている。三獣は声聞《しょうもん》・縁覚《えんがく》・菩薩をたとえ、河の水は空をたとえ、河底は不空＝仮をたとえている。兎、馬にたとえられる二乗は空の一辺を見て、不空を見ることができない。これに対して菩薩は空だけでなく不空をも見ることができる。また、象にも大象と小象が区別されている。小象は河底の泥にしか足が着かないといわれ、これは別教の菩薩の隔歴《きゃくりゃく》の三諦の立場をたとえている。これに対して、大象は河底の実土に足が着き、これは円教の菩薩の究極の立場をたとえている。結論として、「是の如き喩えは、但《た》だ兎・馬の二乗の実に非ざるを簡破《けんぱ》するのみに非ず、亦《ま》た小象の不空の実に非ざるを簡びて、乃ち大象の不空を取りて、此の経の体と為すなり。此れは空・中共《ぐう》じて真諦と為すに約して、此の如き簡を作すなり」（七八一下）と述べている。

この段の最後の第六項「悟りに就いて簡ぶ」では、言葉を用いていくら体について議論しても、悟らなければ体を見ることはできないことを説いている。最後に、随智の妙悟によって経体を見ることができることを述べている。

一法の異名

次に、第三段の「一法の異名《いみょう》」の段は、「一に異名を出だし、二に解釈し、三に譬えもて顕わし、四に四随に約す」(七八二中）とあるように、四項に分かれている。

第一項の「異名を出だす」では、「実相の体は秖《た》だ是れ一法なるのみなれども、仏は種種の名を説く」(同前）と述べ、仏が実相のさまざまな異名を説いていることを指摘し、具体的に、妙有《みょうう》・真善《しんぜん》妙色《みょうしき》・実際《じっさい》・畢竟空《ひっきょうくう》・如如《にょにょ》・涅槃・虚空仏性《こくうぶっしょう》・如来蔵《にょらいぞう》・中実理心・非有非無《ひうひむ》・中道第一義諦・微妙《みみょう》寂滅《じゃくめつ》の十二の異名をあげている。そして、「無量の異名は悉《ことごと》く是れ実相の別号なり。実相も亦た是れ諸名の異号なるのみ。惑《まど》う者は迷滞《めいたい》し、名を執《しゅう》して異解《いげ》す」(七八二下）と述べて、実相とその異名との正しい関係を理解できない者がいることを指摘している。たとえば、大乗仏教を学ぶ者においても、妙有を学ぶ者が、妙有を最高であるといって、畢竟空を誹謗することがあることを紹介している。

第二項の「解釈《げしゃく》す」では、異名間の関係について説明している。ここでは、別教の四門と円教の四門に焦点を合わせて解釈している。四門とは、有門・空門・亦有《やくう》亦空門《やくくうもん》・非有非空門のことである。十二の異名はそれぞれこの四門のどれかに所属する概念である。そこで、名、義、体という概念を立てる。名は名称、義はその意味、体はその本体といった意味である。この三種の概念を用いて、異名間の関係を四種に分類している。第一に、名・義・体が同じ場合である。例としては、①妙有＝名、真善妙色＝義、実際＝体、②畢竟空＝名、如如＝義、涅槃＝体、③虚空仏性＝名、如来蔵＝義、中実理心＝体、④非有非無の中道＝名、第一義諦＝義、微妙寂滅＝体をあげている。①は有門、②は空門、③は亦有亦空門、④は非有非空門のそれぞれ一門に所属する概念を集めたものであるので、名・義・

体が同じといわれる。

第二に、名・義・体がすべて異なる場合である。例としては、①妙有＝名、畢竟空＝義、如来蔵＝体、②空＝名、如来蔵＝義、中道＝体、③如来蔵＝名、中道＝義、妙有＝体、④中道＝名、妙有＝義、空＝体をあげている。たとえば、①は妙有が有門、畢竟空は空門、如来蔵は非有非空門に所属する概念なので、名・義・体がすべて異なるといわれる。

第三に、名と義は同じであるが、体が異なる場合である。例としては、①妙有＝名、妙色＝義、畢竟空＝体、②空＝名、如如＝義、妙有＝体をあげている。①は妙有・妙色は有門、畢竟空は空門であり、②は空・如如は空門、妙有は有門であるように、名と義は同じであるが、体が異なるといわれる。

以上の三つは、別教の立場を意味し、今の『法華経』の体ではないと否定される。第一の場合は、名・義・体が同じであるので、批判すべき点がないように思われるかもしれないが、四門のうちの一門においては融合しているが、他の門との関係では融合していないと批判される。第二の場合は、名・義・体がすべて異なるのであるから、最も融合していないと批判されている。第三の場合は、体が融合していない点が批判されている。そして、第四の立場、つまり、名と義は異なるが、体が同じ場合がすぐれた立場になり、円教の立場を意味する。「体に衆義有りて功用《くゆう》甚だ多し。四門は縁に随いて種種異称すれども、体融ずるを以ての故に円《まど》かに衆名に応ず。法体《ほったい》既に同じければ、異名・異義なれども諍《あらそ》わざるなり」（七八三上―中）と評価されている。体が同じで、融合しているので多くの義を含み、また、体が衆生の機根に合わせて成立した多くの名に対応しているので、争いが生じないといっているのである。

『法華玄義』には、さらに『無量義経』の「無量義とは、一法従《よ》り生ず」を引用して、説明を続けている。ここに出る「一法」を実相のこととしている。この実相と他の異名との関係について説いている。つまり、「又た、此の実相は諸仏の得法なるが故に、妙有と称す。妙有は見る可からずと雖《いえど》も、諸仏は能く見るが故に、真善妙色と称す。実相は二辺の有に非ざるが故に、畢竟空と名づく。空理湛《たん》然《ねん》として非一非異なるが故に、如如と名づく。実相は寂滅なるが故に、涅槃と名づく。覚了改まらざるが故に、虚空仏性と名づく。含受《がんじゅ》する所多きが故に、如来蔵と名づく。寂照霊知《じやくしようりようち》なるが故に、中実理心と名づく。有に依らず、亦た無に附せざるが故に、中道と名づく。最上にして過ぐるもの無きが故に、第一義諦と名づく」（七八三中）と述べている。実相は諸仏の証得する法なので妙有といい、諸仏だけが見ることのできるものなので真善妙色という。また、実相は両極端を離れるので畢竟空といい、非一非異（同一でもなく別異でもないこと）であるから如如という。また、実相は煩悩《ぼんのう》、生死が静まり返っているので涅槃ともいい、未来の悟りが不変なので虚空仏性といい、多くの功徳《くどく》を含んでいるので如来蔵といい、静寂で霊妙な智を持つので中実理心といい、非有非無なので中道といい、最高の存在なので第一義諦という。

第三項の「譬えもて顕わす」では、上に紹介した名・義・体に関する四句をそれぞれ譬喩によってわかりやすく説いている。説明は省略する。

第四項の「四随に約す」では、実相は一法であるのに、なぜ種々の名を設けるのかという問題が扱われている。その答えは、衆生の機根に差別があるからというものである。そのような衆生に対する対応の仕方が、随楽欲《ずいぎようよく》、随便宜《ずいべんぎ》、随対治《ずいたいじ》、随第一義の四随である。衆生の機根の相違については、

『法華玄義』では、有の根性、空の根性、亦有亦空の根性、非有非空の根性があることを述べている。これらの四種の根性に対して、それぞれ先に紹介した異名のうちどれが説かれるのかを説いている。十二の異名が四種の根性のどれに対応するものなのかは、先の説明によって自《おの》ずとわかると思う。結論的に、「此の四根に随うが故に、四門異説す。説異なるが故に名異なり、功別《く》なるが故に義異なり。理を悟ること殊《こと》ならざれば、体終《つい》に是れ一なり」(七八四上) と述べている。つまり、衆生の四種の根性に対応して、有門・空門・亦有亦空門・非有非空門の四門の異なった説き方が成立し、それによって十二種の異名が成立し、さらにそれぞれの作用が異なるので義が相違する。しかし、理を悟る点では同一であるので、体は同一とされる。

仏教思想の一つの特徴として、一体異名ということがあると思う。一体異名とは、さまざまな異なった概念が実は同一のものを指し示すというものである。まさしくここで議論されてきた問題である。一例をあげれば、ここでは実相と涅槃が一体異名といわれていた。仏教の重要な概念がただ単に同一であるといわれるだけならば、仏教の思想について厳密な議論が成立しにくいという欠点が出てくる。同一であるといわれる根拠を明らかにするとともに、なぜ異なった概念として立てられたのかという理由も明らかにしなければならない。ここでは衆生の機根の相違を後者の理由としてあげていたわけであるが、より厳密に概念の成立の場を説明する必要があると考える。

実相に入る門を明かす

次に、第四段の「実相に入る門を明かす」においては、「夫《そ》れ実相は幽微《ゆうみ》にして、其の理は淵奥《えんおう》なり。絶壑《ぜつがく》に登るに、必ず飛梯《ひたい》を仮《か》るが如く、真源に契《かな》わんと欲せば、要《かなら》ず教行に因る。故に教行を以て門と為す」（同前）とあるように、実相は隠れて捉えがたく、その実相の理は奥深いので、実相という真源に合致しようとすれば、教行に依る必要があり、したがって、教行を実相に入る門とすると述べている。「門は能通に名づくとは、此の謂《いい》なり」（同前）とあるが、教行という門が修行者を実相に通じさせることができる点を踏まえたものである。

この段の構成については、「一に略して門の相を示し、二に門に入る観を示し、三に麁妙《そみよう》を示し、四に開顕を示す」（同前）と、四項に分けている。

第一項の「略して門の相を示す」の冒頭には、「門の相を示すとは、夫れ仏法は宣示《せんじ》す可からず。縁に赴《おもむ》きて説かば、必ず四句を以て理を詮《せん》じ、能く行人を通じて、真実の地に入らしむ」（同前）とあり、言葉で説き示すことの不可能な仏法ではあるが、衆生の機縁に応じて説く場合は、有・空・亦有亦空・非有非空などの四句によって衆生を真実の地＝実相に入らせることができるので、この四句が実相に入るための門であることを指摘している。教行を門とすると述べたが、教を門とする場合と、行を門とする場合とがある。『法華玄義』には、「若し仏の教を以て門と為さば、教略して四と為す、云云《うんぬん》。若し一教に於いて、四句を以て理を詮ぜば、即ち是れ四門なり。四四合《がっ》して十六門と為す」（七八四上―中）とある。省略的な表現であるが、蔵教・通教・別教・円教の四教それぞれに、有・空・亦有亦空・非有非空の四門があるので、合計十六門あることを指摘した文である。

次に、行を門とする場合について説明する。行とは、観念、観法《かんぼう》などといわれる観察行《かんざつぎょう》を意味している。教を受けて観察を修し、思惟によって異相に入る場合、行を門とするといわれる。実際には修行者の実相への入り方はさまざまであり、『法華玄義』にも、教を聞くだけで観を修する必要がなく実相に入る人、観を修するだけで教を必要としないで実相に入る人をあげている。前者を信行といい、後者を法行という。また、実際には、教と観とが互いに助け合って実相に入る場合もある。教に十六門あるように、観にも十六門あるので、「教観合して論ずれば、則ち三十二門有り」（七八四中）とある。また、「細《くわ》しく門を尋ぬれば、実には無量有り」（同前）といわれるので、仮りに、蔵教・通教・別教・円教の四教に約して、十六門の相を明かしている。

では、蔵教の四門について説明する。蔵教の有門は、十二因縁、つまり私たちの迷える存在の要素の連鎖的関係を有の立場から捉えて得道することで、各種の『阿毘曇論《あびどんろん》』に説かれるとされる。空門は、空の立場から捉えて得道することで、『成実論《じようじつろん》』に説かれるとされ、亦有亦空門は、亦有亦空の立場から捉えて得道することで、迦旃延《かせんねん》の『昆勒論《こんろくろん》』に説かれるとされ、非有非空門は、非有非空の立場から捉えて得道することで、これを説く論は中国にはまだ伝わっていないとされる。

通教の四門については、蔵教が析空《しやっくう》の立場であるのに対し、通教は体空といわれる。前者が、あるものを、その構成要素に還元して後に、その無実体性＝空を認識するのに対して、後者は、直観的、全体的、瞬時的に空を認識する立場を意味し、大乗の思想を指している。この通教の立場は、体空、性空（本性として空であること）を基本としているが、かりに四門を区別する。たとえば鏡に映った像を例にあげているが、その像は幻化《げんけ》、つまり幻術師が作り出した幻のようなもので、当然実体性のないものである。しかし、鏡像にも一往、頭、胴、両手、両足があるのは有門とされ、無実体であるのは空門とされ、映像を見るけれども見ることができない、見ることができないけれども見るのは亦有亦空門とされ、幻有も捉えることができず、幻空も捉えることができずというように、両者を否定する立場が非有非空門とされる。

別教の四門については、衆生に仏性の備わることは、牛乳に酪《らく》の性質があり、石に金の性質があるようなものであるという譬喩を用いて説明している。今の説明は有門に相当し、牛乳に酪の性質がなく、石に金の性質がないとするのが空門、牛乳に酪の性質があり、またないとするのが亦有亦空門、仏性は中道であるとするのが非有非空門とされる。

円教の四門については、詳しくは説かれていない。円教においても、「仏性第一義」に入ることを明かし、その名・義については別教と同じとされるが、別教との本質的相違点は後に説明を譲っている。

第二項の「門に入る観を示す」は、「先に略して門に入る処を示し、二に略して門に入る観を示す」(七八五中)とあるように、二段構成である。第一の「略して門に入る処を示す」においては、先に紹介したように、能通の教門は四四十六門となるが、所通の理はただ偏真と円真との二つだけであることが述べられている。偏真と円真とは、それぞれ偏った不完全な真理と、完全な真理という意味である。蔵教の四門と通教の四門は拙度《せつど》と巧度《ぎょうど》の相違はあっても、同じく偏真の理に通じ、別教の四門と円教の四門は未融と円融の相違はあっても、同じく円真の理に通じるとされる。

第二の「略して門に入る観を示す」について説明する。第一の「門に入る処」は、偏真の理と円真の理であることを明かしたが、具体的に門に入るための観を明かすのがこの段の内容である。ここでも、蔵教・通教・別教・円教それぞれの観を明かしている。まず、蔵教の有門の観については、信行の観と法行の観があるが、前者は教説を聞いてすぐに悟るので、その得道の方法を言葉で説明することは難しいとして省略し、後者について、「一に所観の境を識《し》り、二に真正《しんしょう》の発心《ほっしん》、三に遵《したが》いて定慧《じょうえ》を修し、四に能く法を破すること遍《あまね》く、五に善く通を知り塞《そく》を知り、六に善く道品《どうぼん》を用い、七に善く対治を用い、八に善く次位を知り、九に善能《よ》く安忍し、十には法愛《ほうあい》生ぜず」（七八五下）とあり、それぞれについて解説を加えている。これは、『摩訶止観《まかしかん》』に説かれるいわゆる十乗観法《じゅうじょうかんぼう》と基本的に同じ観法である。引用文の十乗観法の第一は観察する対境を認識すること、第二は正しい発心をすること、第三は禅定と智慧を修すること、第四はすべての存在において執著を徹底的に破すること、第五は真理に通じるものとそれを塞ぐものとを区別して認識すること、第六は三十七道品（仏教の実践修行を整理したもの。四念処《しねんじょ》・四正勤《ししょうごん》・五根《ごこん》・五力《ごりき》・七覚支《しちかくし》・八正道《はっしょうどう》）を実践すること、第七は補助的な修行を用いること、第八は自己の修行の段階を知ること、第九は安らかに忍耐すること、第十は真の悟りでないものに対する執著を捨てることである。

『摩訶止観』においては、円教の観法＝円頓止観《えんどんしかん》が説かれているが、『法華玄義』には蔵教・通教・別教・円教それぞれの観法が紹介されている点で重要な資料を提供してくれている。なお、蔵教の有門の観法について、『阿毘曇論』の中に散説されていると指摘されているが、この十乗観法も、智顗がまったく新しく考え出したものではなく、小乗の論書にも散説されているという指摘は興味深い。『法華玄義』においては、この蔵教の有門の観法の後に、蔵教の他の三門の観法の説明が続く。といっても、ごく簡潔に言及されるだけである。次に、通教、別教の四門の観法について説明があるが、これも紹介を省略する。

次に、円教の四門の観法は、「先に円門を簡び、次に円観を明かす」（七八七下）という構成である。

第一の「円門を簡ぶ」とは、円教の門と他の三教の門との相違を示すことである。『法華玄義』には、「上の三蔵の門は、実の色を滅して真に通ず。意を得ざれば諍い多し。体門は、幻色《げんしき》に即して真に通じ、人に無諍《むじょう》の法を示す。別門は生死の色を体滅し、次第に法性《ほっしょう》の色を滅して中に通ず。意を得ざれば諍い多し。円門は、生死の色に即して是れ法性の色なり。法性の色に即して而《しか》も中に通じ、人に無諍の法を示す」（七八七下―七八八上）とある。三蔵教の門はいわゆる析空観《しゃっくうがん》のことを意味し、体門とは通教の門のことで、体空観《たいくうがん》を意味する。この蔵教・通教の二門は真諦に通じる。これに対して、別教の門と円教の門とは、いずれも中道諦に通じるが、別教の門は法性の色を滅して次第に中道に入り、円教の門は法性の色に即して中道に入る点が相違する。法性の色の意味は難解で、後の注釈者の間でも意見が分かれている。守脱《しゅだつ》の『講述』では、界外《かいげ》の変易《へんにゃく》の生死を指すと解釈している。

別教と円教はともに中道に通じるわけであるが、両者の相違について、『法華玄義』には、「一に融・不融、二に即法・不即法、三に仏智・非仏智を明かし、四に次行《しぎょう》・不《ふ》次行《しぎょう》を明かし、五に断の断惑・不断の断惑を明かし、六に実位・不実位を明かし、七に果縦《かじゅう》・果《か》不縦《ふじゅう》、八に円詮《えんせん》・不《ふ》円詮《えんせん》、九に難問に約し、十に譬喩に約す」（七八八上）と十点に整理している。

第一の融・不融においては、別教の四門は歴別《りゃくべつ》で互いに不融であり、円教の四門は互いに融通していることを明かしている。また、破会《はえ》に約して融と不融の相違を説く段を設けて、外道の邪見を破しても、二乗の邪曲や大乗の方便を破せず、善悪の法をすべて会しても、悪人や二乗人を会せず、その作仏《さぶつ》を説かないのが別門とされる。これに対して、円門においては、すべて残りなく破し、人法すべてを会すとされる。

第二の即法・不即法においては、たとえば有門についていうと、生死の外に出て別に真善妙有を論じるのは別教の有門であり、生死の有に即して実相の有を見るのが円教の有門であることを明かしている。

第三の仏智・非仏智においては、一切智、道種智《どうしゅち》は菩薩智であり別門に当たり、一切種智、五眼具足《ごげんぐそく》は諸仏の智であり円門に当たることが説かれている。

第四の次行・不次行においては、修行について次第に階位を登ってゆくのが別門であり、一行＝無量行の不次第行であるのは円門であることを明かしている。

第五の断の断惑・不断の断惑においては、漸次《ぜんじ》に五住煩悩を断除する思議の智断（智＝菩提《ぼだい》と、断＝涅槃）は別門に当たり、解と惑とが不二で、多く不断の断を明かし、五住もみな不思議であるという不思議の断は円門に当たることを明かしている。

第六の実位・不実位においては、別門の階位は方便で実位ではなく、円門の階位は実位であることを明かしている。

第七の果縦・果不縦においては、別門の法身・般若・解脱の三徳は次第に証得するので果縦といわれ、円門の三徳は不縦不横なので果不縦といわれている。

第八の円詮・不円詮においては、別門はすべてにわたって不円＝別を詮じている、つまり明らかにしており、円門は円を明らかにしていると説いている。

第九の難問に約し、第十の譬喩に約すにおいては、別門と円門の相違を問答と譬喩によってそれぞれ明らかにすべきことを説いている。

この十義を説いた後、『法華玄義』には、「復《ま》た、五味に約して少多を分別《ふんべつ》せば、乳教は両種の四門、酪教は一種の四門、生蘇《しょうそ》は四種の四門、熟蘇《じゅくそ》は三種の四門、此の経は一種の四門なり、云云」（七八九中）とある。五時教と四教の組み合わせであるので、意味はよくわかると思う。次に、『法華玄義』には、『法華経』における十義について、経文を一々引用して指摘し、円門であることを明らかにしている。

円教の四門の観法のうち、第一の「円門を簡ぶ」の説明が終わったので、次に「円観を明かす」について説明する。円教の四門の観についても、前三教の場合と同様、十乗観法を出している。また、ここの観法が『法華経』に散説されているとして、具体的に経文を引用して示している。また、この観法が『法華経』のみならず、大小乗の経論に散説されていることも指摘している。また、詳しい説明は『摩訶止観』に譲っている。

第四段の「実相に入る門を明かす」の第三項「麁妙を示す」は相待妙《そうだいみょう》を明かす、いい換えれば破麁《はそ》顕妙《けんみょう》を示す段である。「一に能所に就いて麁妙を判じ、二に諸門に約して麁妙を判ず」（七九〇下）とあり、二段構成となっている。

第一の「能所に就いて麁妙を判ず」においては、門を能通、理を所通とし、蔵教の四門は能通麁・所通麁、通教の四門は能通妙・所通麁、別教の四門は能通麁・所通妙、円教の四門は能通妙・所通妙と判定している。

第二の「諸門に約して麁妙を判ず」においては、まず蔵教の四門について、有門と空門を比べれば、前者が麁で後者が妙というように判定し、順に後の方が妙と規定する判定の仕方を提示している。これは四門の法に約して麁妙を判ずと呼ばれている。次に、根性の便宜に約す判定の仕方が示されている。つまり、有門が適当である衆生にとっては有門が妙で、その他の三門は麁であるというものである。次に、一門に就いて麁妙を判定する仕方が説かれ、四悉檀《ししつだん》を得る場合が妙、失う場合が麁と判定される。

以上は教についてであるが、最後に行、つまり十乗観法に約して麁妙を判定する仕方が説かれ、四門のうち、ある一門の十乗観法が成就すれば妙、その場合は他の三門が麁と判定される。このような麁妙の判定の仕方が、蔵教の四門ばかりでなく、通教・別教・円教の四門にも原則的に適用されている。

第四項の「開顕」は、いわゆる開麁顕妙を明かす段である。能通の門、所通の理、人がまだ妙でない場合は、『法華経』において開会《かいえ》すべきであることを述べている。そのうえで、一切の愛見の煩悩はそのまま菩提であると開会する、一切の生死はそのまま涅槃であると開会する、一切の凡人はそのまま妙人であると開会する、一切の愛見の言教《ごんきょう》はそのまま仏法であると開会する、一切衆生はそのまま妙理であると開会する、一切の小乗の法はそのまま妙法であると開会する、一切の声聞の教を開会する、一切の声聞の行はそのまま妙行であると開会する、一切の声聞の理はそのまま妙理であると開会する、諸もろの菩薩のまだ妙を受けていない者を開会して、みな円を得させることを、『法華経』の具体的な経文を引用して示している。

遍く衆経の体と為す

次に、第五段の「遍く衆経《しゅきょう》の体と為す」は、実相を諸経の体とすることを意味する。五項から成っているが、全体の要点を紹介する。まず、『法華経』に出る体のさまざまな異名を紹介し、それらの意味を明らかにしている。少し長い引用であるが、「理極《りごく》は真実にして、実を以て相と為すが故に『実相』と名づけ、霊知寂照《りょうちじゃくしょう》（霊妙な知が静かに照らすこと）なるを『仏知見』と名づけ、三世の諸仏は唯だ此れを用て自行化他《じぎょうけた》するが故に『大事の因縁』と言い、虚通《こつう》（障害なく通じること）するを『道』と名づけ、諸法を正定《しょうじょう》（正しく確定すること）するを『実相の印』と名づけ、運載《うんさい》するを『乗』と名づけ、仏事を成辦《じょうべん》（成し遂げること）するを『家業』と名づけ、一切の所依なるが故に『智地《ちじ》』と名づけ、諸法の元なるが故に『宝所』と名づけ、円妙にして思い難《がた》きが故に『宝珠《ほうしゅ》』と言い、積聚《しゃくじゅ》する所無けれども衆法を含むを『秘蔵』、『秘要』と名づけ、通達無礙《つうだつむげ》なるを『平等大慧《びょうどうだいえ》』と名づけ、二辺を遮《しゃ》するを『如に非ず、異に非ず』と名づけ、妙色自在なるが故に『普現三昧《ふげんざんまい》』と言い、実に入るの由《ゆ》なるが故に『普門《ふもん》』と名づけ、諸法由りて生ずるが故に『徳本』と言う」（七九三上）とある。実相の体のさまざまな異名が『法華経』に出ていることがわかる。

次に、実相の印がないものは魔の所説だとする『大智度論』の説を根拠に、実相を説かない『法華経』以外の経が魔説かどうかの問いを設けている。答えとして、諸経に真善妙色、畢竟空、如来蔵、中道と説いているのは、すべて実相の別称であり正印であるから、諸経の体は同じであると明かしている。ただし、諸経に大小乗の差別があって、体に傍正《ぼうしょう》があることを説いている。この場合、正は実相で、傍は偏真であるが、たとえば蔵教は傍を説き、通教は傍を帯びて正を説くと規定される。また、経によって中心的に用いる概念に相違があり、「『勝鬘《しょうまん》』は自性清浄《じしょうしょうじょう》を正と為し、余名を傍と為し、『華厳《けごん》』は法身を以て正と為し、『般若』は一切種智を以て正と為し、『涅槃』は仏性を以て正と為し、此の経は実相一乗を以て正と為し、余名を傍と為す」（七九三上―中）と述べている。
また、第四段と同様、第五段以降にも、いずれも破麁顕妙、開麁顕妙についての言及があるが、説明は省略する。

遍く諸行の体と為す

次に、第六段の「遍く諸行の体と為す」では、まず行の同異を明かしている。つまり、行には、鈍根の信行と利根の法行の二行があり、蔵教・通教・別教・円教の四教それぞれに、この二行がある。そして、これらの行がいかなる体に基づく行であるかを明かし、「三蔵の信・法は傍の実相を以て体と為し、通教の信・法は傍に正を含むを以て体と為し、別教の信・法は正を以て体と為し、円の信・法も亦た正を用て体と為す」（七九三下）と述べている。次に、諸経に依る修行を明かしている。

遍く一切の法の体と為す

最後に、顕体に七段あるうち、最後の「遍く一切の法の体と為す」では、苦諦・集諦《じったい》は世間の因果を明かし、道諦・滅諦は出世間の因果を明かすので、一切法は四諦を出ず、実相を体としていることを明かしている。また、所依の体はすべて妙であるが、能依の法には麁妙の差別があることを説いている。

これで、五重各説の第二顕体の説明を終わる。

第二節　明宗の構成

本節では、五重各説の第三の明宗《みょうしゅう》について説明する。七番共解《しちばんぐうげ》の標章には、「宗とは、要なり。所謂《いわゆ》る仏の自行の因果、以て宗と為すなり。云何んが要と為さん。無量の衆善も、因と言えば則ち摂《しょう》し、無量の証得も、果と言えば則ち摂す。綱維《こうい》を提《ひっさ》ぐるに、目として動かざること無く、衣の一角を牽《ひ》くに、縷《る》として来たらざること無きが如し。故に宗要と言う」（六八三上）とあった。これは、一般的な字義解釈を踏まえて、宗を要、つまり、肝心かなめの意味としたのである。具体的には、仏の自行の因果を指す。ここでは、「宗とは、修行の喉衿《こうこん》、顕体の要蹊《ようけい》なり。梁柱《りょうちゅう》の屋《おく》を持ち、網を結ぶ綱維の如し。維を提ぐれば則ち目動き、梁《はり》安んずれば則ち桷《たるき》存す」（七九四中）とある。宗は修行の眼目であり、体、つまり諸法実相を顕わす大切な道であると説明したものである。また、宗を建物を保持する梁や柱、網目を結ぶ大綱などにたとえている。

宗玄義の構成を図示する。

宗玄義の構成
- 宗・体を簡ぶ
- 正しく宗を明かす
- 衆経の因果の同異
- 麁妙を明かす
- 因果を結ぶ

宗・体を簡ぶ

第一の「宗・体を簡ぶ」段では、はじめに宗と体とが同じであるとする、ある人の説を批判している。批判の内容は、宗致《しゅうち》は因果の二であり、体は非因非果の不二であるから、宗と体とが同じであるはずがないというものである。また、逆に、宗と体とが異なるという説も誤りであると批判されている。この場合は、宗が体を示す宗ではなくなるので、宗が邪《よこしま》な顚倒《てんどう》で体の印がなくなること、体が宗の範疇の中の体でなくなるので、体が狭くて広く行き渡らなくなること、法性を離れて別に因果があることになること、このような過失があることを指摘している。そして、結論的には、宗と体とは異ならないけれども異なること、非因非果に焦点を合わせて因果を論じるので、宗と体との区別があるだけであることを述べている。つまり、宗と体とが同一であるとする考えも、異なるとする考えもともに否定されるのであるが、宗と体との相即《そうそく》を踏まえたうえでは、宗と体とは区別され、それぞれ別個に論じることができる。また、実相の体は因果に通じているけれども、因果そのものではなく、修行の始めについて因を論じ、修行の終わりについて果を論じると述べている。

冒頭の「ある人」とは、吉蔵の考えを紹介したものと考えて間違いないであろう（もっとも吉蔵の考えも、『法華玄義』が紹介するほど単純ではない）。ここで、吉蔵の宗と体に関する説を紹介する。吉蔵の『法華遊意』の「第二に宗旨《しゅうし》を明かす門」の冒頭において、宗旨と体との同異関係について、

昔から今まで、宗旨と体とを明かすのに、ある場合は同一であるといわれ、ある場合は相違があるといわれてきた。その相違するというのは、教を体となし、理を宗となすことである。それゆえ『涅槃経』には七善の経文を解釈して「法を知り、義を知る。法を知るというのは十二部経

のことであり、義を知るというのは教によって表わされる理のことである」とある。それゆえ表わす主体としての教を経の体となし、表わされる対象としての理を経の宗となす。宗と体とが同一であるというのは、表わされる対象としての理が宗旨である以上、明らかにする主体としての文もまた宗旨を明らかにするのであるから、宗と体とは不二である。今は、〔宗と体とが〕同一であるか、相違するかは、時に応じて用いればよく、大切なことは悟りを得ることであって固定した教義はないことを明らかにする。（大正三四・六三六下）

という議論が見られる。これによれば、吉蔵以前に、宗旨と体とが異なるとする説と、同じであるとする説との二説があったことになる。この引用文においては、両説とも教を体とし、理を宗旨とする点は共通である。吉蔵自身は、一方の説を取って他方の説を排除するというような二者択一的な態度は取らず、いずれの説によっても、悟りを得ることこそが肝要であると結論している。吉蔵の他の著作をすべて調査したことがあるが、結論的には、吉蔵には、宗と体とを区別しない場合と区別する場合の両説があった。宗と体とを区別する意識をそれほど強く持っていない文献もあり、また、宗と体とが同一であることを積極的に主張している文献もあった。これとは逆に、宗と体とを区別している文献もあるにはあるが、この場合でも、宗と体との同一である面も指摘したりしている。とくに、『仁王《にんのう》般若経疏』では、智顗にならって五重玄義によって『仁王般若経』を解釈しているが、宗と体との関係については、

諸法は本来静まり返っているので、どれが宗でどれが体であろうか。〔そんな区別はない。〕今、〔衆生の〕機縁のためにはっきり示そうとするので、名称・様相のないものについて、名称・様

相を借りて説き、区別して相違するとなす。もし通門（宗と体とを区別しない立場）の立場に立つと、宗もまた体であり、体もまた宗である。今は別門（宗と体とを区別する立場）に焦点を合わせる。（大正三三・三一五中）

と述べている。つまり、『仁王般若経疏』自体は、五重玄義に基づいて解釈するのであるから、当然宗と体とを区別しているのであるが、もし通門の立場に立てば、宗と体とを区別しないことをわざわざ断っている点、宗と体とをあくまで区別するということを絶対視していない。『金剛《こんごう》般若経疏』の宗と体との区別も、この『仁王般若経疏』の例と同じと考えられる。

次に、『法華玄義』では、『法華経』の宗について多くの異説を紹介し、灌頂が各説にコメントしている（一々、出典を示さないが、この項における『法華玄義』の引用については、七九四下―七九五上を参照）。この部分は、吉蔵の『法華玄論』巻第二「経の宗旨を辨ず」（一々、出典を示さないが、この項における『法華玄論』の引用については、大正三四・三七九中―三八一上を参照）を参考にして、灌頂がまとめたものであることは明らかである。吉蔵は、『法華経』の宗旨に関して十三家の異説を紹介し、各説にコメントを加えている。『法華玄論』と比較しながら、説明する。

第一説に、「遠師《おんし》は一乗を以て宗と為す。所謂る妙法なり」とある。一乗妙法を宗とするという説である。『法華玄論』の第一説、「遠師云わく、『此の経は一乗を以て宗と為す。一乗の法は所謂る妙法なり。……』と」に相当する。廬山慧遠《ろざんえおん》の説とされる。灌頂は、この一乗が三乗を破すための一乗であり、三乗という麁＝妙因でないものに相対的なものであれば、因であって果ではないので、因果の始末を包括していないという欠点があると批判している（『釈籤』の解釈による）。

第二説に、「龍師《りゅうし》の云わく、『但だ果を以て宗と為すのみ。妙法とは、是れ如来の霊智《りょうち》の体なり。衆麁斯《こ》こに尽くるを妙と為し、動静物《もつ》に軌《のっと》るを法と為す。法既に真妙なれば、蓮華を借りて之《こ》れを譬う。果智を宗と為す所以《ゆえん》なり』」とある。第四説に出る僧印《そういん》（四三五―四九九）に『法華経』を教授したといわれる廬山慧龍《えりゅう》の説とされる。如来の霊妙なる智慧、仏果の智慧を宗とするという説である。『法華玄論』の第二説、「龍師の云わく、『此の経は但だ果を以て宗と為す』と。彼れ云わく、『妙法は如来の霊智の体なり。滓累《しるい》を陶練《とうれん》し、衆麁斯《こ》こに尽くるが故に、妙と云う。動静物に軌るが故に、法と云う。法は既に真妙なれば、言を以て辨じ難し。故に蓮華を借りて譬えと為す。果智を宗と為す所以なり』」に相当する。灌頂は、果は因と離れて独立できないのであるから、どうして因を捨てるのかと批評し、また経文に背いていると批評している。

第三説に、「慧観《えかん》の序に云わく、『会三帰一《えさんきいち》は乗の始めなり。慧覚成満《えかくじょうまん》するは乗の盛りなり。滅影《めつよう》澄神《ちょうしん》は乗の終わりなり』」とある。難しい表現もあるが、この道場寺慧観の『法華宗要序《しゅうようじょ》』の説に対しては、灌頂のコメントがなく、鳩摩羅什《くまらじゅう》のほめ言葉が引用されているだけである。つまり、「什師嘆《たん》じて云わく、『若《も》し深く経蔵に入るに非ずば、豈《あ》に能く此《かく》の如き説を作さん』」とある。慧観の説も鳩摩羅什のコメントも『法華玄論』の第三説に基づくものである。また、鳩摩羅什のコメントはもとは『高僧伝』巻第七の慧観伝に出るものである（大正五〇・三六八中を参照）。『法華玄論』の第三説は長文なので、引用は省略する。『法華玄義』からの引用文の意味を考えよう。慧観によれば、乗に三段階があり、三乗が一乗に帰着するのは乗の最初の段階であり、悟りの智慧が完全なものになることが乗の最盛期の段階であり、仏のこの世に応現した具体的な形を消滅させて精神を澄ますことが乗の最終的な段階であることを明かしたものである。第一段階は方便品の開三顕一を指し、第二段階は如来寿量品《にょらいじゅりょうほん》の五百塵点劫《じんでんごう》における仏の智慧の完成を指し、第三段階は仏の本地《ほんじ》（五百塵点劫の成仏）の立場から、伽耶成道《がやじょうどう》の迹の立場を捨てることを指すと思われる。つまり、『法華経』に説かれる釈尊の活動を三段階に分類整理したものだと思う。

第四説に、「印師《いんし》の云わく、『諸法の実相は是れ一乗の妙境なり。境智を用《もっ》て宗と為す。境に三偽無きが故に、実相と称するなり』」とある。これは法雲の師の僧印の説とされる。諸法実相という一乗の妙境と智慧とを宗とするという説である。『法華玄論』の第四説、「中興寺《ちゅうこうじ》の印師云わく、『此の経は亦た一乗の実慧を以て体と為す。……諸法の実相は即ち是れ一乗の妙境なり。故に境智を経宗と為す。然《しか》る所以は、実境に非ざれば以て実慧を生ずること無く、実慧に非ざれば以て実境を照らすこと無し。一乗を銘《な》づけて実相の境と為す所以は、体に三偽無きが故に、実相と称するなり』」に相当する。灌頂は、境を加えたが、果を欠いていると批評している。

第五説に、「光宅は一乗の因果を用て宗と為す。前段を因と為し、後段を果と為す」とある。光宅寺法雲の説とされる。一乗の因果を宗とするという説である。『法華玄論』の第五説、「光宅法師……云わく、『此の経は一乗の因果を以て宗と為す。故に経に両段有り。初めに開三顕一して以て因を明かし、後に開近顕遠《かいごんけんのん》して以て果を辨ずるなり』」に相当する。灌頂は、『法華経』の迹門にも本門にもそれぞれ因果のあることを指摘して批評している。つまり、法雲が『法華経』の正説の前半（方便品～安楽行品《あんらくぎょうほん》）は因を明かし、後半（従地涌出品《じゅうじゆじゅつぽん》～分別功徳品《ふんべつくどくほん》の格量偈《かくりょうげ》）は果を明かすとしたのに対して、迹門の因果、本門の因果というように、前半、後半それぞれに因も果も説かれていると批評したのである。

第六説に、「有る人は、権実の二智を用て宗と為す」とある。権智と実智の二智を宗とするという説である。『法華玄論』の第六説、「此の経は既に開権顕実《かいごんけんじつ》すれば、則ち宜《よろ》しく二智を以て宗と為すべし。開三は即ち是れ権を明かし、顕一の謂う所は実を辨ず。以下の開近顕遠の義も亦た例して然《しか》り。開近は権を謂い、顕遠を実と為す。未だ作者を詳《つまび》らかにせず」に相当する。灌頂は、三乗は『法華経』において捨てられるのであるから、三乗を説く権智を宗とすることは誤りであると批評している。

第七説に、「又た師の云わく、『此れを妙法蓮華と名づく。即ち名を以て宗と為す。妙法は是れ仏の得る所にして、根本真実の法性なり。此の性は惑染《わくぜん》に異ならず、惑と同じからざるが故に、妙と称す。即ち宗を名と為すのみ』」とある。本文にあるように、地論師《じろんし》の説とされる。『法華玄論』の第七説、「既に妙法と名づければ、即ち妙法蓮華を以て宗と為す。妙法は即ち是れ仏の得る所の根本真実の法性なり。此の法性は惑染を受けず、惑と同じからず、之れを名づけて浄と為す。是の浄を以ての故に、称して妙と為すなり。故に此れを用て題と為す。即ち以て宗と為す。蓮華とは、前に『大集経《だいじっきょう》』を引くが如く、衆徳を取りて華と為す。世間の蓮華を用いざるなり」に相当する。灌頂は、地論宗では、妙法を仏の獲得する根本真実の法性とし、これを八識と同一視するが、『摂大乗論《しょうだいじょうろん》』では、この解釈を破り、八識を生死の根本原因としていると批評している。『法華玄義』には、「惑染に異ならず」とあり、『法華玄論』には「惑染を受けず」となっている点については、『法華玄義』の文も『法華玄論』を根拠としているし、意味の上からいっても「惑染を受けず」がよいと思う。

第八説に、「有る師の云わく、『常住を宗と為す。但だ未だ極上ならず。是れ覆相《ふくそう》に常を明かす』」

とある。『法華経』は仏身の常住を明かしているけれども、真相を覆い隠す仕方（覆相）で明かしているというものである。『法華玄論』の第八説、「此の経は常住を以て宗と為す。然る所以は、大いに仏の教を論ずるに、宗とする所は常に在り。是の故に此の経は常を以て宗と為す。但だ教門は未だ極ならず。止《た》だ是れ覆相に常を明かすのみ」に相当する。この文と比べると、『法華玄義』の「但だ未だ極上ならず。是れ覆相に常を明かす」の「上」は「止」の誤写の可能性が強いと思う。灌頂は、経の意ではないとし、さらに常住が覆われているならば、宗はいったい何を顕わすのか、また常住が覆われていない場合も、常住は宗ではないと批評している。

第九説に、「有る師の云わく、『是れ顕了《けんりょう》に常を明かす。『涅槃』と広略を為すのみ』」とある。第八説は覆相とあったが、第九説は顕了（明瞭にの意）とある。『法華玄論』の第九説、「此の経は顕了に常を明かすを以ての故に、常住を以て宗と為す。……但だ『涅槃』に常を明かすと、広略異と為すのみ」に相当する。灌頂は、常住には因果がなく、宗もないと批評している。

第十説に、「有るが言わく、『万善を宗と為す。但だ是の善をして皆な作仏することを得しむ』」とある。『法華経』は万善成仏を説くといわれる。つまり、どんな些細な善でも、あらゆる善が成仏に直結することを説くことを指摘したものである。その万善を宗とするという説である。『法華玄論』の第十説、「万善を以て体と為す。但だ是の善をして、善く必ず朽ちること無く、皆な当《まさ》に作仏《さぶつ》すべからしむるなり」に相当する。灌頂は、もし成仏するならば果であり、どうして果を宗としないのかと批評している。

第十一説に、「有るが言わく、『万善の中、無漏《むろ》を取りて宗と為す』」とある。万善では範囲が広いので、万善のなかの無漏善、つまり煩悩に汚されていない善に限定して、宗とするという説である。『法華玄論』の第十一説、「万善を体と為す。此れは大いに通漫なり。此の経は既に一乗を明かせば、但だ乗の飾具《じきぐ》を取りて、宜しく一乗を用て体と為すべし。乗の飾具とは、下に『其の車は高広にして、乃至《ないし》、駕《が》するに白牛《びゃくご》を以てす』と云うが如し。但だ無漏の大乗を取りて、有漏《うろ》の法を簡除《けんじょ》するなり」に相当する。灌頂は、無漏善だけを選ぶことを、限定しすぎであると批評し、また小乗の涅槃と混乱すると批評している。

第十二説に、「有る人の言わく、『若し斯《こ》の異説を稟《う》けて、各おの益を蒙《こうむ》らば、衆釈も非《ひ》と為す可きこと無し。聞けども悟らずば、衆師も是《ぜ》と為す可きこと無し。一師の意は、唯だ貴《とうと》きこと悟りに在り。宜しく悟りを以て経の宗と為すべし。……唯だ悟りのみ是れ従う』」とある。この第十二説は、吉蔵の説を紹介したものである。『法華玄論』は、吉蔵自身の説以外に十三の異説を紹介しているので、『法華玄義』には『法華玄論』の第十二の僧叡《そうえい》の説、第十三の劉虬《りゅうきゅう》の説が省略されている。

さて、吉蔵の説は、学説それ自体の是非を問うのではなく、衆生がその学説を聞いて悟り、宗教的利益を受けるかどうかを重視している。どんなに立派な説でも、衆生がそれを聞いて悟ることがなければ意味がないし、逆に、衆生が悟ることができれば、その学説を誤っていると否定することはできないというものである。つまり、学説の相対性を踏まえて、衆生の悟りをこそ重要視しているといえる。『法華玄論』における吉蔵の説は、基本的には、『法華玄義』の紹介する通りである。具体的には、『法華玄論』には、吉蔵の説が十三家の異説と異なるのか、同じなのかという質問を設定して、次のように答えている。すなわち、解答する。もし悟りによっていえば、これらの異説を受けて、それぞれ利益を受ける場合は、多くの師の解釈に非とすることのできるものはない。もし〔異説を〕聞いて悟らない場合は、多くの師〔の解釈に〕是とすることのできるものはない。ある師の意義について、ただ大切なことは悟りにあるだけである。悟りを経の宗とし、同異を論じることがないのが適当である。（大正三四・三八一上）

とある。極端であるが、

たとい経に合致していても、聞いて悟らず〔衆生の〕機縁にとって薬でなければ、当然これを捨てるべきである。もしその解釈が仏の経に背いていても、聞いて道を受けるならば、甘露となる。道理として当然記録する必要がある。それゆえ、〔ある解釈が〕甘露か毒かには固定したものはなく、ただ悟りを宗とするだけである。（同前）

とまで述べている。では、吉蔵が十三の異説に対して、一々批評していることには、どのような理由があるのかということが問題となる。吉蔵は、諸師の説それ自体に正邪の区別を設けることを避け、衆生の悟りを重要視するとともに、この基本的立場に立脚したうえでは、かえって積極的に、実相正法を『法華経』の宗と定め、因果を宗とする諸師の考えに対して、因果は実相正法の体に相対すれば、用にすぎず、しかも、その用として認められる因果は諸師の規定する因果とは異なって、すぐれた内容（因については仏性、縁因を備え、果については完全な徳を備え、すべての煩悩を断ち切っていること）を持つことを明かしている。したがって、吉蔵自身の説を含めたすべての学説を相対化したうえでのことであるが、実相正法を宗（宗の体）とし、宗の用にすぎない因果を宗とする諸師の異説を批判することができたのであった。

『法華玄義』には、吉蔵に対する灌頂の批判がある。第一に、衆生の悟りを宗とするならば、悟りは果証であって、衆生の修行の因ではないから、衆生の立場を重視することにそぐわないという批判だと思う。第二に、引用は省略した部分であるが、吉蔵が仏法には固定的な説がないとした点を根拠に、衆生の悟りを固定する誤りを犯しているのではないかと批判している。私には、あまり本質的な批判であるとは思えない。

正しく宗を明かす

次に、第二の「正しく宗を明かす」段については、『法華玄義』に、「此の経は始め序品従《よ》り安楽行品に訖《お》わるまで、方便を破廃《ははい》して、真実の仏の知見を開顕す。亦た弟子の実因実果を明かし、亦た師門の権因権果《ごんいんごんか》を明かす。文義《もんぎ》広しと雖も、其の枢要を撮《と》るに、弟子の実因を成《じょう》ぜんが為めなり。因は正《しょう》、果は傍《ぼう》なり。故に前段に於いて、迹因迹果を明かすなり」（七九五上）とある。『法華経』の迹門においては、三乗方便・一乗真実を明かしているが、これを方便を破り廃すといっている。また、開《かい》示《じ》悟入《ごにゅう》の四仏知見を説いているが、これを真実の仏知見を開き示すとしている。このように、迹門は弟子の実因実果を明かしている。師門については、権因権果といわれている。なぜなら、師＝仏の久《く》遠《おん》の本地を明かしていないので、師門については、権因権果を明かしているといわれるのである。経文とその意義は広大であるが、その中心は弟子の実因を完成することであると指摘されている。一仏乗を説き明かすことが、弟子の成仏の真実の原因となるのである。そして、迹門では、因が中心的なものので、果が傍、副次的なものといわれている。結論的には、『法華経』迹門は、迹因迹果を明かしているとされる。

本門については、「涌出品従《よ》り勧発品《かんぼつほん》に訖《お》わるまでは、発迹顕本《ほつしゃくけんぽん》し、方便の近寿《ごんじゅ》を廃して長遠《じょうおん》の実果を明かす。亦た弟子の実因実果を明かし、亦た師門の権因権果を明かして、師の実果を顕わす。果は正、因は傍なり。故に後段に於いて、本因本果を明かす」（同前）とある。『法華経』本門においては、開近顕遠、つまり始成《しじょう》（近成）方便・久成《くじょう》真実を説いている。釈尊は菩《ぼ》提樹下《だいじゅげ》において始めて成仏したという立場が方便で、五百塵点劫というはるか遠い昔にすでに成仏したという立場が真実であるということである。本門において、弟子の本門の立場の実因実果が明かされ、師の実因実果が明かされる。また、師の権因権果を明かすともある。これは五百塵点劫の久遠から現在までの中間における仏の因果を指していったものである。本門においては、果が中心的なもので、因が傍とされているが、『法華経』本門は本因本果を明かしていると結論づけている。そして、最終的に、迹門の因果、本門の因果、つまり迹因迹果、本因本果を『法華経』の経宗とすると規定している。

衆経の因果の同異

次に、第三段の「衆経の因果の同異」の段では、さまざまな経典の宗について説いている。たとえば、『大品《だいぼん》般若経』は、非因非果の実相を体としているが、ただ因のみを宗としているといわれる。これは、『大品般若経』に一切種智の仏果も説かれているが、その中心的な教説である般若が因と規定されるからである。『維摩経《ゆいまきょう》』は、仏国の因果の両義を宗としている。『華厳経』の宗については、因とするもの、果とするもの、因果を合するものなどさまざまな説があるが、『講述』の指摘によれば、『法華玄義』自体は第三の因果を宗とするという説を採用しているようである。法身（果）を説き、菩薩の諸地（因）を説くので、因果を宗とすると捉えられたのだと思う。

このように、経典によって、宗の規定が異なる。「諸経は、縁に対すること同じからず。故に宗を明かすこと、互いに異なるのみ」（七九五中）と述べられている。つまり、経典によって、説法相手、対告衆《たいごうしゅ》が異なることを理由として、宗の相違を説明しているのである。では、これら諸経の因果と『法華経』の因果の相違についてはいかがであろうか。この段の冒頭には、「三に衆経の因果の同異とは、謂わく、迹の因果は或いは同じく、或いは異なり。本の因果は永く異なり」（七九五上）と説かれていた。諸大乗経典に説かれる円教は『法華経』迹門の因果と同じで、諸大乗経典に説かれる蔵教・通教・別教は『法華経』迹門の因果と異なるといわれる。これに対して、本門の因果は、久遠実成《くおんじつじょう》を明かしているので、他の経典の因果とまったく相違すると述べている。結論的には、この本門の因果を『法華経』の経宗とする。『法華玄義』には、「今経の迹の中の師弟の因果は、衆経と同有り、異有り。本の中の師弟の因果は、衆経に無き所なり。正しく此の因果を以て、経の妙宗と為すなり」（七九五下）と結論づけている。

麁妙を明かす

次に、第四段の「麁妙を明かす」段では、『法華経』以外の経に明かす因果は麁であり、これに対して『法華経』の因果について、「今経は、声聞は記を受け、菩薩は疑い除《のぞ》こる。同じく仏知見を開き、倶《とも》に一の円因に入る。発迹顕本して、同じく実果を悟る。因は円かに果は実にして、方便を帯びず、永く余経に異なる。故に称して妙と為すなり」（同前）と述べている。

つまり、『法華経』においては、迹門において仏知見＝仏種というただ一つの円因に入り、本門において発迹顕本して五百塵点劫の昔の真実の果を悟るので、因果ともに完全真実であり、他の経と相違することを指摘したものである。これは相待妙にあたるので、次に、絶待妙《ぜつだいみょう》が説かれる。絶待妙とは、「麁を開す……」（同前）といわれる点であり、麁因麁果を開会《かいえ》して、妙因妙果を成ずることを説いている。

因果を結ぶ

次に、最後の第五段落、「因果を結ぶ」段の構成については、「五に結成《けつじょう》とは、即ち二と為す。一に因果を結び、二に四句もて料簡《りょうけん》す」（七九六上）とある。第一に因果を結び、第二に四句による問答料簡がある。

第一について説明する。そもそも経に因果を明かす理由は、界内の人＝生身《しょうしん》と界外の人＝法身の二者を利益しようとするためである。開権顕実、ここでは開三顕一の意味であるが、これは主として人乗・天乗・声聞乗・縁覚乗・蔵教の菩薩乗・通教の菩薩乗・別教の菩薩乗の七種の方便の生身でまだ円に入っていない者を入らせ、傍《かたわ》らに生身・法身の二身ですでに円に入っている者をさらに進ませる働きを持っている。一方、開近顕遠は、傍らに生身でまだ円に入っていない者を入らせ、主として生身・法身の二身ですでに円に入っている者をさらに進ませる働きを持っている。

さらに、因と果の位について定義している。七種の方便がはじめて円に入ってから初住の位に登るまでを因とし、妙覚《みようかく》を果とする。途中の位については、二住から等覚《とうがく》までは、一々の位に因と果があるとされる。つまり、ある位の無礙道を因とすると、それによって得られる解脱道は果となる。さらに、この解脱によって上位の無礙道を修するので、この解脱は、無礙道という因の因となるから因因といわれる。また、解脱の果の無礙道によって、解脱道の果が生じるから、この解脱道は果果となる。あるいは十住を因、十行を果とし、また十行を因、十廻向《えこう》を果とし、また十廻向を因、十地を果とし、また十地を因、等覚を果とし、また等覚を因、妙覚を果とするというように、前後の位を比較相対させて因果を規定していく場合がある。この場合は、初住は因のみで、妙覚は果のみとなる。初住は前の十信の果ではないかという疑問がありうるが、これについては、初住以前は真因とはなりえないので、初住を果としないと答えられている。

第二の料簡では、初住の位において理に入ることを円因・円果とすると、どうして薬草喩品《やくそうゆほん》に、「漸漸に修学して仏道を成ずることを得《う》」ということができるのかという疑問が提起される。これに対して、円に入ることと、漸進的な修行の深化との関係についての四句（漸円《ぜんえん》・円漸・漸漸・円円）によって答えているが、詳しい解説は省略する。

第三節　論用の構成

次に、五重玄義の第四、用玄義について説明する。七番共解の第一標章においては、用の意味について、用とは力用《りきゆう》のことで、自行、化他、自他共《じたぐう》の三種の権実がみな力用であると明かされていた。さらに、力と用との区別については、力は自行の二智と、それによって照らされる理との間に成立する概念であり、用は化他の二智、自他共の二智の二種の二智と、それによって観察される衆生の機との間に成立する概念であることを説いていた。

また、『法華経』とその他の経を比較して、『法華経』以前の経の対機は化他の二智を受けるのに対して、『法華経』の対機は自行の二智を受けて、修行が深化する様子を説いていた。この段の冒頭には、「大章第四に用を明かすとは、用は是れ如来の妙能、此の経の勝用なり。如来は権実二智を以て妙能と為し、此の経は断疑生信《だんぎしょうしん》するを以て勝用と為す。秖だ二智は能く断疑生信し、生信断疑するは、二智に由る」（七九六下）とある。人に約す場合は、用とは如来の権実二智の妙能であり、法に約す場合は、用とは『法華経』の断疑生信、つまり疑いを断ち信を生じる勝れた作用であるとされる。

また、宗玄義の説明において、宗と体の概念規定に混乱がないように両者の区別を明らかにしたが、ここでは、宗と用の概念に混乱がないようにということで、両者の区別について、次のような説明がある。「何となれば、宗にも亦た用有り、用にも亦た宗有ればなり。宗の用は用の用に非ず、用の用は宗の用に非ず。用の宗は宗の宗に非ず、宗の宗は用の宗に非ず。宗の用とは、因果は是れ宗なり。因果に各おの断伏《だんぷく》有るを用と為す。用に宗有りとは、慈悲を用の宗と為し、断疑生信を用の用と為す。若し宗を論ぜば、且《しば》らく断伏を置いて、但だ因果を論ずるのみ。今、用を明かすに、但だ断疑生信を論ずるのみにして、且らく慈悲を置く。若し此の意を得れば、則ち権実の二智、能く断疑生信するを知る。是れ今経の大用なり。其の義は明らかなり」（同前）とある。宗の宗が因果、宗の用がこの因果にある断伏の作用である。また、用の宗が慈悲であり、用の用が断疑生信である。そこで、宗玄義では、宗の用を差し置いて、宗の宗である因果について取りあげたのと同様に、今、用玄義においては、用の宗の慈悲は差し置いて、用の用である断疑生信について中心的に述べるとしている。

次に、用玄義の構成を図示する。

用玄義の構成
- 力用を明かす
- 同異を明かす
- 歴別を明かす
- 四悉檀に対す
- 四悉檀の同異

力用を明かす

第一段の「力用を明かす」では、諸経と『法華経』とを比較相対させて、『法華経』の具体的な断疑生信の力用について説いている。その一端を示すと、「諸経は純《もつぱ》ら仏の智慧を明かさず、仏の自の応迹《おうしやく》を発せず、正しくは二乗の果を破廃せず、生身の菩薩の近疑《ごんぎ》を断じて、其の遠信《おんしん》を起こさず、本地を顕わして法身の菩薩の本の念仏の道を増し界外の生を損《そん》することをせず。此の如き力用は、衆経に無き所なり。今経に之れを具す」（同前）とある。つまり、『法華経』はもっぱら仏の智慧を明かし、仏身自体の迹であることを明らかにし、二乗の果を方便であるとして打ち破り、界内の生身の菩薩の始成正覚《しじようしようがく》の立場に対する執著《しゆうじやく》を打ち破って深遠で不思議な信を起こし、また本地を示して、界外の法身の菩薩に大利益を与える経典であることを説いている。

同異を明かす

第二段の「同異を明かす」では、権実の二智は、その名が諸経において共通であるけれども、その実際の力用は『法華経』のそれが最大であることを明かしている。『法華経』の力用について、「今経は仏菩提の二智を用て、七種の方便の最大の無明《むみよう》を断じ、同じく円因に入り、近迹《ごんしやく》を執するの情を破して、本地の深信を生じ、乃至、等覚も亦た断疑生信せしむ。是の如き勝用は、豈に衆経に同じからんや」（七九七中）と述べている。つまり、『法華経』は等覚の菩薩に至るまで、その疑いを断じ信を生じさせる偉大な用を持っていることを指摘している。

歴別を明かす

次に、第三段の「歴別《りやくべつ》を明かす」では、迹門と本門の力用を、それぞれ十種に分けて説いている。はじめに迹門の十種の力用の名称は、破三顕一・廃三顕一・開三顕一・会三顕一《えさんけんいち》・住一顕一・住三顕一・住非三非一顕一・覆三顕一・住三用一・住一用三である。

破三顕一とは、三情、つまり三乗に執著する心を破して、一乗の智を顕わすことで、智妙に相当する。

廃三顕一とは、情を破すだけでは不十分なので、三乗の教を廃して、一乗の教を顕わすことで、説法妙に相当する。

開三顕一とは、正しくは理に約して、二乗の証得する真空を開会して、そのままが実相の一理であることをいい、傍らには教に約して、昔の教は三乗の人が真に入るだけであったが、今の教は三乗の人がすべて成仏することができることを明らかにする。これは境妙に相当する。

会三顕一とは、行に約す場合であり、三乗の修行や人天《にんでん》の善もすべて開会されて成仏に直結することを明かすことで、行妙に相当する。

住一顕一とは、仏の本意についていい、仏は一味の雨のように平等に、実智によって衆生を化導《けどう》することで、三法妙に相当する。住一とある点が、他と表現上異なるが、仏の本意としては、仏は常に一乗に住している点を指摘したものである。

住三顕一とは、仏の権智についていい、方便によって化導することで、感応妙《かんのうみよう》に相当する。

住非三非一顕一とは、理に約す場合は、理は言葉による表現を超えたものであるから、三乗とも一乗ともいえず、この非三非一の理に住しながら、言葉を借りて一乗を顕わすことである。事に約す場合は、人天乗を非三非一となし、この人天の散善微行《さんぜんみぎよう》、つまりささやかな善行までも開会して一乗を顕わすことである。これは神通妙に相当する。

覆三顕一とは、巧みな方便の多様なさまをいう。爾前《にぜん》を廃除するといっても、それは執病《しゆうびよう》を廃することで、爾前の権法そのものを廃するのではない。もし廃除してしまえば、必要のあるとき役に立たないからである。覆は、隠しおさめておくという意味である。これは位妙に相当する。

住三用一とは、法身の妙応の眷属《けんぞく》についていい、前の住三顕一が師門であるのに対して、弟子門である。これは眷属妙に相当する。

住一用三とは、仏の本誓《ほんぜい》（過去世に立てた誓願《せいがん》）についていい、一乗に住しながらも、衆生済度の誓願によって三乗によって方便教化することであり、利益妙に相当する。

このように、十種の力用と迹門の十妙が一々対応している。十種の力用を取りあげたが、これは迹門の十妙と対照させるために十種をあげただけで、力用は本来は十種に限定されるべきものではないと述べられている。また、一々の妙にそれぞれ十種の力用があるとも述べられている。

本門の十種の力用については、迹門の十種の力用の名称について、「三」を「迹」に、「一」を「本」に置き換えればいい。仏の寿命を説く如来寿量品の経文によれば、近、遠という概念が適当であるが、理論的には、近を迹、遠を本とするのが適当であると述べている。内容的には迹門の力用に準ずるので、説明は省略する。

四悉檀に対す

第四段の「四悉檀に対す」では、迹門の十用、本門の十用と四悉檀との関係について明かしている。迹門の十用についていえば、開三顕一・住三用一・会三顕一は為人《いにん》悉檀に属し、破三顕一・廃三顕一・覆三顕一は対治悉檀に属し、住一顕一・住一用三は世界悉檀に属し、住三顕一・住非三非一顕一は第一義悉檀に属すとされる。また、一々の力用に四悉檀すべてが具足されるとも述べられている。

本門については、本門の力用も、迹門と名称の対応するものが、同じように四悉檀に振り分けられているので、説明するまでもない。また、本門の力用の一々に四悉檀すべてが具足されることを指摘している。

四悉檀の同異

最後に、第五段の「四悉檀の同異」では、爾前の経と『法華経』との同異について明かしている。まず、迹門の異について、爾前の経は四悉檀の意を用いていても二乗は悟らないが、『法華経』が四悉檀を用いるときは、二乗は疑いを断じ執著を除き、仏の正道に入り、記別《きべつ》を受けて成仏することができると述べている。

次に、本門については、発迹顕本の四悉檀は『法華経』以外の経に説かれないことを指摘している。これは、迹門の十用が諸経に一部分説かれているけれども、本門の十用は諸経に一つも説かれていないのと同様に、迹門の四悉檀は諸経にも出るが、本門の悉檀は諸経に一つも説かれないとされるのである。

第四節　判教の構成

教相玄義の冒頭には、「若し余経を弘《ひろ》むるに教相を明かさずば、義に於いて傷《やぶ》ること無し。若し『法華』を弘むるに、教を明かさずば、文義に闕《か》くること有り」（八〇〇上）とあり、『法華経』と教相玄義の関係について説いている。これは、法華経における教判の重要性を指摘した文である。つまり、『法華経』以外の経を弘通《ぐずう》する場合、その教相を明かさなくとも不都合はないが、『法華経』を弘通する場合は、もし教相を明かさなければ、決定的な欠点があるというものである。『法華経』以外の経は当機《とうき》益物《やくもつ》といって、それぞれの場面、状況において、衆生の機根に応じて利益を与える働きを持つものであるから、その経典が一切諸経のなかでいかなる地位を占めるものであるかという問題に答えなくとも、それ相応の利益がある。これに対して『法華経』の最大の特徴は、如来のこの世に出現した本意を明かし、釈尊一代の化導の全体を統一することであるから、『法華経』は教判を立てる基準となる経典なのである。実際に、中国における『法華経』への最大の関心事は、教判の基準を与えてくれる『法華経』という経典観であった。

引き続いて『法華玄義』には、「但だ聖意《しょうい》は幽隠《ゆういん》にして、教法弥《いよ》いよ難《かた》し。前代の諸師は、或いは名匠に祖承《そじょう》し、或いは思い神衿《しんこん》より出づ。阡陌縦横《せんみやくじゅうおう》なりと雖も、孰《いず》れか是《ぜ》なるやを知ること莫《な》し。然《しか》るに、義は双び立たず、理は両《ふた》つながら存すること無し。若し深く所以有りて、復た修多羅《しゅたら》と合せば、録して之れを用う。文《もん》無く義無ければ、信受す可からず。南岳大師《なんがくだいし》は心に証する所有り。又た、経論を勘同して、仏語に聿遵《いつじゅん》す。天台師は述べて、従い用う」（同前）とある。これは、智顗以前の中国仏教界においてさまざまな教判が存し、その帰趣《きすう》を知らない情況を指摘したものである。中国の教判は、主だった大乗経典の漢訳が出そろった五世紀頃から盛んに形成された。過去の教判に対する智顗の批評の方針は、理論的な根拠と経文の根拠があれば用い、なければ用いないというものであった。また、師の慧思《えし》は心に悟るところがあり、また経論の記述を考えて、仏の言葉に従う態度を取ったが、智顗はこの慧思の説に従うことが述べられている。

この教相玄義の構成については、「一に大意、二に異を出だし、三に難を明かし、四に去取《こしゅ》、五に判教《はんぎょう》なり」（同前）とある。それを図示する。

教相玄義の構成

- 大意
- 異を出だす
- 難を明かす
  - 南三を難ず
  - 北七を難ず
- 去取
- 判教
  - 大綱を挙ぐ
  - 三文を引きて証す
  - 五味半満相成す
  - 合・不合を明かす
  - 料簡
  - 増数に教を明かす

大意

第一の「大意」の段では、はじめに、『法華経』とそれ以外の経との根本的相違点を明かし、次に、衆生の機根の相違について明かしている。まず前者について説明すると、『法華経』以外の経は、「各おの縁に赴きて益を取らしむ」（同前）と規定されている。それぞれの経典の対告衆（説法の相手）に具体的な教えを説いて利益を得させるだけで、仏の教えの全体における位置づけ、なぜ今の教えが説かれるのかという意義については明示していないということが指摘されている。

『法華玄義』には経典ごとに、何を説いて、何を説かなかったのかを例示している。何を説かなかったかについて重点を置くと、『華厳経』は「如来の頓《とん》を説くの意を辨ぜず」（八〇〇中）といわれ、

『阿含経《あごんきょう》』は「如来の曲巧《ごくぎょう》（細かで巧みにの意）に小を施すの意を明かさず」（同前）といわれ、方等経《ほうどうきょう》は「並対《びょうたい》（蔵教・通教・別教・円教の四教を並列して説き、大乗の機根、小乗の機根に教えること）訶讃《かさん》（小乗を弾呵し、大乗を讃歎すること）の意を明かさず」（同前）といわれ、『般若経』は「亦た共《ぐう》（通教の三乗共の立場）・別（別教・円教の三乗不共の立場）の意を明かさず」（同前）といわれ、『涅槃経』は「亦た委《くわ》しく如来の教を置く原始、結要の終わりを説かず」（同前）といわれている。結論としては、「凡《およ》そ此の諸経は、皆な是れ他意に逗会《ずえ》（教えを衆生の機根に与えて、ぴったり合わせること）し、他をして益を得しむ。仏意を譚《たん》ぜず、意趣《いしゅ》何くにか之《ゆ》かん」（同前）とある。つまり、『法華経』以外の経は、衆生の機根に合わせた説法によって利益を与えるものであり、仏の説法の意図を説かないので、経の意趣はどこに行くのであろうか、という内容である。

　これに対して、『法華経』については、「絓《すべ》て是れ法門の網目は、大小の観法、十力、無畏、種種の規矩《きく》は、皆な論ぜざる所なり。前の経に已に説くが為めの故なり。但だ如来の教を布《し》くの元始、中間の取与（機根を観察することと、衆生に教えを与えること）を論じ、漸頓時に適《かな》うのみ。大事の因縁、究竟《くきょう》の終訖《しゅうこつ》、説教の綱格、大化の筌罤《せんてい》（方便の意）なり」（同前）といわれている。つまり、『法華経』は、すでに前の経に説いた細々とした教理は説かないで、ただ仏の教化の始源、中間の教化を説き、漸・頓を時に応じて用いることを明かすものである。さらに、この世に出現する理由としての仏の重大な仕事、究極的な帰着点、教えを説く大要、巧みな手段としての偉大な教化を明らかにするものといわれる。

　次に、衆生の機根の相違については、「其の宿殖淳厚《しゅくしょくじゅんこう》（過去世に植えた善根《ぜんこん》が多いこと）なる者」（同前）には『華厳経』を説き、「其の堪えざる者（『華厳経』を理解できない者）」（同前）には『阿含経』を説き、「既に道を得已《おわ》れば、宜しく須《すべか》らく弾斥《たんじゃく》すべ」（同前）く、方等経を説き、「若し通を兼ぬるに宜しくば、半満もて洮汰《とうた》」（同前）し、『般若経』を説くといわれる。そして、『法華経』については、「此の経は、唯だ如来の教を設くる大綱を論ずるのみにして、微細の網目を委《くわ》しくせず」（同前）といわれる。ここでも、細々とした教理を説かず、仏の教えを設ける大綱を説くことを強調している。そのほかに、この段では、『法華経』法師品《ほっしほん》の「我が説く所の経典は無量千万億なり。已に説き、今説き、当に説くべし。而も其の中に於いて此の法華経は最も難信難解《なんしんなんげ》と為す」について、今説を『無量義経』としており、法雲（大正三三・六六〇中―下を参照）や吉蔵（大正三四・五八六上を参照）が『法華経』を当てている点と相違している。

また、『法華経』と『華厳経』とについて、「若し其の優劣《うれつ》を較《くら》べば、恐らくは旨を失うことを成ず」（八〇一上）と述べて、みだりに二経の優劣を論じることを戒めている点が注目される。

異を出だす

第二の「異を出だす」段では、いわゆる南三北七《なんさんほくしち》の教判を紹介している。南三北七とは、南北朝時代に流行した南地の三種の教判、北地の七種の教判をいう。まず、十種の教判を紹介する前に、南北両地に共通して用いられるものとして、頓・漸・不定《ふじょう》の三種の教判を明かしている。頓教《とんぎょう》は『華厳経』を指す。漸教《ぜんぎょう》は、三蔵教（小乗）の有相教《うそうきょう》と、その後に説かれた大乗教の無相教《むそうきょう》に二分される。不定教とは、頓・漸のグループには入らず、しかも仏性・常住を明かしている『勝鬘経』『金光明経』《こんこうみょうきょう》

を指す。

はじめに、南地の三種の教判について紹介する。第一説は、虎丘山《こきゅうさん》の笈師《ぎゅうし》の説である。頓・漸・不定を用いる。漸教を、有相教（三蔵教で、有を見て得道することを明かす）・無相教（三蔵教を十二年間説いた後、『法華経』まで大乗教を説き、空《くう》を見て得道することを明かす）・常住教（一切衆生の仏性、一闡《いっせん》提《だい》の成仏を説く『涅槃経』のこと）の三種に分けた。

第二説は、宗愛法師《しゅうあいほつし》の説とされるが、この人物については、白馬寺《はくばじ》曇愛《どんあい》と大昌寺僧宗《だいしょうじそうしゅう》（四三八―四九六）を指すという説がある（布施浩岳『涅槃宗の研究』後篇二九六頁を参照）。この説では、漸教において四時教を分ける。つまり、有相・無相・同帰・常住の四時教である。第一の三時教に比較すると、同帰教が増えている。『法華玄義』には、「更に無相の後、常住の前に於いて、『法華』に会三帰一し、万善悉く菩提に向かうを指して、同帰教と名づくるなり」（八〇一中）と説明がある。つまり、万善（一切の善）が同じく成仏という一果に帰着する教えという意味である。この教判は、荘厳寺僧旻《しょうごんじそうびん》（四六七―五二七）も用いたといわれる。

第三説は、定林寺僧柔《じょうりんじそうじゅう》（四三一―四九四）、慧次《えじ》（四三四―四九〇）、道場寺《どうじょうじ》慧観らが用いた五時教判である。この説では、漸教を五時に分ける。つまり、有相・無相・褒貶抑揚《ほうへんよくよう》・同帰・常住である。第二説に比較すると、褒貶抑揚教が新たに加わっている。褒貶抑揚教とは、小乗を貶《へん》し抑《おさ》え、大乗を褒《ほ》め宣揚《せんよう》するという意味で、『維摩経』『思益梵天所問経《しやくぼんてんしよもんぎよう》』を指す。この教判は、開善寺《かいぜんじ》智《ち》蔵《ぞう》（四五八―五二二）、光宅寺法雲らも用いたとされる。

ところで、慧観の五時教判については、吉蔵もしばしば言及しており、とくに『三論玄義』（大正四五・五中を参照）において詳しく紹介している。これによれば、仏教全体を頓教と漸教に二分し、さらに後者を三乗別教・三乗通教・抑揚教・同帰教・常住教に分けている。『法華玄義』の紹介する五時の名称とは一部相違するが、それぞれに当てはまる経典は共通である。

ここには不定教が出ないが、吉蔵の『法華玄論』巻第三（大正三四・三八二中を参照）には、慧観の頓教、漸教の教判に、後の人が無方教（不定教と同じ経典を指す）を付け加え、梁の三大法師（智蔵・僧旻・法雲）がみな用いたと記している。同じく吉蔵の『大品遊意』（大正三三・六六中を参照。慧均《えきん》の著作と推定する説もある）には、成論師《じょうろんじ》が頓教・偏方《へんぽう》不定教・漸教という教判を立てたとあるので、『法華玄論』のいう後の人とは、南方成実学派の人であろうという指摘もある（平井俊榮『中国般若思想史研究——吉蔵と三論学派』（春秋社、一九七六年）四九五頁を参照）。無方教、偏方不定教の意味については、頓とも漸とも限定されないことを無方といっていると思われる。また、偏方も頓、または漸というどちらか一方に偏ったあり方を意味し、そのいずれにも固定しないとされるのであるから、偏方不定は無方と同じ意味になる。

なお、浄影寺慧遠《じょうようじえおん》の『大乗義章』衆経教迹義《しゅきょうきょうしゃくぎ》には、劉虬《りゅうきゅう》の五時教判が紹介されている。人天教《にんでんきょう》・三乗差別教《さんじょうしゃべつきょう》（阿含経）・三乗同観教（大品空宗般若《だいぼんくうしゅうはんにゃ》・『維摩経』・『思益梵天所問経』）・破三帰一教（『法華経』）・法身常住了義教（『涅槃経』）である。その他、『大品遊意』（大正三三・六六中を参照）には、広《こう》州大亮法師《しゅうだいりょうほっし》の五時教判が紹介されている。このように、南地の三種の教判を見てくると、漸教を三種、四種、五種にそれぞれ分けているので、教判としては、最も詳しい分類を示す五時教判が優れたものとして流行したと考えられる。

次に北地の七種の教判について説明する。北地の第一説は、北方地論師の説である。人天教（『提《だい》謂《い》波《は》利経《りきよう》』）・有相教・無相教（『維摩経』・『般若経』）・同帰教・常住教の五時教判である。この教判は『大乗義章』に紹介される劉虬の教判と似ているところから、何らかの関係があったことを推定する学者もいる。

北地の第二説は、菩《ぼ》提流《だいる》支《し》（?—五二七。菩提留支とも記す）の半満二教判である。はじめの十二年間説かれた小乗教を半字教とし、大乗教を満字教とする。この教判は直接には、『涅槃経』に由来する。吉蔵の『法華玄論』巻第三には、「大経に云わく、『字に二種有り。一には半字、二には満字なり』と。声聞の為めには半字を説き、菩薩の為めには満字を説く」（大正三四・三八二下）とある。もともと半字はサンスクリット語の字母をいい、字を合わせて意味を持ったものを満字という。また、菩提流支については、「又た菩提留支は、此こには道希《どうき》と云う。其れ親ら地論を翻じて、但だ半満を明かすのみ」（同前・三八四下）とあり、吉蔵も、菩提流支に半満二教判のあったことを認めている。なお、菩提流支には一音教《いっとんきょう》という教判もあり、そのことを報告する資料もある。たとえば、法蔵《ほうぞう》（六一二七—七一四）の『華厳経探玄記《たんげんき》』巻第一には、「一には後魏《こうぎ》の菩提留支は一音教を立つ。謂わく、一切の聖教《しょうぎょう》は唯だ是れ如来の一円音教《いちえんのんきょう》なり。但だ根《こん》の異なるに随うが故に、種種に分つ。経の一雨《いちう》所《しょ》潤《にん》等の如し。又た経に云わく、『仏は一音を以て法を演説す。衆生は類に随いて各おの解《げ》を得《う》』等」（大正三五・一一〇下）とある。「一雨所潤」は、『法華経』薬草喩品の文であり、後の経の引用は、『維摩経』（大正一四・五三八上）の文である。ところが、『法華玄義』では、北地の第七、北地禅師の説として、この一音教の教判を紹介しているので、この教判の創唱者についてはまだよくわからない点がある。

北地の第三説は、光統《こうず》律師《りつし》慧光《えこう》（四六八―五三七）の四宗判である。慧光は、地論宗南道派、四分《しぶん》律宗《りつしゅう》の祖である。因縁宗（アビダルマの六因四縁）、仮名宗《けみょうしゅう》（『成実論』に基づく三仮《さんけ》）、誑相宗《おうそうしゅう》（『大品般若経』・三論）、常宗（『涅槃経』・『華厳経』など）をいう。六因とは、能作因《のうさいん》・倶有因《くういん》・相応因・同類因・遍行因・異熟因で、あらゆる原因を六種に分類したものである。四縁もまた、あらゆる原因を分類したもので、増上縁・等無間縁《とうむけんえん》・所縁縁《しょえんねん》・因縁を指す。三仮とは、『成実論』仮名相品《けみょうそうほん》に基づいて成実論師が立てた因成仮《いんじょうけ》・相続仮《そうぞくけ》・相待仮《そうだいけ》を指す。

ところで、法蔵の『華厳経探玄記』や『華厳五教章《ごきょうしょう》』には、四宗判の創唱者を「斉朝大衍法師《せいちょうだいえんほっし》」と記している。坂本幸男氏は、この人を『続高僧伝』巻第二十一に掲載される「斉鄴東大衍寺釈曇隠《せいぎょうとうだいえんじしゃくどんおん》」と推定している（『華厳教学の研究』（平楽寺書店、一九五六年）二二七頁を参照）が、吉津宜英氏は坂本説に疑問を呈し、「斉治州釈曇衍《せいちしゅうしゃくどんえん》」を当てている（「浄影寺慧遠の教判論」、『駒沢大学仏教学部研究紀要』三五所収）。そして、法蔵は、四宗の名称について、因縁宗・仮名宗・不真宗・真宗としている（『華厳経探玄記』巻第一、大正三五・一一一上を参照。『華厳五教章』、大正四五・四八〇下を参照）。つまり、『法華玄義』のいう誑相宗を不真宗、常宗を真宗とそれぞれ名を変えている。吉蔵が四宗の名をあげる場合は、法蔵のそれと同じである（『大乗玄論』巻第五、大正四五・六二一下を参照。また、『中観論《ちゅうがんろん》疏《しょ》』巻第一本、大正四二・七中を参照）。このように名称の相違はあるが、内容には相違がないようである。さて、法蔵によれば、慧光は頓・漸・円の三教判を立てたとされる（『華厳経探玄記』巻第一、大正三五・一一一上を参照）。このように四宗判の創唱者について、『法華玄義』と法蔵とでは説が分かれているが、吉蔵は『法華玄論』巻第二において、「四宗は是れ光統の著述なり」（大正三四・三七四下）と述べ、『法華玄義』と同じ立場を取っている。

北地の第四説は、護身寺自軌《ごしんじじき》の五宗判である。前述の四宗判の第四常宗（真宗）を、常宗と法界宗《ほっかいしゅう》とに二分し、都合五宗に分類する。常宗は『涅槃経』、法界宗は『華厳経』をそれぞれ指す。

北地の第五説は、耆闍寺《ぎじゃじ》安凛《あんりん》（五〇七—五八三）の六宗判である。『法華玄義』によれば、因縁宗・仮名宗・証相宗・常宗（『涅槃経』・『華厳経』）・真宗（『法華経』）・円宗（『大集経』）の六宗である。『華厳五教章』（大正四五・四八〇下を参照）によれば、因縁宗・仮名宗・不真宗・真宗・常宗・円宗の六宗である。名称や順番、当てはめる経に相違がある。

北地の第六説は、北地の禅師の説である。有相大乗（『華厳経』・『菩薩瓔珞本業経《ぼさつようらくほんごうきょう》』・『大品般若経』）と無相大乗（『楞伽経《りょうがきょう》』・『思益梵天所問経』）の二種大乗教を立てている。前者は、菩薩の十地を説く教えで、後者は一切衆生はそのまま涅槃の相であることを説くものとされる。

北地の第七説、つまり南三北七の最後の説は、北地の禅師の一音教である。前述した菩提流支の一音教とどのような関係があるかはよくわからない。

中国の教判は五世紀頃から盛んに形成されたが、この時代の仏教関係の著作は散逸して伝わらないものが多いため、浄影寺慧遠、智顗、吉蔵、法蔵、慈恩大師基などの後代の仏教徒の著作に記録報告されている間接資料に依存せざるをえない。そのため、一部の教判は創唱者についても意見が一致を見ないなど、資料不足を感じざるをえない。

中国において、なぜ教判がそれほど発達したのであろうか。実は、中国に限らず、インド仏教においても新しい思想の創唱者は古い既成の思想を批判し、自らの思想の優越を誇ることが見られる。たとえば、『法華経』の三乗方便・一乗真実の思想も、唯識派の『解深密経《げじんみつきょう》』に見られる有教・空教・中道教の三時教なども、広い意味では教判といえるものである。中国においては、小乗仏教、大乗仏教など複雑多岐に分かれるすべての経典が釈尊の一生涯のうちに説かれたものとして受け止められたために、すべての経典を包括する教えの交通整理が必要となったのであった。大乗と小乗の区別は、鳩摩羅什によって中国に定着させられたが、多くの大乗経典それぞれの教えの個性を把握したうえでの相互関係の把握は、教判を立てる人によってさまざまなものがあった。その中では、『華厳経』『涅槃経』『法華経』などのうちから、一つの経典を選んで、それを釈尊の教えの中心的なものと捉え、その中心的なものとその他の経典との関係を示す教判が比較的多かったと思われる。『法華玄義』に紹介される南三北七の教判もそれぞれがそのような課題に応えようとしたものであった。

難を明かす

教相玄義の五段の構成のうち、第三の「難を明かす」では、南三北七の教判に対する批判がなされている。はじめに南三の教判に対する批判があるが、その中で最も詳しい分類を含む五時教判の批判を最初に試みている。五時教判が成立しないことを証明すれば、五時教判と同じ教（有相教・無相教・常住教）を含む他の三時教判、四時教判の成立しないことが自ずから明らかとなるからである。

では、第一時の有相教について批判について整理する。

①十二年の間には、有相ばかりでなく、無相＝空をも説いている。

②有相教によって得道するというならば、空によって得道するという『成実論』の所説と矛盾する。
また、逆に有相教によっては得道しないというならば、この有相教の存在意義はなくなってしまう。
③拘隣如《くりんによ》（阿若憍陳如《あにやきようじんによ》のこと）などの五人が得道したが、これは無相教によってではないか。教を聞いても得道しなければ、その教は邪説である。
④得道するのに、空を見て得道するならば、それは無相と同じであり、空を見ないで得道するならば、それは仏道を得たのではなく、九十五種の外道を得ただけである。
第二時の無相教は、空・無相を明かしているが、仏性・常住を明かさず、会三帰一も説かず、弾呵褒貶も無いという特色を持っているので、これについて次のように批判している。
①無相ならば、無常の相もないはずである。
②般若は仏性の異名である。
③小乗にも法身の不滅を説いているのであるから、まして『般若経』に説く法身が無常であるはずがない。
④『般若経』にも会三帰一の文がある。
⑤『般若経』にも二乗を弾呵する文がある。
⑥『般若経』ばかりでなく、『維摩経』『法華経』『涅槃経』にも第二時教であることを示唆する文があるので、『般若経』のみを第二時教とするのは誤りである。
⑦十二年の後に無相教を説くということは、最初の得道の夜から涅槃の夜まで常に般若を説くという経典の教えに反する。

上記の⑥にある、いくつかの大乗経典に第二時教とする文があるとは、小乗教を第一の法輪とし、それぞれの大乗経典が自らの立場を第二の法輪と規定したということである。つまり、大乗経典は第一の法輪である小乗仏教を克服する第二の法輪であるという強い自覚の上に成立しているといってよいであろう。これは大乗経典の成立の歴史性について興味深い指摘である。

第三時の褒貶抑揚教は、『維摩経』などを指すが、次のように批判される。

①褒貶教は『般若経』の後に説かれたのではないので、第三時ではない。もう少し詳しく説明すると、『般若経』においては、声聞が仏に命じられて大乗の法門を説くのであるから、自らは大乗を願わないとしても、大乗の法門を知っているはずであること、『般若経』においてすでに大乗の法門を知っているのに、『維摩経』などにおいて弾呵されて呆然自失するはずがないこと、つまり『維摩経』は『般若経』の後に説かれたのではないことを論じている。

②褒貶教にも仏身の常住、仏性を明かしている。

第四時の同帰教は、仏性と仏身の常住を明かさないというものであった。したがって、智顗は『法華経』にも仏性と仏身の常住を明かしていることを論証しようとした。まず、仏身の常住については、次のような論証方法を用いた。

①『華厳経』は菩薩の智慧を帯びて、仏の智慧を明かしているのに対して、『法華経』は純一に仏の智慧を明かしていることを踏まえ、『華厳経』が常住を明かしているとするならば、当然『法華経』にも明かしているはずであるとする。

②『華厳経』は始成正覚の立場であるのに対して、『法華経』は久遠の成仏を明かしていることを

踏まえ、『華厳経』が常住を明かしているとするならば、当然『法華経』にも明かしているはずであるとする。

③『無量義経』は自らを甚深《じんじん》の経と規定しているが、その甚深の経が『法華経』の序、開経となっているのであるから、『法華経』が常住を説かないはずはないとする。

④実際に『法華経』の経文を引用して、法報応の三身の寿命が説かれていることを示し、常住の意義が十分に示されていることを明らかにしている。

次に、『法華経』に仏性が説かれることを論証する方法は次のように整理される。

①『法華経』と『法華論』を根拠とする方法がある。つまり、『法華経』の「我れ敢《あえ》て汝等を軽んぜず。汝等は皆な当に作仏すべし」は正因《しょういん》仏性、「衆生をして仏知見を開かしめんが為めなり」は了因仏性、「仏種は縁に従いて起こる」は縁因仏性をそれぞれ明かしており、また『法華論』にも三種の仏性を明かしていると述べている。

②『涅槃経』には、『法華経』において衆生が仏性を見ることを指摘していること、『涅槃経』は一乗と仏性を同一視していることを根拠としている。

第五時の常住教に対しては、理を明かすことに関して、『涅槃経』は前の四時に異ならないので、『涅槃経』だけを常住教と呼ぶのは不適当であるという批判である。

智顗は以上の批判に続けて、『華厳経』だけを頓教とする誤りを指摘し、また『涅槃経』に説かれる十二部経→修多羅→方等経→般若→大涅槃という説法の順序を、先の五時教判の順序に対応させることの誤りを指摘している。このような五時教判への批判の後に、「五時の失、其の過は是の如し。

其の四時・三時は、労《わずら》わしく更に難ずること無し。南方の教相は、復た依る可からざるなり」（八〇三下）と述べ、三時教判、四時教判の批判は省略する旨を明かしている。ただ、三時教判について、『法華経』も『般若経』も同じく無相教であるならば、『法華経』に説かれる会三帰一が『般若経』にも説かれることになり、五時教判の考えとは違ってしまうという批判が見られる。

次に、北七の教判に対する批判について説明する。まず、北地の第一説の五時教判（人天教・有相教・無相教・同帰教・常住教）に対する批判は次のとおりである。人天教以外の四時は、南三の五時教判の四時と共通しているので、『法華玄義』では、『提謂波利経』を人天教と規定する誤りについて指摘している。まず本経には五戒を明かすだけで、十善を明かしていないので、人教とはいえても、天教とはいえないと批判している。また、五戒・十善を明かしているから人天教と規定するならば、諸経にはみな五戒・十善を明かしているので人天教ということになるのかと反論している。さらに、本経には三乗の法や、涅槃を説く部分、究極的な教えもあり、単なる人天教ではないと指摘している。また、本経において提謂長者が無生法忍《むしょうぼうにん》（存在の不生不滅を悟ること）を得たのをはじめとして、多くのものがさまざまな段階の悟りを得ており、決して人天教にとどまるものではないと批判している。また、『提謂波利経』は鹿野苑《ろくやおん》以前の説法なので、小乗のグループに入らず、初教とすることはできないと指摘している。

第二の菩提流支の半満二教判に対しては、次のように批判している。鹿野苑における最初の十二年間の説法がみな半字教であるとする点については、次のような理由によって批判している。得道の夜から常に般若を説いたとされること、『提謂波利経』において無量の天人が無生法忍を得たこと、成道後六年に大乗経典の『央掘魔羅経《おうくつまらきょう》』を説いたこと、『涅槃経』において、最初の成道のときに多くの菩薩が来集して質問したことを明かしていることである。また、『般若経』以後の説法がみな満字教であるとする点については、次のように批判している。『大智度論』において『般若経』が秘密教ではなく、『法華経』が秘密教とされ、両者は明確に区別されているのに、同じ満字教であるとするのは不都合であること、もしみな満字教であるならば、どの経も会三帰一を説くはずであるが、実際にはそうではないこと、もしみな満字教であるならば、生蘇味（方等部の経）・熟蘇味（『般若経』）の教えと醍醐味《だいごみ》（『法華経』・『涅槃経』）の区別がなくなるが、言葉が違うのであるから、指している対象に区別があるのは当然であることなどを取りあげている。

第三の四宗判に対しては、次のように批判している。まず、因縁宗については、因縁は阿毘曇《あびどん》だけでなく、『成実論』をはじめ、すべての教えに説かれるものなので、阿毘曇だけを因縁宗と呼ぶのは不都合であること、因縁宗において小乗の道を得れば仮名宗と同じであり、大乗の道を得れば円宗や常宗と同じであり、因縁宗を独立に立てる必要がなくなることを取りあげて批判している。仮名宗については、『成実論』は空を見て得道することを教えているので、仮名宗という名称は誤りであるという批判をしている。不真宗については、『大品般若経』の諸法を幻、焔《ほのお》、水中の月、虚空、響《こだま》、犍闥婆城《けんだつばじょう》、夢、影、鏡の中の像、化《け》の十種にたとえるのに基づいて、不真誑相宗と名づけているならば、このような考えは、『大智度論』において、「仏の十喩を取りて、一切は如幻如化、無生無滅なりと説き、般若の意を失すれば、外道と同じ」（八〇四中）と批判されているのであり、その批判されている考えを取りあげるのは不都合であること、諸法の幻化を明かして、仏性・常住を明かしていない点を不真とするならば、『般若経』にも仏性・常住を明かしていること、『般若経』だけでなく、『華厳経』や『涅槃経』にも、諸法の幻化を説いているので、それらも不真宗になってしまうが、これは不都合であることなどを取りあげている。常宗については、『涅槃経』は常住を説くだけではなく、常、無常を自由自在に説くことを指摘して批判している。

次に、第四の五宗判に対しては、次のように批判している。『華厳経』を法界宗とし、『涅槃経』を常宗として、両経に優劣を設定することは誤りであり、法界は常で、常は法界である旨を説いている。

第五の六宗判に対しては、次のように批判している。四宗判の常宗と、六宗判に新たに加えられる真宗との関係について、常と真が同じであれば両宗を開く意味がないし、異なるならば真は生滅（常の反対語）し、常は虚偽（真の反対語）になるという不都合があることを指摘している。次に、円宗については、『大集経』の染浄円融《ぜんじょうえんゆう》の教えは『般若経』にも『維摩経』にも説かれるもので、『大集経』だけではないと批判している。さらに、結論として、五宗判、六宗判は、四宗判に基づいて立てられたものであるが、そもそも四宗判には経典の根拠がないので信用できず、五宗判、六宗判も信用しがたいと述べている。

次に、第六の有相大乗・無相大乗の二種大乗教に対しては、有相と無相は相即しており、別々に経典に説かれるということはないと批判している。

最後に、第七の一音教に対しては、もし一音教のいうように、仏には一大乗しかなく、三乗の差別がないとするならば、仏には一乗を説く仏の実智だけがあり、三乗を説く権智を見ていないことになり、方便を失うことになると批判している。

以上、南三北七の十種の教判に対する智顗の批判を紹介した。

去取

教相玄義の五段の構成の第四は「去取」である。詳しくは「研詳去取《けんしょうこしゅ》」といい、『法華玄義』には、その意味について、「実を覈《しら》ぶるが故に研と言い、権を覈ぶるが故に詳と言い、法相《ほっそう》に適うが故に去取と言う」(八〇五中)とある。「研詳去取」の文字通りの意味は、南三北七の教判を詳しく研究して、適当な点は取り、不適当な点は除き去るという意味である。

五時教判については、「五味の方便の文を得れども、一道真実の意を失う。其の文を得と雖も、配対するに旨を失う。其の文は通じて用うれども、其の対は宜しく休むべし」(同前)と述べられている。つまり、五時教判の五味の考えは、仏は方便によって衆生の機根を成熟させるという点を捉えているが、仏は一貫して一道真実を明らかにするという点を看過しているというものである。

次に、五時教判の一々について批評している。まず、十二年間の有相教については、これは小乗の有門を得ているが、空門・亦有亦空門・非有非空門の三門を失っていると批評している。第二時の無相教については、共般若《ぐうはんにゃ》の空門を得るだけで、他の三門、また不共般若の四門を失っていると批評している。第三時の褒貶抑揚教は声聞を抑え、菩薩を宣揚するといわれるが、蔵教の四門、通教の四門のそれぞれの声聞のうち、蔵教の有門の声聞を抑えるだけで、他の七門の声聞まで視野に入っていないと批判している。また、菩薩を宣揚する点については、偏の菩薩を抑えて円の菩薩を宣揚することや、権の菩薩を抑えて実の菩薩を宣揚することまでは視野に入っていないことを批判している。第四時の同帰教については、万善同帰、一乗の名を得るだけで、その所を得ていないこと、所とは仏性や常住などであることを指摘している。つまり、会三帰一を得て、会五帰一（五は、人乗・天乗・声聞乗・縁覚乗・仏乗のこと）、会七帰一（七は、五乗のなかの声聞乗と縁覚乗をそれぞれ蔵教と通教の二つに開いて七とする）を得ておらず、また一に帰すことを説いても、仏性や常住に帰すことを説かないことを批判している。第五時の常住教については、中道を含まない二諦によって常住を論じるならば、それは真実の常住ではないと批判し、また、『涅槃経』は常住だけでなく、無常をも自由自在に説いていることを指摘している。詳しくいうと、『涅槃経』には、涅槃の法を無常・苦・無我・不浄とする小乗の四顚倒を破る正しい常・楽・我・浄という四術と、世間の法を常・楽・我・浄とする凡夫の四顚倒を破る正しい無常・苦・無我・不浄という四術の、計八術があるとされ、常住教という名称は、そのなかの一術を得るだけで、他の七術を失うものであると批判している。

四時教、三時教については、「文として依る可き無く、実として拠る可き無く、進退取る可き所無し」（八〇五下）とあり、何の取り柄もないとされている。五時教は、一応、『涅槃経』に根拠があるのに対して、四時教、三時教には経典の根拠がなく、さらに依るべき真実もないという批判である。また、北地の五時教判も同様に批判されている。半満二教判は真実の意を得て、方便の意を失っていること、四宗判は五味の方便の意を失い、真実の意を失っていることを批判している。五宗判、六宗判についても、四宗判と同様であることを指摘している。

二種の大乗教については、「権実乖離《かいり》」（同前）と指摘されている。有相は俗諦、無相は真諦を意味する。この教判は真俗二諦の相即を説かないので、権実が相即しない、乖離していることを指摘したものである。もしそうであるならば、権に実の裏付けがなく、実相の印がなく魔の所説であるといわれ、また実に権の裏付けがなく、言葉として説くことができなくなると批判している。

一音教については、実を得て権を失うと批判している。

以上、南三北七の教判それぞれの長所・短所を指摘した。『法華玄義』には、「若し其の病を除かば、上に説く所の如し。若し法を除かずば、之れを用うること則ち異なる」（同前）とある。南三北七の欠点の指摘は上に述べた通りであること、もしそれぞれの教判に出る名称を用いる場合は、その用い方が異なることを断っている。たとえば、有相教については四門（有門・空門・亦有亦空門・非有非空門）を用い、無相教については共般若・不共般若の八門を用い、褒貶教については「小を貶し大を褒め、偏を貶し円を褒め、権を貶し実を褒むるを用い」（八〇六上）、同帰教については一乗だけでなく、常住・仏性・究竟の円趣《えんしゅ》に帰すことを用い、常住教については先に述べた八術すべてを用いると述べている。すなわち、五時教のそれぞれの概念の意味が南三北七の教判におけるそれよりもはるかに広い意味を持ったものとして用いられることが指摘されている。

さらに、五時教判の五味については智顗も後に紹介するように利用すること、『提謂波利経』を用いる場合は人天の乗だけではないこと、半満を用いる場合は、「満と、満を開して半を立つると、半を破して満を明かすと、半を帯びて満を明かすと、半を廃して満を明かす」（同前）という五句があること、因縁・仮名を用いる場合は蔵教の三蔵の両門（有門・空門）とに限定すること、誑相を用いる場合は通教の一門（空門）に限定すること、真を用いる場合は真と常を同一視すること、法界を用いる場合は『華厳経』だけに限定しないこと、円宗を用いる場合は『大集経』だけに限定しないこと、有相・無相を用いる場合は、両者の相即を捉えること、一音を用いる場合は智慧と方便の両方を見失わないこと、を述べている。要するに、智顗が自分自身の教判を説く場合に、前代にまったく見られなかった新しい概念だけを用いて示すことは不可能であり、旧来の概念を用いざるをえないわけであるが、その場合、同じ概念を用いても、その用い方が違うことに注意を喚起しているのである。

判教

教相玄義の五段構成の最後の第五、「判教」は、「一に大綱を挙げ、二に三文を引きて証し、三に五味半満相成《そうじょう》し、四に合・不合を明かし、五に通別料簡し、六に増数《ぞうしゅ》に教を明かす」（同前）とあるように、六項に分類されている。第一項の「大綱を挙ぐ」においては、頓、漸、不定の三種の概念について、教門（信行の人のためで、聞の意義を成立させる）と観門（法行の人のためで、慧の意義を成立させる）の二つの立場から考察を加えている。

まず、教門に約して説明すると、これらの名称は南北朝時代の教判におけるそれと共通であるが、その内容は異なっていることが指摘されている。たとえば、南北朝時代の教判における頓教は『華厳経』のみを指し、不定教は『勝鬘経』『金光明経』などの特定の経典を指していた。ところが、智顗は『華厳経』ばかりでなく、『維摩経』『大品般若経』『法華経』『涅槃経』などの諸もろの大乗経典にも頓教の相が説かれていることを指摘している。それらの経典における頓教の相とはどういう教えを指しているのかを、『法華玄義』によって見ると、たとえば『般若経』が不共般若を説く点、『法華経』

の「但だ無上道を説くのみ」「始めて我が身を見、我が説く所を聞きて、即ち皆な信受して、如来の慧に入る」などの記述、『涅槃経』の「雪山《せっせん》に草有り。名づけて忍辱と為す。牛若し食せば、即ち醍醐を得《う》」などの記述を指している。要するに、頓教といっても、頓教の部（各別の経典）ではなく、頓教の相（教えの特徴）を意味し、究極的な教え（化法《けほう》の四教に当てはめれば、円教に相当すると考えられる）を端的に説き明かす部分を指している。

漸教については、南北朝時代の教判では、阿含経から『涅槃経』までを漸教といい、『華厳経』の頓教と対照させていた。ところが、ここでは次第順序を追って教説が展開される場合を漸教の相というので、一代の教説がすべてこの漸教の相を持つわけである。不定教については、『涅槃経』の「毒を乳の中に置かば、乳は即ち人を殺す。酪・蘇・醍醐も亦た能く人を殺す」という、いわゆる毒発《どくほつ》不定《じょう》の文を引用している。過去の仏のもとで大乗の実相の教を聞いたことを毒にたとえ、この毒がその効力を発して結惑《けつわく》（煩悩）の人を殺すことを、毒発という。この毒が乳味において働くのか、酪味、生蘇味、熟蘇味、醍醐味において働くのか定まっていないことを不定という。要するに、頓、漸、不定を特定の経典を指すものではなく、各経典におけるそれぞれの特色を持った教えとして捉えているのである。五時八教の教判における化儀判《けぎはん》としての頓、漸、不定の概念規定と相違していることに注意すべきである。

次に、観門に約す場合は、円頓観、漸次観、不定観について略説しているが、詳しくは『摩訶止観』『次第禅門』に解説を譲っている。頓、漸、不定について、教門と観門とが並べ説かれている。これも教観双美《きょうかんそうみ》といってよいであろう。

第二項の「三文を引きて証す」では、華厳時、阿含時、方等時、般若時、法華・涅槃時のいわゆる五時教判の五時の配列について、三つの経文を引用して、その根拠としている。第一文は『法華経』方便品の文（大正九・九下を参照）であり、それによって最初に「頓教」（『華厳経』を指す）、その後に「漸教」（『華厳経』以外の経典を指すが、ここではその漸教のなかで最初に説かれる三蔵教、すなわち小乗阿含経を指す）という次第順序を確定している。

第二文は『無量義経』説法品の文、「初めに四諦を説き、声聞を求むる人の為めにす。而して八億の諸天来下《らいげ》して法を聴き、菩提心を発す。中ごろ処処に於いて甚深の十二因縁を説き、支仏《しぶつ》を求むる人の為めにす。次に、方等十二部経、摩訶般若、華厳海空を説き、菩薩の歴劫《りやつこう》修行を宣説《せんぜつ》す」（八〇七下。『無量義経』の原文は大正九・三八六中を参照）であり、それによって「頓法」（『華厳経』を指す）、「四諦・十二縁」（三蔵教を指す）、「方等十二部経」（方等経を指す）、『大品般若経』『法華経』の順序を確定している。ただし、鈍根のものは、『法華経』の後にさらに『般若経』によって再び教化され、最後に『涅槃経』によって得道すると述べられている。なお、『無量義経』の「華厳海空」について、『華厳経』を意味すると解釈すると、『無量義経』の文は説時の順序を意味することができなくなると指摘し、『般若経』によって法界に入ることを「華厳海空」に入ることと解釈している。また、「華厳海空」は「円頓法華」の教えであるとし、「初後の仏慧《ぶつて》、円頓の義斉《ひと》し」（八〇八上）とあるように、『華厳経』と『法華経』が円頓を説く点で同一であることを主張している。

また、『法華経』と『涅槃経』は同一醍醐味であること、日月灯明仏《にちがつとうみようぶつ》や迦葉仏《かしようぶつ》は最後に『法華経』を説き、『涅槃経』を説かないで涅槃に入ったように、大通智勝仏《だいつうちしようぶつ》に下《げ》種結縁《しゆけちえん》した者は『法華経』を最後の教とすること、五千人の増上慢《ぞうじょうまん》や三変土田《さんぺんどでん》（『法華経』見宝塔品《けんほうとうぼん》において、十方の分身仏を召集するために、娑婆《しゃば》世界とその周辺の世界を三度にわたって浄土に変えること）で他土に移された人天の衆生は『法華経』の後に、重ねて『般若経』によって教化され、次に『涅槃経』が説かれることを明かしている。『法華玄義』も吉蔵と同様に『大智度論』の思想を受けて、『般若経』を『法華経』の前に説かれるものと、後に説かれるものに二分していることがわかる。

第三文は『法華経』信解品《しんげほん》の譬喩であり、それによって、初成道の円頓の教門（『華厳経』を指す）、三蔵教、方等経、『般若経』、『法華経』の順序を確定している。ここでも、「然るに、二経の教意、起尽は是れ同じ。……第五の醍醐にして、仏性の味は同じきなり」（八〇九上）とあるように、『法華経』と『涅槃経』の二経の同一醍醐味であることを明かしている。

第三項の「五味半満相成す」について説明する。五味の教判は、衆生の機根をしだいに調熟《じょうじゅく》していく仏の化導の巧妙さを捉えているという長所を持っている。また、半満の教判（二五七頁を参照）は、仏の説く諸もろの経教は本質的には一実を説こうとしたものであることを明示しているという長所を持っている。南三北七の十師のように、どちらか一方に偏ってはいずれも不十分であるので、五味と半満の両者を調和させる教判を立てなければならないとされる。すなわち、衆生を化導する次第順序と、その教えの帰趨を示さなければならないとされる。

第四項の「合・不合を明かす」について説明する。合は、開会と同義である。『華厳経』は小を隔てて大を明かし、『阿含経』は大を隔てて小を明かすので、合を論じることはできないとされ、方等経は小を恥じることは知っても、まだ大に入らないので不合であるとされ、『般若経』は法の合があっても、人の合がないとされ、『法華経』は人法ともに合とされる。法の合とは理論的に三乗の差別を無くして一乗に帰着することを示すこと、人の合とは二乗作仏を説くことである。

第五項の「料簡」は、三つの料簡から成っている。第一の通別についての料簡において、別の五時だけでなく、通の五時のあることを明かしている。別の五時とは、『華厳経』、『阿含経』、方等経、『般若経』、『法華経』・『涅槃経』という次第順序で説かれたことをいい、通の五時とは、たとえば『華厳経』が一代五十年にわたって、必要があればいつでも説かれたように、次第順序によらずに自由自在に説かれたことを意味する。

第二の益・不益についての料簡においては、『華厳経』を乳味とし、三蔵教を酪味とする理由について考察しているが、内容の説明は省略する。

第三の諸教に約しての料簡においては、凡夫は乳味、声聞は酪味、通教の菩薩・二乗は生蘇味、別教の菩薩は熟蘇味、仏は醍醐味に相当すること、蔵教・通教・別教・円教のそれぞれに五味を備えていることを明かしている。

第六項の「増数に教を明かす」は、迹に約すと、本に約すの二段から成っている。迹に約す段では、「夫れ教は本《もと》と機に逗《ず》す。機は既に一ならざれば、教迹は衆多なり。何ぞ但だ半満五時なるのみならんや。当に知るべし、無量種の教なり。今、且《しば》らく一を増して八に至る」(八一〇下)とあり、一法(一乗)、二法(半満)、三法(三乗)、四法(蔵教・通教・別教・円教の四教)、五法(五味)、六法(蔵教の六度・通教の六度・別教の六度・円教の六度・七覚分・八正道)、七法(四教、二乗、人天乗をいい、円教と別教を合して一にする場合と、人乗と天乗を合して一にする場合とがある)、八法(八正道)に約して、開合を明かしている。開合とは、教えを多種に開くことを開といい、まとめることを合という。

本門に約す場合は、一法から八法までの開合を明かしている。たとえば、一法の開合については、「一従《よ》り一を開するは、『十方仏土の中には、唯だ一乗の法有るのみ』と。衆生解せざれば、全く生《なま》きこと乳の如し。此の円の一乗従り、別の一乗を開出す。衆生は又た解せざれば、亦た全く生きこと乳の如し。又た、体法の一乗を開出す。衆生は又た解せざれば、亦た全く生きこと乳の如し。又た、析《しゃく》法《ほう》の一乗を開出す。衆生は即ち解すれば、是れ則ち乳を転じて酪と為す。次に、体法に入るは、即ち酪を転じて生蘇と為す。次に、別の一乗に入るは、即ち生蘇を転じて熟蘇と為す。次に、転じて円の一乗に入るは、熟蘇を転じて醍醐と為すが如し。是の中、備さに頓・漸・不定有り、云云。此れは是れ一従り、以て一を開し、一従り、以て一に帰するなり」（八一一中）と述べている。すなわち、実の一より権の一を開出し、逆に権の一より実の一に帰していくことが一法の開合である。

第五節　灌頂の私記

以上で、教相玄義の解説がすべて終わった。ということは、『法華玄義』の五重各説の解説がすべて終わったことになる。ところが、この後に、「記者、私に異同を録す」（同前）とある。記者はもちろん灌頂を指し、灌頂の追記が記されているわけである。『釈籤』の分科によれば、この灌頂の私記は、「異《い》聞《もん》を雑記《ざつき》す」と「已《おの》れを述べて師を推《お》し、前を結び後を生ず」に分けられる。

さて、「異聞を雑記す」は、四項に分けることができる。第一に『般若経』と『法華経』との比較、第二に経論に説かれる諸蔵（声聞蔵・菩薩蔵の二蔵や、それに雑蔵《ぞうぞう》を加えた三蔵など）の捉え方、第三に蔵教・通教・別教・円教の四教の名義の典拠、第四に五時七階の教判に対する批判である。

　第一の『般若経』と『法華経』との比較についてであるが、これは灌頂が吉蔵『法華玄論』巻第三（大正三四・三八二中以下を参照）の議論を紹介批評したものである。『大智度論』には、『般若経』と『法華経』の優劣関係について、①『般若経』勝・『法華経』劣とする場合、②『般若経』劣・『法華経』勝とする場合、③優劣を区別せず平等視する場合の三種が説かれている。これら互いに矛盾する捉え方が混在しているのであるから、解釈上の問題を提供していることになる。『法華玄義』によれば、『大智度論』の文は、次のように引用されている。「有る人、『釈論《しやくろん》』会宗品《えしゆうほん》に十大経を挙ぐるを引く。『「雲経《うんきよう》」・「大雲経《だいうんきよう》」・「法華経」あり。「般若」は最大なり』と。又た、大明品《だいみようほん》に云わく、『諸余の善法《ぜんぽう》は、般若の中に入る。謂わく、「法華経」も亦た是れ善法なり』と。第百巻に云わく、『「法華」は是れ秘密、「般若」は秘密に非ず。二乗の作仏《さぶつ》を明かさざるが為めの故なり』と。又た云わく、『般若・法華は、是れ異名なるのみ』」（八一一中―下）とある。吉蔵は、従来の『般若経』が『法華経』よりも劣るとする五時教判によっては、この『大智度論』の矛盾を解消することはできず、吉蔵の教判思想の基本である「すべての大乗経典は平等に真実を説いている」という立場によってはじめて解消することができることを示している。

　灌頂は、第一文の『般若経』が最大であるとする文（①の立場）について、『般若経』の不共般若は『法華経』と同一平等であるから、『般若経』が最大であるということは、とりもなおさず『法華経』が最大であるという意味になり、問題はないと解釈している。②の立場については、『般若経』

の不共般若においては二乗作仏も説かれることを指摘している。

第二の経論に説かれる諸蔵の捉え方については、二蔵、三蔵、四蔵（三蔵に仏蔵を加えたもの）、八蔵（胎化蔵《たいけぞう》・中陰蔵《ちゅういんぞう》・摩訶衍方等蔵《まかえんほうどうぞう》・戒律蔵・十住蔵・雑蔵・金剛蔵・仏蔵）と蔵教・通教・別教・円教の四教、頓・漸・秘密・不定の四教との関係について説いている。二蔵の場合は、蔵教は声聞蔵、別教・円教（『釈籤』によれば、通教を含む）は菩薩蔵に対応すること、三蔵の場合は、蔵教は声聞蔵、通教・別教は雑蔵、円教は菩薩蔵に対応すること、四蔵の場合は、蔵教は声聞蔵、通教は雑蔵、別教は菩薩蔵、円教は仏蔵に対応すること、八蔵の場合は、胎化蔵・中陰蔵はまだ阿難《あなん》のために説かない時は秘密教、阿難のために説く時は不定教、摩訶衍方等蔵は頓教、戒律蔵～仏蔵までの五蔵は漸教に対応すること、その中で戒律蔵は蔵教、十住蔵は方等教、雑蔵は通教、金剛蔵は別教、仏蔵は円教に対応することを明かしている。十住蔵は方等教とあるが、方等教は大乗教という意味であるので、おそらく通教・別教・円教を包括していったものだと思う。

次に、第三の蔵教・通教・別教・円教の四教の名義の典拠について、灌頂はいくつかの経論を引用し、それに特殊な解釈を施して、四教の典拠としている。しかし、このような灌頂の論述方法を見ると、かえって四教が前代の教判に用いられた名称を活用して、智顗自身が確立したものであり、経論に明確な典拠を持つようなものではないことが明らかになっていると思う。

第四の五時七階の教判に対する批判について説明する。『法華玄義』においては、達摩《だつま》鬱多羅《うつたら》（北《ほく》斉《せい》の法上《ほうじょう》。四九五―五八〇）が教迹の義を解釈した文、「教とは、仏、下に被《こうむ》らしむるの言を謂う。迹とは、蹤跡《じょうしゃく》を謂う。亦た応跡《おうしゃく》・化跡《けしゃく》なり」（八一二下）を引用した後に、「釈迦の一代は、頓漸を出でず。

漸に七階・五時有り。世共《とも》に同じく伝えて、是《ぜ》と言わざる無し」(同前)という教判を紹介し、これに批判を加えている。ところが、ここに紹介される五時・七階の教判の内容と、それに対する批判はほぼ浄影寺慧遠の『大乗義章』衆経教迹義(大正四四・四六五上―四六七上を参照)を引用したものである。慧遠は法上の弟子であり、法上にも『大乗義章』という著作があったが、それが現存しない今となっては、この五時・七階の教判をめぐる記述が法上に基づくかどうかはわからない。もし法上に基づくのであれば、慧遠の記述も法上に基づいたものであったということができる。ともあれ、慧遠の『大乗義章』には、「晋《しん》の武都《ぶと》山隠士《さんいんし》劉虬説いて言わく、如来の一化に説く所は、頓漸を出づること無し。『華厳』等の経は、是れ其の頓教なり。余を名づけて漸と為す。漸の中に其の五時七階有り。……」(同前・四六五上)とある。『大乗義章』によれば、五時は①人天教、②三乗差別教、③三乗同観、④一乗破三帰一、⑤悉有仏性《しつうぶっしょう》・法身常住・了義教のことであるが、それぞれ『提謂波利経』、『阿含経』、『大品般若経』・『維摩経』・『思益梵天所問経』、『法華経』、『涅槃経』を指す。

七階とは、三乗差別教を声聞乗・縁覚乗・菩薩乗の三種に分けて、都合七種になるわけである。ただし、劉虬の『無量義経序』(大正五五・六八上を参照)には、七階の内容として、人天教・声聞乗・縁覚乗・菩薩乗・『無量義経』・『法華経』・『涅槃経』としている。この項の最後に、「今の四教と達摩《だつま》の二蔵と、会通《えつう》すること云何ん」(八一四上)という問いを設け、蔵教・通教・別教・円教の四教と二蔵(声聞蔵・菩薩蔵)との関係について問題にしている。「声聞蔵は、即ち三蔵教なり。菩薩蔵は、即ち通・別・円教なり。決定声聞《けつじょう》(久しく小乗を習う声聞で、阿羅漢《あらかん》になることが決定している者)の為めに三蔵教を説き、退大声聞(もと大乗の菩薩であったが、小乗の声聞に転落した者)の為めに通教を説き、漸悟の菩薩の為めに別教を説き、頓悟の菩薩の為めに円教を説く。唯だ名数融じ易きのみに非ず、而も義意玄《はる》かに合す。今古符契《ふかい》して、一にして二無し」（同前）と答えられ、両者の一致を主張している。

最後に、「已れを述べて師を推し、前を結び後を生ず」とある。灌頂の『法華玄義』の記録は簡略であるが、師の智顗の説いた意義は広大であること、はっきりと示すことの難しい意義を明らかにするためには多言を費やす必要のある場合もあるが、それはやむをえない場合であることを述べ、次に智顗の言葉を引用している。

智顗は、名・体・宗・用・教の五章によって、要略して『法華経』の玄義（奥深い内容）を説いたが、文章を超えた妙を述べることはできないので、粗々自分の思いを述べたにとどまること、言葉は心、気持ちを十分に尽くさないことが残念であることを明かしている。さらに、灌頂は自分の記録が智顗の言葉を十分に尽くしていないことを反省している。次に、七番共解、五重各説の組織構成によって、教門・観門のいずれも明らかとなったことを述べている。最後に、「此れを前に備え、今、更に文を後に消《しょう》するなり」（同前）とあり、『法華玄義』の後に、『法華文句』があり、『法華経』の経文を解釈することを指摘している。

以上で、『法華玄義』の解説をすべて終わる。

索　引

著者紹介

菅野博史（かんの　ひろし）

1952年福島県生まれ。東京大学大学院博士課程修了。創価大学文学部教授、中国人民大学講座教授。文学博士（東京大学）。専門は、仏教学、中国仏教思想。

著書に、『中国法華思想の研究』（春秋社）、『法華経入門』（岩波書店）、『法華経思想史から学ぶ仏教』『南北朝・隋代の中国仏教思想研究』『増補新装版 法華経―永遠の菩薩道』（以上、大蔵出版）、『現代に生きる法華経』（第三文明社）、訳註に、『法華玄義』Ⅰ・Ⅱ（新国訳大蔵経・中国撰述部、大蔵出版）、『法華文句』Ⅰ～Ⅳ（第三文明社）など多数。

その他、共著・共訳、論文、翻訳多数。

『法華玄義』を読む　天台思想入門
2013年4月10日　初版第1刷発行

著　者　菅野博史
発行者　青山賢治
発行所　大蔵出版株式会社
〒113-0033　東京都文京区本郷3丁目24-6-404
TEL.03-5805-1203　FAX.03-5805-1204
http://www.daizoshuppan.jp/
装　幀　CRAFT 大友
印刷所　中央印刷株式会社
製本所　株式会社難波製本

ISBN 978-4-8043-3075-4　C0015